本书由陇东学院著作基金资助出版

英国圈地运动研究

（15—19世纪）

石 强◎著

中国社会科学出版社

图书在版编目（CIP）数据

英国圈地运动研究：15—19 世纪/石强著 . —北京：中国社会科学
出版社，2016. 11

ISBN 978 - 7 - 5161 - 8952 - 8

Ⅰ. ①英…　Ⅱ. ①石…　Ⅲ. ①圈地运动—研究—英国—
15 - 19 世纪　Ⅳ. ①K561. 33

中国版本图书馆 CIP 数据核字（2016）第 227468 号

出 版 人	赵剑英
责任编辑	李炳青
责任校对	刘　娟
责任印制	李寡寡

出　　版	中国社会科学出版社
社　　址	北京鼓楼西大街甲 158 号
邮　　编	100720
网　　址	http：//www. csspw. cn
发 行 部	010 - 84083685
门 市 部	010 - 84029450
经　　销	新华书店及其他书店

印　　刷	北京明恒达印务有限公司
装　　订	廊坊市广阳区广增装订厂
版　　次	2016 年 11 月第 1 版
印　　次	2016 年 11 月第 1 次印刷

开　　本	710 × 1000　1/16
印　　张	21. 75
插　　页	2
字　　数	371 千字
定　　价	80. 00 元

凡购买中国社会科学出版社图书，如有质量问题请与本社营销中心联系调换
电话：010 - 84083683

目　　录

第一章　绪论

第一节　选题的意义

在推动西欧社会步入近代进程的文艺复兴、宗教改革、地理大发现等三大历史运动中，英国均非起源国或中心国，只能说是一个积极的追随者。1500年左右的时候，英国依然是偏处于西欧之一隅的蕞尔小国，其政治经济及各方面的影响既非西欧之中心，也非欧洲之中心，更非当时世界之中心。在工业方面，英国的"工业发展水平和整体实力不仅仅无法与其近邻荷兰和法国相比，而且也远远落后于西欧的德意志、意大利一些地区甚至西班牙"①。在资本主义萌芽方面，落后于意大利的城市国家，也落后于法国南部及尼德兰的一些地区；在航海方面，落后于西班牙和葡萄牙，也远远赶不上后来日渐兴起的"海上马车夫"——荷兰；"玫瑰战争"的长期内乱表明其在中央集权的进程及政治稳定方面，要逊色于法国，也逊色于俄国；在军事及综合国力方面，与法国断续历经百年有余的较量，表明虽可与法国相比拼，但优势依然在法国一方；在对外贸易及海上活动方面，也仅限于一般的商业活动、海盗式的抢劫、贩卖黑人奴隶的罪恶交易，尚不足以与老牌的殖民帝国西班牙、葡萄牙进行正面争锋与抗衡，海外探险及殖民扩张仍然处于羡慕嫉妒和跃跃欲试的时期。英国社会进入近代早期阶段的起点是相当低的，既未摆脱"百年战争"失利的重重阴影，也未抚平30年"玫瑰战争"造成的内伤。但在近代化的进程中，英国却能够一马当先并力挫群雄。在政治体制上较早地确立了典型而较为民主的君主立宪制和议会内阁制，并能与时俱进，顺应时代的需求而不断对其进行改革、发展和完善，健全的民主政治有利于提高行政效率，

---

① 王晋新、姜德福：《现代早期英国社会变迁》，上海三联书店2008年版，第20页。

发扬民主，形成开放的政治体系，消除社会异己力量，化消极因素为积极因素，既能发挥中央的集中统一性，形成强有力的国家权力有效地贯彻国家意志，又能充分发挥地方的自由性与积极主动性，同时为资本主义经济的自由发展提供政治体制上的保障。在经济体制上确立了以自由竞争、自由贸易为核心的资本主义市场经济体制，适应了市场经济的基本要求。日益拓展的国内外市场给重商主义的引擎源源不断地注入了动力强劲的燃料，充分带动了农业和工业的发展，使英国较早地发生了农业革命和工业革命，农工商实现了良性的积极互动，整个国民经济能够协调持续高速发展。在海外殖民扩张方面，16 世纪末，英国首先打败老牌殖民帝国西班牙的"无敌舰队"而崭露头角，17 世纪又通过三次英荷战争打败荷兰而在海外殖民扩张中站稳脚跟，18 世纪又通过"七年战争"击败与其在海外殖民扩张中长期并驾齐驱、势均力敌的对手法国，进而放眼全球，东西并进，确立了海上霸权，到 19 世纪中期时已成为继西班牙之后更为辽阔的"日不落帝国"。其殖民地面积达到了 3000 多万平方公里，约占世界陆地总面积的 20%。到 1914 年时大英帝国已占有的殖民地比本土大 111 倍。英国社会内部结构的变迁为其向外的拓展提供了必要和可能。而外部空间的拓展又为社会内部结构变革的深化造成了更为有利的环境，同时也对深化内部社会结构的变革提出了需求，大大减缓了内部变革所承负的压力，减轻了社会内部矛盾所构成的变革的阻力。辽阔的海外殖民地为英国人在全球提供了广阔的活动舞台，对英国的发展无论从哪个角度出发，更多的都是积极和有利的方面。

在 19 世纪中期时，大英帝国已经戴上了四顶桂冠：世界工厂、"日不落帝国"、海上霸主、世界金融中心。在 20 世纪以前的世界近代化及一体化进程中，英国是当之无愧的先行者、领跑者、推动者。英国"凭借相对合理的产业结构、有效的制度体系、雄厚的综合国力和强大的军事武装以及独具品格的文化科学体系在国际舞台扮演着极为重要的角色，发挥着举足轻重的作用"[1]。无论是从经济基础、上层建筑，还是从思想文化、科学技术等各个方面而言，站在 20 世纪的起点上来看，其对世界的贡献和影响是空前的。尽管当代英国的雄风已减当年，其在各个领域里的优势已不能独步青云，然而其在历史长河中的光环与辉煌已成定格，任何

---

①　王晋新、姜德福：《现代早期英国社会变迁》，上海三联书店 2008 年版，第 8 页。

人也不能无视和否定。因而长期以来，国际史学界对英国的历史情有独
钟，学者们有的试图从政治理论方面去解构其成功的原因，有的试图从经
济规律去探寻其发达的根本，有的试图从社会转型方面分析其成功的起
跑，有的试图从包括宗教因素在内的意识形态方面诠释其领先的精神动
力。也有一部分学者从综合因素来判定"英国奇迹"的奥妙。真可谓仁
者见仁、智者见智、理论多元、方法多样、视角各异、星河灿烂、争奇斗
妍、英才辈出而成果斐然，包罗万象而异彩纷呈，细流涓涓而江海汹涌。
正是名家学者们的不断努力，才推动了相关史学的繁荣，也使英国辉煌的
历史得以不断再现于世而显示出独特的魅力。尽管如此，英国史仍并非无
问题可探，无潜力可挖，无价值可创。"一切真正的历史都是现代史"，
英国在以民主化、市场化、城市化、工业化为主要标志的近代化道路上，
其许多成功的经验依然值得我们从专题和微观方面去继续探讨、研究、借
鉴。"自20世纪初以降，学术界便愈来愈关注对英国社会经济层面变化
的研究，使之逐渐成为一个主要的研究领域。研究著述之多，学术成就之
显赫，使之成为经久不衰的一门显学。"①

　　圈地运动是英国历史上较为重大的事件之一，从15世纪一直持续到
19世纪末20世纪初，其历程基本与近代化的进程相始终。英国圈地运动
历时久远、循序渐进、地域广泛、波澜壮阔、实施有序、过程规范、深入
彻底、意义深远。尤其在土地所有权、使用权、占有权、生产经营等各方
面的变革过程中都具有非常重要的作用和极其重大的影响，进而影响到英
国社会近代化的历史进程和社会生活的各个方面。不仅如此，圈地运动还
在农业、工业、商业之间，自然经济和商品经济之间，传统的农业社会和
近代工业社会之间，都架起了桥梁、穿起了纽带、引入了媒介。尤为鲜明
的特征是其缓缓推进、连绵不断、张弛有度的土地变革方式，将土地所有
及占有制度的改革与土地的相对集中、高效合理利用结合起来，将资本的
积累与土地、劳动力等各种资源的合理配置结合起来，将土地经营管理与
市场及价值规律结合起来，同时妥善地协调了各方的利益，将各种矛盾和
冲突化险为夷。但这一问题对于国内普通人乃至学术界大部分人来说，都
可谓一个人人皆知而又相对陌生的话题。说其熟悉，因为圈地运动是中学
历史教科书的一个知识点，而且冠以"羊吃人"的圈地运动，是资本原

---

　　① 王晋新、姜德福：《现代早期英国社会变迁》，上海三联书店2008年版，第11页。

始积累的重要手段之一，与资本积累相联系的是，以前的中学历史教科书还常引用马克思的"资本一来到世间，从头到脚，每个毛孔都滴着血和肮脏的东西"。因而对于不深入了解此问题的大多数人而言，圈地运动或多或少是带着贬义的色彩进入脑海的，但仅此而已。一般人很难知其详细，所以也可谓是一个陌生的话题。这或多或少地影响着人们去客观公正全面地认识这一重大的历史问题。马克思在英国居住长达34年，对英国历史的认识了解及学术贡献是毋庸置疑的，具有无可挑战的权威性，简单地否定马克思或马克思学术贡献的人，基本上起源于对马克思的一知半解或不甚了解。恩格斯曾经说过："马克思是天才，我们最多只能算是能手。""解构主义"最著名的代表人物德里达（Derrida，1930—2004年）1993年出版的《马克思的幽灵——债务国家、哀悼活动和新国际》一书，坦陈没有马克思，没有对马克思的记忆，没有马克思的遗产，就没有将来。不去阅读而且不反复阅读和讨论马克思，将永远是一个错误。人们必须接受马克思主义的遗产，尤其要继承马克思主义的批判精神。当今世界所产生的各种问题，若是没有马克思主义的批判精神，就不可能得到解决。在《资本论》第一卷第二十四章论及资本原始积累的过程，两次引用了《乌托邦》。所谓的"羊吃人"的圈地运动即起源于此。从资本原始积累和对贫苦农民的剥夺而言，马克思的见解无疑永远闪烁着其光辉，也为大多数历史唯物主义者所接受。但出发点和所要论述的重点不同，难免对相同的事物，会有不同的见解和看法。我们不可简单地肯定或否定马克思的论断。马克思主义告诉我们，对于具体问题要具体分析，要实事求是和客观辩证。圈地运动持续长达近五个世纪，波澜壮阔而影响深远，其全部的意义并非"羊吃人"这三个字所能包含和概括。马克思主义的精髓并非只是某个具体认识或结论，而是一种世界观和方法论，我们只能"站在他的肩膀上"继续前进，并以此向他致以崇高的敬意。

土地是人类赖以生存和发展的有限资源，不仅数量有限，而且在一般情况下不可再生和替代，在地域和位置上也不可转移和变动，任何国民经济部门又都以土地为必要的生产要素，土地是人类创造财富的基本源泉。作为世界上最大、人口最多的发展中国家，社会经济发展对土地需求的增长性与土地资源的稀缺性的矛盾尤为突出。我国人口的增加对土地资源造成了前所未有的压力，人均占有土地数量急剧减少，土地资源的人口承载能力面临着严峻的挑战。根据国际经验，"工业化"、"城市化"是经济发展的必由之路，不可逾越。"工业化"、"城市化"占用大量的农业用地是不可避免的。现在和未来较长时间内土地的供需调节主要是农业用地向非农业用地转变，建设用地转为农业用地的可逆性很小，造成的结果是农业用地愈来愈少。因土地利用不当而造成的土地退化、土地沙化、土地污染等问题日趋严重。这些问题要求我们要"十分珍惜每寸土地，合理利用每寸土地，实行最严格的耕地保护制度"。合理利用土地的目的是把土地作为生产要素，与其他生产要素一起共同形成优化的结构和布局，使土地作为生产资料能达到优化配置，取得最佳的社会效益、经济效益和生态效益，从而保证国家和地区的社会、经济和环境的协调持续发展。

"在任何时代，遥远的记忆和过去的传统将有助于人们形成对未来美好社会的理想和蓝图，并鼓舞人们为社会的进步去奋斗。"① 英国在近代化的过程中，较为成功地解决了这些问题，其中在土地资源的重新配置方面，最大的变革与成功之处莫过于圈地运动。研究英国圈地运动的历史，对我们今天解决这些问题，深化农村改革，完善农村经济体制，提高农业生产经营组织化程度，培育农产品市场体系、农业社会化服务体系、构建城乡经济社会发展一体化机制，健全严格规范的农村土地管理制度都具有重要的现实意义。同时也对于我们贯彻《中共中央关于推进农村改革发展若干重大问题的决定》，依法推进土地使用权的合理流转，发展多种形式的适度规模经营，适量地解放与转移农村剩余劳动力，建设社会主义新农村，在"工业化"、"城市化"过程中优化土地资源的配置方面或许可以从不同方面提供某些启迪和鉴戒。

第二节 圈地运动的研究概况

一 英、美等国学术界对圈地运动的研究概况

限于笔者所掌握的外语语种，对法、德、意、西、俄等国的有关资料研究不甚了解，特此说明。下面仅概述英、美等国对圈地运动的研究概况。

英、美史学界对英国圈地运动的研究十分重视，近一个世纪以来，许

---

① Gilbert Slate, *The English Peasantry and the Enclosure of Common Fields*, New York：Augstus M. Kelley Publishers, 1968, p. vii.

多史学家从不同的角度对圈地运动从各个方面进行了广泛而深入的研究，取得了丰硕的成果。但是囿于资料的限制，对于圈地运动的研究在很多方面，很多时段，很多地区的圈地历史仍然留有空白和不足，所进行的研究也各有侧重，还不是很系统很全面。

对英国早期圈地运动研究最早且最富有成果的是英国学者利达姆（I. S. Leadam）和美国学者盖伊（E. F. Gay）。利达姆于 1897 年发表了《圈地末日审判书》。他以 1517 年圈地调查委员会的报告为依据，并采取列表的方法对英国早期的圈地运动进行了较为详尽的研究，并由此而成一家之言。利达姆的著作发表后，立即在学术界引起了强烈的反响。美国学者盖伊于 1900 年在英国皇家历史学会会刊上发表文章对利达姆的著作提出异议，认为在基本事实不充分的情况下匆忙下结论是利达姆这一著作的主要缺点。同时盖伊还指出：利达姆对圈地调查报告原文的解读以及对统计资料的处理方法方面有令人不能接受的地方。盖伊也对利达姆将 1517 年的圈地调查报告这一重要历史文献加以整理并出版表示赞赏。盖伊在与利达姆辩论的同时也提出了自己的观点。而盖伊的最大贡献是对 1517 年和 1607 年圈地委员会的调查报告进行了系统的研究，并以 1488—1517 年之间的圈地数据作为他推算的基础，以 1607 年圈地委员会调查报告中所提及的米德兰六个郡的圈地面积为参照，然后向前后延伸推算出 1455—1607 年的圈地数量。沃第（J. R. Wordie）是研究圈地数量的集大成者，1983 年在《经济史评论》上发表了《英国圈地年表 1500—1914》（The Chronology of English Enclosure，1500—1914），对英国的圈地数量进行了总括性的研究，虽然对盖伊的研究方法和所得出的圈地数量提出质疑并予以修正，但依然是在盖伊的研究基础上推进，或者说在盖伊所建构的体系内进一步延伸。沃第的研究成果已被国内外学者广泛接受和引用，是研究圈地进程及数量不可缺少的参考资料。虽然如此，盖伊对早期圈地运动研究的奠基性作用是不容否定的，因为现在本身就没有更为详尽和具体的关于早期圈地运动的资料，从而任何学者也无法彻底地否定盖伊的研究成果而建构新的方法和体系。历史资料本身的不完整性也制约着对早期圈地运动的进一步研究。

这一传统的观点可归纳为：圈地一词的含义是用篱笆等物将土地圈围起来；圈地的目的是变耕地为牧场；圈地的原因是养羊可获厚利；圈地的形式是暴力强占小农的土地；圈地的结果是社会动乱，农民起义。

吉尔伯特·斯莱特（Gilbert Slate）所著的《英国农民与公用土地的圈占》（*The English Peasantry and the Enclosure of Common Fields*）一书主要研究了18、19世纪议会圈地的历程及农业革命的概况，分析了圈地运动与工业革命的联系，认为圈地以更多的劳动力供应、扩大了的市场和更多的资本供应，推动了城市工业的发展。圈地运动导致了土地的集中和资本主义农场的确立，引起了农民阶级的消失、失去土地的农村雇工的增加。是研究后期圈地运动的宝贵资料，但对都铎王朝及斯图亚特王朝时期的圈地论及很少，在该书的附录中，包含了各郡议会圈地过程中敞田所占的比例，是非常有用的资料和数据。斯莱特是比较激进的历史学家，主张土地制度的民主化，幻想恢复土地的公有制，复兴小土地所有者在农村的地位。W. E. 泰特（W. E. Tate）先生的《圈地运动》（*the Enclosure Movement*）叙述了中世纪晚期英国农村社会、敞田与公用土地、敞田制的弊端、圈地运动的发展历程、圈地的后果等内容，是了解和研究圈地运动必不可少的著作，其专业性与学术上的贡献毋庸置疑。但是该著作也有美中不足的地方，那就是因为圈地运动资料本身的不完整，其对圈地运动的研究也只能提供部分资料，其内容也前后错杂，枝节完备而重点不甚突出，"一事而复见数篇，宾主莫辨"。在圈地历程的编撰上也是详后略前，许多重要的数据也无从稽查。但是泰特的学术地位及贡献远不止此。尤为重要的是，他在1968年去世前已出版了他所研究的英国42个郡中27个郡议会圈地数据的手稿。他列出了每一个圈地法令的日期，并按年代顺序排列，分列到个别圈地法令、地方公共性法令和1836年、1840年及1845年总则性圈地法令的目录之下。在每个条目中都具体到圈地的乡镇、村庄、村舍、庄园或具体的地点。他还依据已经出版的资料或圈地判定书估算出了很多圈地的具体数量，然后根据档案资料馆所存的圈地判定书和圈地地图整理出了圈地判定书的时间与对应的地点。此外，他还区分了所圈占的属于敞田的耕地和单纯的公用土地及荒地。他设想以其毕生的精力完成一本名为《英国圈地法令及圈地判定书的末日审判》的专著，从而成为英国所有郡议会圈地数据和细节的集大成者。但是由于忙碌于对以前所做的研究成果的校正和准备出版，他再没有精力完成新的任务。泰特未完成的手稿现存于雷丁大学的图书馆。在1972—1973年的学术会议上，马歇尔·特纳在社会科学研究委员会的资助下被任命为雷丁大学的访问学者，主要工作是编辑泰特未完成和出版的手稿。他用了一年多的时间来研究整理、修订补充并增添泰特未完成的其他郡的圈地资料，最后完成了其著作《英国议会圈地运动——其历史地理及经济史》（*English Parliamentary enclosure——Its historical Geography and Economic History*）。特纳以时间和空间为主线汇总议会圈地的数据，就圈地的数量和圈地的密度来考察议会圈地的规模，并尽可能地分析议会圈地的经济和社会因素。他还讨论了不同类型的圈地，是圈围敞田，还是圈围公用地和荒地。最重要的结果是确立了两个分别延续了 20 年时间的圈地运动，即 1760—1780 年、1793—1815 年这两个不连续的时间段，把他认为持续一个多世纪的议会圈地运动划分成主要集中在 40 年时间中的活动。"在这两个基本等同的时间段中，每个阶段大约有 40% 的议会圈地被完成。换言之，尽管议会圈地被认为至少有一个世纪（1750—1850 年），实际上在这仅 40 年的时间中，议会圈地就完成了 80%。"① 他还建构模式试图回答概括议会圈地的决定性因素，主要包括物价、货币发行、人口、战争、粮食自给。这些因素单独或者相互作用而发挥作用。最后讨论另外两个决定圈地时间的因素，其一是 1750 年之前的土地短缺可能是延续到 1780 年的第一次圈地高峰的原因之一。土地短缺尤其发生在米德兰诸郡的黏土地带。在 1725—1750 年之间，这一地区谷物价格低廉但无充足的土地来发展畜牧业，而大部分土地依然处在敞田制下。其二是土地所有形式和议会圈地年代之间的关系。

马克·奥弗顿（Mark Overton）的《英国农业革命》（*Agricultural Revolution in England*）是关于 1500—1850 年英国农业革命方面的专著，对 16 世纪英国农业革命起因、历程及影响有详尽的记录和分析，其实也是这一时间段的农业发展史，其中包括了土地所有及占有关系的沿革、人口的增长、农业生产技术的发展进步、农业生产关系的变革、资本主义市场经济的发展等内容，并认为市场因素、价值规律是农业革命的根本原因，也涉及圈地运动的内容，但是对于圈地运动从时间上只侧重了议会圈地运动，从资料上也倾向于概括总结，虽不是圈地运动的专著，但其中也有不少资料可资参考，包括圈地运动与农业革命的关系以及给农业革命造成的影响，圈地运动对土地所有权变革所产生的影响的分析等。因而也是研究英国圈地运动不可或缺的著作。

---

① Michael Turner, *English Parliamentary enclosure——Its historical Geography and Economic History*, Wm Dawson & Sons Ltd, Cannon House Folkestone, Kent England, 1980, p. 66.

钱伯斯（J. D. Chambers）和明盖（G. E. Mingay）在议会圈地方面的研究也成果颇丰。他们合著的《农业革命，1750—1880 年》（*The Agricultural Revolution*，1750 – 1880）一书中也对议会圈地运动有总括性的研究。特别是明盖在 1997 年出版的《英国议会圈地——1750—1850 年议会圈地的起因、发生及影响介绍》（*Parliamentary Enclosure in England：An Introduction to its Causes*，*Incidence and Impact*，1750 – 1850）对议会圈地运动也进行了较为详尽的研究。他既总结了议会圈地的规模、范围、过程等，又探讨了议会圈地的目的、议会圈地对小土地所有者和茅舍农的影响等问题。在圈地是否促进了农业劳动生产率提高的问题上，也持积极肯定的态度。但是该著作侧重于宏观介绍，不像特纳的著作那样数据翔实，资料丰富。此外，耶琳（J. A. Yelling）关于圈地运动的通史性著作《英国公地和圈地 1450—1850》（*Common Field and Enclosure in England* 1450 – 1850，London，1977），对圈地的历史做了长时段的考察研究，较为全面，尤详于对敞田的圈占，但对草地和荒地的圈占记述不多。这部著作是耶琳研究成果的综合性著作，其议会圈地的年表基本采用斯莱特、戈纳（Gonner）和其他学者的研究成果，被认为是"符合时代需要的新的总括性的论著，而且被读者不仅当作新的总括性的论著来接受，也当作很好的论著接受了"。[①]

埃伦的著作（Robert C. Allen）《圈地与约曼》（*Enclosure and the Yeoman*. Oxford University Press，1992）以计量史学的方法对敞田和圈地，资本主义租地大农场和农民的家庭农场作了对比，认为不宜夸大圈地和资本主义大农场的进步性，也不宜夸大敞田和农民家庭农场的落后性和保守性。圈地和资本主义大农场对英国农业产量的提高所作的贡献很小，甚至大多数资本密集型农业对产出的提高没作贡献；在某种程度上敞田也采取了新的生产技术，从而圈地及资本主义大农场并非历史发展的进步。埃伦甚至断言，如果没有圈地运动和资本主义大租地农场的兴起，英国会更加富裕。对于这一争论，国内外学者都有一定的支持和批判之说。

议会圈地对小农的影响是圈地运动研究中一个必须回答的问题。马克思主义史学家的观点被广为接受和传播，认为圈地运动是资本原始积累的

---

① Michael Turner，*English Parliamentary enclosure——Its historical Geography and Economic History*，Wm Dawson & Sons Ltd，Cannon House Folkestone，Kent England，1980，p. 19.

手段，是用暴力侵占及剥夺农民土地的过程。大部分农民的土地被圈占而外出流浪，成为一无所有的劳动力的出卖者。西方很多学者也持赞同的观点，认为议会圈地对小农造成了剧烈影响，导致其衰落。而另一种观点认为议会圈地对小农的影响有限，小农衰落是一个延续几个世纪的长期过程。哈蒙德夫妇的观点可列为第一种。他们的《农村雇工》（J. L. and Barbara Hammond, *The village Labourer*, London: Longmans, 1920）是关于18世纪圈地及其对农村影响的专著。哈蒙德夫妇是思想激进的经济史学家，他的观点与斯莱特接近，以同情的态度描写了圈地给农民造成的苦难，认为圈地是剥夺小农土地和财富，践踏其合法权利的骗局。汤普森（E. P. Thompson）承袭哈蒙德夫妇的观点，认为议会圈地摧毁了小农经济，是按照明显的财产规则及有产者和律师组成的议会所制定的法律而进行的一种明确的阶级掠夺。尼森（J. M. Neeson）以北安普顿郡为个案进行研究，认为北安普顿郡受议会圈地的影响最大。在1750—1815年之间，北安普顿郡2/3的农业用地都从敞田和公用土地转变为圈围起来的农场。议会圈地是英国农村社会史的转折点，不仅破坏了农民经济，而且加剧了土地所有者之间的分化。大量小土地所有者的土地被剥夺圈占，土地所有及占有出现了集中和扩大的趋势。

戈纳在其著作《公用土地和圈地》（*Common Land and Enclosure*. London: Macmillan and Co. Limited, 1912）中认为议会圈地维护了农民的合法权利，在维护下层农民权利方面是一种历史的进步，对传统的观点提出了挑战，对后来的研究产生了一定的影响。戈纳认为圈地运动有其必然性和不可避免性。在他看来，圈地消除了发挥资本主义主动性和进取心的障碍，促进了农业经济的发展。他认为圈地运动是持续了几个世纪的运动，18、19世纪的议会圈地运动是15、16世纪圈地运动的继续和必然的结果，并未造成任何革命性的变动，并未突然地、猛烈地把农民从土地上赶走，因此否认圈地运动是造成农民阶级消亡的原因。约翰逊（A. H. Johnson）的《小土地所有者的消失》（*The Disappearance of the Small Landowner*. Oxford, new edn. 1963）大量地利用土地税清册进行研究，他研究了英格兰15000个教区中500个教区的土地税清册，从另一个角度论述了圈地运动的后果。他认为圈地总是损害小农的利益，指出17世纪初到18世纪80年代中期是小土地所有者受到各方面影响而大量减少的时期，而在18世纪90年代以后，即议会圈地大规模开始以后，小土地所有者的某些权益还得到保障，尤其是约曼农在数量上一度还有所增加并且长期存在。钱伯斯在《圈地与小土地所有者》［Enclosure and the Small Landowner. *The Economic History Review*，Vol. 10，No. 2（Nov.，1940），pp. 118 – 127］一文中认为，圈地之后，小土地所有者不仅没有减少，而且一度有所上升。促使农业劳动力转变为工业无产阶级的原因不是圈地驱逐了小农，而是英国人口数量的增长。大量的人口从农村迁移到城市并非由于农村的推力，而是来源于城市的拉力，也就是城镇中较多的工作机会和较高的劳动报酬。钱伯斯指出，圈地只标志着大农业是以它较低的成本而占优势的一个阶段，尽管是一个重要的阶段，但并不是小农户作为一个经济单位普遍消灭的信号。明盖的著作《18世纪英国地主社会》（*English Landed Society in the Eighteenth Century*. London：Routledge and Paul，1963）是关于18世纪英国土地所有制度及其变化的著作，其中也涉及大地产形成和小土地所有者衰落的背景和原因。他在另外一部著作《工业革命时期圈地与小农场主》（*Enclosure and the Small Farmer in the Age of the Industrial Revolution*. London：Macmillan Press，1979）中认为自耕农衰落的过程要比小农快一些，自耕农所占耕地在英格兰和威尔士耕地面积的比例在17世纪末约为1/3，到18世纪末已经减少为大约15%。在议会大规模圈地之前，英格兰很多地方的自耕农数量已经非常少了，自耕农的衰落是各种因素综合作用的结果，并非单纯由于圈地运动所引起。明盖认为，在18世纪的农业史中，小农衰落的程度往往被扩大了。戴维斯（E. Davis）也得出类似的结论，他认为从1780—1802年期间，大大小小的土地所有者的数目都增加了。但在1802—1832年期间，只有年付土地税4先令以下和10英镑以上的土地所有者的数量有所增加，其他土地所有者人数明显下降，年付地税4先令以下的小农增加的原因是人口的增加以及对荒地和公用土地的圈占。马丁的（J. M. Martin）论文《沃里郡的议会圈地与小土地所有者》［The Small Landowner and Parliamentary Enclosure in Warwickshire . *The Economic History Review*，New Series，Vol. 32，No. 3（Aug.，1979），pp. 328 – 343］根据沃里克郡选举人名单的变化得出结论认为，在1774—1815年期间，沃里克郡东部发生圈地的26个教区中，年收入40先令以上的自由持有农人数减少了25%，小土地所有者的人数和占地的份额都大为减少。小土地所有者自身的经济地位无法形成生产的经济规模是小土地所有者衰落的根源。

在关于圈地费用的研究中，其中比较重要的论文有特纳（Michael Turner）的《费用、财源与议会圈地》[Cost, Finance, and Parliamentary Enclosure. *The Economic History Review*, New Series, Vol. 34, No. 2（May, 1981）, pp. 236—248]，概括论述了议会圈地的费用来源及在圈地过程中的基本费用。泰特（W. E. Tate）的论文《英格兰议会圈地费用》[The Cost of Parliamentary Enclosure in England. *The Economic History Review*, New Series, Vol. 5, No. 2（1952）, pp. 258 – 265]则以牛津郡地方上的圈地资料研究了圈地的费用构成及基本特点。马丁（J. M. Martin）对圈地的研究范围主要集中在沃里克郡，其论文《沃里克郡议会圈地费用》（The Cost of Parliamentary Enclosure of Warwrickshire. *University of Birmingham Historical Journal*, IX, 1964. pp. 321 – 332）指出后期议会圈地费用有了较大的提高。小土地所有者因无力承担圈地费用，不得不出卖自己的土地而成为劳动力的出卖者。

总体而言，西方对英国圈地运动的研究，从 19 世纪末一直持续到 20 世纪末，绵延不绝而成果辉煌，既有理论的建构，也有史实的陈述，方法手段各异，特点色彩纷呈。综合各家学者的研究著述，基本能详细勾勒圈地的基本历史过程。但限于资料，对于圈地运动的研究多集中于议会圈地运动。因为议会圈地运动在时间上相对较晚，更为重要的是通过法律的形式进行圈地，无疑留下了关于圈地最可靠最详细的历史资料，因而对议会圈地的研究也就有了最可靠的基础。大多数的圈地法令都可与实际的圈地时间、圈地地点、圈地数量、圈地过程一一对应起来进行微观研究，进而总括背景、时间、地域、特征进行宏观研究。因而对于议会圈地运动的研究成果可谓名家辈出、成果斐然、角度各异、理论兼备、史实昭然，史论丰富全面，后人很难有超越之作。但对于前期的圈地历史研究往往限于概括性论述，圈地原因的剖析多限于经济因素，圈地进程的叙述较为简略，圈地的数量多限于估算或推算。历史学家和经济学家尽管都做了大量的研究，但是有些问题至今仍争论不休。首先是因为各地圈地的情况有较大的差异，又缺少完整的历史资料。单个的历史学家没有力量对全国的圈地运动进行深入研究，只能以若干个教区，或一个、数个郡作为研究对象进行典型分析，由于地区差异他们得出的结论往往相差很远。其次，研究者本人所采用的方法不同，也会得出不同的结果。再次，研究者本人的思想观点、政治主见也有较大的影响。尽管如此，很多学者集几十年乃至毕生的精力来"磨一剑",所涉猎的资料是中国的世界史学者所无法涉及的,所付出的艰辛劳动和纤芥无遗的治学精神值得我们敬仰并学习。我们虽不求超越他们,但并非在此问题上裹足不前、无所事事,我们还可以"站在巨人的肩膀上"学习并有稍许的前进。那就是参考诸多学者的论著,兼收并蓄而博采众长,在理论的建构上以唯物史观为指导而兼容并包,在史实的叙述上繁简适当而突出重点,在史论的归纳总结上取人之长而发挥己见。

二　学术界关于国内对圈地运动的研究概况

中国的英国史研究源远流长,起源于鸦片战争后的"西学东渐",当时爱国知识分子以救亡图存为己任,主要介绍英国的历史地理及外交殖民史,辛亥革命后很多杂志开始介绍英国殖民地的民族解放运动史。辛亥革命后人们关注的另一个焦点是英国宪政史,人们希望能从英国的经验中获得某些启迪。稍后一部分学者侧重介绍和研究有关英帝国的盛衰、中英关系及其他一些具体的历史和现实问题。"随着民族意识觉醒,学术界日益重视中英关系史研究。这是 20 世纪上半叶取得成果最多的一个领域,也是从学术上进行深入研究的唯一领域。"[1] 到 20 世纪 40 年代,中国的英国史研究已经取得了很大的成就,也达到了相当高的水平。新中国成立后,中国学者借鉴苏联的世界史体系研究英国史。英国 17 世纪资产阶级革命是这一时期研究最多的一个课题,但是研究的领域更为广泛,英国历史上一些重大的事件开始为学者们所关注,其中包括"圈地运动、17 世纪革命、工业革命、宪章运动、工人运动、争夺海外殖民地等"[2]。但对于圈地运动的研究基本是在研究工业革命和相关问题时一种附带的概括性介绍。专门讨论圈地运动问题的代表作是耿淡如先生的论文《英国圈地运动》[3] 和蒋孟引先生的三篇论文:《16 世纪英国的圈地狂潮》、《英国资产阶级革命前农民反对圈地的斗争》、《18、19 世纪英国的圈地》。[4] 蒋孟引先生以丰富的史料概括性地展现了几个世纪的圈地运动,其对圈地性质

---

① 钱乘旦:《中国的英国史研究》,《历史研究》1997 年第 5 期,第 165 页。

② 同上书,第 166 页。

③ 耿淡如:《英国圈地运动》,《历史教学》1956 年第 12 期,第 38—42 页。

④ 蒋孟引:《蒋孟引文集》,南京大学出版社 1995 年版,第 139—165、166—195、270—294 页。

的认识仍然是资本的原始积累，但却是专题研究英国圈地运动的肇始。60
年代以来，由于特殊的政治形势，使英国史研究的学术问题也被政治化，
尤其英国的近代史研究更是如此，而对中世纪史的研究则相对客观理性。
改革开放以后，英国史的研究很快走向繁荣，出现了大量的论著。尤其是
现阶段国内史学界关于英国社会史和经济史的研究方兴未艾，在年长一辈
史学家的带领下，涌现出了一批年轻有为的学者，出现了一些有价值有启
迪意义的名篇杰作，或研究整个社会的结构与变迁过程，如：马克垚教授
的《英国封建社会研究》；沈汉教授的《英国土地制度史》；陈曦文教授
的《英国 16 世纪经济变革与政策研究》；陈曦文教授、王乃耀博士的
《英国社会转型时期经济发展研究》；王晋新、姜德福教授的《现代早期
英国社会变迁》；王乃耀博士的《英国都铎时期经济研究》；许洁明教授
的《十七世纪的英国社会》；张卫良先生的《英国社会的商业化历史进
程》。或是关于人口及亲属结构的研究，如：江立华博士的《英国人口迁
移与城市发展》。或是关于阶级划分和社会群体的研究，如：阎照祥教授
的《英国贵族史》；姜德福教授的《社会变迁中的贵族》；尹虹博士的
《十六、十七世纪前期英国流民问题研究》。或是关于家庭与婚姻制度的
研究，这些研究开拓了从个别过渡到一般、从个体过渡到整体、从单纯政
治过渡到各种社会因素构成的系统，从静态过渡到动态的新的研究路径。

　　关于英国圈地运动这一重大并且持续时间较长的历史过程，国内史学
界在这一问题的研究上尚未出现系统全面的专著，只有在相关的史学著作
中有概括性的研究或短篇的学术论文，且早期的研究都有圈地运动是
"羊吃人"的资本原始积累的手段这样标签化、简单化的倾向。这些概括
性的研究或学术论文限于篇幅，只能就圈地过程中的某一时段作大致的分
析论述，很难全面展现这一本身就很复杂的历史过程，也难以全面地进行
分析论述并揭示圈地运动与英国社会近代化历史进程中各种因素的联系和
内在规律。与英国史其他问题的研究状况相比较，对这一问题的研究力度
和深度明显不足。据钱乘旦先生的统计，在 1979—1981 年，有关英国史
的 85 篇论文中，"有关英国革命问题的 16 篇，占论文总数 18.8%；有关
工业革命的 9 篇，占总数的 10.6%；有关工人运动的 8 篇，占总数的
9.4%；有关圈地运动的 3 篇，占总数的 3.6%；有关英国殖民与外交史
研究课题的论文，占总数的 17.6%。在 1989—1991 年的 185 篇论文中，
有关革命的内容仅 13 篇，占总数的 7.0%；有关工业革命的 7 篇，占

3.8%；有关工人运动的 3 篇，占 1.6%；专论圈地运动的只有 2 篇，占
1.1%，四类加在一起只占总数的 13.5%。相比之下，论述英国政治制度
（立宪制度、政党制度、文官制度、司法制度等）的文章 31 篇，占总数
的 16.8%；有关宪政改革的 12 篇，占 6.5%；有关政治事件（不包括革
命）的 10 篇，占 5.4%；有关社会史内容（宗教、妇女、教育、阶级、
社会政策等）的 27 篇，占 14.6%；有关思想文化史的 17 篇，占 9.2%。
上述内容的文章占全部文章总数的 52.5%"①。关于圈地运动的研究成果
显然是最少的。因而对这一重大问题尚有较大的研究空间，仍然有很多的
问题需要进一步挖掘和整理、研究和探讨、参考分析并借鉴。其现实意义
对于我们进一步深化土地制度改革，推进土地使用权的合理流转，推进土
地资源在生产中的合理配置，进一步合理利用土地资源、明晰土地的所有
权与使用权、充分挖掘土地资源的潜力等都具有极其重要的参考作用。

　　分析比较国内关于圈地运动的研究尽管不是十分全面和系统，但仍然
取得了不少的成果，为我们大致勾勒出了圈地运动的历史过程。特别是
20 世纪 80 年代后一些学者开始冲破以前在圈地运动研究上标签化和简单
化的倾向，开始以史实为基础，实事求是，论从史出，全面探究圈地运动
的过程及其对英国社会近代化进程的影响，认为圈地运动不仅是资本原始
积累的一种手段，也是土地制度的一次漫长而彻底的改革。不仅废除了中
世纪以来具有公有制残余特点的敞田制，而且确立了以私有制为基础的资
本主义土地所有制。市场在土地资源的配置方面发挥了主要的作用，推动
了土地占有权及使用权的合理流转，从而为资本主义大农业体制的形成及
劳动力的转移创造了条件。对圈地运动的研究呈现多元化的局面，对史实
的整理与挖掘更为全面深入，也开始从各个方面探求圈地运动对英国社会
的影响及各个内在因素的联系。

　　国内史学界对圈地运动的研究成果主要分为三类：第一类是相关专著
中有关于圈地运动的章节；第二类是发表在各类期刊上的论文；第三类是
高校尚未出版的硕博士论文。其中最新最全面的研究成果当属南京大学沈
汉先生的《英国土地制度史》（学林出版社 2005 年版）中有关圈地运动
的篇章。"土地制度史包括自然史和社会史两个方面。本书主要的研究兴
趣是在土地制度史的政治经济学方面，但也不能不涉及英国土地的自然耕

---

① 钱乘旦：《中国的英国史研究》，《历史研究》1997 年第 5 期，第 171 页。

作制度。"① 该著作用两章内容论述英国圈地运动。其中第七章论述早期圈地运动，第十一章论述后期圈地运动及土地共有权的衰落。早期圈地运动主要研究 16、17 世纪的圈地运动，并根据最新的研究成果统计了一些郡圈地的面积，进而揭示了圈地运动发展的进程，都铎王朝中央政府反对圈地的行政和法律措施，农民反抗圈地运动的斗争等。同时还分析了早期圈地运动的发生原因有提高土地利用率、人口的增长、毛纺织业的发展、羊毛价格的上涨、为市场生产提供更多的农产品、地主提高地租增加收益等因素，较为全面地从各个方面概括了圈地运动的原因。也对早期圈地运动进行了分类，认为早期圈地运动分为两类，"一类是开垦和改造残存的荒地。有时候是出于建立鹿苑和猎苑的目的，并非为了把荒地改造为耕地。另一类使敞地上的条地集中起来，以进行理性化的耕作"②。在对圈地进行分类的同时，也指出了圈占敞田本身具有合理利用土地的一面，这种论断和以前纯粹性的批判有所不同。

　　该著作的后期圈地运动主要论述 18、19 世纪议会圈地运动。认为议会圈地运动的高潮发生在 18 世纪后期和 19 世纪最初的 20 年。它又可以划分为两个阶段，第一阶段为 18 世纪 60 年代到 70 年代；第二阶段为1793—1815 年，即拿破仑战争期间。沈汉先生概括了议会圈地运动的原因是敞田制的存在阻碍了农业生产的进步和技术的革新，土地所有者和农场主追求农业经营的科学化、追求更高地租和利润、拿破仑战争时期人口的增长等。对议会圈地的进程及一些郡的圈地数量也进行了研究和统计，在对议会圈地运动的评价方面也有所突破，引用了西方很多学者的见解和观点。

　　总体而言，沈汉先生的著作虽不是有关圈地运动的专著，但较为系统科学地揭示了圈地运动的历程，和以往片断性的研究有所不同，同时对圈地运动的分析和认识也更加客观科学，为圈地运动研究树起了新的里程碑。但是，沈汉先生的著作毕竟是关于英国土地制度的专题史，包罗土地制度的各个方面和各个时期，圈地运动只是其中的一个内容，只占了该著作的两章内容，仅有 59 页，3 万余字，因而不可能详细论述圈地运动的各个方面，在很多重要问题上只是概括与点睛。比如 13 世纪圈地现象的

①　沈汉：《英国土地制度史》，学林出版社 2005 年版，第 5—6 页。
②　同上书，第 126 页。

出现，圈地运动的影响等重大问题，圈地与英国社会近代化历程及各个因素的内在联系等问题都没有展开详细的论述，因而为我们进一步研究圈地运动既提供了基础，也留下了空间。

陈曦文教授在其著作《英国 16 世纪经济变革与政策研究》（首都师范大学出版社 1995 年版）一书中充分认识到农业和农业变革是英国经济变革的基础，"价格革命"是英国经济变革的"催化剂"。肯定了圈地运动的重要作用，认为英国当时经济的特点在于圈地、毛纺织业生产和呢绒出口三者紧密结合，彼此相互促进，使英国农业、工业和商业逐渐构成一个统一整体。圈地运动和毛纺织业的发展使英国的对外贸易建立在坚实的工业基础之上，以致在欧洲贸易竞争中逐渐占压倒性优势，最终促进了英国经济的全面高涨。在这里，圈地运动被视为农业和经济发展的基础，并注意到了农业、工业、商业、对外扩张等因素间的内在联系。在研究 16 世纪圈地运动时运用了许多珍贵的资料并在书后附列了许多原始资料。在分析圈地者的成分，圈地所引起的阶级结构的变化方面独树一帜，并利用 1517 年、1549 年、1607 年圈地调查委员会的报告及盖伊的研究成果，汇总了 16 世纪圈地的数量及被驱逐农民的人数，这也是对早期圈地运动研究的独到之处。总之，陈曦文教授以其丰富的阅历及深厚的史学修养，对 16 世纪都铎时期圈地运动的研究独步领先，对圈地运动的评价和认识也有较大的创新和突破，为我们研究英国圈地运动提供了许多宝贵的资料，也以其丰硕的成果为我们指明了思考和前进的方向。但是，圈地运动是英国历史上重大而又漫长的历史事件，限于该著作的内容和主旨，对议会圈地运动并未涉及。因而就圈地运动的进一步研究而言，并未达到终点，还有很多的事要做，还有很长的路要走。

王乃耀博士的专著《英国都铎时期经济研究》（首都师范大学出版社 1997 年版）中对英国圈地运动也有较为系统的研究。在圈地运动一章中，首先对西方学者的研究状况做了概括和总结，接着对早期圈地运动和晚期圈地运动的历史背景和原因分别进行了分析和论述，之后回顾圈地运动的过程，分析圈地运动的影响。因其著作的侧重点在都铎时期，因而对圈地运动研究的侧重点主要在早期圈地运动，对圈地者成分的分析论述有独到之处。同时对圈地运动的评价上也突破了传统的观点，认为持续 300 多年的英国圈地运动构成了资本原始积累全过程的基础，破坏了封建的生产关系，为英国资本主义工业的发展提供了大量的、廉价的劳动力，并且提高了农业劳动生产率,为英国资本主义经济的发展打下了坚实的基础,同时注意到了农业的基础性作用及对工业发展的积极影响。限于对都铎时期经济的研究,该著作对英国议会圈地运动的论述比较简略。

国内圈地运动的另一类研究成果主要是发表在各类刊物的论文。限于篇幅,这类论文一般只能就圈地运动某个时期的某一方面进行论述,有些侧重于圈地运动过程的整理,有些侧重于圈地运动某方面的影响,有些侧重于对圈地运动的认识。比较有影响的论文分别概述如下:

《近年来国内英国史研究综述》[1] 一文对改革开放前后国内英国史研究的新动态作了概括性的总结,其中圈地运动也是这一阶段比较主要的课题,主要涉及圈地运动的原因、意义、农民反圈地斗争的性质的讨论。但是这一阶段的研究成果主要以短篇的论文为主,反映出了改革开放以后学术思想的初步解放,开始打破政治化的学术观点,开始了有益的争鸣和探索。但多篇论文所利用的资料也很有限,其水平远远赶不上 20 世纪 60 年代蒋孟引先生的研究成果。武汉大学向荣教授的论文《茶杯里的风暴——再论 16 世纪英国的土地问题》[2] 以西方史学界对 16 世纪圈地规模及程度的学术争议为切入点,重点探讨圈地运动同 16 世纪英国社会心理的关系。从广义和狭义两个方面对圈地进行了重新定义,使圈地的定义更为完善。他认为基督教伦理的作用并不是完全消极的,使人们在剧烈的物质利益的冲击之下保存了对公正和善良的追求,它在一定程度上抑制了圈地运动可能造成的更大的社会罪恶,有助于英国的土地制度变革朝着平稳和人道的方向发展。该篇论文视角独特,结合 16 世纪经济形势从社会心理方面揭示英国圈地运动缓慢进行的原因,说明 16 世纪的圈地运动规模及进程并不是疾风暴雨,其规模和影响并非像传统唯物主义历史学家所认为的那么严重,同时对"羊吃人"的传统观点无疑也是挑战。

《论英国圈地运动与工业革命的劳动力来源》[3] 一文对传统史学观点"圈地运动为工业革命提供了主要的劳动力来源"提出质疑,认为圈地运动与工业革命在劳动力供应上并无严密的因果关系。圈地运动在不同时期

---

① 祝立明:《近年来国内英国史研究综述》,《思想战线》1981 年第 3 期,第 93—94 页。

② 向荣:《茶杯里的风暴——再论 16 世纪英国的土地问题》,《江汉论坛》1999 年第 6 期,第 77—82 页。

③ 沈玉:《论英国圈地运动与工业革命的劳动力来源》,《浙江大学学报》(人文社会科学版)2001 年第 1 期,第 96—101 页。

和不同地区对农民所造成的影响是不同的，圈地为工业提供自由劳动力的作用是有限的，因而，圈地并未给工业革命提供主要的劳动力来源。工业革命的劳动力主要来源于人口的自然增长，而由圈地运动所产生的劳动力只是英国工业革命劳动力的来源之一。此文可谓对传统观点的修正说，仅从劳动力方面论述了圈地运动的影响，认为早期的圈地运动对农民的影响程度比较轻，并未造成农民与土地的最终分离。后期圈地运动因其规模大、范围广，对农民的影响程度较深，但主要体现在土地的集中方面。农民的衰落与圈地并没有直接的因果关系，圈地运动结束后仍存在着农民，整个圈地运动并未突然地、猛烈地把农民从土地上赶走，这一过程是逐渐而持久的。事实上，圈地也没有最终消灭农民阶级。作者认为工业革命劳动力的来源主要有：人口的增长、传统手工业者队伍变成了工厂工人、移民（包括国内移民和国际间的移民）、农民，女工和童工也是工业劳动力的来源之一。该论文既是对传统观点的修正，也是对传统观点的补充和完善，对于我们科学理性地分析圈地运动的影响，无疑很有借鉴意义。与该篇论文类似的还有《1760—1830 年英国议会圈地运动对小农的影响》[①]一文，对史学界的传统观点——"议会圈地加快了小农的衰落"提出了质疑，认为汤因比、哈蒙德夫妇等把圈地在小农衰败过程中的作用不恰当地夸大了。圈地本身并不是小农衰败的根本原因。并指出，面对圈地以及与之俱来的种种变化，小农自身状况的不同，决定了他们采取不同的反应，并由此出现不同的命运，这是理解圈地对小农影响的关键。圈地并不是导致农村剧变的关键因素。小农衰落有其自身规律，它开始于圈地以前，并延续到圈地以后。圈地只是加快了这一历史进程。圈地由于其独特的性质，可以在短期内迅速改变整个乡村的面貌，并摧毁小农经济的社会基础，但小农固有的特征决定在圈地以后相当长的一段时间内，他还要为保持自我而苦苦斗争。导致小农衰落的原因还应该在复杂的经济和社会结构中去寻找。有关圈地运动的影响方面比较重要的论文还有《圈地运动与资产阶级革命》[②]，认为圈地运动变革了封建的土地所有制，在农牧业上出现了体现资本主义生产关系的农牧场，从而出现了经营资本主义农业

---

① 唐昊：《1760—1830 年英国议会圈地运动对小农的影响》，《安庆师范学院学报》（社会科学版）1999 年第 4 期，第 86—89 页。

② 徐飞：《圈地运动与资产阶级革命》，《贵州民族学院学报》（社会科学版）1989 年第 2 期，第 79—83 页。

的新贵族和资本主义农业的生产者——农牧场雇佣工人。这对英国资产阶级革命的发生和发展都产生了很大的影响。在圈地运动中成长起来的新贵族在革命过程中发挥了重要作用，也促进了革命后资本主义农业的发展。其所论述的核心是圈地运动促进了资本主义的发展，资本主义的发展推动了资产阶级革命的发生。资产阶级革命后建立的资产阶级政权又进一步推动了圈地运动的发展，而圈地运动又进一步推动了资本主义的发展。《略论农业与英国工业化》[①] 一文则突出强调了农业的基础性地位，认为圈地运动的结果是形成了一批资本主义租佃农场主，封建土地制度崩溃，为英国资本主义大农业的发展扫除了障碍，促进了农业生产的增长和农业劳动生产率的提高，从而为资本主义大工业的发展提供了粮食、原料、市场、资金和劳动力。

北京大学黄春高先生曾发表《14—16 世纪英国租地农场的历史考察》[②] 一文，对埃伦的观点基本持赞同说，认为租地农场的出现是资本主义萌芽的形式之一，但大的资本主义租地农场不是农民经济突破和发展的必然的唯一的出路。14—16 世纪英国租地农场的发展并没有表现出压倒一切的优势，相反在与农民家庭农场的竞争中它表现平平。无论从数量还是质量上看，租地农场的力量在当时仍是零星而弱小的，在生产力和生产关系上都没有重大突破。而叶明勇教授的《英国议会圈地后农场经营问题的讨论》[③] 一文则认为应当慎重地看待埃伦的观点，指出圈地及资本主义大农场的发展是英国农业生产上的一个巨大进步。与此类似的论争还有资本主义大农业先进性问题的讨论。《近代英国"大农业"体制新论》[④]一文认为，圈地运动及其建立的资本主义大农业经营体制给工业资本的积累带来诸多不利，也导致了英国农业的衰落。而王章辉先生的《大农业

---

① 金波、永翔：《略论农业与英国工业化》，《苏州大学学报》（哲学社会科学版）1990 年第 3 期，第 108—113 页。

② 黄春高：《14—16 世纪英国租地农场的历史考察》，《历史研究》1998 年第 3 期，第 130—143 页。

③ 叶明勇：《英国议会圈地后农场经营问题的讨论》，《武汉大学学报》（人文科学版）第 57 卷，2004 年第 3 期，第 176—182 页。

④ 徐正林、郭豫庆：《近代英国"大农业"体制新论》，《历史研究》1995 年第 3 期，第 145—159 页。

不是英国农业和经济衰落的原因——与徐正林和郭豫庆同志商榷》① 一文则针锋相对地进行了批驳，认为 1760 年以后英国资本主义大农业的发展适应和推动了英国的工业化，因此对英国的强盛做出了自己的贡献，而不是相反。最后指出，国外学术流派五花八门，什么样的观点都有，我们在吸收国外的研究成果时，有必要扎扎实实地下一番去粗取精、去伪存真的功夫，不能见到什么新观点都去搬来，盲目照抄，更不能根据某种需要随意剪裁历史、伪造历史。此外，王章辉先生的《圈地运动的研究近况及资料》② 一文主要对 18、19 世纪议会圈地运动的研究概况做了述评和总结，认为英国从 13 世纪就开始圈地，在 15 世纪最后 30 年已达到一定的规模，直到 19 世纪中叶才基本结束，前后经历了大约 6 个世纪。他将圈地运动置于更广阔的时段之中，同时也提出了很多颇有见地的观点，为进一步研究英国的圈地运动指明了方向。

　　20 世纪 80 年代初期，郭振铎先生就发表了《略论英国的圈地运动》③，在传统史学观点的基础上，已经有所前进。该论文不仅简略地回顾了圈地运动的历程，还在对圈地运动的评价方面有所突破，认为圈地运动不仅是暴力剥夺农民资本的原始积累过程，同时也冲击了英国封建的社会秩序，横扫了农村中一切传统的关系，造成了英国农村资本主义化的一场"农业革命"，摧毁了封建的土地所有制，使之逐渐转化成为资本主义土地所有制。冲破传统史学观点，对英国圈地运动的性质与意义进行重新认识和评价的论文有《重评圈地运动与英国城市化》④、《应全面认识英国圈地运动的历史地位》⑤ 等。前一篇论文认为圈地运动没有显著加速英国城市化进程，其对城市的影响远没有在农村造成的后果深远。它直接推进了英国乡村非农化发展进程，带来了农村社会结构和经济结构的深刻变革，为下一个世纪大规模农村劳动力转移和城市化运动奠定了雄厚基础。

---

　　① 王章辉：《大农业不是英国农业和经济衰落的原因——与徐正林和郭豫庆同志商榷》，《史学月刊》2000 年第 1 期，第 76—83 页。

　　② 王章辉：《圈地运动的研究近况及资料》，《世界史研究动态》1984 年第 5 期，第 12—17 页。

　　③ 郭振铎：《略论英国的圈地运动》，《史学月刊》1981 年第 1 期，第 69—75 页。

　　④ 谷延方：《重评圈地运动与英国城市化》，《天津师范大学学报》（社会科学版）2008 年第 4 期，第 35—39 页。

　　⑤ 王克玲：《应全面认识英国圈地运动的历史地位》，《山东财政学院学报》2004 年第 4 期，第 14—16 页。

而后者则以重新解读马克思的《资本论》为基础，结合相关的史料更为全面地分析了圈地运动的影响，并结合我国的实际情况作了有益的总结和归纳。《也谈英国圈地运动的性质》① 一文既坚持传统史学的方法和观点，又进一步全面论述圈地运动的性质，重新阐释圈地运动的暴力是"革命暴力"，不应视为"反革命暴力"，起决定性作用的力量不是暴力本身，而是经济力量，即"以某种经济关系的社会职能为基础的"暴力。《试论英国农民反圈地斗争的性质》② 则从相反的角度论述圈地运动的进步性，认为圈地运动作为一次土地革命，其中心任务就是消灭封建土地所有制，确立资本主义土地所有制。而农民的反圈地斗争则与此相反，因此它不具有革命的性质。英国农民的反圈地斗争，从道义上讲，无疑具有反剥削、反压迫的色调，理应给予同情，但"道义"不是说明历史问题的原则和出发点。从历史发展的角度来看，英国农民反圈地斗争的性质是保守的，甚至是反动的。这类论文的相同或相似之处是都对圈地运动的影响和作用作出了不同于传统史学观点的论述，是打破权威论断、史学认识多元化的反应，也反映出了国内对圈地运动进一步研究的不同视角，有利于重新全面地认识圈地运动的性质和影响。尽管有些论点尚需进一步考证和分析，但其本身的质疑精神对于启迪我们全面思考、科学理性地分析史料，唯真唯是、论从史出依然有着积极的借鉴作用。

关于英国土地制度变革的论文中也多有涉及圈地运动，从另外一个角度论述了圈地运动在英国土地制度变革中的影响和作用，但此类论文并非专门论述圈地运动的论文，因此关于圈地运动的历程、影响都较为简略。如王晋新教授的论文《论英国都铎王朝时期的地产运动及其历史意义》③和《试论都铎王朝时期英国土地占有权的变革》④，都对都铎时期土地制度的变革和土地占有权的流转进行了深刻的论述，从而说明都铎时期一是土地所有权出现了大规模的更换，一是土地占有权的结构、成分发生巨大的变革。而圈地运动与土地制度的改革相互联系，互为因果，相互作用，

---

① 张天：《也谈英国圈地运动的性质》，《史学月刊》1983年第3期，第75—80页。
② 郝承敦：《试论英国农民反圈地斗争的性质》，《齐鲁学刊》1988年第4期，第85—88页。
③ 王晋新：《论英国都铎王朝时期的地产运动及其历史意义》，《松辽学刊》（社会科学版）1992年第2期，第89—96页。
④ 王晋新：《试论都铎王朝时期英国土地占有权的变革》，《东北师范大学学报》（哲学社会科学版）1991年第6期，第63—69页。

最终是小农经营的衰落和大规模农场的兴起，同时贵族、乡绅、约曼阶层在都铎时期的土地制度改革中成为获利最多、受益最大的阶层，从而促使社会经济阶构和阶级结构的变化。咸鸿昌先生的《圈地运动与英国土地法的变革》[①] 一文从法律史的角度对圈地运动进行研究，认为最初的圈地是在封建土地保有制的基础上发生的，普通法不承认维兰的财产权，使领主圈地具有了合法性依据，为圈地的产生和发展创造了有利的法律环境。《土地产权的变革与英国农业革命》[②] 一文则认为圈地运动是英国土地产权变革的方式，而制度性因素是技术性因素得以推广的前提条件。只有土地制度的变革，才会有农业革命的发生和发展，因而圈地运动是英国农业革命的前提条件之一。该篇论文从制度性变革与技术性变革的关系，也就是生产力与生产关系作用与反作用方面论述了圈地运动的性质和影响的一个方面。

国内对英国圈地运动还有一类重要的研究成果便是高校尚未出版的硕博士学位论文，但在选题和研究重点上均非全面研究英国圈地运动史。其中多集中于英国经济史或社会史等相关领域的选题中。有些学位论文是在土地制度变迁的过程中涉及圈地运动，如邱谊萌的博士学位论文《16—19世纪英国土地制度变迁研究》（辽宁大学，2008年）、郭爱民的博士学位论文《十八、十九世纪英国地产结构研究》（南京大学，2004年）。有些侧重于研究某个阶段或时期的圈地运动，如倪正春的硕士学位论文《18—19世纪英国议会圈地研究》（天津师范大学，2005年）、陶峻的硕士学位论文《英国都铎时期的前期圈地运动》（天津师范大学，2006年）。而有些是研究英国社会转型时期与土地相关的问题时涉及圈地运动，如孙庆桃的硕士学位论文《英国社会转型时期土地市场发展探研》（首都师范大学，2008年）、王义松的硕士学位论文《转型时期英国乡村现代化问题研究》（天津师范大学，2007年）。有些则是在"三农"问题中涉及了圈地运动，如黄春高的博士学位论文《14—16世纪英国农民经济——分化与突破》（北京大学，1996年）、谷延芳的博士学位论文《工业革命前英国农村劳动力转移研究》（东北师范大学，2002年）、郭爱民

---

① 咸鸿昌：《圈地运动与英国土地法的变革》，《世界历史》2006年第5期，第61—69页。
② 郭爱民：《土地产权的变革与英国农业革命》，《史学月刊》2003年第11期，第66—70页。

的硕士学位论文《英国农业革命及对工业化的影响》（天津师范大学，2001 年）。

在以上所列举的硕博士论文中，专门研究圈地运动的仅有倪正春及陶峻的两篇硕士学位论文。其他论文的研究重点均非圈地运动，仅是在相关的问题中涉及圈地运动，涉及的内容有多有少、有深有浅，但对于全面探究圈地运动的起因、发展历程、意义影响等方面仍然有着较为重要的参考价值，可以起到指引门径、拓宽思维、对比思考的重要作用。其中涉及圈地运动问题较多的有郭爱民先生的博士学位论文，但限于其研究的重点是18、19 世纪英国的地产结构，所以对圈地运动的研究也仅限于相应的时期，即英国议会圈地运动时期。在研究的方法上也主要以地产结构的成因性因素来探析圈地运动。该论文对于研究后期圈地运动的参考意义在于其大量采用了很多较新的英文文献，个案剖析深入细致，分析总结深刻透彻，而对于圈地运动宏观研究则较为简略。此外，黄春高博士的学位论文在分析 14—16 世纪英国农民经济的分化时也对早期圈地运动有较多的论述，但主要限于早期圈地运动对农民经济分化的影响方面，而对于圈地运动的史实与过程则无深入细致的研究。邱谊萌博士的学位论文以西方新制度经济学为理论基础，运用历史经验归纳法、分析叙述法和需求供给分析法，借鉴丰富的英文资料，对 16—19 世纪英国的土地制度变迁进行了全面、系统的分析和研究。认为土地私有产权从不完全到完全的制度变迁是土地所有者的根本利益所在，也是英国经济长期增长的决定性因素。而土地产权从不完全到完全的制度变迁主要是通过圈地运动来完成的。圈地运动从前期到议会圈地运动历经了诱致性制度到强制性制度的变迁过程。其中对中世纪晚期英国的敞田制、骑士领有制、公簿持有制等从土地制度的产权方面作了大量的论述，认为上述制度都是一种私有产权不完全的土地制度，而废除不完全私有的土地制度，确立完全的土地私有权是 16—19世纪英国土地制度变迁的基本方向。在确立了土地完全的私有产权后，不仅使敞田制下分散的小块土地得到了集中，而且通过土地的并购加速了土地的集中，从而实现了土地的规模经营。正是有了土地的规模经营，土地制度变迁才会产生极大的经济绩效。该文论述的重点和大量的篇幅在于土地制度变迁的过程和影响。圈地运动尽管是土地制度变迁的重要途径和外在形式，但该文论述却较少，因而基本不属于研究圈地运动的专著。但其采用西方新制度经济学的理论来探析英国土地制度的变迁，对于研究圈地运动的意义方面仍然具有一定的参考作用。该文视角独特，方法灵活、资料新颖，具有一定的创新价值。

在两篇专题研究英国圈地运动的硕士学位论文中，倪正春的《18—19世纪英国议会圈地研究》一文较为系统地介绍了该时期英国议会圈地运动兴起的各种原因、程序、方式和进程，认为议会圈地方式体现出公开性与法制化的特点。还分析论述了议会圈地运动所遇到的抵制，包括抵制圈地的阶层和抵制圈地的方式，最后论述了议会圈地所产生的社会及经济影响。该文资料翔实，尤详于圈地个案的微观研究，不失为研究后期议会圈地运动的重要成果。但该文的研究范围仅局限于18、19世纪，也就是英国议会圈地运动的高峰时期，而未能把议会圈地运动作为一个整体的历史过程进行系统完整的研究。限于篇幅和研究的侧重点，也未涉及同时期非议会圈地运动，在议会圈地运动的宏观研究与概括总结方面尤显不足。陶峻的《英国都铎时期的前期圈地运动》一文研究的范围更为集中，主要研究都铎王朝时期前期的圈地运动。这篇论文主要研究该时期圈地运动的背景及原因，概括介绍了都铎时期圈地运动发生和发展的历史进程，同时还对史学界长期以来一些传统的观点诸如圈地运动的"暴力"问题、圈地后农业劳动生产率是否大幅度提高等问题进行了质疑并提出自己的观点。该篇论文既有宏观的概括总结，也有对个别地区的微观聚焦，在圈地进程上也大量参考了西方的研究成果，综合比较，总结出了都铎王朝时期的圈地进程及数量。但是都铎王朝时期的圈地数量在英国整个圈地运动史上并不占很大的比例，然而反对圈地的运动却尤为激烈，限于篇幅，这些重要的问题作者虽然提出来了，但却没有进一步挖掘并回答。在论述圈地运动的背景时也未能形成完整的体系，因而不能全面系统地阐述清楚圈地运动兴起的原因，对这一时期圈地运动的影响也未能进行深入具体的探究和总结，而仅在结语部分进行了简略的概括性叙述。因而对于这一较小时段内的圈地运动仍然留有较大的研究空间。

综上所述，国内史学界对英国圈地运动的研究虽然取得了多方面的成果，在史学理论和方法上也有所突破，但是有一些重大的问题依然需要深入研究和探讨。

（一）圈地运动前英国土地的所有、占有及使用情况、英国的历史地理、人口变动、经济发展概况是理解圈地起因的重要因素，但国内对这一问题的研究明显比较薄弱，对圈地运动的原因未能全面予以探究和揭示。

（二）圈地运动是英国历史上规模大、持续时间较长的重大事件，对其起因、经过、结果等基本的史实依然未能完全澄清，在史学研究上对圈地运动的阶段历程的划分零乱不一，在起讫的时间上也存在着较大的分歧和差异，在圈地的地域及数量上更是参差不齐。尤其前期圈地运动在研究上显得更为含混不清，后期议会圈地运动的程序，所颁布的圈地法令，圈地数量，圈地后土地的利用等问题都没有很好地得以解决。

（三）鉴于史实不清的基本问题，对圈地运动的起因、性质，对英国社会近代化历程及各个因素的影响和作用等问题都没有得到完整而准确的阐释。一些学者的研究虽然也突破了传统的史学理论与观点，出现了很多富有创见性的论断。但从总体而言，这些真知灼见零乱而分散，没有更好地探索其内在的联系和规律，史学的鉴识功能和现实意义受到了很大的削弱。在土地权属、土地使用权的流转、土地资本的优化配置、土地资源的开发和利用方面对我们国家土地制度改革的启示和鉴戒作用明显受到了影响。

（四）限于研究的侧重点和篇幅，很多的研究依然停留在表象，未能深入探讨圈地运动与各种社会因素的内在联系。比如圈地运动与市场价格因素、圈地运动与工农业生产的劳动力问题、圈地与土地利用问题、圈地与地租、圈地与城市化进程、圈地与工业化进程等一系列问题的联系及内在规律都没有得到明确的归纳与阐释。

鉴于国内在研究上的成果与不足，本书所要完成的主要任务和创新之处在以下几点：

（一）全面研究和论述中世纪晚期英国土地所有、占有制度、历史地理、人口变化、经济发展情况，从土地制度、自然因素、经济因素、人口因素等方面全面论述英国圈地运动发生的原因。其中自然因素和人口因素在以往的研究中都往往被忽略。

（二）通过系统的研究全面整理与概括圈地运动的经过，整理圈地运动的史实，包括圈地现象的出现、早期圈地运动、都铎及斯图亚特王朝时期的圈地运动、议会圈地运动、议会圈地运动期间的非议会圈地运动、各个时期圈地的进程及圈地数量，同时论述圈地运动与土地制度的改革、圈地后土地的利用情况、土地经营方式的变化等，较为系统完整地展现圈地运动的历程。

（三）全面分析论述圈地运动的各方面影响，包括圈地运动对土地制度、土地所有权、农业生产、农场规模、农村社会、农业革命、社会生活等各个方面的影响，尽可能科学理性地分析圈地运动的性质及地位，突出展现圈地运动在英国社会近代化进程中的积极作用，圈地运动与农业革命，农业革命与工业革命的相互作用，从而说明圈地运动、农业革命、工业革命这三个因素间的层层推进而相互影响，实际上在国内成为英国以工业化与城市化为主要特征的近代化过程中并驾齐驱的"三驾马车"。

（四）探求圈地运动所引起的土地制度变革的成功规律，在土地所有权及使用权方面成功地解决了传统与变革的矛盾，既废除了土地上所附带的公有制残余，消除了公有权利，又维护了以新贵族为代表的大地主、大贵族的利益，同时又为资本主义的发展开辟了道路。英国在近代化的道路上较为有效妥善地解决了各方利益，与世界其他各国相比，较为稳定地实现了社会的平稳过渡。土地制度的成功变革是农业迅速发展的前提，而农业的迅速发展又为工业的发展奠定了基础，是英国在近代化过程中率先实现工业化的基础。本书拟揭示其通过圈地运动实现土地制度变革的成功规律，为我们进一步推进土地使用权的合理流转提供历史经验和借鉴。

（五）圈地的历史就是圈地制代替敞田制的历史，因而理解中世纪晚期敞田制的特点和弊端是理解圈地运动的关键。全面解释敞田及圈地，重新认识圈地运动起讫时间、历经的阶段及过程也是本书的创新之处。

（六）由于资料的残缺不全，对于各个阶段的圈地数量，以往的研究结果有很大的差异，综合所有史料，尽可能合理地研究推算出各个阶段的圈地数量，揭示圈地运动的进程。

三　概念的界说及相关的说明

关于圈地的含义实际上与对圈地运动的研究密切相关。近年来，西方史学界认为传统的观点把圈地运动这一极其复杂的社会现象描述得过于简单化了。琼·瑟斯克说："在本世纪（20世纪）头二十年，都铎王朝的圈地运动受到经济史学界更多的青睐，从那时起人们没有试图在新的知识基础上对这些旧观点重新加以考虑，而是不断重复一个使我们现在正处于把复杂问题过于简单化的危险之中的旧观念。"[1] 克里基也说："我们设想敞地制是古老的形式而圈地制则是新的、经过改进的形式，这是不符合历

----

[1]　J. Thirsk, *The Rural Economy of England*, Hambledon, 1984, p. 65.

史事实的。实际上，不论是敞田或圈地主要依据地区的特点，在一些地区用篱笆圈地是不可能的，而在另外一些地区这样做则是不可避免的。"①

因此，英国史学家认为应对传统的圈地观念加以修正。

按照传统观念，圈地一词的含义只是用篱笆把土地圈围起来而已。对此，英国史学界提出异议。斯莱特认为圈地一词应包含三方面内容："其一，将分散的地产合并，结果导致所有权和占有权混合现象的消失；其二，公共权利的废除；其三，用篱笆和沟渠将各自的土地圈围起来。"②他还进一步做了补充性的说明："英国农村社会从中世纪以来一个最核心的问题通常表述为圈地。首先，圈地意味着用篱笆、壕沟或其他障碍物圈围一块土地，从而阻止其他人或动物的自由进入。其次，在农业方面，在耕地中间圈占出一块耕地往往是将耕地转化为牧场的准备，竖起藩篱等物使放牧的牲畜被圈在里面。在开放的公共牧场里的圈地往往是准备将牧场转化为耕地，以阻止牲畜的进入。但是无论哪种类型的圈地，其藩篱等物则是被圈占土地在所有权和占有权方面独有和排他的标志。最后，圈地伴随着被圈占土地上的公共所有权在一定程度上的废除和取消，代之以个体所有和独自占有。"③ 马克·奥弗顿也有类似的观点，他认为圈地应该包括以下几方面的过程："建立土地的租赁体系，公共所有权的消除，农场布局及田地界限的变更，农场的合并重组及集中，土地使用的根本变化。尽管这些过程相互影响并彼此作用，但是这些过程并不一定要综合为一个系统的过程。"④ 显然他对圈地的定义更为宽泛，不仅指在外在形式上用篱笆、栅栏、石块、壕沟或其他障碍物圈围一块土地，也指不含外在形式上圈围土地的所有及占有制度的改革、土地利用方式的变化、农业生产组织方式的改革与重组等，其侧重点不指圈地的外在形式而在于圈地所引起的土地占有及使用制度的改革以及由此带来的一系列的变化。简而言之，也就是土地所有及占有制度、农业生产、土地利用三者的任一改革和变化，都属于圈地的范畴。

---

① E. Kerridge, *The Agriculture Revolution*, London, 1967, p. 19.

② Gilbert Slate, *The English Peasantry and the Enclosure of Common Fields*, New York: Augstus M. Kelley Publishers, 1968, p. 7.

③ Ibid., pp. 1 – 2.

④ Mark Overton, *Agricultural Revolution in England*, Cambridge University Press, 1996, p. 147.

传统观念还认为圈地的目的必然是变耕地为牧场，养羊获利。其实也不尽然。16 世纪的圈地目的也是多种多样的，有些人圈地固然是变耕地为牧场，但有些人圈地是为了改进耕种方式，多打粮食，后者主要发生在16 世纪后期。同时，还有些圈地是为了开辟私人猎场。

圈地的含义和目的的复杂性引起英国史学界对圈地运动这一重大历史事件进行了热烈的争论，但是西方学者争论的着眼点大多集中在圈地所引起的公共权利的丧失和经济效益的提高等方面，较少涉及圈地运动对英国生产关系所产生的影响。

英国大规模的圈地运动主要是从英格兰中部平原实行敞田制的地区开始的。从某种角度来说，"圈地指的是以现在所盛行的私有及独占的土地关系代替敞田制下土地私有但却公共使用的混合的土地关系"。[①] 即圈地的历史也就是圈占敞田及与敞田密切相关的公用土地的历史，也是敞田制逐步消失的历史。"现在，我们懂得敞田这一用语的完整意义了；这就是敞着的，没有围垣的田，它和那种圈起来而能自主的地产是相对立的，宛如若干分立国的联邦同统一的君主国相对立一样。"[②]

综合许多学者的意见，可以总结出敞田制应包含如下四方面的基本内容：

其一，耕地和草场分成条形田，每个耕作者都占有若干分散在田地各处的条田。

其二，收获后的耕地、草场以及休耕地都要对所有村民的牲畜开放，作为公共牧场。

其三，公共牧场和荒地的存在，条田耕种者可享受在公共牧场和荒地上放牧、拾柴及采集其他生活用品之权利。

其四，上述各项规定及民众享有的公共权利，由民众集会、敞田的负责人或庄园法庭来制定。

敞田制具体的经营方法是每年春、秋播种的条田耕种后，各户负责将自己所种的地段用篱笆等物圈围起来，防止牲畜闯入，糟蹋庄稼。收获之后，春秋播种地连同休耕地一起敞开作为公共牧场，由村民共同使用，享

---

① Leigh Shaw-Taylor, "Parliamentary Enclosure and the Emergence of an English Agricultural Proletariat" *The Journal of Economic History*, Vol. 61, No. 3, (Sep., 2001), p. 642.

② [法] 保尔·芒图：《十八世纪产业革命——英国近代大工业初期的概况》，杨人楩、陈希秦等译，商务印书馆1983年版，第116页。

受对公地及收获地的使用权。可见敞田制的特点是耕地、草场、牧场和荒地都是开放性的，没有永久性的栅栏。圈地则是铲平条田地界，通过买卖、出租、交换、合并等手段将各家分散的条田集中成片，然后用篱笆等方式将田地永久性地圈围起来，此种做法意味着农民对村庄土地公共权利的丧失，尤其封建地主阶级在合并土地时往往使用暴力强迫农民退佃，使其离开世代赖以为生的土地，对社会产生了广泛而深远的影响。

综上所述，要全面理解圈地的含义，必须要联系敞田制的特征。

1. 在外观上，圈地指的是用篱笆、栅栏、壕沟、围墙或自然屏障等物将某块土地圈围起来。

2. 在土地占有上，圈地意味着将条块分割的条田合并，从而结束了敞田制下条块分割、交错分散的土地占有状况，使土地能够集中而自由地被使用。

3. 在土地用途方面，将耕地转化为牧场仅是圈地的一个方面，圈地后的土地用途复杂多样，有的圈地是将荒地、沼泽地转化为耕地，有的是将草地圈占为牧场，而有的圈地则根本不改变土地的用途。其类型多种多样，不胜枚举。

4. 在土地所有权及使用权方面，对某块土地的圈围标志着这块土地的完全私有化，在使用权上也是独占与排他的标志，即永久性地排除其他人在敞田制下在该块土地上享有的放牧权、拾禾权等公用权利。因而圈地消除了敞田制下土地所有权与占有权、支配权与经营权交叉重叠不清和相互矛盾的状况，以较为完全的土地私有制与单一的土地占有制代替了敞田制下不完全的土地私有制与集体的土地占有与支配制度。

圈占任何一个村庄的公用土地、草地和牧场，其圈地的方式和途径主要有以下几种[①]：

（1）通过议会圈地法令。

（a）通过个别圈地法令。

（b）通过 1830 年和 1836 年总则性圈地法令的规定。

（c）通过 1845 年总则性圈地法令及其以后的修正法令，由圈地委员及其后继的农业委员会进行的圈地。

---

① Gilbert Slate, *The English Peasantry and the Enclosure of Common Fields*, New York: Augstus M. Kelley Publishers, 1968, p. 6.

（2）通过集体所有者的共同协议。

（3）通过购买利益冲突方主人的一部分的权益。

（4）通过都铎时期国王的特许令。

（5）通过各种形式的力量和欺骗性手段。

从时间和进程来讲，如果从农民自发的圈地开始，英国的"圈地现象从 13 世纪开始，在 1450—1640 年得到迅速发展，当时的主要目的是增加庄园主可以得到的独占的放牧时间。而大量的圈地则发生在 1750—1860 年，这一时期主要是为了追求农业生产的效率。到 19 世纪末，英国圈占公用土地的过程实质上完成了"①。在圈地运动的过程中，英国有一半以上的土地都被圈占而成为牧场或农场。圈地运动呈现出明显的阶段性，前后跨了几个世纪，是一种渐进式的推进过程。总体来看，英国圈地运动的进程相对顺利而和缓，发展趋向是从自发式的圈地到封建政权限制禁止圈地，再到资产阶级议会通过法令合法圈地。本书研究的主要内容是英国圈地运动，即圈地成为波澜壮阔、影响广泛的政治和经济事件，并具有重大意义的社会运动。时间跨度大致在 15—19 世纪，之前出现的圈地本书称之为早期圈地现象和早期圈地运动。早期圈地运动在这里指的是黑死病流行之后 14 世纪后半期至 1485 年都铎王朝建立时的圈地运动，时间范围大概在 1350—1485 年，先后历经了金雀花王朝的后期、兰开斯特王朝、约克王朝的统治。早期圈地现象本书指的是 13 世纪初至黑死病流行传播到英国之前出现的圈地现象，虽然已持续了近一个世纪，但没有任何史料证实圈地现象已普遍出现并占有较大的份额，而且个别和零星出现的圈地行为并不具有代表性，也不足以产生较大的社会影响，所以还不能称之为圈地运动。但早期出现的圈地现象是圈地运动的源头和起点，因而本书也简要地进行考察和介绍。

————

① "enclosure." Encyclop? dia Britannica［M］.（《不列颠百科全书》〈圈地〉）2007. Encyclop e dia Britannica Online. 23 Sept. 2007 < http：//search. eb. com/eb/article – 9032595 >.

第二章　中世纪晚期英国土地
所有及占有情况

第一节　中世纪晚期英国土地制度的法理及实践

一　国王对土地最高所有权的确立

1066 年诺曼征服是英国历史上一个重要的转折点，征服的过程迅速而有规则，为英国引入了西欧封建的政治军事制度，即在英国逐步形成完备的封君封臣制度，加速了英国封建制度的发展。在土地制度方面，重申国王是一切土地唯一的、最终的所有者。"在中世纪早期，从理论上来讲，所有的土地都属于国王。"[1] "在西欧的法兰克，国王对一切土地的所有权只是一种虚构，而在英国则是事实。"[2] 威廉把土地赐给总佃户，以换取他们服兵役和其他服务，还换取缴纳一定比例的租税。另外，推行诺曼法，消灭所有的"自主地财产"（即私有土地）。诺曼法承认依附佃农的份地是"直接地"或"间接地"来自国王。"全国形成了这样一种体系：顶端是作为所有人的领主的国王，国王以下是他的直接封臣或总佃户，他们又是佃户的领主，后者可能是另一些佃户的领主等，一直到最低一级的土地持有者。"[3] 从上述两方面来看，都表明国王对一切土地都拥有最高的统治权。封建土地所有权是一切政治权力的重要基础，它既与政治统治权合一，又与封建等级制相关联。"诺曼征服后建立的英国王权是西欧最强大的封建王权，它虽然不时受到封建离心倾向的影响，却仍拥有对王国的强大统治权力。"[4] 推行这种制度有利于建立中央集权，实现并维护国

---

[1] Mark Overton, *Agricultural Revolution in England*, Cambridge University Press, 1996, p. 30.

[2] 蒋孟引：《英国史》，中国社会科学出版社 1988 年版，第 83 页。

[3] 沈汉：《英国土地制度史》，学林出版社 2005 年版，第 2 页。

[4] 孟广林：《英国封建王权论稿》，人民出版社 2002 年版，第 28—29 页。

家的统一，具有历史的进步意义。威廉还推行"军役占有制"，即骑士占有制，以服兵役为条件，给骑士分配封地。骑士对封地只有占有权和使用权而没有所有权。这种变化，史称"占有权革命"。开始骑士封地只限终身享用，后来逐渐演变成为世袭。这种对土地的占有制度后推行到整个英格兰，形成了直接从国王那里领受封土的各级封建贵族，而贵族又逐级分封。这样无论是贵族，还是中下层的维兰佃户，都只拥有土地的占有权。而且这种土地占有权的革命迅速、平稳、有序，对旧秩序的改造与新秩序的重建同时进行，绝大多数农民只是向一个与原来不同的贵族缴纳贡赋并在其土地上耕种，其基本的生存及社会秩序并未受到严重影响，因之减少了对外来征服的反抗与社会的剧烈动荡。威廉所进行的"所有权革命从来都没有退化为对土地的掠夺。在英格兰的每一部分，这次重要的土地分配都是由国王控制的，并且是由他的大臣按照威廉所制定的方针而贯彻执行的"。[①] 但是威廉统治时期获得土地的方式"并没有一个能包容一切的规则，也没有一个单一的、核心的计划。相反，我们看到的是成千上万的财产在二十年的时间内转移到了新领主的手中。其中很多是被国王从那些参与战争反对他的撒克逊大贵族那里没收来的，然后又分封给他的支持者。其他的则被用来建设紧凑的、防御性的封地，这些封地以城堡为中心，建立在忠诚性不是很可靠的地区，或者为了形成将来进一步侵略的跳板地带而建立"。[②]

　　到诺曼征服过程基本完成的 1086 年，"英格兰领受封地的国王直属封臣共 1400 人，其中 180 人为高级封臣。高级封臣分为两类：150 名世俗贵族和 30 名教会贵族。教会贵族历来等级森严，名分清晰。世俗高级贵族包括两级：12 人获地最多，地位显赫，称伯爵或大男爵（great baron），其余称男爵（baron）。高级贵族多是威廉亲属、原诺曼底公爵的庞幸和军事要员。他们的封地共占全国耕地面积的 80%。国王的直属封臣仿效上述做法，留下部分采邑（领地）作为亲辖领地，其余分给次一级的封臣"。[③]形成了以封建骑士领有制为核心的金字塔式的封君封臣体制。威廉还在所征服和进行有效统辖的范围内对土地占有、土地类别、村庄庄园、

---

　　① ［美］罗宾·弗莱明：《诺曼征服时期的国王与领主》，翟继光等译，北京大学出版社 2008 年版，第 202 页。

　　② 同上书，第 234 页。

　　③ 阎照祥：《英国贵族史》，人民出版社 2000 年版，第 35—36 页。

家庭及财产、赋役及牲畜等情况都进行了详细的类似于末日审判式的调查和统计,汇编成了详尽而丰富的《末日审判书》(*Domesday Book*)。这样,"随着一个全国范围的调查而结束了私人获得土地的行为,把每一个男爵的财产转化为典型的英国封建土地所有模式——也就是说,所有的英格兰的土地都是从国王手中而持有的"。① 这种完善的封建的金字塔,不仅是诺曼征服的产物,也是《末日审判书》调查的产物。这种调查既体现了国王的权力和意志,也体现了对全国土地的最高所有权,是对正在形成的封建土地制度的确认和维护。尽管《末日审判书》所目睹的土地所有权模式的巨大变化可能并不是任何王室计划的结果,然而,它却是直到1086 年政治生活的一个事实。无论是有意识的,还是无意识的,这次对于土地的重新分配都对王室的权力以及贵族的独立性产生了重要的影响。"王室土地以及男爵土地所有权的重构对于在英格兰王国上重建一个强大的君主以及一个合作的贵族统治作出了极其重要的贡献。"②

当然,贵族在英国有着特殊的政治和经济地位,贵族制度也历经了漫长的发展过程,脉系传承,繁衍更新,等级森严,逐步形成了以上院"五级"贵族为主体的贵族体制。关于贵族的概念,国内外学者的定义历来有较大的分歧,即便各种权威的工具书,如《威氏新国际大辞典》、《朗曼现代英语词典》、《大英百科全书》等对贵族的释义也众说纷纭,莫衷一是。其主要的分歧起源于贵族包括哪些成员,一般都认同那些国王授予爵位的五级贵族是当然的贵族,分歧主要是贵族是否包括历来教会的高级僧侣、骑士(knights)、乡绅(gentry)等。这些分歧的出现与英国贵族体制古老悠久、延续近千年的漫长历史有关。贵族体制的发展过程,正如复杂的历史进程,在不同的历史时期即有着不同的特点,要用一两句话来概括难免有偏颇。尽管如此,也不妨碍得出较为准确的概念,王乃耀博士参考国内外诸多学者对贵族的解释和定义,对贵族作出了较为全面的界定,认为贵族包括世俗贵族和教界贵族。对世俗贵族应作动态的理解,在不同的历史时期有不同的特定含义。在 14 世纪之前,世俗贵族是一个广义的概念,包括有爵衔的达官显贵以及骑士、乡绅等。15 世纪中叶以后,

---

① 〔美〕罗宾·弗莱明:《诺曼征服时期的国王与领主》,翟继光等译,北京大学出版社 2008 年版,第 236 页。

② 同上书,第 253 页。

世俗贵族是一个狭义的概念，只包括封有爵位的显贵，即公、侯、伯、子、男爵。14—15 世纪中叶之间，应视为广义世俗贵族概念向狭义世俗贵族概念过渡时期，其主要是由有爵位称号的贵族构成，但也包括少量的骑士和乡绅。教界贵族亦可称为"精神贵族"，在教阶体制确立后，指居于主教地位的高级僧侣。亨利八世宗教改革之后，指的是安立甘教的主教和大主教。没有无土地的贵族，到 17 世纪末，"以贵族为核心的英格兰和威尔士的大地主占有全国地产的 15%—20%"。①到 1790 年，"贵族占有的大地产在全国地产中所占的份额进一步上升到 20%—25%"。②对英国土地所进行的所谓新末日调查表明，"1873 年英国的五分之四的土地归 7000人所有，其中主要是贵族"。③ 英国贵族占有广袤的地产，从而拥有在其地产上从事各种经济活动的控制权，诸如发展农业、畜牧业、商业、采伐森林、开采矿山、扩张城市等。地产不仅是他们主要的收入来源，还成为最稳定、最安全的财产形式，也是资金筹集和借贷行为中最常使用而且是令债权人最为放心的抵押品。贵族占有的地产也参与金融业的活动，成为国家经济活动中隐性的基础，因而英国的贵族能够较长时期地掌控国家的经济命脉，参与国家的政治活动，掌握议会上院的话语权。18 世纪著名的托利派政治家博林布罗克曾把英国国家政权比作一艘巨舟，而"拥有地产的人是我们政治之舟的真正船主，而那些经营货币的人只不过是船上的乘客而已"。④ 作为财富的主要来源之一，土地几乎是能够保证权力长久的唯一途径。

"英国传统社会的土地关系的基本特征为封建庄园主的土地所有制与农民的小土地占有制相结合，也就是说，土地关系具有所有权和占有权两个层次。"⑤ 从理论上来讲，一切土地的领有都来自国王，所有中间领主直到农民都是临时的占有者及使用者，他们对土地没有任意处分的权利。但是封土的层层封受使所谓所有权问题变得毫无意义。虽然西欧通行的原则是没有无领主的土地，但实际上即使真正的土地所有者也未必能行使其

---

① 姜德福：《社会变迁中的贵族》，商务印书馆 2004 年版，第 155 页。
② 同上。
③ ［英］阿萨·勃里格斯：《英国社会史》，陈叔平等译，中国人民大学出版社 1991 年版，第 277 页。
④ 姜德福：《社会变迁中的贵族》，商务印书馆 2004 年版，第 XV 页。
⑤ 杨杰：《英国农业革命与家庭农场的崛起》，《世界历史》1993 年第 5 期，第 4 页。

所有的权利。各级封建主都是事实上土地的占有者，享有土地上的各种权益。而这种事实上的占有发展到一种极致就是所谓的"地域化"，即土地上公权私权的统一，公法私法的统一。一个领主就是他的土地上的绝对统治者，享有从司法、行政到经济等多方面特权。这是封君封臣制在封土制作用下出现的统治方式的一种改变。

总体而言，11—13世纪英国土地制度的特点，可以用三句话概括："从组织上看是庄园制度的普遍化和系统化；从阶级实质上看是封建领主的等级所有制；从其分配和占有方式上看依然是农村公社土地制度。"①

二　爱德华一世统治时期的土地立法

13世纪时，领主经常合并一些死亡或迁徙的佃户的份地，同时东盎格利亚地区的土地交易频繁，土地的出售和买进、出租和交换也很活跃。农民的份地出现了较大的变动，贵族的土地也经常易手。1279年3月，爱德华一世和他的顾问们，任命了一个约25人的委员会对土地及其占用情况做了一次广泛的调查，调查项目包括：从男爵到农奴土地占有的数量、完成的职责和劳役情况、是否超量占有土地等。这次调查详细严格，委员在调查时都要宣誓不徇私不害怕，不接受教会的恩赏和贿赂。调查逐郡逐百户区而展开，因而这次调查也称"百户区调查"，在调查的郡中要选取12名骑士代表协助专门委员会开展调查，同样也要宣誓严明公正地履行职责。1279年底完成了全部调查，为国家进行地租划分、行政管理、法律诉讼提供了可靠的依据。

这次调查表明，王室对封地的权力已经失去很多，其中最严重的是转到教会的团体和个人手中，成为免于赋役的"死手地"。为了扭转这种局面，爱德华一世在1279年即颁布了《永远管业法》，规定"宗教界人士没有任何特许，将不能进入各个封地。无论任何人，教会的或其他人不得擅自买或卖，或在赠与的外表之下，或以出租的名义，或以任何其他名目，接受任何人或用任何其他诡计、手法占有属于他人的任何土地"。法令还规定："无论任何人，宗教界的或其他人……如果把这种转让的土

---

① 孔令平：《七—十三世纪英国农村公社土地制度的演变》，《英国史论文集》，生活·读书·新知三联书店1982年版，第21页。

地，立即在让渡之时起一年内转为封地，并继承之，将被认为是合法的。"① 这个法令，显然是为了增加国家，特别是王室的赋税收入而禁止教会，也禁止其他人把国王的封地转为逃避赋役负担的"死手地"。

1290 年 7 月，爱德华一世又颁布了《买地法》，也称《威斯敏斯特Ⅲ规约》（*Statutes of Westminster Ⅲ*）。②法令规定："兹特准许、规定和命令，从今而后，每个自由人按他自己的愿望，出卖他的土地和保有物或其中的一部分，都是合法的。条件是封土承受人得按照他的封土授予人以前持有该项土地的那种义务……立即对该主要领主承担相应于该片土地的应尽的义务。"③此法令也可表示为：如果 B 自领主 A 处持有封地，而全部出卖给 C，就应该由 C 向 A 履行义务，则封地可以出卖。《买地法》进一步从法律上承认了封土买卖的合法性。该法律规定，封臣可以自由转移封土的一部分或全部，只要采取代替的方式使原封臣退出封建阶梯，而由新受地者与封君直接发生关系，相应的义务一如所旧。总之，封土的转移越来越频繁，而买卖的不断发展则标志着封土制的衰落。这一法令的重要性在于它给地产的分割提供了更大的方便，在于国王直属佃户的增多，而与此同时自由佃户的数量也急剧增加。

上述法令的颁布说明，13 世纪时土地在实际占有上也出现了频繁买卖和流转的现象，因而一切土地皆归国王所有只是一种理论，一种土地和收取赋役赋税的原则而已。在土地实际的占有上既有各级贵族，也有大小的封建主，最终经营耕种土地的则是以各种租佃方式占有土地的各类农民，赋役或赋税负担最终还是要落到各类农民的身上。

三　农民对土地的占有情况

一般认为，11—13 世纪是英国农奴制的形成与兴盛时期。这一阶段的农民大体可分为农奴，也称维兰、自由农民及其他身份的农民。在1279 年百户区调查的档案中，"维兰总数有 10581 户，自由农民 2826户"。④

---

① 蒋孟引：《英国史》，中国社会科学出版社 1988 年版，第 151—152 页。
② 爱德华一世在 1275 年、1285 年还分别颁发了《威斯敏斯特Ⅰ规约》（*Statutes of Westminster Ⅰ*）和《威斯敏斯特Ⅱ规约》（*Statutes of Westminster Ⅱ*），在下文与其相关的章节里将提及。
③ 蒋孟引：《英国史》，中国社会科学出版社 1988 年版，第 153 页。
④ 同上书，第 145 页。

维兰身份的重要标志是要缴纳婚姻税、继承税、获准进入或离开庄园的税金。英国法学家勃拉克顿有句名言："如果一个人提供的是不确定的服役，即今天晚上还不知道明天早上干什么，那他就肯定是一个农奴。"① 维兰还必须负担劳役地租、实物地租和货币地租。"领主要求一个人提供的劳役量与他持有份地的大小大致相当。一切都取决于份地的大小。"② 从 13 世纪的法律来看，维兰是领主的一种动产。领主可以任意买卖维兰占有的土地，同时维兰没有领主的允许不能离开土地，更不能转让土地。但这些法律条文都是根据罗马法的原则制订出来的，13 世纪英国社会的实际情况与这些法律条文有很大的差别，甚至同属一个领主的各个庄园情况也有差异。

自由人和维兰之间的区别，主要有以下四点：第一，自由人的负担是不固定的，而维兰的负担，除了习惯性的劳役负担之外，还有些不固定的负担；第二，维兰不能自由迁徙，固定在土地上。这就意味着连依附谁维兰都是没法自由选择的；第三，维兰必须缴纳婚姻税和其他苛捐杂税；第四，维兰不受到王室法律的保护，拒绝法律保护——这是农奴制的中心事实。这四个方面的不自由，都表明了维兰的身份具有较强的依附性。但是维兰的身份还具有租佃者特征的另一面。他所有的不自由和依附性都是对其领主一人，他只是依附于其领主，除了其领主外，维兰可以拥有与自由人签约的权利，可以具有拥有财产的权利。更为重要的是，维兰也保留了公社社员传统的占有份地的天然权利。维兰对份地占有的权利，通过亨利二世（1154—1189 年在位）的改革再次得到确认。亨利二世的改革规定，不能随意把维兰赶出庄园，禁止任意提高或增加维兰的劳役负担。恩格斯指出，在欧洲的中世纪，"封建剥削的根源不是由于人民被剥夺而离开了土地，相反的，是由于他们占有土地而离不开它。农民虽然保有自己的土地，但他们是作为农奴或依附农被束缚在土地上，而且必须以劳动或产品的形式给地主进贡"。③ 所以，英国中世纪的份地制就是产生超经济强制的人身依附制度的经济前提。但是，领主对农奴份地并没有真正的所有

---

① 王乃耀：《英国都铎时期经济研究》，首都师范大学出版社 1997 年版，第 74 页。

② ［英］亨利·斯坦利·贝内特：《英国庄园生活——1150—1400 年农民生活状况研究》，龙秀清等译，侯建新校，上海人民出版社 2005 年版，第 49 页。

③ 恩格斯：《美国工人运动——"英国工人阶级状况"美国版序言》，《马克思恩格斯全集》第 21 卷，人民出版社 1965 年版，第 387 页。

权，地主对农奴份地的所有权，只是名义上的，或只是一种法律的虚构。其实，领主对份地的权利，只是表现为领主取代公社向社员征收贡赋的权利而已，所以领主不可能用随时夺佃这种经济手段来控制维兰。这种以土地为纽带的超经济强制手段不是"靠土地所有权来实现的，恰恰相反，应该说，超经济强制是靠名义上的领主土地所有权来实现的。如果领主真有土地所有权的话，就用不着超经济强制手段了"。① 中世纪的自由，同古代的和当代的自由有着很大的不同，自由同依附似乎是相辅相成的东西。"在中世纪的社会中，没有一个人是完全独立的。农民从属于他的主人，甚至封建主也是比他大的封建主的附庸。土地所有者是他的土地的主人，但是他要服从于封给他这块地的人，并为他服务。封建领主的权利与附庸应尽的义务的结合，是封建社会各个阶层的每一个成员，包括居于最高地位的君主所具有的一个共同特点。"② 也就是说，自由和平等是以一定的依附关系为前提的，社会把每一个角色具体化和明确化，每个人只有在固定的角色中，才能享有相应的权利。"个人从属于集体，集体又从属于一个依附链。脱离自己所属的层次而争取更大的自由和平等，意味着自动脱离了整个社会，必须付出被社会排斥在外的代价。"③

事实上，在英国历史上存在过大量的自由农民，即使在农奴制的鼎盛时期，自由农民也占着较大的比例，并非农奴制形成之时，便是自由农民消失之日。相反，在这一时期自由农民还有逐步增加的趋势，且随着商品经济的发展和早期工业化的开始自由农民的分化也日趋加剧。自由农民有两个特点：他的身份应该是自由的；他领有土地的条件也是自由的。

其他身份的农民在英国各地的名称不一，他们处于自由佃户和维兰佃户之间，在有的地方被称作维兰索克曼（Villein sokemen）。维兰索克曼是王室庄园上的佃户，他们的身份是奴役性义务与自由权利非同寻常的结合。他们一身兼有维兰和自由人二者的特征，他们负担一些维兰的义务，却享有一些自由人的权利。

---

① 　孔令平：《七一十三世纪英国农村公社土地制度的演变》，《英国史论文集》，生活·读书·新知三联书店1982年版，第21页。

② 　赵立行：《商人阶层的形成与西欧社会转型》，中国社会科学出版社2003年版，第269页。

③ 　同上。

　　科斯敏斯基以 1279 年百户区调查的档案为主要依据，并参考庄园法庭的卷宗及大量的账簿，对 2 万多份农民持有地进行研究，特别对英格兰中部六个郡的维兰份地和自由农民的持有地进行了详细的计量研究，著成《13 世纪英国农业史研究》，为我们研究这一时期农民对土地的占有情况提供了详尽而便捷的资料。英格兰中部六个郡维兰和自由农民土地占有情况如下表：

表 2 - 1　　　　　　　　13 世纪末维兰和自由农民土地占有状况

土地面积及身份 郡名	1 维尔格特以上		1 维尔格特		1/2 维尔格特		1/4 维尔格特		小块土地持有者	
	维兰	自由农	维兰	自由农	维兰	自由农	维兰	自由农	维兰	自由农
亨廷顿	—	26	244	44	239	72	6	26	483	191
剑桥	1	60	55	91	510	176	256	196	743	1089
贝德福德	—	27	15	118	248	164	131	243	111	378
白金汉		12	6	35	77	57	128	77	44	82
牛津	20	168	1297	287	763	222	67	68	470	211
沃里克	51	145	731	260	593	327	127	149	389	738
合计	72	438	2348	835	2430	1018	715	759	2240	2689
	0.5%	3%	17%	6%	18%	8%	5%	5%	16%	20%
	510		3183		3448		1474		4929	
	3.8%		23.5%		25.5%		10.8%		36.4%	

　　资料来源：转引自王乃耀《英国都铎时期经济研究》，首都师范大学出版社 1997 年版，第 45—46 页。

　　表 2 - 1 反映了 13 世纪末英格兰中部六个郡维兰和自由农民土地占有的基本情况。持有 1/2 维尔格特土地的维兰人数为最多，占到了所统计农户的 18%，而占有小块土地（占地几英亩，不足 1/4 维尔格特，大致相当于 7.5 英亩）的自由农民人数则为最多，达到了所统计农户的 20%。而占有 1 维尔格特以上土地的维兰则非常少，仅占所统计农户的 0.5%，但自由农民则达到了 3%，这也说明了自由农民的分化较为严重。"从上述表中，我们可以计算出维兰和自由持有农占地的平均数为 1/2 维尔格特。英国典型农户所占有的土地面积为 1/2—1 维尔格特，即在 15—30 英

亩之间。英国一些著名学者的研究成果也证实了上述结论。"①

14—16 世纪，英国的农奴制渐趋瓦解，主要表现为维兰自由权利的获得、劳役地租的废除、各种税费负担的下降。劳役地租在英国中世纪曾经维持了一个相当长的时间，到了 13 世纪末，随着商品货币经济的发展，英国逐步过渡到以货币地租为主的地租形态。货币地租经过两个多世纪的流行，到 15 世纪已深深扎根于英国农业经济之中。农奴用手中积攒的货币首先赎买了人身自由，摆脱农奴身份，"在 13 世纪的英格兰，有 3/5 的人口为不自由身份。从 1350 年到 1450 年，农奴制在很大程度上从英格兰的庄园中消失了。其中 1380 年到 1420 年是农奴制被侵蚀的主要阶段。在 1380 年以前，农奴的身份非常普遍，而到 1420 年以后，拥有农奴身份的人已很稀少。1440 年以后，不自由身份的人的存在成为反常的现象。1348 年以后，不再有新的农奴家庭产生的现象"。② 正如科斯敏斯基所说："在 15 世纪差不多所有的农民都改用货币地租，并且赎得了自由。"③

随着农奴制的瓦解，原先的维兰、自由农民等概念已不再适用于这一阶段农民阶级的状况了，各类农民随着他们各自经济地位的变化而呈现出了不同的特征。同时从 13 世纪开始，英国的土地市场已开始形成，农民的土地市场日益兴旺活跃。农民在处理其土地时，尤其在土地的买卖、出租和继承方面，有了更多的自由权利，这就进一步加剧了农民的分化和土地的流转。

14—16 世纪，英国的农民在农奴制瓦解的情况下逐步形成了三类农民，一是自由持有农（free - holder），他们在经济上比较独立。早在 13 世纪之前，他们已被称作自耕农，富有的或上层的自耕农也被称作约曼（yeoman），在实行货币地租以后，所受的束缚更少。他们当中的上层拥有较多的土地，其地产在都铎时期有不断扩大的趋势，甚至可以在国王的法庭上提出审理权的要求，参与司法审判。在圈地运动的过程中，上层的约曼就是积极的圈占者；二是习惯佃户，其中大多数是公簿持有农（copy - holder），是由 14 世纪以来农奴制解体之后的维兰转变而来。他们

---

① 王乃耀：《英国都铎时期经济研究》，首都师范大学出版社 1997 年版，第 46 页。
② 沈汉：《英国土地制度史》，学林出版社 2005 年版，第 29 页。
③ 王乃耀：《英国都铎时期经济研究》，首都师范大学出版社 1997 年版，第 74 页。

根据庄园习惯和法庭的记录簿而使用份地，因而称之为公簿持有农。"公簿持有农可以定义为在庄园领主控制下，根据庄园法庭案卷规定的庄园习惯，并按照庄园领主意志实行的一种基本的土地保有权。"① 公簿持有农从法庭上取得一件文书记录，意味着领主和农民的关系已成为一种契约关系，也说明公簿持有农对土地的占有受到庄园法庭的保护，领主不能随意地剥夺农民的土地和赶走农民，因而公簿持有农相对于过去的维兰，有了较大的自由权利，也获得了较为充分的土地占有权。他们依靠租种数量有限的土地为生，在土地的租期和租金方面，仍然因袭过去的成规。土地出租期限通常不是按年计算，而是按一代、两代、三代计算。他们的租金一般是在实物地租和劳役地租折算货币地租时规定的，到 16 世纪时已成为固定的名义租金，也称为习惯租金，粮价上涨而租金不变。这种公簿持有农的上层就有可能发财致富，而富裕的公簿持有农在军事和社会意义上也被称为约曼。公簿持有农较之自由持有农对地主有较强的依附关系，社会地位与经济地位也比自由持有农要低。但其对土地的占有权也相对稳固，只要按规定向领主履行了应尽的义务，就可以长期租种土地。在习惯佃户中也有少数是按照领主意志持有土地的佃户，也称为年度租地农，租期不定，即领主可以随时夺佃，也可以根据市场情况而每年加租，因而在 16、17 世纪其数量也有增长的趋势。另外是契约租地农（lease – holder），它包含小租地农和大的租地农场主。他们租种地主的自用地或荒地，"这种租借权没有明确的期限，根据双方的意愿可以终止这种租借权；而为期数年的租借权则有明确的期限"。② 租约期限或是终身，或是 80 年，有时是92 年或 99 年，"但亨利八世第 32 年的租地法令规定，租期不得超过 21年或三代人"。③ 其租金是按土地数量来计算，并考虑到了市场价格，一般高于习惯佃户的租金，也称为竞争性租金。契约租地农从事畜牧业或农业，有些还扩大经营，并兼营工商业。殷实的契约租地农也被称作约曼，有可能通过购买和继续租进土地从事农业中的资本主义经营，因而他们之间也有积极的圈地者，成为圈地运动的推动力量。"根据 15 世纪末至 17世纪初农村的调查记录和地租折，对当时 17 个郡的 118 个庄园作出统计，

---

① 沈汉：《英国土地制度史》，学林出版社 2005 年版，第 19 页。
② 同上书，第 27 页。
③ 蒋孟引：《英国史》，中国社会科学出版社 1988 年版，第 292 页。

共有佃农 6203 人，其中自由自耕农 1213 人（占 19.5%），习惯租户 3793
人（占 61.1%，所谓习惯租户，其中绝大部分为公簿持有农，少数人的
份地没有登记在租佃登录册中，因而没有获得公簿持有农的称号，就一定
意义上说，这两种人可以等同起来），自由租地农为 785 人（占 12.6%）。
这个统计数字说明，公簿持有农占佃农中的 2/3，是农村人口的基本成
员。马克·奥弗顿的统计也可说明这一点，"在诺森伯兰和兰开夏郡的 11
个庄园里，自由租地农、公簿持有农即习惯佃农、契约租地农的比例分别
为 14%、51%、19%，未能确定身份的农民比例为 15%；而在斯坦福、
莱斯特、北安普顿郡的 22 个庄园中，相应的比例分别为 18%、62%、
14%、5%；在诺福克和萨福克郡的 39 个庄园中，相应的比例分别为
36%、54%、5%、4%；在英国西南地区的 44 个庄园中，相应的比例分
别为 20%、61%、13%、7%；在多塞特郡的 49 个庄园中，三类农民的
比例分别为 6%、89%、5%，没有未能确定身份的农民"。[1] 以上所统计
庄园中三类农民的平均比例则分别为 18.8%、63.4%、11.2%。这两个
统计的数字基本相同，可以大致看出中世纪晚期英国农民的身份构成。
"可以粗略地概括出，在 16 世纪早期，有 3/5 的农民属于公簿持有农，超
过 1/8 的农民属于契约租地农，大约有 1/4 的自由租地农。"[2] 其中人数
最多的就是公簿持有农，超过了农民总数的一半，是农民阶层的主体。但
是公簿持有农是一种根据庄园案卷和庄园习惯法确定其地位的佃户，庄园
习惯法规定了他的权利和义务，特定的习惯法是公簿持有农土地占有权赖
以存在的根据。但是，由于习惯法是一种无法严格追忆和实行的规则，
"而某个庄园的习惯法只适用于某个特殊的条件，它无法反映和决定与这
个庄园不同的别的庄园领主和佃户的关系。因此，公簿持有农的地位在
16、17 世纪有两重性，它有受法律保护的一面；另一方面，又隐藏着某
种不确定性，公簿持有农的租地的使用权和继承权极易产生争议。"[3] 更
为重要的是，公簿持有农所占有的土地面积一般都较少，在社会剧变的浪
潮中处于劣势，小农经济的脆弱性更容易暴露出来，且租金长期固定，不
利于地主提高地租以增加收入应对变化的经济形势，因而在圈地运动中大

---

① Mark Overton, *Agricultural Revolution in England*, Cambridge University Press, 1996, p. 34.

② Ibid., p. 35.

③ 沈汉：《英国土地制度史》，学林出版社 2005 年版，第 102 页。

部分公簿持有农便首当其冲,"公簿持有农能够而且事实上被驱赶"。① 在这一时期的圈地运动中,土地被圈占的主要是公簿持有农。例如,白金汉郡的圈地对象中,"占有土地在 10 英亩以下的,占全部被剥夺土地总人数的 74.71%,北安普顿郡为 78.76%,莱斯特郡为 84%,沃里克郡为 85.72%,牛津郡为 67.1%"。② 至于一般所谓的茅舍农(cottager),是经济地位更低的贫农,所占有的土地有可能就是其茅屋所占的立锥之地。他们唯一的财产是茅屋,仅靠此无法维持全家人的生计,常常受雇于他人而成为农场中的雇工或家庭佣人以补贴家用。他们可能属于自由持有农,也可能属于习惯佃户,也可能是一个小租地农。约曼和茅舍农都是从经济地位而言,从法律上看并不是一个独立的类型。需要指出的是,苏联和一些中国学者在认识这个问题时,通常接受了在原始积累过程中可以任意使小农与其耕种的小块土地分离而剥夺其生产资料的观点,他们忽视了这个时期的法律和司法制度在某种程度上对现存土地关系的保护作用……从中世纪沿袭而来的封建法系并未被摧毁,它对于保持社会秩序的稳定,保持社会生活的常态继续在发挥作用。资本原始积累实际上是在封建法律的框架下逐渐展开的,它并没有不受封建法律的制约而自由发展。也就是说,转型时期的英国,资本主义的萌芽依然成长于封建社会的母体中,从各个方面都受到封建社会的制约。因而在都铎王朝统治时期,由于封建制度的束缚和政府对封建经济基础的维护,对圈地的禁止,圈地运动的进程实质上是非常缓慢的。

这三类农民是按照土地领有的形式即他们所领有土地在法律上的特征来划分的。三类农民的划分更多的是一种从法律角度出发的理论研究上的架构及等级地位的划分。还有些学者从经济状况和职业类型来区分,划分的标准不同,分类自然不同,因而出现在文献中的农民的名称也就不同。比如所谓的约曼,它的分类更多的是按照其经济状况来划分的,上述三类农民的上层都可称之为约曼,或者说从上述三类农民中分化出了约曼。自由持有农是约曼的主要构成部分,富裕的公簿持有农和契约租地农也是构成约曼的重要组成部分。学者们普遍认为占地在 50 英亩以上的农民就是

①　沈汉:《英国土地制度史》,学林出版社 2005 年版,第 102 页。

②　陈曦文:《英国 16 世纪经济变革与政策研究》,首都师范大学出版社 1995 年版,第 48 页。

约曼。还有些学者认为约曼是那些地产岁入在 40 先令以上但不超过 5—6 英镑的自由持有农，但无论其与土地的关系还是其生活方式来看，约曼都只属于农民阶层，他们的财富为世人侧目，却生活简朴，宁愿亲自劳作，一般以家庭为生产和消费单位，家庭劳动在其地产上发挥着主要作用，但也常常以雇佣劳动作为补充。1429 年的法律规定，"地产岁入在 40 先令及以上者有选举权，即有选举本郡的出席议会的代表之权"。①那么说明在此之后约曼享有选举权，而公簿持有农无论多么富有，仍然没有选举权。约曼在所处的乡村通常会发挥较大的影响，担当重要的角色，诸如教区的教会委员（churchwarden）、巡回法庭的陪审员等。到 16 世纪末，约曼的人数有了较大的增长。尤其在 17、18 世纪约曼人数增长更快，"诺福克及萨福克郡的约曼比例在 16 世纪 80 年代为 38%，到 18 世纪早期时已增加到 54%"。② 托尼对 1600 年左右的诺森伯兰、兰开夏、莱斯特等郡的 1664 户农民占有土地情况进行了统计，"其中占地 50 英亩以上者为 241 户，如果将占地 50 英亩以上者都按约曼看待，那么约曼户数占总户数的 15% 左右"。③ 但是约曼的比例因地域不同而有较大的差异。另外从经济地位上还有小农（peasant），其字面意思通常是乡下人或农村人（countryman, rustic），显然是具有城乡差别的带有地域性的泛称而不具有法律地位的含义。在经济地位上具体指的是小土地占有者和自给自足的小生产者，也可指拥有房屋、一定的财产自主权及特定的继承权的农民。通常认为小农是小土地占有者，但是所占有的土地数量很难有一个具体统一的标准，地区不同，差异较大。他们不仅依靠土地为生，而且对土地有着强烈的感情，但是并不能积累资本，因而所占有的土地规模并不能扩大，还常常做日工以补贴家用。他们主要以自己的劳动辛勤耕耘，从不雇佣他人，除满足家人生活的基本需要外，很少或没有剩余。麦克法兰（Macfarlane）概括了小农的典型特征，认为小农一般有较大的家庭，数代人生活在一起，依靠家庭成员集体劳动。但是麦克法兰所建构的概念更多的是基于东欧的历史。中世纪晚期英国农民的家庭规模一般不大，而且具有较大的流动性，结婚也比较晚，也不像东欧农民那样有着强烈的家庭观念和联系，对土地

---

① M. Campbell, *English Yeoman: Under Elizabeth and the Early Stuarts*, New York, 1969, p. 12.

② Mark Overton, *Agricultural Revolution in England*, Cambridge University Press, 1996, p. 40.

③ 王乃耀：《英国都铎时期经济研究》，首都师范大学出版社 1997 年版，第 218 页。

的依附性也没有东欧农民那样牢固。麦克法兰也承认："至少从 13 世纪起，英国绝大多数普通人都是活跃的个体，具有较大的地域或社会流动性，在经济上精打细算积极进取而且以市场为导向，在家庭及社会生活中往往突出自我。"①

需要指出的是，英国中世纪以来由于长期的战争及商品货币关系在乡村的渗透，农村的封建秩序并不是十分牢固和一成不变的，而是开放和流动的。尤其是在黑死病流行之后，封建的统治秩序受到了不同程度的冲击，人口的减少和劳动力的缺乏使农民流动谋生成为可能。这一时期一个显著特征就是"农村人口流动性的增强，或许在整体判断时，在 14 世纪中期劳动力的不流动性依然是主流，但事实上，农村人口常常在流动：迁往其他村庄、迁往城镇、迁往手工业发展较快的地区、迁往垦荒的农业地区"。② 各阶层农民流动性的增强，降低了各阶层农民对领主或地主的人身或地域的依附性，从而动摇了中世纪封闭保守的封建的统治秩序，有利于封建社会的分化和新的阶级力量的出现。"中世纪晚期英格兰和威尔士农民机遇的显著特征是：地域流动性增强，主要是为了寻求更高的工资和更好的生活条件；在复杂而活跃的土地交易及土地所有权变化中，（部分农民）土地占有权扩大；作为副业的劳动机会增多，受雇用方式的选择性增加；货币量增大，或许是货币资本增加；在所有这些变化中地域差异性也在扩大。"③ 各阶层农民之间并没有不可逾越的界限，封建的束缚并没有妨碍一个人成为呢绒商雇主，也没有妨碍他们发财致富。到都铎王朝建立的初期，农民的分化已十分明显，占有份地数量的悬殊和土地集中的现象比比皆是，成为小规模资本家的不仅有契约租地农，也有些出身于公簿持有农。

关于这一阶段农民对土地的占有情况，英国史学家托尼对 16 世纪末十余个郡的 50 多个庄园的原始资料进行统计，其结果分类统计如下：

---

① Mark Overton, *Agricultural Revolution in England*, Cambridge University Press, 1996, p. 43.

② Edward Miller, *The Agrarian History of England and Wales.* (*Volume* Ⅲ 1348 – 1500), Cambridge University Press, 1991, p. 17.

③ R. A. Dodgshon, R. A. Butlin, *An Historical Geography of England and Wales*, New York：United States Edition published by Academic Press Inc. 1978, p. 127.

表2-2　16世纪英格兰十余郡52个庄园农民占有土地情况统计

所占土地的英亩数／郡名及庄园个数	租佃民总数	茅舍农等	2.5英亩以下	2.5—5英亩	5—10英亩	10—15英亩	15—20英亩	20—25英亩	25—30英亩	30—35英亩	35—40英亩	40—45英亩	45—50英亩	50—55英亩	55—60英亩	60—65英亩	65—70英亩	70—75英亩	75—80英亩	80—85英亩	85—90英亩	90—95英亩	95—100英亩	100—105英亩	105—110英亩	110—115英亩	115—120英亩	120英亩以上	未确定
诺森伯兰郡 10个庄园	96	—	10	1	2	1	3	1	12	27	13	10	10	—	—	—	1	2	1	—	1	—	—	—	—	—	—	—	—
兰开夏郡 4个庄园	168	38	14	19	29	35	7	4	7	7	2	—	—	—	2	1	1	1	1	—	1	—	—	—	—	—	—	1	2
斯坦福德郡 3个庄园	103	8	21	16	14	6	10	11	3	1	2	2	2	2	—	1	—	—	—	—	—	—	—	—	—	—	—	1	2
北安普顿郡 2个庄园	255	30	53	24	22	22	13	22	5	10	7	2	—	5	—	7	2	2	2	2	—	—	—	—	2	—	—	4	14
莱斯特郡 3个庄园	129	13	17	6	6	8	3	5	5	1	10	7	8	5	6	6	3	4	2	2	—	1	2	—	—	—	1	1	7
萨福克郡 5个庄园	131	52	17	40	69	28	26	19	14	5	9	4	5	3	3	3	6	3	4	1	2	—	1	2	—	—	1	—	4	17
诺福克郡 8个庄园	331	52	17	40	69	28	26	19	14	5	9	4	3	3	3	3	1	1	1	1	—	1	1	—	2	1	—	4	17
威尔特郡 7个庄园	156	3	5	7	12	8	7	27	16	14	10	12	5	7	2	4	3	4	1	2	—	—	2	—	—	—	—	—	4
萨默塞特群 1个庄园	—	—	5	7	8	7	3	2	2	—	2	5	—	—	2	—	3	4	1	2	—	—	2	—	—	1	—	—	4
南部英格兰 9个庄园	367	23	58	27	52	29	31	16	22	12	11	10	13	3	6	7	6	3	5	4	4	1	2	4	1	1	1	7	9
总计	1605	195	195	140	206	137	100	103	84	77	60	52	42	28	26	29	18	17	11	11	8	2	7	4	4	2	2	18	55

资料来源:译自 R. H. Tawney, The Agrarian Problem in the Sixteenth Century, Longmans,1912,pp.64—65.

从表 2-2 可以看出，在所统计的租佃户中，小土地所有者占有明显
优势。占地在 50 英亩以下的租佃农为 1363 户，占所统计总数 1605 户的
84.9%。而在占地 50 英亩以下的租佃农中，占地在 25 英亩以下者为 1048
户，占总农户的 69.6%。占地在 10 英亩以下者为 768 户，占总农户的
65.3%。占地在 100 英亩以上的大土地占有者仅有 30 户，占所统计总数
1605 户的 1.9%，但这也说明在 16 世纪末，农民已开始分化，出现了
少量的占有大量土地的农民，也出现了大量的无地或少地农民。在小土
地占有者中间，占地在 30 英亩以下的农户则居于多数。无地少地农民
"他们持有的份地不足以维生，即使是 5 英亩，也是如此，他们只能寻
找其他谋生手段。因此他们的重要性在于：他们为那些能以某种方式支
付工钱的人提供了随时可得的自由或半自由的劳动力"。① 在兰开夏郡
的四个庄园，占地 30 英亩以下的农户占到了总农户的 91%。在萨福克
和诺福克郡的十三个庄园，占地 30 英亩以下的农户占到了总农户的
80%，在北安普顿郡的两个庄园占到了 75%，在斯坦福德郡的三个庄
园占到了 86.4%，在英格兰南部的九个庄园也占到了 70%。因而 16 世
纪末时土地占有状况依然是基本以小土地占有为主体的分散的土地占
有，但也出现了活跃的土地市场、土地占有权的流转和农民的分化。日
益发达的手工业和商品经济的发展是农民的分化的动力，也为农民在其
他行业的就业和谋生提供了可能的途径，这就使中世纪晚期土地占有权
的牢固性渐趋松动。

第二节　土地的占有与耕作制度——敞田制

一　中世纪英国的封建庄园

中世纪英格兰的封建庄园立足于自然村落，房屋、土地、人口是庄园
的主要构成因素，村庄的外形表现为极其明显的不同层次，首先是领主、
农民的房屋宅地，它们多为篱笆围起；其次是离村庄较近的耕地，它们往
往以条田的形式分布于村庄的周围，根据庄园耕作制度的不同而以两片大
田或三片大田存在，种植大麦、小麦或休耕以恢复地力；再往外是草地，

---

① ［英］亨利·斯坦利·贝内特：《英国庄园生活——1150—1400 年农民生活状况研
究》，龙秀清等译，上海人民出版社 2005 年版，第 49 页。

一般位于水源附近，庄园所需干草即出于此，与草地位置相近或者更远一些的是牧场；最后是森林和荒地，也是庄园的外在界线，荒地森林在最外围一般与其他村庄或庄园相接。"在整个英格兰，这样的小村落数以千计，它们构成了诺曼征服后几百年间英格兰庄园社会的基础。"[1] 典型的庄园与村庄是重合的，但是，庄园和村庄绝不是可以互换的术语。事实上，有时虽然一个村庄的农民都是一个领主的佃农，但是这个村庄却往往分为两个或两个以上的庄园。例如："科斯敏斯基教授对百户区档案的研究就是极好的例证，他从中发现：在所研究的 650 个村庄中，有 336 个与庄园不一致。"[2] 因而梅特兰教授说："要为庄园下一个定义，是绝对不可能的。"[3] 在一些地区，"特别是在米德兰，庄园、村镇、村庄往往重合并形成一个集中的村落。但在英格兰其他一些地区则不是这样，例如在诺福克东部，一个村庄通常有四个甚至更多的庄园，而在西北部另外一些地区，一个独立的庄园可能包含着几个村镇。即使一个村庄只有一个庄园，也不意味着庄园里每个教区的成员都受这个庄园统一的管理——庄园里的佃农还在教区内进行着次一级的划分，从而一个人有可能和其邻居也不属于同一个法规体系"。[4] 即便庄园与村庄存在着并不完全等同的事实，也不妨碍我们通过个别性去寻求普遍性，从而得出中世纪英格兰庄园制下土地耕作及占有的普遍规律。

"在英吉利法中，庄园被规定为具有组织男爵法庭这种随附权利的地产。庄园是封建制度之下一种保有权单位。英吉利法在理论上认为庄园起源于国王的授予物。国王把一块土地授予他的臣民及其继承人，接受这块封地的领主要向国王履行骑士义务。被授予者通常要在其土地上建筑一座宅邸，随着时间推移便形成了一座庄园。这个领主又可以把部分土地授封给别人，这些人称作佃户。庄园领主的土地保有权是一种从属性的保有权，国王是国家全部土地的最高所有者。"[5] 庄园也是一种土地占有的单位，一个庄园就是一个地主所占有的土地，也是进行农业生产、管理土地

---

① ［英］亨利·斯坦利·贝内特：《英国庄园生活——1150—1400 年农民生活状况研究》，龙秀清等译，上海人民出版社 2005 年版，第 41 页。

② 同上。

③ 同上书，第 42 页。

④ Mark Overton, *Agricultural Revolution in England*, Cambridge University Press, 1996, p. 46.

⑤ 沈汉：《英国土地制度史》，学林出版社 2005 年版，第 37 页。

分配和土地经营的基本单位。"庄园制度是英国封建社会的社会和经济支撑物,统治者通过从庄园占居住民大多数的农业劳动者那里榨取财富并维持社会秩序。"①

英国适宜农业的土壤多系黏重不透水的土壤,质地坚硬,一般要使用重犁才能耕作。11 世纪,由于大规模开垦荒地的需要,英格兰农民开始普遍使用重犁。重犁的广泛使用使得大量的荒地变为良田,也提高了粮食的产量,使农业有了较大的发展进步,但重犁也有弊端,体积庞大,在厚重的黏土地带,一架重犁需要由 6—8 头牛来牵引,从而形成了所谓的犁队,也称犁耕组(plough – team)。不过也有人反对此说,因为迄今未见过 8 头牛耕地的犁耕图,因而很有可能是将 8 头牛分成两班,4 头牛为上午班,另外 4 头牛为下午班,轮班作业。12、13 世纪,重型的轮犁在西欧得以很快地推广,但由于该犁具需要的人力和畜力都较多,故一般农民家庭难以独自装备一个犁队,更多的是由几家共同组成,或出人力或出畜力或出犁具。为此,大家要进行共同的耕种。与重犁的耕作相适应,"罗马 – 克尔特时期的方田制转变为条田制,因为重犁体积大、分量重,又需要数量较多的耕畜来拖曳,因而地头的转弯回犁很不易,方形田转变为条形田可减少耕作时地头的转弯回犁次数,同时也减少了耕畜在地头转弯回犁时空走的距离,因而有利于提高耕作效率"。②

二 敞田及敞田制的特点

英国庄园里的耕地一般以地形、距离等自然特征而划分为不同的大块,在两田制下是两大块,在三田制下是三大块。哪一块春播,哪一块秋播,哪一块休耕,都有一定的规定,人人必须共同遵守执行。在封建庄园的"敞田"(open – field)制下,"敞田由条田(strips)组成,由集体进行生产经营管理"。③ 领主和农民狭长的条田(strips)交错地分布在各片大田里,每个农户的土地不是集中地毗连在一起,而是肥瘠搭配、分散在各块田地,其显著的特点就是条块分割。"这是一种十分古老的原则:农

---

① 沈汉:《英国土地制度史》,学林出版社 2005 年版,第 38 页。
② 王乃耀:《英国都铎时期经济研究》,首都师范大学出版社 1997 年版,第 74 页。
③ B. W. Clapp, H. E. S. Fisher, *Documents in English Economic History* (1000—1760), London: G. Bell & Sons Ltd, 1977, p. 19.

民份地的本质特征就是，它们应该分成相应的小块，并散落在整个公地上。"① 北安普顿郡（Northamptonshire）一位向议会申请圈地的庄园主在请愿书中曾写道："我175英亩的土地分成192块独立的地块。"② 北安普顿郡的卡斯特（Casor）和艾利斯沃斯（Ailesworth）两个村庄在1899年圈地之前，"其敞田由1120份条田组成，总面积是520英亩，与其他敞田分隔开的单独的条田估计有14英亩。这些土地分属于80多个主人"。③ 再以贝德福德郡（Bedfordshire）的海伦（Henlow）教区为例，"海伦教区的总面积为2450英亩，敞田面积约占教区总面积的一半以上，分成面积大致相等的三四块大田，实行三圃或四圃轮作制。④ 土地的持有者必须严格遵守根据习惯法所达成的约定，每户所占有的敞田面积不等，大约都在三或四英亩以上，但都由小块构成；一个土地所有者拥有二十英亩敞田，分成由半英亩到一英亩不等的三十多份条田，交错分散在三四块大田中，但在每块大田中的土地面积大致相等，这样土地的占有者如在四圃轮作制下，他就可以有五英亩的小麦、五英亩的大麦、五英亩的豆类作物，而另外五英亩土地则轮空休闲。轮空休闲的敞田在整个休闲时间都要作为公共的牧场，种植作物的敞田在庄稼收获以后也要开放为公共牧地"。⑤

　　这种交错分配的土地占有方式是当时生产力条件下通过轮空休闲来恢复土壤肥力所必需的，可以保证土地所有者在其中一块大田轮空休闲时而在其他大田中拥有可耕作的土地，以保证其基本的衣食来源。

　　"正如历史学家和地理学家所定义的那样，条田是土地占有和耕作经营的基本单位。"⑥ 平均而言，条田的长度一般是宽度的10倍。如果一个

---

　　① ［英］亨利·斯坦利·贝内特：《英国庄园生活——1150—1400年农民生活状况研究》，龙秀清等译，上海人民出版社2005年版，第45页。

　　② Gilbert Slate, *The English Peasantry and the Enclosure of Common Fields*, New York：Augstus M. Kelley Publishers，1968，p. 14.

　　③ Ibid.，p. 63.

　　④ 四圃轮作制（Four - course rotation），即把面积较大的一块土地分成面积大致相等的四部分进行轮作耕种，第一年播种小麦，第二年种植块茎作物，主要是芜菁，第三年播种谷类作物如大麦，第四年播种三叶草或豆类作物。

　　⑤ Gilbert Slate, *The English Peasantry and the Enclosure of Common Fields*, New York：Augstus M. Kelley Publishers，1968，p. 4.

　　⑥ Trevor Rowley, *The Origins of Open - Field Agriculture*, New Jersey：Published by BARNES & NOBLE BOOKS TOTOWA，1981，p. 14.

人的条田的长度是 40 杆（pole）①，也就是 1 弗隆（furlong）②，宽度是 4 杆（220 码×22 码），那么这块地就是这一地区法定的一英亩。这就要求各户在耕作上应有共同的安排，不能各行其是。春播地上各家各户都应只种春季作物，秋播地上只播种秋季作物，休耕地上则什么都不能种。为此大家要同时犁耕土地，同时播种，同时收获，并且常常将耕地用篱笆围起以防止牲口践踏或偷吃庄稼。庄稼收割以后应于规定的时间内拆除篱笆，变为公用牧场。农作物的落籽及作物收获后田地里的野草可以放牧牲畜，牲畜的粪便也可以肥田。这种放牧权至少属于庄园内的所有住户。"在放牧权的分配上或多或少地与所拥有的可耕地成比例，有时以英亩计量，有时以码来计量，有时以雅兰（yardland，英国古时面积单位，通常为三十英亩）来计量，有时以牛冈（oxgang，一头耕牛每天犁地的面积，地区不同所耕的面积也不同）来计量。"③有的庄园也允许外庄园的牲畜进入放牧。因而共耕地的主要含义是共同耕种，次要含义是作物收割后作为临时的公用牧场。草地与耕地一样，也以条田的形式为农民各家各户占有。每户都持有一份，分配的方式或实行轮换制度，或抽签决定。春季牲畜一般在公共牧场中放牧，草地则用以生长干草，夏季饲草成熟后由农民自行收割干草作为牲畜越冬的饲草，而一旦收割完毕，草地和耕地一样也变为公用牧场。在北安普顿郡的卡斯特（Casor）村庄，"草地和牧场开放为公用牧场的时间为 8 月 12 日至次年的 2 月 14 日"。④所以草地的管理与耕地一样是带有公共性和强制性的。至于林地、荒地、牧场、池塘、水源等，则更是体现了农村公社集体所有的性质，因而被称为公用地（common fields）。公用地在严格意义上讲并不是无主的土地，原则上它属于领主所有，但农民可以在开放的敞田中捡拾落穗、在牧场上放牧牲畜、在荒地上挖掘泥炭、在林地中采伐木材、在水池中捕捉鱼虾。因而这种公用地对农民的生活与生存是至关重要的，尤其是无地少地的下层农民，诸如茅舍农

---

① 长度单位，合 5.5 码。码是英制长度单位，美制码等于 0.9144 米，在英国，则 1 码等于保存在威斯敏斯特商务部标准局的青铜棒两个金塞子上横线标记之间的距离［在 62 瘪（hè，华氏度）时］［yard（缩写 yd）］。

② 弗隆（furlong），长度单位，一单位长度等于 660 呎（英尺）或 220 码或 10 链，约等于公制的 201.168 米。

③ W. E. Tate, *The Enclosure Movement*, New York：Walker and company, 1967, p.36.

④ Gilbert Slate, *The English Peasantry and the Enclosure of Common Fields*, New York：Augustus M. Kelley Publishers, 1968, p.14.

（cottager）等，主要依靠公用地为生。土地的持有者无论是自由持有农
（free-holder），还是公簿持有农（copy-holder），或者是年度租地农
（annual tenant），都必须在特定的场合集会以解决公共利益的关注点。这
种在一定程度上合作与公用的土地制度显然需要制定一系列的规则与制度
来管理农业和畜牧业生产，并对违反者实施有效的惩罚。这些规则与制度
要规定诸如耕地、播种以及庄稼收获后田地向牲畜开放的时间、每户在公
共牧场中可以放牧的牲畜的头数等，通常由庄园法庭负责制定和执行。在
一些地方则由庄园的各户农民选举出代表来进行管理，其中最重要的是庄
头（foreman），负责监管农业生产活动，另外还有牲畜监管人（pinder），
主要负责驱赶集中走散的牲畜并将其圈在特定的栏圈中。敞田制具体的经
营方法是每年春、秋播种的条田耕种后，各户负责将自己所种的地段用篱
笆等物圈围起来，防止牲畜闯入，糟蹋庄稼。收获之后，春秋播种地连同
休耕地一起敞开作为公共牧场，由村民共同使用，享受对公地及收获地的
使用权。可见敞田制的特点是耕地、草场、牧场和荒地都是开放性的，没
有永久性的栅栏。"其最简单的定义是，敞田制农业意味着乡村居民在他
们未封闭的土地上从事耕作。"① 有些敞田制的村庄还有内田（infield）和
外田（outfield）的区别和划分。外田只是偶尔种植农作物，很少进行施
肥，所有的肥料一般都施在内田里，内田每年基本都要用以种植庄稼。显
然外田的土地类型介于可耕地和牧地之间，属于耕作上的边际土地，也是
英格兰土地类型较为复杂的特点在农业生产方式上的体现。在苏格兰，也
有内田和外田的区别，"内田是最适宜耕种的土地，其数量约占耕地的
1/5，通过施肥而连续耕种。外田通过轮换种植庄稼直至地力耗尽。在苏
格兰低地，尤其是在罗司安斯（Lothians）地区，实行类似于英格兰的共
耕制，而在南部边界地区，特别是在约克郡和林肯郡沃尔兹（Lincolnshire
Wolds）丘陵地带、德比郡及诺福克郡的布雷克兰（Brecklands）地区，
则广泛实行内外田制"。②

综上所述，我们可以总结出中世纪英国敞田制的基本特点：

其一，耕地和草地分成条形田，每个耕作者都占有若干分散在田地各

① Trevor Rowley, *The Origins of Open-Field Agriculture*, New Jersey: Published by BARNES & NOBLE BOOKS TOTOWA, 1981, p. 13.

② Richard Brown, *Society and Economy in Modern Britain* 1700—1850, London: Routledge, 1991, p. 51.

处的条田。

其二，收获后的耕地、草地以及休耕地都要对所有村民的牲畜开放，作为公共牧场。

其三，存在公共牧场和荒地。条田耕种者可享受在公共牧场和荒地上放牧、拾柴及采集其他生活用品之权利。

其四，上述各项规定及民众享有的公共权利，由民众集会、敞田的负责人或庄园法庭来制定。

英国实行敞田制的地区广泛、历史悠久，甚至在 19 世纪末 20 世纪初，依然留存着典型的敞田制村庄，其具体情况更为复杂多样，"即使是在 13 世纪，敞田制也不是一种而是有很多类型，因复杂的地理、人文、土地占有方式及经济条件的不同而相异，不仅地区之间有差异，就是教区之间也有差别"。① 其上述的特点只是其最基本和最普遍的特点，研究每一个例都会有不同于上述的特点甚至相反的方面。从某种角度来说，圈地的历史也就是圈占敞田及与敞田密切相关的公用土地的历史，也是敞田制逐步消失的历史。因而考察中世纪晚期英格兰的敞田制，我们必须注意到其特殊性和普遍性、个别性和一般性，客观辩证地去认识这一复杂的历史现象。

传统的观点认为英国的敞田制比英格兰本身的历史要久远得多。其中一种很流行的说法是塔西佗（Tacitus）的《日耳曼尼亚志》（Germania）曾提到过敞田制，时间可上溯到 1 世纪晚期，后被其近亲盎格鲁—撒克逊人引入不列颠。塔西佗曾这样描述日耳曼人的农牧混合制农业，它起源于原始社会阶段，当时有大量未开垦的土地，人们在同一块土地上连续耕种多年直至地力耗尽，再不能生长庄稼时这个部落就全体迁往别处，让这块土地自然地恢复地力，直到或远或近的某一天，同一部落或其他部落又重新耕耘这一块土地。这种类型的农业一般认为开始于考古学上的新石器时代，一直延续到青铜时代也无根本上的变化。在盎格鲁—撒克逊人征服并在不列颠定居时，敞田制的农业生产方式开始推广到不列颠。"在英格兰的某些地区，敞田制农业与在此之前不列颠先民们所从事的农业类型有着明显的不同。在一些地方，差别则不是很明显。盎格鲁—撒克逊人在不同程度上也发展了塔西佗所描述的那种原始的农业方式，因为随着人口的增

① Trevor Rowley, *The Origins of Open - Field Agriculture*, New Jersey: Published by BARNES & NOBLE BOOKS TOTOWA, 1981, p. 18.

长和可供开垦土地的减少，那种耕作方式的变化是不可避免的。"①每个村庄都要大致确定其活动的地界，为了便于耕作和轮休土地，经过反复的生产实践，他们将所开垦的土地大致均分。历经几个世纪，人口在不断增长，每年所耕种的土地由 2/3 扩大到 3/4，仅留 1/3 或 1/4 休闲。尽管如此，同一块土地也会因连续种植同一种作物而耗尽地力，因而需要轮空一两年来恢复土壤肥力。在此基础上，英格兰很多地方的农业生产逐渐形成二圃轮作制，在中世纪早期发展成三圃轮作制。17 世纪开始出现诺福克（Norfolk four – course rotation）四圃轮作制，在 18 世纪得到了广泛推广和应用。但到这一时期，农业改革的目标是彻底废除敞田制农业而不是对其进行改革。而在圈地运动时，通常都已实行三圃轮作制，也有少量的实行两圃轮作制的地区被圈占。

试图解释敞田制起源的理论有很多种，其中被普遍接受的说法是"维持大致的和现实的公平，使每户土地持有者的好地与差地、湿地与旱地相搭配。这样，在特定的年份，不管遇到什么样的年景，每户在某种程度上都可以保证得到维持最低生活水平的收获"。②瑟斯克认为是"人口的增长促使了敞田制下地块分割成条田及共同耕种"③，也就是土地占有的过密化现象。中世纪英国农村土地传承的长子继承制在农民中间并不盛行，只有希望上升到贵族行列的人才实行之。因而随着人口的增长，父子兄弟的不断分家必然导致农民占有份地的缩小和进一步的条块分割。恩格斯也曾指出："起初，每个农民都有同样大小的份地，其中包括面积相等的各种质量的土地，并且每个人在公共马尔克中也相应地享有同样大小的权利。自从马尔克公社变为闭关自守的组织，没有新的土地可以分配以来，份地由于继承遗产等等原因而发生了再分割，与此相适应，马尔克的权利也发生了再分割；但是，由于仍旧以每份份地作为一个单位，结果产生了二分之一、四分之一、八分之一的份地，以及相应地在公共马尔克中分享二分之一、四分之一、八分之一的权利。"④恩格斯还指出："马尔克公社又

---

①　W. E. Tate, *The Enclosure Movement*, New York：Walker and company, 1967, pp. 41 –42.

②　Ibid., p. 40.

③　Trevor Rowley, *The Origins of Open – Field Agriculture*, New Jersey：Published by BARNES & NOBLE BOOKS TOTOWA, 1981. p. 36.

④　恩格斯：《资本论第三卷增补》,《马克思恩格斯全集》第 25 卷（下），人民出版社 1974 年版，第 1020 页。

是原始共产主义直接生的幼枝。"① 这就说明中世纪英国的土地所有及占有制度更多地带有原始公共占有与支配的性质，即还保存了禁止土地任意让渡和不许土地买卖的权力。只不过是这个权力已由英国国王代替公社执行，把不可买卖的公社份地制转变为仍然不可买卖的封建份地制而已。而波斯坦认为："条田的形成是由于重犁的普遍使用需要集体的土地占有。"②

三　敞田制的弊端

敞田制基于自给自足的农业，满足了相对稳定社会的需求，随着社会经济的发展和人口的不断增长，其弊端日益显现。"敞田制本身阻碍着农业的实验和进步，它潜在的因素虽然不经常但有时在时间和劳动力方面却是不经济的。其非常明显的不便和浪费使得从很早就有试图对其进行改革的尝试。"③麦克罗斯基也曾指出："敞田在生产效率方面是这样的低下，以至于问题不是圈地的原因是什么，而是为什么不是更早地进行圈地。"④ 因而他之后的研究便从敞田、敞田下条田及条田农业的特点等方面分析了敞田制长期存在的各种原因，也就是分散的条田是应对农业歉收的一种稳妥的农业生产方式。

1. 实行敞田制的唯一前提条件是"有可供开垦的充足的盈余土地的存在，而且在排水、砍树等方面不需要花费很大的气力"。⑤ 而随着人口的增长和可开垦土地的减少，这一条件不复存在。"《末日审判书》中最为惊人的事实或许是，在 1914 年耕种的土地中，多达 93% 的可耕地已经在 1086 年开垦出来了。……倘若耕种了过多的土地，禽畜的饲养量就会下降。"⑥毫无疑问，因肥沃良田之不足而导致了 12 世纪和 13 世纪对次等土地——林地、荒地、沼泽地的大规模开垦。例如："达特穆尔荒原得到开垦，威尔特郡与多塞特交界处一度被认为是史前遗迹的山坡梯形地被辟

---

① 恩格斯：《资本论第三卷增补》，《马克思恩格斯全集》第 25 卷（下），人民出版社 1974年版，第 1022 页。

② Trevor Rowley, *The Origins of Open - Field Agriculture*, New Jersey: Published by BARNES & NOBLE BOOKS TOTOWA, 1981, p.37.

③ W. E. Tate, *The Enclosure Movement*, New York: Walker and company, 1967, p.44.

④ Michael Turner. *English Parliamentary enclosure ——Its historical Geography and Economic History*, Wm Dawson & Sons Ltd, Cannon House Folkestone, Kent England, 1980, p.101.

⑤ W. E. Tate, *The Enclosure Movement*, New York: Walker and company, 1967, p.41.

⑥ ［英］阿萨·勃里格斯：《英国社会史》，陈叔平等译，中国人民大学出版社 1991 年版，第 71 页。

为农田，苏塞克斯巴特尔修道院的修士构筑了绵延不断的海堤，用以排干沼泽地。到 13 世纪末，业已开垦耕种的土地面积超过了 20 世纪两次世界大战之前的任何时期。"① 在 12、13 世纪的柴郡，"不断增长的人口需要扩大耕种面积，在我们研究的这一整个时期，垦荒活动逐渐蔓延开来"。② 耕地的扩大也带来经济上的严重后果，尤其是地力的过度消耗与产量的降低。一旦地力耗尽（尤其是在土地贫瘠的边际地带），加上因放牧牲畜的草地不足而引起的畜肥来源减少，再度种植就必然陷入困境。"土地渴望实际上是研究土地用途和利用情况的学者对于 13 世纪英格兰的农村地区所不得不得出的结论——当 13 世纪正在接近它的尾声时，对土地的渴望一定是变得更加严重。所收集的关于土地缺乏的证据，并不局限于我们所了解的垦殖者可得到的土地质量的低劣。土地的缺乏以其他各种方式表现出来。在这些方式中，不断增长的价值在我们的资料中可能是最好的证明。土地是昂贵的并且变得越来越昂贵。"③ 人口的迅速增长和土地的缺乏导致敞田制存在的前提条件已不复存在。"敞田制农业在人口较少和人口增长缓慢的时期尚能满足需求，但是随着人口的快速增长，就需要变革农业生产方式，改进农业生产技术，从而为更多的人口提供食物供应，这一需求的压力通过价格机制传达给农场主。价格的提高激励了对圈地的投资，尤其是把以前产量利润较低土地上的农业生产纳入了市场化的轨道。"④

2. 敞田制下条块分割的占有体制阻碍着农业生产的发展与进步。

如前所述，在敞田制下各户农民甚至领主的土地都分散在许多大田中，每户农民在各块大田中只有面积不大、狭而长的条田。在使用与占有上的权利也很不完全，耕种与收割的时间、种植的农作物种类、放牧牲畜的权利等都要受到严格的限制。"土地是按照某种计划进行耕作的，这一计划或出于古老的习惯，或得到村民们的一致同意，因而每个人都必须遵

①　[英] 阿萨·勃里格斯：《英国社会史》，陈叔平等译，中国人民大学出版社 1991 年版，第 79 页。

②　[英] 亨利·斯坦利·贝内特：《英国庄园生活——1150—1400 年农民生活状况研究》，龙秀清等译，侯建新校，上海人民出版社 2005 年版，第 54 页。

③　[英] M. M. 波斯坦、H. J. 哈巴库克：《剑桥欧洲经济史》（第一卷），王春法主译，经济科学出版社 2002 年版，第 473 页。

④　M. W. Flinn, *An Economic and Social History of Britain Since* 1700, Published by Macmillan Education, 1963, p. 49.

守。一个人想要耕种特殊作物几乎是不可能的。"① 18 世纪农业问题专家阿
瑟·杨（Arthur Young）就曾指出："敞田的生产效率是十分低下的，条块
分割的条田不仅浪费了时间和劳动，而且集体支配土地的做法也严重阻碍
了引进新的农作物。例如，用来轮作的庄稼芜菁，还有在休闲地上可以恢
复地力的固氮作物三叶草。条田之间的地埂也浪费了一定量的可以利用的
土地，地埂上的杂草不可避免地会将其种子撒在庄稼地里。"② 而且随着人
口的增长及父子兄弟的不断分家致使土地占有形式上条块分割的现象更为
严重，也就是户均占有土地数量的进一步减少和分布上的进一步条块分割
化。"土地再划分的速度是如此惊人，以致先前由 68 人持有的份地被分成
935 份，共计约 2000 块互不毗连的条田。"③ 因而敞田制不利于改进农业生
产的实验与改良，也不利于改良土壤、排水、施肥、轮作等农田水利的基
本建设，更不利于大面积推广新的农作物品种。同时，条块分割的占有体
制导致了劳动资源的大量浪费，给劳动者的耕作带来了诸多不便。"一个持
有 30 英亩份地的农民会发现，他的土地分散在村子的东头、西头和南边，
就像有 60 英亩似的。随着时间的流逝，英格兰有的地区农民最初持有的土
地进一步碎化，使得情况变得更加复杂，也增加了时间的浪费。"④ 这种土
地占有方式给农民的劳动带来明显的困难，"我们发现各地的人们对此都十
分清醒，尝试进行改革，并采用了最简便易行而又最有效率的办法，那就
是将份地集中起来。如果一个农民将自己的条田从 60 块减少到 30 块，显
然，他就不必再在分散的田地间来回奔波，从而节省下大量的时间和精
力"。⑤ 随着 13 世纪英格兰人口的快速增长，人地矛盾日益突出，边缘土地
也被大量开垦出来用以耕作。提高已开发土地的利用效率，努力增加粮食
生产已成当务之急，迫切要求对敞田制进行改革，圈地现象因之出现。但
是，"新方法的实行碰到了一个阻碍：这就是敞田的存在。这些没有圈围的
田地，大多数都耕种得很坏：耕地虽有休耕年，但地力被同类的庄稼无变

---

① ［英］亨利·斯坦利·贝内特：《英国庄园生活——1150—1400 年农民生活状况研究》，龙
秀清等译，上海人民出版社 2005 年版，第 45 页。

② J. P. Roger, John Chapman, Richard R. Oliver, *The Enclosure Maps of England and Wales
1595 - 1918*, Cambridge University Press, 2004, p. 3.

③ ［英］亨利·斯坦利·贝内特：《英国庄园生活——1150—1400 年农民生活状况研究》，龙
秀清等译，上海人民出版社 2005 年版，第 50 页。

④ 同上书，第 47 页。

⑤ 同上书，第 50 页。

化的轮种所耗竭了；几乎任其自流的牧场则长满了灌木和金雀花。怎么会
不如此呢？每个农人都须服从共同的惯例。全教区所采用的那种轮种制仅
仅适合于某些土地，其余的则受到损害。畜群吃的是野草，而野草的混杂
则造成兽瘟病。说到改良，凡试图改良的人都会遭到失败。他若得不到众
多的邻人的同意和协助就不能排去自己田里的水。此外，这种制度还有其
少见的复杂性，争吵和不断的诉讼，这些都是它不可避免的后果"。① 在公
用草地上集体放牧牲畜也影响到了畜种的改良。因为畜种的改良只有在分
离饲养的条件下才能进行。另外，一旦有疾疫发作，也加剧了疫情在畜群
中的传播。大量土地上连续种植庄稼使草地越来越少，进而导致牲畜越冬
的干草明显缺乏，因而在每年冬季开始时都要宰杀大量的牲畜。而存栏的
牲畜也因为草料的不足而不能提供更多的畜产品，同时牲畜数量的减少也
影响到了农作物肥料的来源，农畜争地的情况导致两相受损，不能相互
裨益。

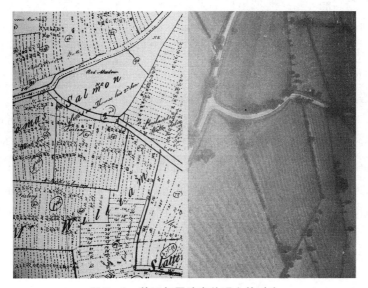

图 2 - 1　敞田与圈地在外观上的对比

资料来源：M. W. Flinn, *An Economic and Social History of Britain Since* 1700 , Published by Macmillan Education, 1963, p. 53。

———————————

① ［法］保尔·芒图：《十八世纪产业革命——英国近代大工业初期的概况》，杨人楩、陈希秦等译，商务印书馆 1983 年版，第 129 页。

"敞田制已成为农业实验和发展进步的严重障碍。"①其"最大的缺陷在于敞田制的不灵活性,阻碍了农业生产技术的革新和进步。在播种、收获、耕地的时间上,甚至种植什么作物,都依赖庄园法庭大多数人集体决定,新的农作物很难被引进。这一制度起源于一千多年前,是为了维持整个部落里每个成员的生计而创建的,为了保护弱者,不可避免地就会束缚强者和进取精神"。②只有通过圈地,才能有效地解决土壤排水、推广高产农作物、提高单位面积产量等一系列有关土地有效合理利用的问题,也才能使这些活动在不受其他人干预的情况下顺利进行。圈地能够使"公用权利得到合理的转承,每个人所拥有的土地可以相对地集中成为两三片完整的地块,他可以在不受其保守的邻里干涉的情况下更好地经营管理他核心的地产"。③16 世纪英国著史诗人托马斯·塔瑟曾作诗赞美圈地:"(走尽天涯海角)任凭你寻找/有哪里能比美好的圈地/生产更多的羊肉和牛肉/最好的谷物、奶油和干酪?"④17 世纪 60 年代以后,倡导圈地的呼声渐趋高涨。这一时期出现了大量的农业问题的宣传家,他们或热情地宣传圈地的好处,或介绍圈地的方法。"1663 年,塞缪尔·福特伊(Samuel Fortrey)认为只有通过圈地才能使地尽其利。1677 年,安德鲁·亚诺顿(Andrew Yarranton)热情地作诗赞美圈地:如果有新的农业,我们对荷兰的战争就会不战而胜,不用钱也会偿还我们的债务,也会使英格兰所有的穷人都安居乐业。"⑤最为著名的是约翰·霍顿(John Houghton),在《关于改善农业和贸易问题的信件集》(*Collection of Letters for the Improvement of Husbandry and Trade*)中极力推崇改造公用土地和圈占敞田,常被引用的经典句子是:"我钦佩那些虽然落后但是却在圈地的人,圈地对于我们而言其价值要远远超过西班牙国王的波多西(Potosi)⑥的银矿,倘

---

① W. E. Tate, *The Enclosure Movement*, New York: Walker and company, 1967, p. 80.

② M. W. Flinn, *An Economic and Social History of Britain Since* 1700, Published by Macmillan Education, 1963, p. 48.

③ W. E. Tate, *The Enclosure Movement*, New York: Walker and company, 1967, p. 81.

④ [英]约翰·克拉潘:《简明不列颠经济史》,范定九、王祖廉译,上海译文出版社 1980 年版,第 277 页。

⑤ W. E. Tate, *The Enclosure Movement*, New York: Walker and company, 1967, p. 81.

⑥ 玻利维亚的波多西(Potosi)1545 年到 1660 年运出白银 16000 吨,等于当时欧洲白银藏量的三倍多,还没有包括走私出去的数量。该城市的繁华程度超过当时的伦敦。

若普遍地进行圈地，我会满意地看到我们就不会沉睡十年。"①

　　3. 敞田制下集体占有的土地权属阻碍着土地资源的合理开发和有效利用。

　　"敞田制不只是一种耕作方法，还是一种分配制度，也是一种土地占有制度和社会组织形式。"②关于敞田制下的土地所有权问题，无疑是土地的私有制。但是很多的历史学家认为："私有制的土地关系是圈地的结果，英国的土地所有关系在很大程度上是一种公共占有与使用的土地关系，这种关系一直持续到近代早期……英格兰农业社会的阶级并非在圈地运动的推动下才产生的，然而可以确定的是，随着圈地运动的进行，早已存在的阶级在社会和经济等方面的分化加剧了。"③这说明了在土地的实际占有和支配方面，敞田制不仅是一种耕作制度和农业生产方式，而且也是一种土地占有与支配制度。但是在这种土地占有及支配制度下，敞田制是一种不完全的土地私有制。因为就领主和每户农民耕种的条田而言，农作物收获以后都要撤除藩篱而成为公共牧场。其草地、牧场、公用地（包括林地、荒地、牧场、池塘、水源等），都具有集体占有和支配的性质，加之在土地经营与管理上的各种规定也都有一定的集体性，因而在敞田制下土地的占有体制显然不是完全的私有制，而是有着日耳曼农村公社时期原始的公有制的残余。"这种公有地制度适应了自给自足的农业生产——通过小心地使用畜力和畜肥以进行粮食生产。分散的条田是抵制圈田的一种手段：条田的分散使个体不得不遵守村庄的农业经营规程以确保维持耕作性的农业。"④ 其内在的矛盾就是分散的个体经营与集体占有、支配的矛盾，其土地所有权属多重而复杂。其矛盾的实质也是土地所有权与占有权、支配权与经营权交叉重叠不清和相互矛盾的结果。"敞田制村庄基本上是独立自足的社会和经济组织，它建立的基础是产品的自给自足，而非为了市场。"⑤ 随着生产力的发展进步，以完全的私有制代替敞田下不完全的私有制，是时代发展的要求，符合时代进步的潮流。敞田制下沉重的

---

　　① W. E. Tate, *The Enclosure Movement*, New York：Walker and company, 1967, p. 82.

　　② Trevor Rowley, *The Origins of Open – Field Agriculture*, New Jersey：Published by BARNES & NOBLE BOOKS TOTOWA, 1981, p. 14.

　　③ W. E. Tate, *The Enclosure Movement*, New York：Walker and company, 1967, p. 170.

　　④ Mark Overton, *Agricultural Revolution in England*, Cambridge University Press, 1996, p. 163.

　　⑤ W. E. Tate, *The Enclosure Movement*, New York：Walker and company, 1967, p. 32.

封建剥削使农民的生产和生活往往难以拥有较多的剩余产品。封建领主的财富主要不是用于扩大再生产而是更多地用于奢侈性消费，这种自给自足的生产方式及较少的农业剩余也影响着资本的积累和再循环。同时很多的劳动力也被束缚在土地上而从事着停滞性的生产与简单再生产，影响着社会分工和工商业的发展。相反，由于农村人口、劳动力的增加，父子兄弟不断分家，致使农户越分越多，户均占有的实际土地越分越少，地块越分越小，条块分割，经营分散，生产效率低下，商品化程度不高，抵抗风险和自然灾害的能力低弱。农民阶层的普遍贫困不利于农村商品经济的发展，不能为手工业生产提供更多的原料，也不能为手工业产品提供更广阔的农村市场，同时阻碍着农业生产技术的改造与农业生产成本的再投入。新的生产工具的使用明显受到限制，制约着农业生产率的提高，影响农业经营专业化、区域化、市场化、近代化的进程。敞田制下对土地不完全的私人占有，制约着土地的因地制宜与合理利用，对土地资源造成了较大的浪费。分散的个体经营与集体占有和支配的矛盾使一些农业基础设施，诸如水利工程、农田道路等公共设施无人问津、常年失修，也使草地、牧场、森林等资源在不同程度上被过度地开发与利用，半集体使用的性质也妨碍了农民对土地进行投资的热情和积极性，从长远意义上也使农业生产的生态环境不断恶化。以波斯坦为代表的人口经济史学家认为正是 13 世纪人口的迅猛增长导致英格兰人口对生产力造成了很大的压力，人与环境的矛盾日益突出，环境的恶化最终导致了 14 世纪以来以黑死病为主的持续不断的瘟疫肆虐。另外从劳动力角度来讲，大量的农村劳动力被束缚在数量有限的土地上，制约了农业劳动力向非农产业的转移。

　　圈地制代替敞田制，消除了敞田制下土地所有权与占有权、支配权与经营权交叉重叠不清和相互矛盾的状况，以较为完全的土地私有制与单一的土地占有制代替了敞田制下不完全的土地私有制及集体的土地占有与支配制度，英国逐步确立起"地主—租地农"式的土地关系体系。"这种土地关系体系以农牧业生产的商品化，亦即地租与利润的结合为其存在的经济基础，因而具有合伙关系的性质。它将土地的所有与土地的经营纳入了一种更能发挥生产者和经营者的主动性和创造性、更有利于技术改革的近代资本主义体系。"[①] 美国著名学者布伦纳在 1976 年 2 月的第 70 号《过

---

　　① 　王觉非：《近代英国史》，南京大学出版社 1997 年版，第 216 页。

去与现在》杂志上发表了题为《前工业时期欧洲农村的阶级结构与经济发展》一文，他指出："在我看来，正是这种古典地主—租地资本家—工资劳动者的结构的出现，使英国农业生产转变成为可能，而这又是英国独特的、成功的、经济全面发展的关键之所在。"[1] 土地所有权的变动为农牧业技术改革创造了一个重要的前提条件——集中而自由地使用土地。正因为如此，积极圈地买地的人，一般也积极倡导和参与技术改革。大农场的兴起为技术改革提供了体制上的保证，而且大农场更多地具有技术改革的内在动力和经济实力，因此几乎所有技术改革的尝试都是在大农场中进行并取得成功的。与此同时，技术改革又为大农场及大牧场的发展奠定了必不可少的技术基础。后者正是通过技术改革不断地为其创造出新的技术基础，才保证了对于小农经济的优势，成为农业发展的必然趋势。

"敞田制农业生产有其局限性，到后来其局限性是这样的明显以至于这种制度的本身被全部革除。"[2] 以圈地制代替敞田制，不仅使农业生产的方式发生变革，也意味着农牧业经济在商品化进程中全面发生变革，并在变革中实现了近代化，这是英国农业区别于欧洲大陆各国农业的显著特点。英国农牧业较早确立的商品运行机制则成为变革的内在动力。一方面，农牧业的变革不断地建立起工业劳动力市场、生活资料市场和生产资料市场，这就必然要求工业有相应的发展，以便吸收游离出来的剩余劳动力和商品化的农牧产品，这样既可以保证农牧业自身的继续发展，又使工业的发展成为可能；另一方面，农牧业生产的商品化程度越高，对非农产品的需求量就越大，因而工业的发展对农牧业来说就越不可少。因此，"农牧业的发展不断地产生对工业的推动力，农牧业同手工业之间的这种供求关系的矛盾达到一定程度，必然要突破手工业的框架，建立起近代的机器大工业。"[3]

需要指出的是："13 世纪的历史发展有两个新特征，这两个新特征虽然没有在当时造成重大经济后果，却在英格兰以后的经济发展中发挥出极其重要的作用……首先，在乡村突然兴起新的毛纺织业生产活动，从而为

---

[1]　王乃耀：《英国都铎时期经济研究》，首都师范大学出版社 1997 年版，第 16 页。

[2]　M. W. Flinn, *An Economic and Social History of Britain Since* 1700 , Published by Macmillan Education, 1963, p. 48.

[3]　王觉非：《近代英国史》，南京大学出版社 1997 年版，第 218 页。

土生土长的乡村居民提供了一种副业生产或重新选择行业的机会。"① 城乡毛纺织业的发展为圈地后劳动力的分流提供了可以转移的途径,因而为圈地创造着有利的条件。

　　尽管上文中总结出了敞田制的许多弊端,然而,英国实行敞田制的地区广泛、历史悠久,甚至在19世纪末20世纪初,依然存留着典型的敞田制村庄。即使在议会圈地运动的高峰时期,英国依然有许多地方和教区实行敞田制。在圈地制农场进行农业生产技术改革的同时,敞田制下的农场也不绝对排斥农业生产技术的改革和进步,甚至在实行敞田制的一些地方,农业劳动生产率超过圈地制农场的个例也比比皆是。但是其从整体上并不适应生产力发展的要求。"敞田制农业固有的落后性被认为是推行圈地的主要动因,这或许是已被证实了的观点,也就是提高租金的可能性和敞田本身的落后性。我们也意识到敞田并不总是落后的和不灵活的,然而用现在谷物的产量可以证实敞田的效率的确低于圈地。"② 因而我们必须注意到其特殊性和普遍性、个别性和一般性,客观辩证地去认识这一复杂的历史现象。

　　农业是社会上最基础的产业,要为所有的人提供衣食来源,是所有经济和社会活动的最根本保障。而农业的核心问题是土地的支配利用及利用的方式。在农业生产过程中,以人为核心的生产要素,包括生产力要素、环境要素、生产资料要素、分配要素等,能否优化组合与配置,直接关系着农业生产的效率和效益。中世纪晚期英格兰以敞田制为其主要形式的农业生产方式,已逐渐不能达到农业生产要素的优化组合与资源的优化配置,因而逐渐被新的农业生产方式——圈地制所代替。到15世纪都铎王朝统治时期,圈地现象已经以锐不可当之势,发展成为波澜壮阔、影响广泛、意义深远的社会运动。其进程尽管曲折起伏,然而其强劲的生命力冲击瓦解了古老的敞田制,推动着农业生产的进步,也推动着英国社会从农业文明向工业文明过渡。尽管圈地运动也导致了社会转型时期的诸多问题和阵痛,但却孕育着工业文明和社会发展进步的希望,从而开始了其近代化的进程。

---

　　① ［英］阿萨·勃里格斯:《英国社会史》,陈叔平等译,中国人民大学出版社1991年版,第85页。

　　② Michael Turner. *English Parliamentary enclosure—Its historical Geography and Economic History*, Wm Dawson & Sons Ltd, Cannon House Folkestone, Kent England, 1980, p.95.

　　一个国家近代化的进程不仅取决于其在多大程度上实现了近代化，而且也取决于其在多大程度上改造了传统的农业社会。圈地运动彻底改造了英国中世纪的农业社会，"从历史上遗留下来的一切关系，不仅是村落的分布，而且村落本身，不仅是农业人口的住所，而且农业人口本身，不仅是原来的经济中心，而且这种经济本身，凡是同农业资本主义生产条件相矛盾或不相适应的，都被毫不怜惜地一扫而光"。① 从此以后英国城乡资本主义迅速发展、国内外市场不断扩大、毛纺织业、棉纺织业呈现出繁荣景象。手工业分工的扩大与技术的积累，国内外市场需求的增加又导致从棉纺织业开始进而引起连锁反应的工业革命，使英国以先进的工业、廉价的商品和坚船利炮而横行全球，一跃而成为"世界工厂"和"日不落帝国"。

---

　　① 马克思：《李嘉图的地租理论》，《马克思恩格斯全集》（第26卷 第2册），人民出版社1973年版，第263页。

第三章　英国早期圈地运动的历史回顾

第一节　早期圈地现象的出现

随着敞田制弊端的日益显现，从 13 世纪就已出现了触及敞田制的圈地现象。虽然个别现象不能说明圈地已发展成为普遍出现、影响广泛、意义重大的社会运动，但却是圈地运动的源头和起点。

13 世纪是英格兰敞田制依然盛行的时期，但在敞田制下的公用土地已首当其冲地受到了圈地的影响。"13 世纪初，德文郡（Devon）已出现了某种类型的圈地，或许是圈占荒地，目的是为了耕种。"[①] 而且有些历史学家认为德文郡"在 13 和 14 世纪时已发生了大量的圈地，到 16 世纪早期时，圈地的过程已经完成"。[②] 德文郡的早期圈地主要是圈占敞田制下的荒地或将条田交换合并，圈地的规模并不大。"在德文郡南部，圈地的平均规模大约是 5 英亩，而在德文郡东部，圈地的规模还在 3 英亩以下。"[③] 发生在德文郡的早期圈地可以认为是农民对农业生产用地的合理调整，13 世纪英格兰的人口有较快的增长，人口对土地产生了较大的压力，因而这时的圈地并没有把耕地大量地转化为牧场。

在 13 世纪时，已有当时的记录记载自由持有农反对庄园主圈占部分公用土地，侵犯了他们的放牧权等。因而就有了协调其利益关系的默顿规约（Statutes of Merton）。该规约出现在 1235 年，即亨利三世在位的第 20 年时，由他和一些贵族签订，该规约的本质和《大宪章》（*Magna Carta*）

---

① Gilbert Slate, *The English Peasantry and the Enclosure of Common Fields*, New York: Augstus M. Kelley Publishers, 1968, p. 248.

② H. S. A. Fox, "The Chronology of Enclosure and Economic Development in Medieval Devon", *The Economic History Review*, Second Series, Volume XXVIII, No. 2, 1975, p. 182.

③ Ibid., p. 189.

类似，即对王权作出了一定的限制。"其内容是授权庄园主可以自由圈占部分公用土地，但是要为其他自由持有农留有充足的公用土地以满足他们对土地公用权利的要求。"①而且"要保证自由持有农和佃农自由出入的权利"。②显然这就赋予庄园主以正式留有足够公用土地并保证自由佃农共同享有使用权的责任。这个规约既保证也限制了封建领主对公用土地权利的侵蚀，同时从法律上规定了佃农对公用土地也只保有有限的权利。庄园主可以优先从荒地等公用土地上谋取个人利益，毫无疑问是在尽可能扩大这种权利，而缩小佃农享有的权利。"尽管很少有记录记载佃农反对庄园主这样的行为，但是很容易理解他们之间在对庄园主应该留有多少供自由持有农共同使用的公用土地才足够的问题上肯定存在很大的分歧。"③该规约很快成为英格兰习惯法的基础，发展并维护着英格兰的土地法权概念。这一法令在爱德华六世统治时期的 1550 年得到重新的制定和修改，直到 1952 年还一直保留在《法规全书》（Statute Book）中。以后在此法令下的圈地先是要经过农业委员会，后来是农业部的同意。这项规约的内容在 1285 年的威斯敏斯特 II 规约（Statutes of Westminster II）里得到一定程度的扩展。威期敏斯特规约总共有两个。威斯敏斯特 I 规约（Statutes of Westminster I）是爱德华一世统治时期的 1275 年通过的，其主要的起草者是大法官罗伯特·伯内尔（Robert Burnell），所使用的文字并非拉丁文，而是诺曼法语（Norman French），包含了 51 项条款，涵盖了立法的各个方面，其主要内容是规定了臣民应该享有的选举等权力。该条约规定：所有臣民不分贫富贵贱一律享有公共权利，公共权利不得因人而异；反对王室官员的违法乱纪行为；选举应该自由公正，任何参加选举的人不应该受到威胁、敌视或恐吓。《大宪章》的基本精神在此规约中得到体现或修正，禁止过多的罚款、滥用监护权、不定期的提供封建义务。威斯敏斯特 II 规约是中世纪英格兰重要的土地法规之一。其内容也较为广泛，涉及遗产继承、圣职推荐、重罪上诉等各方面的内容。其中关于土地问题的一项规定是：庄园主可以圈占与其相邻的两个乃至两个以上的庄园所共同占有的公用土地，"但是被圈占的公用荒地在之前应该没有作出明确规定的权

---

①　W. E. Tate, *The Enclosure Movement*, New York：Walker and company，1967，p. 60.

②　Gilbert Slate, *The English Peasantry and the Enclosure of Common Fields*, New York：Augstus M. Kelley Publishers，1968，p. 322.

③　W. E. Tate, *The Enclosure Movement*, New York：Walker and company，1967，p. 44.

属，也规定不得再附加新的公用权利……如果在此法令下的圈地藩篱被相邻的村镇所拆毁，那么其行为要受到处罚并赔偿损失"。①可以看出，默顿规约在一定范围内解决了庄园内部领主与佃农对于公用土地占有与使用的权益分配问题。而威斯敏斯特Ⅱ规约主要解决相邻的庄园之间对于共同占有的公用土地的使用及权益分配问题。"在贝克利男爵的记录中记载了第一任男爵托马斯（死于1243年），也就是默顿规约出现之前不久，他从自由持有农的手中圈占了大量的公用土地。他的继任者莫里斯（死于1281年）又违背习惯法，将一处公用的林地圈占为他的私人林苑，招致了他的佃户的怨愤。莫里斯还用交换的方式将分散的敞田合并在一起，而把距离他庄园房屋较远的条田换给别人圈并。很显然他试图用环形的篱笆圈围他所耕种的家庭农场。第二任托马斯（1281—1320年）执行同样的政策，为了他和他的佃农共同的利益，也以合并集中的土地代替分散的条田，他由此可以将地租由以前的4—6便士提高到1先令6便士。其他大大小小的贵族和绅士也以同样的方式进行着土地的合并与圈占。"②关于默顿规约及威斯敏斯特Ⅱ规约"这两项法案的准确含义，人们一直存在着很大的分歧，但许多著作都更倾向于认为，一旦这两项法案获得通过，领主就能在无须自由农同意的情况下任意圈占公共地。当然，他还得面对庄园惯例，这通常是一种十分强大的力量……不过，在这两项法案生效后，领主逐渐施加了越来越大的压力，农民们逐渐被剥夺了以前享有的各种权利"。③由此我们可以看出，在13世纪中期，圈地现象虽非普遍但也非偶然。这一时期，是英国人口增长最为迅速的时期，据《末日审判书》所记载的数字推算，在11世纪末期时英格兰的"人口总数在125万至150万之间"。④而"英格兰人口总数在黑死病大流行之前可能已经达到475万"。⑤人口的迅速增长对土地造成了很大的压力，一方面导致对边缘土地

---

① Gilbert Slate, *The English Peasantry and the Enclosure of Common Fields*, New York: Augustus M. Kelley Publishers, 1968, p. 322.

② W. E. Tate, *The Enclosure Movement*, New York: Walker and company, 1967, p. 63.

③ ［英］亨利·斯坦利·贝内特：《英国庄园生活——1150—1400年农民生活状况研究》，龙秀清等译，上海人民出版社2005年版，第59页。

④ ［英］约翰·克拉潘：《简明不列颠经济史》，范定九、王祖廉译，上海译文出版社1980年版，第109页。

⑤ ［英］阿萨·勃里格斯：《英国社会史》，陈叔平等译，中国人民大学出版社1991年版，第94页。

的过度开垦，另一方面必然促使地主与佃农都充分利用现有的土地，提高土地利用效率，增加粮食生产。早期圈地现象，因而可视为对敞田进行的尝试性改革。圈地不仅是圈占可耕的敞田，而且意味着圈占与敞田密切相关的草地、牧场及公用土地，也意味着以追求满足私人利益的个人管理与控制代替敞田制下的公共管理与控制。"尤其在大部分农村地区，社会体制由中世纪向近代发生着历史性转变，与农业生产关系由半公有制的敞田制向个体租佃及经营的近代土地所有制的转变密切相关。也就是说，这种巨大的变革都是由圈地运动所引起的。"①

我们可以看出，早期圈地现象可分为这样两种类型，两类互相促进，并行不悖。一类是圈占并开垦保留的公用荒地，有时圈占的动机胜过开垦耕种的动机；另一类是合理地改善敞田制农业，将分散的条田加以交换合并与圈围，这样也排除了其他人在被圈围土地上的放牧权和其他权利。在圈围的土地上或从事种植业，或从事畜牧业。敞田制下的土地由于连续耕种会引起地力的耗竭，如通过圈地而改为牧场以养羊或牛，那么则意味着土壤肥力的恢复和土地利用结构的调整。但是如果没有新开垦的土地作为补充，也意味着谷物种植面积的缩减、农业劳动力需求的下降、农村人口的减少、公簿持有农、茅舍农等小土地所有者占有土地的丧失。当然，早期圈地现象并非广泛和普遍，因而这方面的社会后果并不像后来那么严重。只是到14世纪后半期时，圈地现象才发展成为波澜壮阔、影响广泛的政治和经济事件，也标志着圈地已成为具有重大意义的社会运动。

第二节　早期圈地运动

一　早期圈地运动的兴起

早期圈地运动在这里指的是黑死病之后14世纪后半期至1485年都铎王朝建立时的圈地运动，时间范围大概在1350—1485年，先后历经了金雀花王朝的后期、兰开斯特王朝、约克王朝的统治。黑死病之前圈地现象虽然已持续了近一个世纪，但没有任何史料证实圈地现象已普遍出现并占有较大的份额，因而大量的圈地必然发生在黑死病之后的14世纪后半期到15世纪。囿于资料的限制，国内外学术界对都铎王朝以前的圈地运动

---

① W. E. Tate, *The Enclosure Movement*, New York: Walker and company, 1967, p. 22.

研究较少。但是到 1500 年时，圈地数量已接近英格兰总面积的一半，不能不说其已发展成为波澜壮阔的社会运动。关于这一阶段圈地的详细过程也不能做详尽的研究，只能依据相关的资料对圈地规模和数量进行大致的分析和概括，同时尽可能地展示圈地运动的整个进程。

黑死病及其后的其他各类疾疫对英国造成的影响是巨大的，人口的锐减使农业、手工业的劳动力极为缺乏，大量的田园荒芜、土地抛荒，变成无人耕种的"死手地"。手工业萎缩、商业萧条、外贸缩减，而农业和手工业工人的工资却居高不下。这就使得 13 世纪以来兴起的圈地现象获得了前所未有的契机：一是人口的锐减造成了劳动力的缺乏；二是出现了大量的荒地和无主土地；三是居高不下的工资水平。因而黑死病流行之后是转折关，圈地现象发展成为圈地运动的转折点，大量的土地因为失去主人而被圈占，劳动力锐减的危机使大量的土地被圈占为牧场。英国的黑死病是从欧洲大陆蔓延传播而来，地中海沿岸及西欧大陆所受的影响并不小于英国，人口集中的城市首当其冲，工商业的萧条远非短时间内所能改变。因而英国在 14 世纪后半期兴起的圈地运动并非谋利的经营方式，而是幸存者迫于形势所采取的谋生手段。因为 14 世纪后半期还有持续多次的地方性及蔓延全国的瘟疫，人口数量的减少还未到谷底，经济的恢复与发展尚未起步，所以圈地运动在 14 世纪后半期的进展应该不大。从 15 世纪初开始，不列颠人口才逐渐摆脱死亡的阴影，社会经济才得以恢复和发展，圈地运动才以空前的速度与规模而展开，因而早期圈地运动主要集中在 15 世纪。

二　早期圈地运动的规模与数量

关于早期圈地运动的数量与规模，只能依据有关的资料进行逆向的推算。在戈纳的地图上，1600 年时全部被圈占的郡有肯特郡（Kent）、康沃尔郡（Cornwall）、德文郡、埃塞克斯郡（Essex）、柴郡、蒙茅斯郡（Monmouthshire）、兰开夏郡（Lancashire）等七个郡。但根据沃第的考证，这些郡在当时并非已全部被圈占，而是还留有一部分未被圈占的土地，"其数量约为这些郡总面积 10592 平方英里的 10%，因而当时这些郡的圈地总面积约为 9533 平方英里"。① 而在 1600 年时圈地份额较大的有 9

---

① J. R. Wordie, "The Chronology of English Enclosure, 1500—1914", *The Economic History Review*, Second Series, Volume XXXVI, No. 4, November 1983, p. 490.

个郡，如表 3 - 1:

表 3 - 1 　　　　　　　　 1600 年圈地份额较大郡圈地数量

郡名	郡总面积 （平方英里）	圈地面积 （平方英里）约数	所占百分比 （%）
什罗普郡（Shropshire）	1332	1000	75
赫里福德郡（Herefordshire）	845	500	59
苏塞克斯郡（Sussex）	1445	700	48
萨福克郡（Suffolk）	1474	600	41
萨里郡（Surrey）	750	300	40
萨默塞特（Somerset）	1631	600	37
诺森伯兰郡（Northumberland）	1932	700	36
约克郡北区（North riding）	2088	700	34
多塞特郡（Dorset）	982	300	31
合　计	12479	5400	43（平均）

资料来源：译自 J. R. Wordie，"The Chronology of English Enclosure, 1500—1914"，*The Economic History Review*，Second Series，Volume XXXVI，No. 4，November 1983，p. 490。

以上 16 个郡圈地的面积总计有 14933 平方英里，另外其他郡的圈地面积还有 8987 平方英里。这样，到 1600 年时，"英格兰圈地的总面积为 23920 平方英里，占英格兰和蒙茅斯郡总面积的 47%，如果不计算大部分地区已被圈占的蒙茅斯郡，则圈地面积占英格兰总面积的 46%……则英格兰仍有大部分地区依然实行敞田制，包括富饶的耕地、公共牧场、草地、林地和荒地，未被圈占的土地依然占到了 54%"。[1] 如果用英亩计算，则到 1600 年时英格兰圈地的总面积为 15308800 英亩。马克·奥弗顿也有同样的见解，"圈地也指土地占有方式、耕作实践的变化和集中，可以在不圈围土地的情况下进行，在近代早期，英格兰的一些地方的确未发生外在形式上的土地圈围，但是到 1500 年，英格兰约有 45% 的地区已被圈占"。[2]

关于 16 世纪的圈地数量，是一个颇为复杂的问题。利达姆和盖伊曾

①　J. R. Wordie，"The Chronology of English Enclosure, 1500—1914"，*The Economic History Review*，Second Series，Volume XXXVI，No. 4，November 1983，p. 491。

②　Mark Overton，*Agricultural Revolution in England*，Cambridge University Press，1996，pp. 147 - 148.

作过全国规模的研究和统计，现代历史学家帕克（L. A. Parker）和古尔德（J. D. Gould）也曾作过一些地域性的调查和研究。他们所依据的是 1517年、1548 年、1566 年、1607 年所分别建立的四个圈地委员会的调查数据，但是这些调查没有一次是全国性的。最完全彻底的调查是 1517 年所建立的圈地委员会的调查，在 1519 年的调查报告中发生圈地的郡只有 24个。1548 年和 1566 年圈地委员会的调查仅涉及两三个郡，其余所留存的调查报告也较为粗略，实际上参考价值很小。1607 年圈地委员会的调查比前几次虽有较大的进步，但是详细资料仅局限在 6 个郡之内。"1519 年报告中提到自 1488 年以来在 24 个郡中圈地的总面积为 101293 英亩，并把约克郡看作一个郡。1607 年报告中说明，自 1578 年以来米德兰 6 个郡的圈地面积为 69758 英亩。"[①] 这些数字说明至少在米德兰各郡，1578 年以后的圈地速度要比 1517 年以前迅猛得多。这使得盖伊推测整个 16 世纪的圈地速度都比较快，并以 1488—1517 年之间的圈地数据作为他推算的基础，以 1607 年圈地委员会调查报告中所提及的米德兰 6 个郡的圈地面积为参照，然后向前后延伸推算出 1455—1607 年的圈地数量。1455—1607 年前后共 152 年，而 1519 年报告中提到的圈地时期是 1488—1517年，前后共 29 年，约占 152 年的 1/5，因而盖伊推算"1455—1607 年圈地的总数量基本就是 1488—1517 年圈地数量 101293 英亩的 5 倍，即516673 英亩"。[②] 这样的推算方法显然是不可靠的。盖伊认为 16 世纪圈地速度大致相同的猜想就不符合历史事实。很多权威的历史学家认为，圈地速度最快的时期是 1455—1489 年，之后稍有降低但仍然维持了较快的速度，一直持续到 1520 年左右。到 16 世纪中期羊毛价格低于谷物价格时，圈地速度趋于缓慢。而到 16 世纪末随着物价的上涨和人口的增长，圈地运动又趋于活跃，那么盖伊所依据的时间段则是一个不具有代表性的圈地时期，而是圈地运动发展较快的一个时期，这样他所推算的数字则夸大了16 世纪的圈地数量。但是 1517 年圈地委员会在圈地调查过程中，有大量的圈地没有被统计进去，或者说被有利益关系的圈地调查人员故意隐瞒。这样的"一增一减"似乎可以互相抵消，但是依据盖伊数字进行推算的

① J. R. Wordie, "The Chronology of English Enclosure, 1500—1914", *The Economic History Review*, Second Series, Volume XXXVI, No. 4, November 1983, p. 491.

② Ibid., p. 492.

圈地数量也就需要进一步考虑。诸如约翰逊（A. H. Johnson）在 1909 年就以盖伊的数字进行了分类计算并绘制了圈地地图。

沃第综合盖伊、约翰逊的圈地资料，还有 1873 年霍斯克斯（Hoskins）及斯丹普（Stamp）的土地调查清册，并考虑到 1517 年圈地调查时有隐瞒圈地面积的事实，按圈地比例分类得出了较为准确的数字，如表 3 - 2：

表 3 - 2   16 世纪英格兰各郡圈地数量

郡名	郡总面积（英亩）	圈地比例（%）	圈地面积（英亩）
莱斯特郡（Leicestershire）			
北安普顿郡（Northamptonshire）	1802858	10	180286
拉特兰郡（Rutlandshire）			
沃里克郡（Warwickshire）			
贝德福德郡（Bedfordshire）			
伯克郡（Berkshire）			
贝克汉姆郡（Buckinghamshire）	1864897	10	186490
牛津郡（Oxfordshire）			
米德尔塞克斯郡（Middlesex）			
剑桥郡（Cambridgeshire）	777913	6	46675
亨廷顿郡（Huntingdonshire）			
德比郡（Derbyshire）			
格洛斯特郡（Gloucestershire）			
赫里福德郡（Herefordshire）			
诺福克郡（Norfolkshire）			
诺丁汉郡（Nottinghamshire）	8117890	2	163558
什罗普郡（Shropshire）			
斯塔福德郡（Staffordshire）			
埃塞克斯郡（Essex）			
林肯郡（Lincolnshire）			

续表

郡名	郡总面积 （英亩）	圈地比例 （%）	圈地面积 （英亩）
约克郡（Yorkshire）			
柴郡（Cheshire）			
汉普郡（Hampshire）	6646011	1	66460
萨默塞特郡（Somerset）			
合计	—	—	643469

资料来源：译自 J. R. Wordie，"The Chronology of English Enclosure, 1500—1914"，*The Economic History Review*，Second Series，Volume XXXVI，No. 4，November 1983，p. 493.

这样，沃第推算的 1455—1607 年 152 年的时间内英格兰圈地的总数量就为 643469 英亩，约占英格兰总面积（32500000 英亩）的 1.98%。当然这个数字并非绝对准确，也只是根据不完全资料所做出的合理的推算。因为这样推算的基础也是盖伊所得出的数据，而盖伊所得出的数据的根据是圈地委员会的调查报告，但这些调查报告都不是全国性的，在时间段上也有很大的局限性，所以沃第的研究成果也只是相对准确。根据上面计算的结果，我们可以大致推算出早期圈地运动期间的圈地数量约为 15308800 − 643469 = 14665331 英亩，此数量也包括了之前所发生的零星的圈地。这一计算结果与沃第圈地年表中所列的在 1500 年时圈地所占的比例 45% 基本一致。早期圈地运动的地域则主要集中在米德兰，"无论其圈地的动因和目的如何，有相当多数量的公用土地被圈占，其中大部分是敞田，而且大部分集中在米德兰。这一阶段，英格兰北部和西部所发生的圈地则极为有限"。[1] 由此可以看出，早期圈地运动尽管缺乏文献和实物资料来作详尽的研究，但其数量是不能忽略的。

三　圈地运动的进程概览

根据沃第的推算，"在 1500 年时英格兰圈地所占的比例最多是 45%，而在 1600 年时圈地所占的比例最大也就是 47%。但是到 1760 年时，英格兰至少有 75% 的土地已被圈占。这些数字的含义是明确的，1500—1600

---

[1]　J. P. Roger, John Chapman, Richard R. Oliver, *The Enclosure Maps of England and Wales 1595 – 1918*, Cambridge University Press, 2004, p. 19.

年，英格兰被圈占土地的最大比例是 2%。而 1760—1914 年，英格兰又有 20% 的土地被圈占，在 1914 年时仅留下 4.6% 的敞田。但在 1600—1760 年之间，英格兰就有 28% 的土地被圈占，显然 1600—1760 年这 160 年间是英格兰整个圈地史上最重要的一段时间。正是在 17 世纪，英格兰从一个以敞田制为主的国家转变成为一个以圈地制为主的国家"。① 根据沃第的这些研究结果，我们可以用简表来反映英格兰的圈地速度。

表3-3　　　英格兰圈地速度：圈地所占英格兰总面积的百分比　　　（单位:%）

圈地时间	圈地所占英格兰总面积的百分比
1500 年②时已圈占的土地	45.0
1500—1599 年所圈占的土地	2.0
1600—1699 年所圈占的土地	24.0
1700—1799 年所圈占的土地	13.0
1800—1914 年所圈占的土地	11.4
1914 年时所留下的敞田及公用土地	4.6
合计	100

资料来源：译自 J. R. Wordie, "The Chronology of English Enclosure, 1500—1914", *The Economic History Review*, Second Series, Volume XXXVI, No. 4, November 1983, p. 502。

　　通过上表可以看出，早期圈地运动占有英格兰近一半的面积，在圈地史上占有重要的份额。而 16 世纪圈地所占的份额较小，17 世纪的圈地份额几乎是 18 世纪的两倍，19 世纪的圈地份额更小，"英格兰圈地的主要阶段不是 18 世纪，也不是 19 世纪，更不是 16 世纪和 15 世纪，毫无疑问圈地的最重要时期是 17 世纪"。③ 最近的研究已修正了原来英国的圈地史，现在认为"17 世纪是英国圈地史上圈地最迅猛的时期，17 世纪圈地的面积约占英格兰总面积的 24%，而 16 世纪的圈地比例只有 2%，18 世

　　① J. R. Wordie, "The Chronology of English Enclosure, 1500—1914", *The Economic History Review*, Second Series, Volume XXXVI, No. 4, November 1983, pp. 494—495.

　　② 原文中的年代为 1550 年，但根据沃第的上下文及其他表格中圈地年代的划分，应为 1500 年，此处为笔者修正的年代。

　　③ J. R. Wordie, "The Chronology of English Enclosure, 1500—1914", *The Economic History Review*, Second Series, Volume XXXVI, No. 4, November 1983, p. 503.

纪为 13%，19 世纪为 11%"。① 沃第的研究结果也为马克·奥弗顿所认同和接受。到 1914 年时，英格兰的圈地所占的比例已达到 95.4%，而仅留 4.6% 的敞田和公用土地。莱斯特郡（Leicestershire）及达勒姆郡（Durham）的圈地进程表也有相同的趋势，如下表：

表 3 - 4   1750 年前莱斯特郡全部被圈占的地方

时 期	教区数目（个）	所占的百分比（%）
1550 年前	52	36
1550—1600	7	5
1600—1650	57	40
1650—1700	24	17
1700—1750	4	3

资料来源：译自 Mark Overton, *Agricultural Revolution in England*, Cambridge University Press, 1996, p. 149。

上表所表示的比例为阶段性全部被圈占的教区数量在整个被全部圈占地方数量中的百分比，并非所占全郡面积的比例。全部被圈占的教区显然不是最准确的计量方法，被全部圈占的教区有的面积大，有的面积小，但是也可以反映出当时圈地的活跃程度。从圈地的活跃程度也可以看出圈地进程的基本特征：1550 年前早期的圈地占有较大的比例；17 世纪的圈地份额最大，占到了整个被全部圈占地方的 57%。这一组数字所反映出的圈地进程和全国的圈地进程基本一致。若从所占全郡面积的百分比来看，"到 1607 年时全郡已有 25% 的土地被圈占，而到 1710 年时，全郡有 47% 的土地被圈占。1607 年前的圈地主要集中在两个阶段，即：1485—1530 年，1580—1607 年"。② 明显可以看出，都铎时期的圈地并不占很大的比例。

从达勒姆郡的圈地进程也可以得出相同的结论，如表 3 - 5：

---

① Mark Overton, *Agricultural Revolution in England*, Cambridge University Press, 1996, p. 148.

② Ibid..

表 3 - 5　　　　　　　　　　　达勒姆郡圈地进程　　　　　　　　　（单位:%）

时　期	圈地所占全郡圈地总面积的比例
1551—1600 年	2
1601—1650 年	18
1651—1700 年	18
1701—1750 年	3
1751—1800 年	35
1801—1850 年	24
圈地总面积（英亩）	184733

　　资料来源：译自 Mark Overton, *Agricultural Revolution in England*, Cambridge University Press, 1996, p. 150。

　　上表的比例与前一个表中的比例有所不同，所表示的是阶段性圈地在达勒姆郡整个圈地数量中所占的比例，显然要比以地方数量计算更为准确。通过上表也可以看出，都铎时期的圈地并不占很大的比例，而 17 世纪的圈地比例占到了整个圈地数量的 36%。另外，达勒姆郡圈地进程在议会圈地的后期明显加快，仅在 18 世纪后半期，圈地数量就占到了整个圈地数量的 35%，这和全国圈地进程的趋势与特点基本相同。

　　米德兰地区圈地运动开始较早，圈地数量多，圈地份额较大，能反映出圈地运动在特定地区的进程，如表 3 - 6：

表 3 - 6　　　　　　　　　南米德兰地区圈地进程　　　　　　　　（单位:%）

时　期	圈地所占全郡圈地总面积的比例
1450 年以前	4
1450—1524 年	6
1525—1574 年	2
1575—1674 年	17
1675—1749 年	5
1750—1849 年	55
1850 年以后	3
未确定时间的	8
圈地总面积（英亩）	2850866

　　资料来源：译自 Mark Overton, *Agricultural Revolution in England*, Cambridge University Press, 1996, p. 150。

　　南米德兰地区的圈地进程与以上两个郡基本相同，所不同的是都铎时期的圈地份额稍大一些，圈地比例大大超过了全国的比例。17 世纪的圈地数量也相对较大。议会圈地前期，圈地数量相对较少，而在议会圈地的后期，圈地进程骤然加快，圈地数量超过了圈地总面积的一半。而在 1850 年以后，因为米德兰地区几乎无地可圈，圈地的空间所剩无几，因而圈地的份额迅速减少，圈地的进程趋于平静。

　　从圈地的总体进程来看，圈地运动历时久远、循序渐进、波及的地域广泛、波澜壮阔、深入彻底，在英国土地所有权、使用权、占有权、经营管理等各方面的变革过程中都具有非常重要的作用和极其巨大的影响，并进而影响到英国社会近代化历史进程和社会生活的各个方面。

第四章　都铎王朝时期圈地运动兴起的原因

第一节　圈地运动兴起的自然因素

　　长期以来，史学界对于英国圈地运动兴起原因的探究主要从经济角度切入，即从生产力的发展、圈地前"敞田制"的弊端、资本主义萌芽的出现、商品货币关系在农村的渗透、地理大发现、"商业革命"和"价格革命"、欧洲大陆和英国资本主义工商业的发展来分析圈地运动的原因和必然性。认为尤其是欧洲大陆和英国呢绒业的发展，对羊毛的需求量急剧增加，引起了羊毛价格的上涨，使圈地养羊成为利润丰厚的事业，成为英国圈地运动最直接的推动力。从经济因素入手去分析英国圈地运动的原因无疑是正确的，也应是圈地运动的主要原因。但促使都铎时期圈地运动兴起的自然因素未能引起大多数学者的注意。历史的发展往往是诸多因素综合作用的结果，"圈地的原因非常复杂，仅仅考察经济方面的因素有时也无法获得完满的解释……土壤的性质和圈地后的潜在价值，土地所有权的分布和附近教区农业变革的影响都是影响圈地的重要因素。圈地是一系列因素结合起来的结果，在不同的情况下，其重要性也不同"。[1]忽略主要因素是错误的，忽略次要因素也是不正确的，至少是不科学的。本节拟从自然因素着手来探讨圈地运动兴起的必然性，尽管自然因素是次要的，但"任何一种关于英国历史的理论如果不考虑到有关不列颠位置的一些事实，是不可能完全正确的"。[2]

---

　　[1]　Mc Closkey, Donald N., "The Enclosure of Open Field: Preface to a study of Its Impact on the Efficiency of English Agriculture in the Eighteenth Century", *Journal of Economic History*, 1972, p. 32.

　　[2]　〔英〕斯丹普、比佛：《不列颠群岛自然地理和农业地理》，吴传钧译，商务印书馆1960年版，第1页。

一　畜牧业在不列颠农业社会中的重要地位

中世纪的不列颠是以农为本、农本经济占主导地位的社会。在以粮食生产为主的同时，畜牧业的地位也日益突出，并且成为农业生产中不可缺少的环节。农业和畜牧业往往互相影响、互相制约。那时的耕作主要依靠畜力，畜力的利用是人类改造自然不可或缺的力量，人类的衣食来源也在一定程度上依靠着畜牧业，土壤的肥料也主要来源于牲畜。而农业又为畜牧业提供牧草和饲料，同时也制约着畜牧业的种类和发展水平。

中世纪英格兰的土地耕作主要用牛（ox）来牵引，马有时与牛配合使用。英国低地适宜农业的土壤多系黏重不透水的土壤，质地坚硬，一般要使用重犁才能耕作。一架重犁需要由 6—8 头牛来牵引，从而形成了所谓的犁组（plough‒team）。因而"牛是传统的耕畜，它仍然是普遍存在的"。①马在经济上被认为是用于战争的财富，直到 12 世纪末才用于和牛混合牵引耕犁。13 世纪，伴随农业的发展进步，这些大家畜的数量也逐步增长。"在康沃尔公国的西部地产上，有无数的养牛场和马群，在威尔士边界以及内部地区地主的地产中有大牧场。与大沼泽地接界的地产中，也有无数的属于庄园的养牛场。"②

不列颠的养羊业从中世纪起就在农业中具有举足轻重的地位，而且多数羊是优良品种，能产优质味佳的肉，同时又产纤维很长的毛。以至于后来南半球的一些草原国家如阿根廷、乌拉圭、南非、澳大利亚和新西兰，它们的羊群大多数是不列颠的羊种。"根据现存的 1225 年的数字所示，在威尔特郡的某一地区，有半数以上的佃农都拥有羊群。在这些村庄中，尤其是像俄格布恩那些靠近空旷草原的地方，庄园主大规模的养羊业逐渐发展起来，其规模之大不是单独的一个村庄，而是联合几个村庄和几个庄园。各个庄园饲养着各类不同的羊群……1259 年温彻斯特的主教在他的大批庄园中，主要是在汉普郡的几处庄园中，饲养了约两万九千只羊。"③ 不仅封

①　H. C. Dabby, *A New Historical Geography of England before* 1600, Cambridge University Press 1976, p. 95.

②　[英] M. M. 波斯坦、H. J. 哈巴库克：《剑桥欧洲经济史》（第一卷），王春法主译，经济科学出版社 2002 年版，第 476 页。

③　[英] 约翰·克拉潘：《简明不列颠经济史》，范定九、王祖廉译，上海译文出版社 1980 年版，第 150 页。

建贵族拥有大量的羊群，就是领有份地的农民，也拥有数目不等的羊群，甚至有些农民的羊群往往超过领主。1300 年，"英格兰的总羊数估计介乎 1500 万到 1800 万之间"。①英国的羊毛生产不仅有悠久的历史，而且在欧洲市场上享有良好的声誉。早在诺曼征服之前，英格兰便已出口羊毛。"在三位爱德华统治时期（1272—1377 年），英格兰政府对羊毛比对任何其他农产品更为重视。羊毛涉及外交方面；羊毛是国家收入的主要来源；出口羊毛换进了外汇，这是一种可以收入外币的正当途径，以便用于远征和举行王室集会。"② "1357 年英国输出羊毛 32000 袋，1357 年至 1360 年每年平均增长到 35840 袋；1348 年羊毛收入为 60000 镑，1421 年来自羊毛税的收入占全部税收的 74%。"③羊毛成为英国政府财政收入的主要来源。

从英国传统的畜牧业我们首先可以得出这样一个结论，那就是：英国必然具备某些适合发展畜牧业的自然条件。大规模圈地养羊是根据国内外市场需求、充分利用自然条件、因地制宜发展经济、建立和谐的人与自然良性互动关系的理性选择。

二 地形及土地因素

在世界上任何地方想找到一块和不列颠自然条件相类似的地区是很困难的。如果不考虑爱尔兰岛，英国的地形可分为两部分：西北部的高地带和东南部的低地带。分界线大致自西南部厄克斯河口开始，东北至于提斯河口附近，不规则地穿越全国。高地带地形以高原和山地为主，低地带地形以平原和丘陵为主。苏格兰和英格兰的北部地区几乎全是多山的地形。威尔士也主要以山地、盆地、丘陵为主，平原主要集中在英格兰中部和东南部。据估计，全国面积的 47% 是海拔 100 米以下的平原和低地，48% 是 100—500 米的丘陵和低山，全国面积的 5% 是超过 500 米的高原和山地。这种地形特征可以说明英国很多的地区更利于发展畜牧业。

我们没有英国圈地运动前土地状况的详细资料，但《末日审判书》

---

① ［英］肯尼思·O. 摩根：《牛津英国通史》，王觉非等译，商务印书馆 1993 年版，第 197 页。

② ［英］约翰·克拉潘：《简明不列颠经济史》，范定九、王祖廉译，上海译文出版社 1980 年版，第 147 页。

③ 姜守明：《刍议都铎时代的圈地运动》，《湘潭师范学院学报》2001 年第 1 期，第 61 页。

（*Domesday Book*）提供了 11 世纪英格兰蒂斯（Tees）以南地区的几乎每一个农场、村庄里相对标准的、详细的以及较好质量的土地信息，形成了关于中世纪英国土地的拥有和地理情况的最完整的统计资料体系。"尽管偶尔不明确、不精确或者不完整，但是，根据前科学社会的标准，《末日审判书》是异常可信的，它曾经被正确地称为欧洲历史上最伟大的统计文献。事实上，直到 19 世纪，没有任何土地测量能够达到它那样的广泛性和详细性。"① 其中有关于敞田制下犁耕组（Plough – Teams）及数量的记载，H. C. 达比先生据此绘制了 1086 年犁耕组在英国的分布情况，如图 4 - 1：

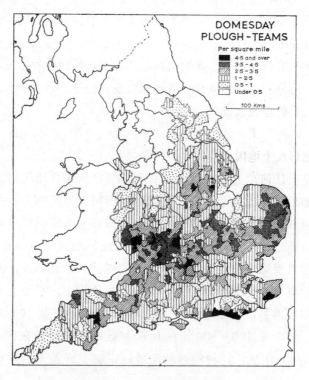

图 4 - 1　1086 年犁耕组分布

资料来源：H. C. Dabby, *A New Historical Geography of England before* 1600, Cambridge University Press 1976, p. 48.

———————————

① ［美］罗宾·弗莱明：《诺曼征服时期的国王与领主》，翟继光等译，北京大学出版社 2008 年版，第 13 页。

图 4-1 表明了每平方英里犁耕组分布的地区及数量。在敞田制下，限于当时较低的生产力，农民无法单独耕种自己的条田（open-field strips），于是若干户农民联合组成犁耕组共同合作耕种。这样犁耕组就成为一个生产单位，包括一副犁杖和所需要的劳力和耕畜。当时耕畜主要是牛。一个犁耕组到底由多少头牛组成，是一个颇有争议的问题，也随时间地区的不同而有变化，但更多的学者都倾向于八头牛组成一个犁耕组的说法。犁耕组数量的分布图在很大程度上可以反映土地的肥瘠情况，每平方英里超过 3.5 个犁耕组的地区，被认为是肥沃的可耕地。那么我们据此图可以大略看出，英国肥沃的可耕地所占的面积实在很有限。诚然，土地的开发和耕作区的扩大也有一个逐步发展的过程，但是后来的研究表明"几乎所有在以后几个世纪中种植谷物的地区（拿破仑战争期间除外）在 1066 年已经开始种植了。11 世纪的种植可能远不止那些"。[①] 因而对土地开发迟早的问题并不妨碍我们得出上面的结论。

1930 年，英国农业部成立了不列颠土地利用调查所（Land Utilization Survey），并在 1931—1939 年进行了全国调查，这个调查所的目的是要表明大不列颠每一块田地的用处。我们可以使用土地利用调查所的调查结果来分析英国的土地状况。尽管土地状况经过一段时间会发生变化，但仍然可以说明一定的问题。土地利用调查所根据它工作的结果，把土地分为十类，如表 4-1 所示：

表 4-1　　　　　　　　　　　大不列颠土地分类

类型	亚类及适宜用途	
I 优良土地	1（A）	甲等农耕地，可以精耕细作，特别适宜于种蔬菜及各类作物
	2（AG）	优良的普通农耕地，适宜于种植经济作物
	3（G）	甲等土地，但地下水位高，容易遭受水患
	4（G）	优良土地，但较黏重

① ［英］M. M. 波斯坦、H. J. 哈巴库克：《剑桥欧洲经济史》（第一卷），王春法主译，经济科学出版社 2002 年版，第 470 页。

续表

类型		亚类及适宜用途
Ⅱ中等土地	5（AG）	中等轻松土地，包括岗地、基本草地，有些地区适宜农耕（通常是轻松的土地）
	6（AG）	中等普通农耕地，既可种植作物，又可用作草地
Ⅲ贫瘠土地	7（G）	劣质黏重土地
	8（H）	山地，山坡粗草地
	9（H）	劣质松土地（低石南灌木地和沼泽漠）
	10	最劣土地，粗放沼泽漠草场，荒地等等

注：A = 适于农耕，G = 适于草地，H = 适于灌木地。

资料来源：〔英〕斯丹普、比佛：《不列颠群岛自然地理和农业地理》，吴传钧译，商务印书馆1960年版，第142页。

表 4－2 **各类土地在不列颠所占比重** （单位：%）

土地分类	英格兰及威尔士	苏格兰	不列颠
Ⅰ优良土地	47.9	20.8	38.7
1（A）	5.3	2.1	4.2
2（AG）	26.0	10.1	20.6
3（G）	3.3	—	2.2
4（G）	13.3	8.6	11.7
Ⅱ中等土地	32.0	15.1	26.3
5（AG）	7.0	0.4	4.8
6（AG）	25.0	14.7	21.5
Ⅲ贫瘠土地	17.0	63.5	32.8
7（G）	2.2	0.3	1.6
8（H）	12.1	62.9	29.3
9（H）	2.2	0.3	1.5
10	0.5	0.0	0.4
其余如建筑地等	3.1	0.6	2.2

注：在不列颠第一等1（A）优良土地仅有2359900英亩，但第一类Ⅰ优良土地则共有21809200英亩。

资料来源：〔英〕斯丹普、比佛：《不列颠群岛自然地理和农业地理》，吴传钧译，商务印书馆1960年版，第142页。

结合表4-1、表4-2我们可以看出，整个大不列颠堪称优良土地的面积只占整个土地面积的38.7%，而且还有相当一部分3（G）、4（G）有严重缺陷，约占土地总面积的13.9%。这一部分土地若要发展种植业，则需要实施排水、掺沙等人工改良。但这一部分土地是发展畜牧业的天然的理想之地。这样，不列颠天然不经过人工改良而适合于农垦的土地面积就仅占土地总面积的24.8%。第二类Ⅱ中等土地既可以发展种植业，也适宜于发展畜牧业。第三类Ⅲ贫瘠土地几乎不能发展种植业，但其中一部分也适宜于发展畜牧业，这样适宜于发展畜牧业的土地面积就达到了土地总面积的71.1%。因而英国具备了圈地以发展畜牧业的土地因素。在当时的历史条件尤其是生产力条件下，根据国内外市场的需求，在既适宜发展农业，又适宜于发展畜牧业的土地上，发展畜牧业无疑是经济效益最好的领域，也是对土地资源最合理的利用。

不列颠由于复杂的地质构造和气候等各方面原因，形成了独特的土壤类型。从降雨量角度来看，不列颠群岛各地年降雨量一般都超过蒸发量，土壤类型便以淋余土（pedalfer）为主。即土壤表层中的可溶盐类包括石灰质在内都有被溶失或淋洗向下的倾向，从而表层便保存了较多的铝和铁质，因而淋余土也叫铁铝土。按世界土壤分类标准进一步划分，英国绝大部分土壤又可分属于灰壤土和棕色森林土，另外，还有钙质土、泥炭土、草甸土、粗骨土等类型。

灰壤土是英国最主要的土壤类型，约占国土面积的一半左右。它广泛分布于高地带。其酸性较高，不易透水，易使水分滞积，潮湿时十分胶黏，干燥时十分坚硬且难以耕作。因为植物根系一般难以穿透和深入，在夏季如遇干旱时则容易龟裂，植物的根系甚至会因此被扯断，所以它们不是天然适宜于农业耕作的土壤，其农业利用价值很低，在不列颠大部分灰壤土是留作永久草地或粗放牧场的，少部分经过改良可以成为优良的人工草地或被开垦为耕地。

棕色森林土广泛分布于低地带，以及高地带内的谷地和沿海低地，是英国境内最重要的农业土壤。它一般分布在降水较少的地域，淋溶程度较弱，土壤酸度也较低，富含各种有机质。其所包含的各种有机质化合物被土壤中的各种微生物侵袭分解成简单的化合物，部分地弥补了矿物质养分的淋溶和流失，故这类土壤的肥力普遍高于灰壤土。这类土壤既可作为优良的人工草地，也可开垦为良好的农田。

　　钙质土是发育在石灰质母质上的非地带性土壤，广泛分布于英国东南部由白垩岩组成的丘陵和坡地上。其剖面特征是在地表薄层植物残体之下，有一层富含有机质和矿质养分的土层，其厚度小，而且夹杂有许多石块，再往下就是母岩风化物。利用这类土壤的最大困难就是土层太薄，一般耕作层很少超过 15 厘米。因此，这类土壤多用作放牧草地，只是在土层较厚处，加以开垦可以种植一些浅根作物。

　　其他如泥炭土、草甸土、粗骨土等土壤类型中，除草甸土富含有机质、比较肥沃而可以改造为农田以外，泥炭土和粗骨土基本不能用来发展种植业，但却可以用来改造为人工草地来发展畜牧业。

　　"中世纪英国农业的进程事实上是被土地自身的历史所支配的——土地的生产率、土地的相对肥沃或贫瘠、土地的使用及土地的分配。"① 英国优良的土壤所占的比重不大。可用来发展种植业的土壤不仅比例小而且几乎都要经过排水、施肥、掺沙等人工改良，但几乎所有的土壤都可以自然地用作各类牧场，发展畜牧业。"英国的所谓优良土壤，仅只是相对于国内其他瘠薄土壤而言。若从世界范围来看，则根本算不上是肥沃的土壤。"② 而在当时生产力相对较低的情况下，通过对土壤进行改良来发展种植业必然耗时费力，况且种植业较之畜牧业不仅需要大量的劳动力，也易受天气等因素的影响而丰歉无常。"大地主利用了圈地的机会把耕地多改为草地，他们只需要雇佣一个牧人便可代替原来在土地耕种时候所需的十个或十多个工人。"③ "几个牧羊人加一只牧羊狗就能管养一大群羊，抵得上雇佣百多个农业工人从事耕作，这种经济上的诱惑是无法抵御的。"④ 因而从土壤因素来说，圈地以发展畜牧业无疑是投入少、收效大、因地制宜、合理利用土壤的理性选择。

三　气候因素

　　尽管一个地区的气候经过漫长的年代会发生变化，但在千年之中的变

　　① ［英］M. M. 波斯坦、H. J. 哈巴库克：《剑桥欧洲经济史》（第一卷），王春法主译，经济科学出版社 2002 年版，第 469 页。

　　② 曾尊固、陆诚、庄仁兴：《英国农业地理》，商务印书馆 1990 年版，第 36 页。

　　③ ［英］斯丹普、比佛：《不列颠群岛自然地理和农业地理》，吴传钧译，商务印书馆 1960 年版，第 142 页。

　　④ 钱乘旦、许洁明：《英国通史》，上海社会科学院出版社 2002 年版，第 120 页。

化还是比较微小的。英国的历史学家认为："我们掌握的罗马时期的一些证据表明，那时不列颠的气候与今天大同小异。"[1] 即英国在罗马不列颠时期（约公元前55年—约公元440年）的气候和现在的气候也大致相同。因此关于圈地运动前英国的气候因素，我们可以参照今天的气候情况予以分析。

英国位于北纬50度至60度之间，气候温和多雨，冬无严寒，夏无酷暑，一年之中季节温差变化不大，属典型的温带海洋性气候。

英国是欧洲最多雨的地区之一。大部分地区年降水量为600—1500毫米，年平均降水量1000毫米左右。其降水量明显超过同纬度其他地区，而且季节分配比较均匀。总的说来，10月至1月是多雨的月份，3月至6月是少雨的月份。春季降水量最少，也占全年降水量的18%—21%；秋季降水较多，也只占全年降水量的28%—30%。这样的降水量分配，基本上能保证大部分地区各时期农作物和牧草生长对水分的需求。春季相对少雨，有利于土壤温度的回升和越冬作物、牧草的恢复生长。大不列颠群岛降雨量年际变化小，也比较有利于农业和畜牧业的稳定生产。英国降雨量分布的特点是西部多于东部，北部多于南部，高地多于低地。在雨水过多的地方，会影响农业生产活动的进行和农作物的成熟与产量，这对于发展种植业是不利的。"苏格兰西部以及英格兰和威尔士西部很多地区得到的水量都有过多之嫌。过多的雨量对作物生长有严格的限制，有的地区甚至任何耕作都不可能。"[2] 因而在年降水量超过750毫米的地方，一般会放弃种植业而发展畜牧业。在年降水量超过1500毫米的地区，土壤中的营养物质便会经常性地大量流失或下渗，也会使土壤温度过低、酸性过大而影响农作物的生长。这些地区要发展种植业，必须对土壤进行经常性的排水，否则农业生产就无法进行，但对于发展畜牧业的影响是相对较小的，因而这些地区可作为发展畜牧业的粗放牧场。英国由于气温偏低加上多云多雨，各地的蒸发量普遍较少，全年均在350—500毫米之间。也就是说，英国几乎所有地区的年降水量皆超

---

[1]　[英]肯尼思·O. 摩根：《牛津英国通史》，王觉非等译，商务印书馆1993年版，第10页。

[2]　[英]斯丹普、比佛：《不列颠群岛自然地理和农业地理》，吴传钧译，商务印书馆1960年版，第82页。

过蒸发量,而且蒸发量的地区分布恰与降水量相反。英格兰东南部蒸发量最大,一般在 500 毫米以上,越向西北地势越高,蒸发量越小。在苏格兰西北部普遍少于 400 毫米,降水量普遍是蒸发量的两倍以上。因而对于英国发展农业生产而言,大部分地区的大部分时间内,不是水分不足,而是水分过多。

　　农作物的生长不仅需要土壤和水分,也需要光照和温度。不列颠日照时数普遍偏少,而且有自南向北、自低向高递减的趋势。各地年平均昼夜日照时数在 3—5 小时之间变动。造成英国日照时数偏少的主要原因不是纬度位置,而是温带海洋性气候条件下多云多雨多雾等因素。不列颠群岛雨日的正常数值每年平均在 200 天以上,雨水最少的地区泰晤士河口也有 150 天左右。在苏格兰西北部的有些地区,雨日达到了 260 天。连绵的阴雨或疾风暴雨都会减少日照时数。"经常多雾也是英国气候的一个显著特点。从南方的伦敦延伸到北方的曼彻斯特,是一条多雾地带。在这个多雾的范围内,正常的年份每年有 50 天以上有雾的记录。"[①]雾多对农业生产也有不利,因为它减少了日照时间和强度,降低了气温,同时也会不同程度地影响到耕作和放牧。日照时间的长短对植物的生长具有重要的意义,它关系到植物糖分的转化和营养的积累、农作物的生长发育和结籽成熟、果树生长期的长短及开花结果、牧草的生长和干草的制备。普遍偏少的日照时间对农作物的生长和分布起了很大的限制作用。比如夏季需要高温多雨的玉米、水稻等作物基本上就无法在英国种植。

　　与日照密切相关的气候因素就是气温,当然气温也受纬度位置、地理位置等诸多因素的制约。不列颠气温的特点是冬季温和,夏季凉爽,年较差小。不列颠的群岛特别是西海岸,在冬季时受到北大西洋暖流的浸润。这股暖流的存在无疑对改变冬季气候起了重要作用。因此不列颠群岛冬季的气温比任何同纬度的其他地区要暖和得多。大部分地区一月份平均气温在 3℃—7℃ 之间。相反,夏季英国由于受海洋调节和凉爽西风的影响,气温却低于其他同纬度地区。七月份英国各地的平均气温在 14℃—17℃ 之间。冬季气温强烈的正距常和夏季气温微弱的负距常使英国的年平均气

---

① 于维霈:《英国农业》,农业出版社 1981 年版,第 35 页。

温显著高于同纬度其他地区，气温年差距显著小于同纬度其他地区。这种气温特点，使英国在世界上中纬度地区属于秋播作物和果树等多年生作物越冬条件较好，牧草和农作物生长期较长的地区之一，也是夏收作物成熟期光热条件较差的地区之一。对于发展畜牧业而言，冬暖意味着牧草生长期长、草场利用时间长、牧畜圈养的时间短、畜牧业成本低，而冬冷则情况相反。更为有利的是英国积雪日数少，除英格兰一些地区外大部分地区不足 30 天，这无疑会延长牧草的生长期，增加在牧场的放牧时间，提高草场的载畜量。

当然，上述的气候状况只是不列颠大多数年份所表现出来的基本态势。但不列颠的天气多变已经成为一句谚语，常常也会出现不同于寻常的天气情况，甚至出现极端的天气变化。以至于英国人常说："国外有气候，在英国只有天气。"总的说来，不列颠的气候因素对于发展农业生产有着有利和不利的因素。有利的因素是：降水量充沛，冬无严寒、积雪日短、温和湿润，农作物和牧草生长期长，水分有保证。不利的因素是有些地区降水量过多，蒸发量过小，水分相对较多，多云、多雨、多雾，日照时数短，光照积温不足。可以认为英国发展农业尤其是发展种植业的自然条件并不是很优越的。但有利与不利因素往往是相对的乃至于可以互相转化。特别对于发展农业生产来说，只要因地制宜、因时制宜，合理安排农业生产的门类和布局，就可以趋利避害，有效利用自然资源。我们可以看出，英国的气候条件对于发展种植业不是很有利，但却满足各类牧草的生长习性，因而其对于发展畜牧业是得天独厚的理想条件。在 13 世纪的英格兰，草地的价值往往大于可耕地。"有十三世纪的证据表明，一英亩草地的价值通常是一英亩可耕地的两三倍甚至更多。"[①]这里我们有 H. C. 达比先生据《末日审判书》（*Domesday Book*）绘制的 1086 年英国草场分布图，见图 4 - 2。

由于不列颠的地形、土地、土壤、气候等诸多因素，通过图 4 - 2 与前面的犁耕组分布图我们可以看出，不列颠各类草地的面积要远远大于同时期其可耕地的面积。

---

①　H. C. Dabby, *A New Historical Geography of England before* 1600, Cambridge University Press 1976, p. 48.

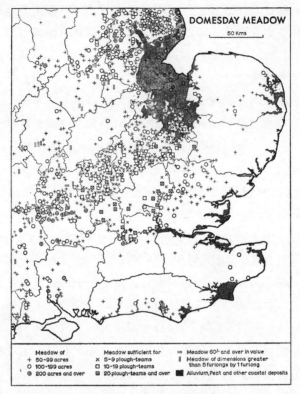

图 4 - 2   1086 年草场分布

资料来源：取自 H. C. Dabby，*A New Historical Geography of England before* 1600，Cambridge University Press 1976，p. 51。

图例说明：《末日审判书》中关于草地度量单位的记载很不统一，有些以英亩（acre）为单位；有些以草地为之能提供干草的犁耕组的数量为单位；有些以草地的价值为单位；有些甚至什么单位也没有。

1. Meadow of 表示草地的面积，其中单位是 acre，可译为英亩。但不能确定这里的英亩和现代的英亩所表示的面积是否相同。

2. Meadow sufficient for 表示草地可为之供给干草的犁耕组的数量。

3. Plough - teams 表示犁耕组。

4. = Meadow60′⁻ and over in value 表示价值是 60 或 60 以上的草地，单位不详。

5. ‖ Meadow of dimensions greater than 5 square furlongs by 1 square furlong 表示面积大于 5 平方弗隆的草地。弗隆（furlong），长度单位，一单位长度等于 660 呎（英尺）或 220 码或 10 链，约等于公制的 201168 米。

6. ■ Alluvium，Peat and other coastal deposits 表示冲积层，泥炭和其他沿海沉积物。

如果我们考察一下地球上与英国同纬度地区的农业生产，便会发现主要有两种农业类型：一是温带较温润部分（或温带海洋性气候）以畜牧业为主的农业；二是温带较干旱部分（或温带大陆性气候）以种植麦类作物为主的农业。而英国正属于第一类。在1827年时，英国的"耕地面积仅有19135990英亩，而各类草场和牧场的面积达到了27386980英亩，可利用荒地的面积有15000000英亩，不能利用的土地面积有15871463英亩"。① 根据当时的生产力条件，这里的可利用荒地显然已属于不适合发展农业生产的边际土地，但通过开发一般都可用来发展畜牧业。由此可以计算出英国耕地面积仅占各类土地总面积的24.7%，而各类草场和牧场的面积却占到了各类土地总面积的35.4%，可利用荒地的面积也占到了各类土地总面积的19.4%，这样，适合于发展畜牧业的土地比例就占到了54.8%，是农业用地比例的两倍多。这样的土地及气候条件显然更适合于发展以畜牧业为主的农业。当代英国更是如此，据1984年联合国粮农组织的有关推算，英国的"种植业（包括大田作物和园艺业产品）仅占农业总产值的39.9%，而畜牧业则占59.8%。畜牧业产值明显地超过种植业。而且英国一半左右的大田作物生产或超过三分之一的种植业是从属于畜牧业、为畜牧业提供饲料的"。②

　　早期圈地运动的过程中，在大部分所圈之地上建立起养羊的牧场，甚至把耕地变成牧羊场，这不仅仅是价值规律作用的结果。12—14世纪上半叶之间，是英国人口增长较快的时期，加之当时手工业、商业和城市的发展，粮食的价格虽有波动，但总的趋势是在上涨。后来受"价格革命"影响的也不唯独是畜牧业。圈地养羊是有利可图的事业，其中有价格上涨的经济因素，也有合理利用自然资源的自然因素。我们只有把经济因素、自然因素和其他因素结合起来，才能更好地理解圈地运动的必然性和发展过程。"一国的自然地理特征对于该国人民怎么样生活有着很大的影响，不列颠也不例外。"③ 在不列颠这样一个雨日多，降雨量大，降雨季节分配比较均匀，蒸发量普遍较少的气候状况下，很多地区发展畜牧业的条件显然比发展农业生产有利。圈地以发展畜牧业，这是人们根据价值规律和

---

　　① A. Aspinall, E. Anthony Smith, *English Historical Documents Volume Ⅷ 1783—1832*, London: Routledge, 1959, p. 469.

　　② 曾尊固、陆诚、庄仁兴：《英国农业地理》，商务印书馆1990年版，第12页。

　　③ ［英］肯尼思·O. 摩根：《牛津英国通史》，王觉非等译，商务印书馆1993年版，第10页。

国内外市场需求、合理利用自然条件和自然资源、因地制宜发展经济的必然选择，从而圈地运动"对于经济上的有利方面通常认为是相当大的，圈地为合理利用农业用地，增加农业门类，开垦荒原、荒地、丛林铺平了道路"。①

在生产力相对较低的农业经济时代，人们从事某种农业生产活动，不是仅凭"人定胜天"的改造自然的能力，而是在很大程度上适应自然条件、利用自然条件、因地制宜、趋利避害的客观选择。当然，我们并不是要否定人的主观能动性和征服改造自然的能力，而是要将人类顺应自然的理性与改造自然的主观能动性统一起来，否则我们就会陷入环境决定论。

第二节　圈地运动兴起的经济原因

一　商品经济的发展

到 13 世纪时，英国虽然是以农为主的社会，但在农业经济发展的基础上，商品经济已有了相当程度的发展，表现在社会分工的扩大，城市的进一步兴起，手工业的兴旺发达，资本主义生产关系的萌芽，货币地租的出现等许多方面。

在农业社会里，农民是社会经济活动的主体。黄春高博士认为："农民经济是一种二元经济，兼有谋生与谋利的二元特征，主要表现为其农业生产与非农业生产并存，自给自足与商品市场的并存，谋生与谋利的并存。"② 满足家庭成员的消费需求及一定程度的自给自足是农民经济的固有特征之一，生存需要在许多时候表现得相当突出。然而，理论上的完全自给自足的经济，历史上从来没有存在过。农民家庭也不仅限于谋生，谋生之外还有另外一个重要特征——谋利。无论是主动进入市场还是被动进入市场，农民经济的商品货币特征都非常明显。将农民经济的商品货币特征的作用与目的全都看作为了谋生显然是不妥的，农民从事农业、商业和手工业活动的目的有很大程度是为了谋利。农民经济的双重特征决定了商

---

① G. E. Mingay, *Parliamentary Enclosure in England: An Introduction to its Causes, Incidence and Impact* 1750—1850, New York: Published in the United States of America by Addison Wesley Longman, 1997, p. 148.

② 黄春高:《14—16 世纪英国农民经济——分化与突破》，博士学位论文，北京大学 1996 年，第 14 页。

品经济与自然经济是对立统一的关系，这两种经济形式对立统一、相互依存、共同发展。因而只能认为："庄园制度限制了频繁的商业交往和限制了阶层性商人的出现，但是它并不能够限制所有的商业交往和商人。只不过它为商业和商人限定了空间，也就是说，商业交往只能是作为庄园制度的补充，它的形式只能是偶然的、零散的、以需求为特征的交往，超过这个界限是不被允许的，也是不可能的。但是，正是在这样一个狭小的空间里，我们会看到中世纪早期商业和商人独特的存在方式，而且成为日后西欧商业复兴的起点。"① 因而 13 世纪英国自然经济的繁荣与发展必然促进商品经济的发展。但商品经济的发展只有在一定限度和规则内才会促进自然经济的发展，而当超过一定的限度，则必然会影响着封建的经济基础和上层建筑的统一体。当然，我们也不能夸大英国这一时期商品经济的发展程度，也远非经济发展史上的"飞跃"、"突变"、"革命"时期。无论是从生产力还是从生产关系角度而言，英国的农村和城市远不及欧洲大陆上的法国北部和佛兰德尔，也远远赶不上地中海沿岸的威尼斯和佛罗伦萨。但是由于商业经营和商业意识的渗透，庄园制度中毕竟出现了不同于自然经济的异己力量，稳固的社会秩序开始出现松动。庄园制较为封闭，而商品经济却以交换和联系为特征，没有这种交换和联系，便无法进行商业活动，因而商人崇尚的是冒险与开拓精神，而这些在对立统一中便出现了此消彼长的趋势，最终必然要突破封建制度统一体的本身，开辟属于商品经济的新世界。

11—13 世纪，是英国人口数量增长较快的一个阶段，据《末日审判书》所记载数字的推算，在 11 世纪末期时英格兰的"人口总数在 125 万至 150 万之间"。②而"英格兰人口总数在黑死病大流行之前可能已经达到 475 万"。③ 人口数量的较快增长使农业出现"过密化"现象，也就是人口增长推动着农业劳动的密集化，而在既有技术条件下，人口的不断增长必然导致劳动的报酬随着劳动密集化而递减，这就是过密化现象。英国

---

① 赵立行：《商人阶层的形成与西欧社会转型》，中国社会科学出版社 2003 年版，第 36—37 页。

② ［英］约翰·克拉潘：《简明不列颠经济史》，范定九、王祖廉译，上海译文出版社 1980 年版，第 109 页。

③ ［英］阿萨·勃里格斯：《英国社会史》，陈叔平等译，中国人民大学出版社 1991 年版，第 94 页。

13 世纪末 14 世纪初由于人口猛增而出现的人口过剩、人口压力过大、土地价值增加、土地饥饿、边际土地的大量开垦、农民份地缩小、劳动者的贫困等现象，都是"过密化"的表现。西塞利·豪威尔证实："由于人口压力，到 1300 年时，米德兰公簿持有农的份地进一步减少为半雅兰（yardland，约为 12 英亩，或 4.8 公顷）……1341 年时，占有耕地最多的农民所持有的土地也不超过 30 英亩。"[①] 人既是消费者，也是生产者。人口的过快增长会对经济发展造成一定的压力，但同时也会为经济发展在一定程度上增添活力。"这种人口增长开始突破庄园保守而又封闭的体制，以新的土地开拓运动为契机，但引起西欧人口的流动和庄园农奴地位的变化，间接地形成了有利于商业交往的环境。而且，社会上脱离农业的人口的出现以及因拓殖运动而来的地区间差异的形成，为商业交往和商业复兴提供了直接的动力。"[②] 人口的增长和农业的"过密化"必然促进农民经济向多元化方向发展，从而推动社会分工的扩大，商品交换的活跃，商品经济的发展。而只有商品经济的发展，才会为农民经济谋利的一元创造更好的条件，进而刺激谋利的经济行为进一步发展，而谋利的经济行为必然推动商品经济的发展。商品经济没有走向自然经济的对立面，而是作为农民经济生存与发展的方法之一，商品与商品交换已成了农民经济不可分割的组成部分。13 世纪的英国农民对于市场及价格不是麻木和迟钝的，他们能够对市场和价格的变动作出理性的反应，能够利用市场因素合理有效地配置各种资源。而"随着人口的增加，开发荒芜的土地、增加耕种面积、安置多余的人口，成为必然的趋势，也是惟一的方法"。[③] 因而英国人口数量的迅速增长也促使了早期圈地行为的发生。早期圈地我们也可以看作是在市场和价格的引导之下农民经济谋生兼谋利的行为。圈地是开拓土地、增加有效利用的土地面积、解决所增长人口的衣食问题的有效手段；圈地也可以使土地占有集中而自由，土地的利用效率得到提高。这种具有开拓性的圈地性质更多地属于农民经济的谋生行为，但谋利的意愿也较为突出。因为这种开拓性的圈地一方面拓展了旧有庄园的可耕地的规

---

① J. P. Cooper, "In Search of Agrarian Capitalism", *Past and present*, No. 80 （Aug., 1978），pp. 33—34.

② 赵立行：《商人阶层的形成与西欧社会转型》，中国社会科学出版社 2003 年版，第128 页。

③ 同上书，第117 页。

模，无形中也使庄园的规模扩大了，并且改变了庄园的土地构成，同时也附带地加强了与周围村庄的联系，使原来庄园经济的停滞和封闭状况进一步松动。这种庄园内部土地构成结构的变化和与外部庄园联系的加强都间接地为商品经济的发展创造了条件，从而使农民经济中谋利的意愿也更加突出，也就是两种经济形式对立统一、相互依存、共同发展。另外，"新土地的开发和新庄园的建立虽然暂时缓解了人口增长的压力，但是，它并不能从根本上解决土地与人口的矛盾。一方面，因为人口的增长刺激了开拓运动，反过来开拓运动又会刺激人口的增长。另一方面，多余的人的出现也并不完全是被迫的，也有自愿脱离土地而成为自由人的，随着人口的流动，以及庄园主纷纷给予农奴以优惠特权和更宽松的环境，农奴自己支配自己的自由度大大提高"。[1] 而这种自由度的提高为庄园经济的进一步分化及农民由耕作经济转向其他行业提供了便利。尽管早期圈地者的本身大多不是农民，是富裕的约曼、领主或地主，但这些人没有脱离这里所谓的农民经济的本身，是农民经济的组成部分，"实际上荒野地区的拓殖需要领主与农民的合作，后者提供劳动，前者则批准和保护对荒地的治理，也许还提供资本资助这些冒险活动。需要大量人力和财力有时造成了一种伙伴关系，世俗的领主提供了圈地的权力而其伙伴则提供了必不可少的资金和劳动人手。至于宗教界人士，因为他们继承了财富并能够以教堂礼拜的方式与农民交往，所以也经常是这类冒险活动的同伙人"。[2] 1086—1286年的 200 年间，英格兰在国内商品经济发展的基础上，对外贸易也有了一定程度的发展，"羊毛、布匹、木材、咸鱼和酒的贸易额都很可能有所增长，商人的利润也很可能有所增长"。[3] 所以说商品经济的发展为圈地运动创造了有利的条件。

在 13 世纪前，英国的地租形态以劳役为主，并附以少量的实物和货币地租。而到 13 世纪末，随着英国商品货币经济的发展，英国广泛推行折算制，将劳役地租和实物地租折算成货币地租。许多领主发现，从长远看，"实行强制劳动的方式对农业耕作是有害的，而且使用雇工要比实行

　　[1]　赵立行：《商人阶层的形成与西欧社会转型》，中国社会科学出版社 2003 年版，第 126—127 页。

　　[2]　同上书，第 118—119 页。

　　[3]　［英］肯尼思·O. 摩根：《牛津英国通史》，王觉非等译，商务印书馆 1993 年版，第 172 页。

强制劳动可以把活做得更好，农奴自然想方设法用金钱赎买那些令人厌恶的劳役，并为了从犁地、运输、播种等劳役义务中解脱出来而与领主讨价还价；而且在许多庄园，将所有各种劳作都用金钱来估价，这样的时刻终有一天会来到。这对领主和农奴双方都是有利的"。① 科斯敏斯基根据1279 年百户区档案的研究也表明，在 13 世纪时英国的货币地租已占主导地位。② 科斯敏斯基除研究 1279 年百户区档案而外，又考察了 1230—1270 年的世俗封土持有者死后财产调查报告，涉及英格兰全境的约 400多个庄园。他发现："东部 9 郡 175 个庄园中，自由持有地的货币租占整个地租的 28%，维兰土地上的货币租占 33%，而维兰的劳役租估计占39%。由于维兰的货币租只占 33%，因而维兰劳役租的百分比颇高。但自由人与维兰的货币租共占 61%，因此货币租仍占优势。科斯敏斯基的结论是：在所有各地区及在几乎所有各郡，凡是可能将维兰劳役和其他捐税加以识别的地方，货币租都比劳役租占优势"。③ 1914 年 10 月，《英国历史评论》上发表了格雷对货币地租的研究结果。格雷考察了 1334—1342 年之间 521 份直属国王的世俗封土持有者死后财产调查报告，这些报告涉及的地产，遍布英格兰各部分。"他的结论是在黑死病以前，在英格兰世俗地产上货币租已占优势。他又考察了英格兰各部分教会地产上的400 个庄园，结果与世俗地产相同。特点是从波士顿至塞文河口这一线以西以北，完全没有劳役，或只有些微痕迹。此线东南，肯特郡没有劳役租，此外越是经济发达的东南部，劳役租越多。然而即使在东南部谷物市场发达地区，货币租仍占优势。"④ 总而言之，英格兰 12 世纪时劳役地租已开始向货币地租过渡。到 13 世纪末和 14 世纪上半期，货币地租已在整个英格兰占优势，在小骑士的领地上尤其突出，城乡工商业的发展使这种趋势不可能逆转。"概而言之，随着农民用货币赎买这种义务而获得自由，他们的劳役义务总量在逐渐减少。"⑤ 这证明商品货币经济对农民经

① ［英］亨利·斯坦利·贝内特：《英国庄园生活——1150—1400 年农民生活状况研究》，龙秀清等译，上海人民出版社 2005 年版，第 280 页。

② E. A. Kosminsky, *Studies in the Agrarian history of England in the Thirteenth Century*, Oxford, 1956, p. 191.

③ 蒋孟引：《英国史》，中国社会科学出版社 1988 年版，第 168 页。

④ 同上书，第 167—168 页。

⑤ ［英］亨利·斯坦利·贝内特：《英国庄园生活——1150—1400 年农民生活状况研究》，龙秀清等译，上海人民出版社 2005 年版，第 83 页。

济有着较大的影响。货币地租的出现正是英国商品经济发展的标志。货币地租取代劳役地租和实物地租也对英国社会产生了广泛而深远的影响。货币地租是商品经济发展到一定程度的产物，而货币地租的普遍实行又使大部分农民与市场发生了联系，从而也进一步促进了商品经济的发展。货币地租的普遍推广也使农奴制度日趋解体，"在 15 世纪差不多所有的农民都改用货币地租，并且赎得了自由"。① 在货币成为衡量价值的形势下，从经济的角度来看，固守使用劳役的权利并不一定会给庄园主带来什么利益，因为在使用劳役的场合，主人要供给劳动者饭吃，而他们的工作或许还抵不上晚餐的价值。同时，由于农奴有着更多的选择，他们或者可以逃往其他庄园，那里的主人或许由于特别需要佃农，会以更便宜的价格租让土地，这都使得庄园主过去的劳役权利难以维持。农奴制的解体解除了农民和土地牢固的依附关系，从而大大增加了农民从事生产和经营的自由性，其迁徙也相对容易，流动性也大为增加。由于农民与市场发生密切的联系，所以使农民日渐分化，大部分农民占有的土地面积减少，也形成了占有大量土地的乡绅和约曼阶层，对土地占有数量的不同形成了对土地占有的牢固程度也不同。占有少量土地的农民在谋生与谋利的两个方面均处于不利的境地，仅依靠少量的土地无法维持全家人的生计，不得不出卖劳动力而艰难谋生。久而久之，这类农民对土地的占有关系日趋松弛。而占有大量土地的约曼和乡绅在谋生与谋利的两个方面均处于有利地位，容易发财致富并日益扩大土地的占有量，对土地的占有关系牢固而持久。农民的这种分化为圈地运动创造了易于实施的条件，富裕的领主、乡绅、约曼、商人等，正是后来那些积极的圈地者。土地被圈占的大部分人正是占有少量土地的农民。占有大量土地的富裕农民在生产关系上也有了资本主义倾向，因为占有大量的土地，仅依靠家庭成员作为劳动力显然不够，不得不雇佣劳动力以增加劳动人手，在生产和经营上谋利的一元也更加突出，与市场发生的联系密切而广泛。这种以土地为主要生产资料，主要为交换而生产，与市场密切联系，以雇佣劳动为特征的农业生产正是农业资本主义的萌芽。到 16 世纪下半叶时，英国社会已"出现了从中世纪那种相对静止的状态向以货币、市场及商业交换为基础的更自由、更具流动性

---

① ［苏］科斯敏斯基：《中世纪史》（第 1 卷），朱庆永等译，生活·读书·新知三联书店 1957 年版，第 433 页。

状态迅速而大规模地转变"。① 人们不断地调整生产以适应市场形势的变化,商业化已成为英国农业发展的主导性趋势。商品经济的发展成为英国农业社会发展变革的强劲动力。

总而言之,"农民走向自由的漫漫路程是多种因素综合作用的必然结果:苛刻领主的专横,来自城镇的吸引;以及人们逐渐意识到,从长远看,强制劳役并不如雇佣劳动更有利可图;还有使庄园人口锐减的战争、饥馑、黑死病等压力,都迫使领主放弃劳役地租而情愿将手中份地以货币地租形式出租出去。所有这一切,再加上许许多多其他因素,最终导致庄园制走到了尽头,农民对领主的人身依附及其所有的屈辱亦随之消失"。② 但是农民仅获得这种人身权利的自由而没有经济上的自由,那么这种自由依然不是完全的自由,这种不完全的自由就是在货币地租已将农民纳入市场经济体系的时候,农民能不能按市场需求和价值规律来组织生产?也就是说,农民能不能按照自己的意愿或意志进行生产?"当谷物已被纳入市场,而其他地方能生产廉价的谷物时,再生产便是愚蠢的,不转入获利较高的,市场需要的蔬菜、黄油、奶酪和肉类的生产,也是愚蠢的。"③ 但是英国农奴制在解体后,庄园制并没有解体,在庄园制度下,土地权便是一种政治权,即原本属于国王的政治权,被领主所分享,因而土地的支配权一般均为领主掌握,一般农民仅有耕种的权利。伴随着农奴制的解体和商品经济的发展,农民是在分化,但分化而进入非农领域的仅是非常少的一部分,仍有大部分农民依然要以经营土地为生,只不过把以前以超经济手段的强制性联系转换成为以经济手段的契约租佃式的联系,以劳役和实物地租与地主的联系转换成以货币地租与地主发生联系,也就是庄园主与农民的关系从原来的人身束缚关系变成了以货币为中介的契约关系。农民也无法从根本上摆脱领主的控制。也就是说,农民在土地上的经营并不是自由的,敞田制的土地占有与经营方式实质上是一种土地的共同耕作制。庄园中的土地都是领主掌握下的公用地,没有完全意义上的私有土地。租种土地的农民不仅要受到领主的束缚,也要受到同时租种领主土地的其他

---

① A. L. Rowse, *The England of Elizabeth: A Structure of Society*, London: Macmillan, 1951, p. 80.

② Ibid., p. 81.

③ 赵立行:《商人阶层的形成与西欧社会转型》,中国社会科学出版社 2003 年版,第285 页。

农民的限制。因而以土地维生的农民并不能按市场的需求或自己的意志自由地经营土地、组织生产。商品市场经济的发展要求变革土地占有与经营的制度，实现土地占有者完全的土地私有和自由经营，以改变这种外部需求与庄园内部土地占有互相矛盾的情况。圈地运动正是解决这一矛盾的理性选择，它以渐进的方式变革着土地占有与经营制度，以适应变化了的经济需求。而其中的内在联系是，商品市场经济的发展不仅为圈地运动创造了可能与必要的条件，而且圈地运动又与商品市场经济能相互促进，良性互动，进而促进着商品市场经济的进一步发展。因而英国的圈地运动能够持续长达五个多世纪，基本与英国社会的近代化进程相始终。

　　商品经济发展的另一大特征是城市的兴起和民族市场的建立。诺曼征服之后，伴随经济的发展和人口的增长，英国的城市进入了快速发展时期。西欧中世纪王权相对虚弱，而封建法主要针对庄园，城市基本成为一个被遗忘的角落，正好给那些脱离了土地及社会主流的人提供了栖身之处，有了积蓄力量的时间和空间。"纵观 11 世纪至近代英国城市发展的历史，可以看出其发展的轨迹呈现出一个高—低—高的曲线形。即 11—14 世纪初，是城市发展的高速阶段，形成第一个发展高潮。"[1] 首先表现为城市数量的增加，根据《末日审判书》记载，11 世纪英格兰约有城市 80 个。"12 世纪至 13 世纪是英国城市大发展时期，新增加的城市达 140 个左右。14 世纪中叶，全国城市数量大约达到 300 个左右。"[2] 其次表现为城市人口的增加。根据《末日审判书》记载的推算，"11 世纪英国全国城市人口约为 7.5 万至 10 万人之间。根据 1377 年英国贡赋清册的记载，14 世纪时英国城市人口约为 17 万，占全国人口的 12%。当时最大的城市伦敦的人口约为 5 万人，较大城市布里斯托尔的人口大约有 17000 人，约克的人口约为 8000 人。中小城市占大多数，它们的人口数量一般在 2000 人至 3000 人之间"[3]。城市数量及城市人口的增加充分说明了商品经济有了较大程度的发展。"城市人口最初的增长似乎来源于农村人口过剩的压力，许多失去土地的人被迫流浪或流向城市。但是，随着商业的发展及城市的日益繁荣，人口向城市的聚集已由被动转为主动。大量人口

---

① 王乃耀：《英国都铎时期经济研究》，首都师范大学出版社 1997 年版，第 101 页。

② 同上书，第 102—103 页。

③ 同上书，第 104 页。

涌往城市乃出于对城市生活的向往。"① 城市生活对乡村人员的吸引，不但使得城市人口不断增加，城市规模不断扩大，同时也削弱着乡村庄园的存在基础。市场是商品经济发展到一定阶段的产物，是将需求与供给两大领域联结起来的重要环节、重要场所和重要手段。最初的城市可认为是扩大化及固定化的市场，是人类文明进程中所创造出的重要成果之一。侯建新教授认为，英国在中世纪时历经"前市场时期"、"领主市场"和"农民—市民"市场这样三个发展阶段。② 到 16 世纪前后，市场对社会经济的影响和作用愈发重要。"英国的市场在以往的基础上和有利的自然地理、社会环境下迅速发展，凭借民族国家形成的东风，及时地完成了自身的变革，登上了民族市场这一高地，从而使市场经济以民族市场的形式充分地确立起对整个国家资源和广泛经济活动的支配作用，将自身更多、更大的潜能优势发挥出来；从而推动英国社会经济的进一步发展，引导着更为深刻的变革。"③ 英国的民族市场在形成的过程中并不局限于不列颠之内，而是不断地开辟、拓展着民族市场的外延，通过商业争霸和殖民战争，在全球范围内建构起一种层次化的民族市场体系。英国"在1780 年至 1785 年间成为欧洲经济世界公认的主宰。英格兰市场同时完成三项事业：主宰本国市场、主宰不列颠市场、主宰世界市场"。④ 这种民族市场的不断扩张，产生了巨大的需求压力和利润空间，要求英国的社会经济不断变革以满足这种需求，获取这种巨大的利润。

　　商品经济的发展为圈地运动的进行提供了深层次的经济动力。圈地在土地权属及经营方面的本质是土地私有化程度的提高及个体经营，只有在商品经济充分发展的情况下，市场才能在资源的配置方面发挥其自身的作用，圈地才能够实现其预期的目的。不仅是土地上的产品，而且土地的本身，也逐渐被纳入市场体系之中，不仅是商品市场，而且土地资本市场都呈现出越来越活跃的趋势，推动着土地占有权的流转，从而为圈地运动创造着有利条件。

---

① 赵立行：《商人阶层的形成与西欧社会转型》，中国社会科学出版社 2003 年版，第173 页。

② 侯建新：《社会转型时期的西欧与中国》，济南出版社 2001 年版，第 92 页。

③ 王晋新、姜德福：《现代早期英国社会变迁》，上海三联书店 2008 年版，第 29 页。

④ ［法］费尔南·布罗代尔：《15 至 18 世纪的物质文明、经济和资本主义》（第三卷），施康强、顾良译，生活·读书·新知三联书店 1993 年版，第 429 页。

二　养羊业的发展及羊毛价格的上涨

自 13 世纪后半叶起，养羊业已在英国社会经济中逐渐具有了举足轻重的地位。英国的羊毛生产不仅有悠久的历史，而且在欧洲市场上享有良好的声誉。羊毛输出的数量巨大，"1300 年，英国的出口总值为 30 万英镑，而羊毛出口值占 28 万英镑，即占出口总值的 93%"。[①] "1357 年英国输出羊毛 32000 袋，1357 年至 1360 年每年平均增长到 35840 袋；1348 年羊毛收入为 60000 镑，1421 年得自羊毛税的收入占全部税收的 74%。"[②] 羊毛不仅成为英国政府收入的主要来源，而且成为佛兰德尔和意大利呢绒工业生产原料的重要来源。到"16 世纪初，诺福克一些富有声望的乡绅家庭都是养羊的牧场主。东雷纳姆（East Rainham）地区的罗格·汤森爵士在 1479 年拥有 7911 只羊，10 年后他拥有的羊群数量超过 9000 只"。[③] 斯宾塞家族是沃里克郡著名的土地家族，其地产后来扩大到北安普顿郡，从 15 世纪后期起以经营农业和畜牧业而闻名。斯宾塞家族所圈占的土地大多作为牧场养羊。随着地产的扩大，"斯宾塞家族的羊群数量呈现出不断增长的趋势。该家族 1576 年 10 月时在北安普顿郡和沃里克郡养羊 13229 只；1577 年 5 月时在这两个郡的养羊数量增长到 13919 只，1578 年夏末时又增加到 14254 只"。[④] 斯宾塞家族以向市场提供羊肉和羊毛而获利颇丰。根据估算在 16 世纪末，"养 14000 只羊一年可获净利润 2632 英镑"。[⑤] 而羊毛的价格在 17 世纪最初几年达到顶点，随后就开始下跌。斯宾塞家族被迫减少羊群的数量，同时出租牧场。因而对于羊毛价格上涨这一因素在分析时也要具体问题具体分析，羊毛上涨的趋势也有时段性，在上涨的过程中也不能排除阶段性的起伏波动。

英国和欧洲大陆蓬勃发展的呢绒业对羊毛的需求量越来越大，特别是新航路开通之后，英国的呢绒业在国内外市场需求扩大的刺激下日益发达繁荣。呢绒成了 16 世纪最重要的出口商品，在国家的出口贸易中

---

① 蒋孟引：《英国史》，中国社会科学出版社 1988 年版，第 167 页。

② 姜守明：《刍议都铎时代的圈地运动》，《湘潭师范学院学报》2001 年第 1 期，第 61 页。

③ Edward Miller, *The Agrarian History of England and Wales.*（Volume Ⅲ 1348—1500），Cambridge University Press, 1991, p. 33.

④ 沈汉：《英国土地制度史》，学林出版社 2005 年版，第 91 页。

⑤ 同上书，第 92 页。

占据了支配地位,从主要输出羊毛原料到主要输出呢绒产品,国内外呢绒业的迅猛发展使得羊毛越来越供不应求,致使羊毛价格日益上涨。"16 世纪上半期毛纺织业的蓬勃发展对羊毛的需求量急剧增加,致使羊毛价格高涨。地主们对此作出的反应是在他们的地产上增加羊群的数量并且把耕地转化为牧场。显而易见的是,从他们的观点看来,废除条田而代之以圈地,他们的牛羊牲畜可以单独牧养。即使不放弃耕地和种植,他们依然致力于圈地,因为圈地易于他们试验新的技术或引进新的农作物品种。"①

马克思长期居于英国,较早地考察研究过圈地运动。他指出圈地的经济原因是佛兰德尔等地羊毛价格的上涨。这一说法后来引起了争论,其争论的实质是羊毛价格的上涨是不是圈地运动唯一的经济因素,很多学者从不同方面论述了圈地的经济因素,但大多数学者依然支持马克思的羊毛价格上涨说。事实上,历史的进程往往是各种因素综合作用的结果,13 世纪以来,英国及欧洲大陆呢绒业的发展对羊毛的需求量不断增加,引起羊毛价格的上涨是不争的事实,但是圈地的经济动因是多层次的,全面认识和考察圈地运动的经济动因并不是要否定马克思的羊毛价格上涨说。科尔曼(D. C. Coleman)根据新近的研究成果所编的物价指数与羊毛及呢布平均出口指数表,也充分说明了羊毛价格上涨是圈地的一个重要的经济动因,如下表:

表 4 - 3　　　1450—1529 年物价指数与羊毛及呢布平均出口指数

年代	所有谷物平均价格指数	羊毛平均价格指数	羊毛与呢布平均出口指数（按数量）
1450—1459	100	100	100
1460—1469	101	132	98
1470—1479	95	121	—
1480—1489	116	138	130
1490—1499	99	117	128

---

①　Roger Lockyer. *Tudor and Stuart Britain* (*Third Edition*) [M]. (罗格·洛克耶:《都铎及斯图亚特王朝统治时期的不列颠》第三版) Published by Pearson Education Limited, Longman, 2005, p. 141.

续表

年代	所有谷物平均价格指数	羊毛平均价格指数	羊毛与呢布平均出口指数（按数量）
1500—1509	114	113	158
1510—1519	117	145	168
1520—1529	157	135	155

资料来源：蒋孟引：《英国史》，中国社会科学出版社 1988 年版，第 283 页。

　　表 4-3 所统计的时间尽管在 15 世纪下半叶和 16 世纪前期，但基本具有代表性。其他的研究表明，13—16 世纪呢绒业一直处于高速发展期，羊毛价格虽有波动，但其总趋势是在不断上涨，而且上涨幅度平均高于谷物。当时的"莫尔和希斯拉德认为，羊毛需要以及羊毛价格的上升是这种过程的开始关头。这个上升使大土地占有者可能通过从农业转到养羊业的方法来扩大他们通常来自地产上的收入。拥有出产上品羊毛的地区的僧俗业主们很快就考虑到他能否这样做，并且开始把自己全部土地划出作牧场，把从事耕作的佃农驱逐出去，让有人烟的住区变成了旷野"。[①]

　　圈地养羊只是圈地后一种土地经营方式，并非所有的圈地都变耕地为牧场，因为不是所有的土地都适宜养羊。农民的生产经验不会让他这么做，他的生存需要和谋利动机也不会让他这么做。即使大量地把耕地转化为牧场，也有时间和人口因素。在 13 世纪农业"过密化"阶段，出现的圈地现象并没有大规模地将耕地转化为牧场。圈地是为了提高农业生产效率而对敞田制弊端进行的一种改革，主要是为了解决大量人口的吃饭问题。在当时人口压力大、人地矛盾突出的情况下，圈地行为更多的是为了谋生，而把耕地转化为牧场养羊，则在谋生的基础上更多的是为了谋利，既涉及市场因素，也涉及土地的因地制宜及合理利用，还涉及各项成本的投入与产出，也就是利润率的问题。在不适宜发展农业的地区人为地发展农业，结果必然是以较大的人力和物力成本而广种薄收甚至有种无收，还会引起水土流失等许多环境问题。相反，如果因地制宜，充分合理地利用自然资源以发展畜牧业，不仅可以减少投入的劳动力和其他成本，也意味着更大的利润空间。

　　[①]　［英］托马斯·莫尔：《乌托邦》，戴镏龄译，生活·读书·新知三联书店 1956 年版，第 37 页。

三　毛纺织业的发展

如前文所述，11—14 世纪初是英国城市发展的高速阶段，形成第一个发展高潮。城市的迅速兴起不仅是商业发展的产物，也是手工业发展的产物，大多数城市不仅是商业中心，也是手工业中心。

"这个时期的主要工业一直是织布、建筑、采矿、金属制造、产盐和海洋捕鱼。"① 其中毛纺织业是当时英国举足轻重的行业，并且具有代表性。更为重要的是，英国从一个生产羊毛的国家逐渐过渡到一个织造呢料的国家，而且"更重要的是，呢绒工业几乎自始就是按资本主义方式发展的"。② 呢绒业等资本主义工场手工业的发展促进了广大乡村商品经济的发展，加速了农村封建自然经济和封建关系的瓦解。11—13 世纪英国呢绒工业中心主要在城市，而不在乡村。根据英国学者的研究，12 世纪时英国呢绒生产和销售的主要城市有：伦敦、牛津、汉廷顿、诺廷汉姆、温彻斯特和约克市。在手工业发展的基础上，许多行业都建立起了手工业行会。"从 13 世纪起，英国毛纺织工业的生产中心开始从城市移向农村，在肯特、牛津、格洛斯特、约克、兰开夏和东盎格里亚等郡的许多乡村，都成为毛纺织工业的基地。随着这些乡村工业的进一步发展，有相当一批工业化的乡村发展成为新型的城镇。"③ 而且这些"新的中心位于傍依急流的小溪和河水的村庄或小镇，并经办羊毛蒸洗厂"。④ 16 世纪以后，这种工业中心向农村转移的态势继续扩展，"除毛、棉之外，还有麻织业、针织业，特别是针织毛袜业的发展也相当迅速。此外，采矿、冶金、制盐、烧炭、造纸、制革、锯木等行业在乡村也陆续兴起，一片繁荣"。⑤

这种以呢绒业生产为中心的新城镇的大量崛起不是偶然的。第一，英国农村悠久而发达的养羊业可以为呢绒生产提供丰富并可以方便获取的原料。第二，农村新兴的呢绒业没有行会制度的束缚，乡村工业可以根据市

---

① ［英］肯尼思·O. 摩根：《牛津英国通史》，王觉非等译，商务印书馆 1993 年版，第 173 页。

② ［英］莫尔顿：《人民的英国史（上）》，谢琏造等译，生活·读书·新知三联书店 1976 年版，第 205 页。

③ 王乃耀：《英国都铎时期经济研究》，首都师范大学出版社 1997 年版，第 122 页。

④ ［英］肯尼思·O. 摩根：《牛津英国通史》，王觉非等译，商务印书馆 1993 年版，第 204 页。

⑤ 王晋新、姜德福：《现代早期英国社会变迁》，上海三联书店 2008 年版，第 23 页。

场需要扩大生产规模，改进生产技术，延长生产时间，从而提高生产与经营的利润。第三，英国乡村有着丰富的水力资源，能为毛纺织业的生产提供有利的条件。从13世纪开始，英格兰开始用水力漂洗磨进行呢绒的漂洗，水磨要建在河流旁边，利用水力推动漂洗磨进行漂洗，减轻了漂洗工的劳动强度，也提高了漂洗的工作效率。英国学者卡洛斯·威尔逊甚至称水力漂洗磨的推广是13世纪的工业革命。但是这也对呢绒生产地域分布提出了要求。"格洛斯特郡的河谷地带原来是一片人迹罕至的地区，因为它有充足的水力资源，在中世纪晚期吸引了大量的漂洗工、呢绒商和纺织工，这里很快变成了新的毛纺织工业中心。"[1] 第四，呢绒生产需要大量的劳动力，13世纪以来农奴制的解体及农业生产的"过密化"可以为呢绒业提供大量而廉价的劳动力，同时也可以为无地或少地的农民提供一种赖以谋生的家庭副业。第五，英国历代国王对毛纺织业的发展都比较重视。1258年，亨利三世颁布《牛津条例》，规定英国人必须穿本国生产的呢绒产品。英国政府还制定政策，保护本国纺织业的发展，如提高羊毛出口关税，规定本国所产的羊毛须在国内加工，授予漂洗工、织工、染工某些政治上的特权等，同时采取优惠政策，吸引外国技术工人移居英国。"早在1331年，英王便邀请尼德兰呢绒业巨匠约翰·肯帕赴英国传艺。1337年，英王又颁布法令，规定凡是进入英国的外国织工都受到英国政府的保护，享受优惠的待遇，到都铎王朝时期，历代君主都沿袭这一政策，以更加优惠的政策吸引外国优秀织工移入英国。例如，爱德华六世向移居英国的外国织工提供贷款，并且拨给每户四英亩的土地，使他们能够在英国安居乐业。"[2] 16世纪后期，尼德兰革命爆发后，西班牙进行残暴的镇压和宗教迫害政策，使大批优秀的尼德兰织工纷纷逃往英国，英国政府以十分热忱的态度接纳了他们。"这些尼德兰的织工将最新的毛纺织技术传授给英国织工，使英国毛纺织技术进入一个崭新的阶段，能够生产出大约30种新式精细呢绒。"[3]

羊毛出口量的减少、呢绒出口量的增加能够充分说明英国毛纺织业迅速发展的情况，如表4-4：

---

① 王乃耀：《英国都铎时期经济研究》，首都师范大学出版社1997年版，第131页。

② 同上书，第156页。

③ 同上。

表 4 - 4   1281—1540 年羊毛和呢绒出口量统计

时间	呢绒（相当的羊毛数量）包	羊毛（包）
1281—1290 年		26856
1301—1310 年		34493
1311—1320 年		30686
1321—1330 年		25268
1331—1340 年		29569
1341—1350 年		22013
1351—1360 年	1267	32655
1361—1370 年	3024	28302
1371—1380 年	3432	23241
1381—1390 年	5521	17988
1391—1400 年	8967	17679
1401—1410 年	7651	13922
1411—1420 年	6364	13487
1421—1430 年	9309	13696
1431—1440 年	10051	7377
1441—1450 年	11803	9398
1451—1460 年	8445	8058
1461—1470 年	7667	8237
1471—1480 年	10125	9299
1481—1490 年	12230	8858
1491—1500 年	13891	8149
1501—1510 年	18700	7562
1511—1520 年	20388	7634
1521—1530 年	20305	4990
1531—1540 年	23424	3481

资料来源：译自 A. R. Bridbury. *Economic Growth：England in the Later Middle ages* ［M］．（布瑞德伯里:《中世纪晚期英国经济的发展》）Harper & Row，1975. p. 32.

从上表可以看出，从 1281—1540 年，羊毛出口量的总趋势是逐渐减少，而呢绒出口量则逐年增加。以 14 世纪 50 年代的出口量与 16 世纪 30 年代的出口量相比较，羊毛出口量减少了 89%，而呢绒出口量则增加了1749%。"毛织品加工业把以前供出口的日益增多的大量羊毛吸收了过去。"① 这些统计数字充分说明了毛纺织业得到了较快的发展。

总而言之，13 世纪英格兰毛纺织业从城市向农村的转移为之后毛纺织业的进一步发展创造了更为有利的条件，从而使呢绒业能够蓬勃发展，由以前在城市的"一枝独秀"，发展成为在城乡的"遍地开花"，逐渐成为英国的"民族工业"。呢绒业在迅速发展的过程中，在其生产关系上，主要依靠雇佣劳动力，使资本主义萌芽在工场手工业生产中出现并不断得到发展。同时毛纺织业也带动了其他手工业的发展与进步，其日益扩大的分工、资金与技术的积累也为后来的工业革命奠定了物质及技术基础。后来的工业革命，正是从纺织业开始，进而在其他商品的生产和流通领域引起了连锁反应。更为主要的是，呢绒生产改变了向欧洲大陆单纯出口羊毛等初级产品的局面，呢绒的大量出口有利于国家财富的积累，同时也扩大了对羊毛的内需，从而推动了圈地运动的发展。许多发财致富的呢绒商和工场主也成为积极的圈地者，同时毛纺织业等手工业的发展也为圈地后失去土地的农民提供了可以就业的途径，起到缓解社会矛盾的作用，从而在客观上也有利于圈地运动的进行。因而英国毛纺织业的发展，也是圈地运动兴起的不可忽视的一个重要因素。而这种工业乡村化的趋势，使商品经济、雇佣关系在一种新的形态下在乡村蔓延、扩展，从而使英国农本经济的根基逐步发生动摇、分离、质变。这更有利于拉动农村及农业步入近代化的轨道，可以有效地利用农村丰富的劳动力、水力、矿产等资源，实现农业富裕劳动力的就地转移，发挥资源最佳配置的优势，降低生产成本，获取最大限度的生产与经营效益，也可避免过多的人口流向原来的城市，增加城市在各方面的压力。随着乡村工业化的不断发展，一批新兴的工业城镇陆续兴起，大大地推进了英国社会工业化、城市化的进程，改变着英国城乡布局的结构。"工业的不断发展支撑起了越来越多的城镇，更多的村庄融入城镇，更多的村庄有了非农业性活动。在这些地区，农民进入市

---

① ［英］肯尼思·O. 摩根：《牛津英国通史》，王觉非等译，商务印书馆 1993 年版，第204 页。

场的机会在扩大，虽然不是持续地但也阶段性地促进着农业生产以适应变化了的需求，同时，人口压力的减少使特定地区从事适合本地情况的专门性农业生产成为可能，有区域差异的专业性的农业生产有了明显的增长。"① 这对于后现代化的一些国家参考与借鉴的作用尤为突出。

圈地运动历时五个世纪之久，在不同的时期，其原因也不尽相同，有时这种原因起主要作用，有时那种原因起主要作用，有时各种因素综合起来发挥作用。对此，亨特（H. G. Hunt）先生曾写道："圈地的原因非常复杂，仅仅考察经济方面的因素有时也无法获得完满的解释……在莱斯特郡，人口的增长，供应品的价格增长，利息率相对低，交通方式的改进，土壤的性质和圈地后的潜在价值与圈地费用的关系，土地所有权的分布和附近教区农业变革的影响都是影响圈地的重要因素。但是要想在众多的因素中分清决定性因素或改变圈地进程的主要因素是不可能的，从圈地的有利条件中也不可能分清主要原因。圈地是一系列因素结合起来的结果，在不同的情况下，其重要性也不同。"② 本节主要论述早期圈地运动兴起和走向高潮的原因，而在不同时段不同的特殊原因将在其他各章节中分别进行论述。

第三节　人口因素与圈地运动

将耕地大规模地变为牧场的圈地行为发生在 14 世纪黑死病及其他疾疫之后，这与人口因素密切相关。英国历史学家希尔顿曾说过："在当时经济的和社会的发展形成中，谁忽视人口的因素，谁就会是一个完全盲目的历史学家。"作为一切社会活动的行为主体的人类，在创造文明、推动社会向前发展的同时，也以繁衍的方式再造着自身。人类的物质生产与人类自身的生产构成了人类社会生产的两大主体类型和基本内容。前者不断地拓展着文明社会的空间，维系着后者的生存与发展，而后者则以自身特有的功能保障着前者在时间上的延续。两者之间并非彼此静止孤立，而是相互影响和息息相关。人口数量的增减是人类自身生产的一个重要的方面，对人类社会获取物质资料的生产有着较大的影响。因而研究社会经济

---

① Edward Miller, *The Agrarian History of England and Wales*. （Volume Ⅲ 1348—1500）, Cambridge University Press, 1991, p. 30.

② Michael Turner. *English Parliamentary enclosure—Its historical Geography and Economic History*, Wm Dawson & Sons Ltd, Cannon House Folkestone, Kent England, 1980, p. 101.

史乃至全部的历史，都必须重视人口因素。

一　黑死病及其对英国人口的影响

许多历史学家都认为黑死病是英国历史的转折点，其转折的意义显然在于黑死病造成的英国人口的锐减。更为严重的是黑死病于1348年传入英国持续近一年时间之后，其他疾疫又持续长达一个世纪之久，造成英国人口持续地减少。关于黑死病所造成的英国的死亡人数，国内外学者尽管进行了大量的研究，但更多的都是在有限资料上所进行的推算，因为英国本来就没有黑死病前后的人口统计资料，所有的资料都不是直接的和全国性的。"最精确和所用资料最广泛的推算当属对有俸圣职僧侣死亡率的推算，主教的注册登记记录了领取圣俸的牧师，其详细的记录也能够区别因为死亡或因辞职、调动所引起的空缺。"[1] 根据对利费尔德（Lichfield）、约克（York）、林肯等地教区登记册的详细推算，被认为是最准确的"黑死病的死亡率约是40%。对不太准确的7个教区的登记册所进行的分析所得出的最大的死亡率约是45%"。[2] 考虑到僧侣阶层有着优裕的生活居住条件，其身体也有较强的抵抗能力，因而僧侣阶层在黑死病中的死亡率应该稍低一些。

对庄园记录及佃户的死后调查记录（Inquisitions Post Mortem）的研究表明，在"沃汉姆（Waltham）、汉者郡（Hants）、都文顿（Downton）、威尔特郡（Wilts）、威特尼（Witney）、库克汉姆（Cuxham）、奥克森（Oxon）等地的一些庄园内，习惯租地农的死亡率高达2/3。剑桥郡的3个庄园、埃塞克斯郡的2个庄园，还有东科尼什（east – Cornish）的2个庄园的死亡率都介于50%—60%之间。伯克郡（Berkshire）的布瑞特威尔（Brightwell）庄园的死亡率也达到了1/3"。[3]

黑死病其实比任何诸侯君主都要"凶猛和残忍"，当时人不是将它称为"鼠疫"，而是称为"必死病"。黑死病是从南安普顿和布里斯托尔向内地发展的，感染者十之八九会被夺去生命。黑死病所到之处，带来的是"暴虐、残忍和不幸"。"阿什韦尔教堂的一段碑文以生动的语言披露：只有数量微乎其微的人得以幸存见证。有权有势的人同样不能

---

[1]　Michael Anderson, *British Population History – From the Black Death to the Present Day*, Cambridge University Press, 1996, p. 26.

[2]　Ibid..

[3]　Ibid., pp. 26 – 27.

幸免于难。著名学者、新任坎特伯雷大主教就任圣职之后不出六天就病殁了（一年之内有三任坎特伯雷大主教病殁）。在林肯主教区的广大区域内，有 2/5 的圣职人员染上黑死病。……英格兰骑士和同业公会领袖也是瘟疫的受害者。帽业商会的 6 名会长与金匠行会的 4 名行头在 1350 年仲夏季节之前都病故了。这场瘟疫最为沉重的打击却是直接落在毫无权势的普通人头上。在牛津郡的一个史学界极为熟悉的庄园——库克斯汉庄园，12 名维兰在一年之间全部亡故，在同属牛津郡的图斯莫尔庄园，庄园主在获得准许之后将他的田庄辟为猎苑，因为庄园的维兰都去世了。"①

综合各种因素分析，"依据现在了解的所有情况，对 1348—1349 年黑死病在全国范围内的死亡率较为准确的估计是：30%—45%"。② 这也就是说，仅黑死病所导致的英国总人口的死亡率就在 30%—45% 之间。黑死病在夺取大量生命的同时，也播下了瘟疫的种子，形成了很多的疫源地。之后的其他各类疾病依然断断续续蔓延长达一个多世纪，"特别是 1360—1362 年、1369 年和 1375 年的发作，留下了持续的影响"，③ 直到 15 世纪，英国还多次爆发过全国范围内的瘟疫，造成全国人口数量的持续下降。"现在看来，黑死病有可能造成英国总人口至少减少了 1/3，或者多达一半。"④ 前面有数字表明，黑死病之前英国的人口约为 475 万，那么到 14 世纪末，英格兰的人口就大概在 237 万—317 万之间。而"到 1541 年，英格兰人口约为 302 万"。⑤ 仍未超过黑死病之前的人口数量。有些学者计算的人口甚至比此更少。而且由于人口基数的减少，英国人口在 15 世纪的大部分时间内都呈减少的趋势。波斯坦认为："人口下降一直持续到 15 世纪最后 25 年，直到 15 世纪的 70 年代或者是 80 年代，人口才开始恢复。"⑥

① [英]阿萨·勃里格斯：《英国社会史》，陈叔平等译，中国人民大学出版社 1991 年版，第 99 页。

② Michael Anderson, *British Population History – From the Black Death to the Present Day*, Cambridge University Press, 1996, p. 29.

③ [英]肯尼思·O.摩根：《牛津英国通史》，王觉非等译，商务印书馆 1993 年版，第 202 页。

④ Michael Anderson, *British Population History – From the Black Death to the Present Day*, Cambridge University Press, 1996, p. 29.

⑤ Ibid., p. 119.

⑥ M. M. Postan. *The Medieval Economy and Society* [M]. （波斯坦：《中世纪的经济和社会》）Berkley, 1975, p. 43.

黑死病及之后的其他各类疾疫对英国造成的影响是巨大的。疾疫不仅在人类之间传播肆虐，而且在畜群中也传播流行。"1348年，王国各处的羊群之中瘟疫盛行，在某个地方的一个牧场里，死亡的羊就超过了5000只，尸体腐烂后无论是飞鸟还是走兽都不会接近。人们因怕牲畜死亡而导致牲畜价格低到了极点，很少有人再愿意拥有更多的畜群……牛羊穿行在田野和庄稼地里，无人驱赶和圈养，在很多教区因为缺少牧羊人或劳动力而被驱散。"① 这一切加剧了恐慌和萧条。"在1348年后的14世纪里，人口数量的下降及耕地的萎缩在每个地区的各种类型的土地上都随处可见。"② 同时，"耕地的缩减及对边际土地的抛弃也使大量的村庄被抛荒"。③ 人口的锐减使农业、手工业的劳动力极为缺乏，大量的田园荒芜、大量的土地抛荒，变成无人耕种的"死手地"。手工业萎缩、商业萧条、外贸缩减，而农业和手工业工人的工资却居高不下。"历经瘟疫以后，大城小镇的很多房屋都因为无人居住而荒弃。同样很多的小村庄也荒无人烟，就好像从来没有居住过人一样。"④ 这就使得13世纪以来兴起的圈地现象获得了前所未有的契机：一是人口的锐减造成了劳动力的缺乏；二是出现了大量的荒地和无主土地；三是居高不下的工资水平。"在1430—1460年，农业和建筑行业的各类工人的工资达到了顶峰。1440—1449年与前一世纪同时期相比，建筑行业工匠的工资上涨了75%—100%，普通工人的工资上涨了100%—125%。"⑤ 鉴于上述各种原因，"有些地主看出把农田和公地圈围放牧和养殖花钱较少，是支撑那摇摇欲坠的地租簿的一个可供选择的办法"。⑥ 从而在黑死病之后英国出现了第一次圈地的高潮，并且圈地的方式大多是把耕地转化为牧场。"鼠疫的发生可能剥夺了庄园主们在旧制度上享受的大量劳动力供应，因而有必要在另一个基础上来巩

---

① B. W. Clapp, H. E. S. Fisher, *Documents in English Economic History* (1000—1760), London: G. Bell & Sons Ltd, 1977, p. 18.

② Edward Miller, *The Agrarian History of England and Wales.* (*Volume* III 1348—1500), Cambridge University Press, 1991, p. 36.

③ Ibid., p. 38.

④ B. W. Clapp, H. E. S. Fisher, *Documents in English Economic History* (1000—1760), London: G. Bell & Sons Ltd, 1977, p. 19.

⑤ Michael Anderson, *British Population History – From the Black Death to the Present Day*, Cambridge University Press, 1996, p. 55.

⑥ ［英］肯尼思·O. 摩根：《牛津英国通史》，王觉非等译，商务印书馆1993年版，第203页。

固他们的田地和生产，主要是把耕地改为草地，用一个牧人来代替一群农民。这种做法在 1349 年黑死病大疫之后特别明显。"① 而且这种"几个牧羊人加一只牧羊狗就能管养一大群羊，抵得上雇佣百多个农业工人从事耕作，这种经济上的诱惑是无法抵御的"。② 在黑死病之后，"到 1400 年时，除了在一些保守的大地产上，农业生产因为需要大量的劳动力而被放弃，实际上在 15 世纪这一过程在不断加速进行。牧场随处可见，畜牧业，特别是养羊业，长期以来以较大的规模得到了发展，主要是因为其比种植谷物需要少得多的劳动力"。③ 劳动力的锐减使圈地养羊成为应对危机的措施。"马瑞斯·贝尔斯福德（Maurice Beresford）坚持认为中世纪晚期圈地运动兴起的主要动因是地主为了大规模地发展商业化的养羊的牧场，而其他一些学者则认为是因为黑死病之后劳动力的缺乏促使地主圈地以发展劳动力需求较少的牧场。"④ 其实这两种圈地的动因说并不矛盾，可以综合起来说明早期圈地运动兴起的主要原因，即黑死病后劳动力的锐减是圈地运动兴起的主要动因，发展养羊的牧场是应对劳动力危机和调整农牧业生产结构而不得不采取的措施。另外，由于疾疫持续肆虐和人口危机，整个社会经济一派萧条，甚至是养羊的牧场也不得不被放弃，"在 15 世纪的大部分时间内，实际上羊毛价格一直相对较低。所反映的事实是大量产出的羊毛超过了出口和国内手工业生产的需要。因而毫不惊奇的是，很多大土地所有者放弃养羊而将土地出租，正如他们放弃耕地一样"。⑤ 所谓羊毛价格的高涨，圈地养羊以获利的圈地运动也有时间及地点上的限定，并非所有的圈地都是这一目的和结果。在黑死病及之后持续发生的疾疫中，英国的人口在 14 世纪后半期以来直至 16 世纪，一直未达到黑死病之前的人口数量，社会经济在 15 世纪以来才逐步得到缓慢的恢复和发展。而羊毛价格的高涨，主要出现在都铎王朝建立之后的 16 世纪，是人口自身生

---

① ［英］斯丹普、比佛：《不列颠群岛自然地理和农业地理》，吴传钧译，商务印书馆 1960 年版，第 42 页。

② 钱乘旦、许洁明：《英国通史》，上海社会科学院出版社 2002 年版，第 120 页。

③ Edward Miller, *The Agrarian History of England and Wales.* (*Volume* Ⅲ 1348—1500), Cambridge University Press, 1991, p. 13.

④ J. P. Roger, John Chapman, Richard R. Oliver, *The Enclosure Maps of England and Wales 1595 - 1918*, Cambridge University Press, 2004, p. 9.

⑤ Edward Miller, *The Agrarian History of England and Wales.* (*Volume* Ⅲ 1348—1500), Cambridge University Press, 1991, p. 13.

产逐步恢复以后的结果，也是社会经济恢复之后的结果，因为人是社会经济活动的主体及主宰。不难想象，在人类自身的生命和健康受到疾疫和其他自然灾害威胁而生死未卜的时候，任何谋利性的经济活动都失去了应有的作用和意义。而在都铎时期，却是圈地运动进程相对缓慢的时期，都铎王朝的中央政府屡次颁布法令，限制圈地养羊。从市场和价值规律方面来看，一方面国内外市场对羊毛需求量增加；另一方面政府限制圈地养羊，圈地的进程相对缓慢，才导致了羊毛价格的上涨。这就是国内一些学者质疑圈地动因是"羊毛价格上涨说"的原因。其实并非马克思的论断有误，而是任何科学的论断都有其特定的条件，脱离具体的条件、时间和地点，将不属于同一历史条件下的史实和结论联系在一起，难免会得出不同乃至于相互矛盾的结果。

富有的商人、手工工场主、高利贷者也参与了圈地养羊，"外来的投资者牺牲了当地佃农的利益，将农场外围的土地变为牧场养羊，以求获得更多的利润。公地被圈占了，荒地也被地主乡绅占为己有，公地的放牧权也从而消失了"。[1] 所谓"羊吃人"的圈地主要发生在 16 世纪以后。但在黑死病之后，圈地已发展成为波澜壮阔、影响广泛的社会运动。在达勒姆郡和诺森伯兰郡的"很多地区，许多未开发的土地都被变成牧场，在诺森伯兰郡的高地带及西部的一些土壤贫瘠的地区，耕地和牧场并无明显的区别。而东部沿海的平原地区，在 1348 年之前主要以农耕为主，之后畜牧业有了较大的发展……在诺森伯兰郡的东南部，把耕地转变为牧场的情况比比皆是，转变数量之多堪称地区之最。泰恩茅斯（Tynemouth）修道院被解散后其地产上的耕地全部被转变为牧场并落入了佃农的手中，只有泰恩茅斯庄园本身及普雷斯顿（Preston）庄园保留了农耕并一直延续到1539 年。而落入修道院院长手中的土地在 14 世纪后半期因为缺少佃农也被转变为牧场。在蒙克斯顿（Monkseaton），包括修道院的土地，有 500英亩的耕地被转变为牧场，在相邻的贝克沃斯（Backworth）镇，也有同等规模的耕地被转变为牧场"。[2] 圈地养羊的土地经营方式是根据市场需求及自然因素对农牧业经济结构的一次大规模的调整，也适应了黑死病等

---

① ［英］肯尼思·O. 摩根：《牛津英国通史》，王觉非等译，商务印书馆 1993 年版，第242 页。

② Edward Miller, *The Agrarian History of England and Wales.*（*Volume Ⅲ* 1348—1500），Cambridge University Press，1991，p. 40.

疾疫发生后的社会的客观情况，从而降低了对劳动力数量的需求，"一块地本来要许多人手去种的，现在既然变成牧场，只要一个牧人就可全面照顾下来"。① 因此提高了土地经营的效益。根据沃第的研究结果，到 1500 年时，"英格兰圈地已经占到总面积的 45%"②。圈地的数量和规模之巨大，由此可见一斑。

黑死病及其后持续蔓延的各种疾疫的危害是严重的，但在客观上也缓解了 13 世纪以来的农业"过密化"现象。中世纪晚期在农业生产技术未有突破的情况下，解决过多人口的吃饭问题只能靠增加劳动强度和开垦新的土地，由此导致了大量的草地和牧场被开垦为耕地，同时不适宜耕种的瘠薄的边际土地也被大规模地垦殖，引起了牲畜数量的减少。而在当时的农业生产条件下，畜力是挽犁耕地的主要力量，畜粪是主要的肥料来源。肥料的减少势必影响到粮食作物的收成，从而使合理的农牧业结构和生态平衡受到影响。而黑死病之后把耕地转化为牧场的圈地，实则为应对人口锐减、大量土地抛荒、劳动力危机的举措，但在客观上也调整了农牧业生产的结构，起到了退耕还草、退耕还牧的作用，使牲畜的数量大为增加。以温彻斯特（Winchester）主教地产上的庄园为例，"1325—1349 年的家畜率（每一百英亩面积土地上的家畜数量）平均为 88.2%，而 1420—1422 年的家畜率平均为 164%，1433—1435 年则达到了 168.8%"。③ 中世纪制约农业劳动生产率提高的瓶颈在于较为落后的农业生产技术、土壤肥料的不足、农作物品种的单一及农民缺乏有效的土壤培育方法。突出地体现在种植业与畜牧业不仅不能形成良性互动，而且矛盾重重。中世纪晚期，在实行敞田制的庄园里，人畜争地的现象较为普遍，每个农户所饲养牲畜的数量都要受到严格的限制，以保证种植足够面积的粮食作物，收获尽可能多的粮食，维持日益增长的人口基本生活的需要。圈地后家畜率的上升意味着牲畜数量的增加，而牲畜数量的增多则增加了粮食作物的肥料，从而提高粮食产量，出现了

---

　　① ［英］托马斯·莫尔：《乌托邦》，戴镏龄译，生活·读书·新知三联书店 1956 年版，第 37 页。

　　② J. R. Wordie, "The Chronology of English Enclosure, 1500—1914", *The Economic History Review*, Second Series, Volume XXXVI, No. 4, November 1983, pp. 494 – 495.

　　③ D. L. Farmer. Grain Yield on the Winchester Manors in the Later Middle Ages ［J］. *The Economic History Review*, Volume XXX, No. 4, 1977, p. 563.

"更多的牛，更多的肥料；更多的肥料，更大的收成；更大的收成，更多的牛"① 的局面，使畜牧业和农业互相影响、互相促进、更加有机地结合了起来，最终形成了良性互动。

二　人口数量的变化与圈地运动的进程

综观英国圈地运动的历史，与人口因素不无关系，突出地体现在人口对土地所造成的压力的大小上。在人口数量迅速增加的时期，圈地的速度往往趋缓，比如 16 世纪，英格兰在黑死病及其他疾疫后迎来了第一个人口增长的高峰期。"在 16 世纪后半期，人口年增长率接近 1%，一个世纪后的最低增长率仅为 0.25%，而在 1541—1751 年之间，人口的年平均增长率低于 0.5%。"② 特别是在 "1525—1541 年，英国的人口增长特别快，在长期人口增长停滞不前的情况下，这给人一种人口爆炸的感觉"。③ 到 1601 年时，"英格兰和威尔士的人口已达到 446 万"。④ 已接近黑死病之前的人口数量。16 世纪人口数量的快速增长使圈地的速度趋缓，圈地的规模有限，圈地所占的面积仅约为英格兰总面积的 2%。这一时期圈地的速度趋缓、圈地的面积有限，但是反对圈地的呼声却特别高涨。反对圈地的文学作品也大多出自 16 世纪，最著名的当数莫尔的《乌托邦》，这与当时人口增长速度快，人口对土地的压力逐渐增大有一定关系。而圈地运动在 1600—1760 年能获得较快的发展，也与人口因素密切相关，这一时期，一方面，"1656 年后人口增长趋于停滞并有稍许下降，直到 18 世纪 30 年代才超过 1656 年的人口数量"。⑤ 另一方面，这一阶段英国大肆向海外殖民扩张，很多人口由国内流向了海外，仅在 "1630—1699 年之间，就有 544000 人迁出英国，其中 70% 的人口去了新

① ［英］斯丹普、比佛：《不列颠群岛自然地理和农业地理》，吴传钧译，商务印书馆 1960 年版，第 82 页。

② Michael Anderson, *British Population History – From the Black Death to the Present Day*, Cambridge University Press, 1996, p. 118.

③ ［英］肯尼思·O. 摩根：《牛津英国通史》，王觉非等译，商务印书馆 1993 年版，第 241 页。

④ Michael Anderson, *British Population History – From the Black Death to the Present Day*, Cambridge University Press, 1996, p. 298.

⑤ Ibid., p. 118.

大陆"。① 而且"迁往新大陆的英国移民大多数是成年后的年轻人，他们将在殖民地结婚生子，因而降低了国内人口的生育率。此外，大量年轻男性人口迁往海外，也降低了国内女性的结婚机会，从而也限制了人口增长"。② 从"1650—1780年，就有30万到40万的年轻人迁居到英国的殖民地，他们之中几乎有3/4的人年龄都在15—24岁之间，占到了北美殖民地居民的一半到3/4"。③

人口向外迁移的结果是"使国内人口与资源的平衡得到改善，而且这种改善不是短期的"。④ 更为重要的是英国向海外的扩张拉开了英国人在海外活动的序幕。除了持续地向海外移民而外，更多的人口从事着海外贸易、殖民征服与探险，对外战争及开发殖民地等相关的海外活动。这些人口因素对圈地的影响是，消除了过多人口对土地的需求和压力，从而减少了圈地的阻力，为失去土地的农民提供了可以谋生的渠道，也为少数人集中而大规模地占有土地创造了可能的社会条件。这种人口的向外迁移以及工业化城市化所引起的内部迁徙，突出地体现在总人口及城市人口的增加而农村人口密度的相对稳定上，"1700年，德文郡在人口密度方面占着第三位，即在米德尔塞克斯郡和萨里郡之后，它超过了每平方公里五十个居民这个数字。在18世纪期间，它的人口密度几乎没有变化；在1750年降到四十九以下，1801年又升到五十一。在某些纯粹的农业郡里，如林肯郡或拉特兰郡，最后结果几乎是一样的，虽然有过一些也许是较大的变动：它们的人口密度在一百年内仅从二十五升到二十八或从四十升到四十二个居民"。⑤ 这样的人口密度和鸦片战争前后中国的平均人口密度（每平方公里约40人）接近。当时中国约4亿多人口，疆域比现在要辽阔得多，但由于很多地区仍未开发，实际利用的地区和现在的地域相差不多，因而通过与现在13亿人口相比较，无论当时的清代还是英国，人口压力都不是很大，人地矛盾并不突出，在乡村更是如此。由此可以看出，英国在全国人口增长约翻了一番的情况下，农村人口的增长却极为缓慢。但是

---

① Michael Anderson, *British Population History – From the Black Death to the Present Day*, Cambridge University Press, 1996, p. 155.

② Ibid. , pp. 154 – 155.

③ Ibid. , pp. 155.

④ Ibid. , p. 157.

⑤ ［法］保尔·芒图：《十八世纪产业革命——英国近代大工业初期的概况》，杨人楩、陈希秦等译，商务印书馆1983年版，第286页。

工业地区和城市的人口却有着较快的增长，如新工业较为发达的地区，即机械化和大企业在那里出现的地区。"沃里克和斯坦福德这两个郡（伯明翰的矿业和冶金地区正在它们的毗连处），在 1700 年共有 22.4 万居民，在 1750 年共有 28.5 万居民，在 1801 年共有 44.7 万居民。这里人口几乎增加一倍，但在兰开夏郡中，人口差不多增加两倍：从 24 万升到 67.2 万。"① 同时，城市人口的增长极为迅速，1773 年，"一个以曼彻斯特第一位历史学家约翰·惠特克为首的私人团体所进行的新的人口调查已把实现了的发展衡量出来了，其结果如此：曼彻斯特有 3402 户和 22481 个居民，索尔福德有 866 户和 4765 个居民，合计是 2.7 万多人……曼彻斯特在 1790 年有 5 万居民；1801 年有 9.5 万居民……可以肯定的是，人口的增加主要是迁移的结果。许多工人是从邻近诸郡来的，是被棉纺织工业中较高的工资吸引来的。比较地说，曼彻斯特的历史就是它四周的大多数城市的历史"。② 这种人口的向外迁徙及工业化、城市化所引起的国内迁移缓解了农村的人地矛盾，为圈地运动创造了较为宽松的条件，从而使圈地能够持续顺利地进行。

1760 年后，议会圈地迅速发展，也与人口因素密切相关。这一时期，英国人口虽然有较快的增长，但"英格兰和威尔士人口增长最快的地区集中在工业和商业比较发达的地区，而农业地区的人口增长速度最为缓慢。迪恩（Deane）和科尔（Cole）通过计算得出，1750—1850 年工商业发达地区的人口增长率为 129%，而农业地区的增长率仅为 88%"。③ 人口增长的不平衡改变了英国的人口分布状况。使城乡人口的比例发生显著的改变，"城市人口的比例大概由 1700 年的 1/4 上升到 1850 年的 1/2"，④ 表明工业化及城市化的进程有了较大的发展，大量的人口由农村迁移到城市，非农业人口的数量有了显著增加，因而也并未阻碍议会圈地运动的进程。一方面，迅速增长的人口特别是城市人口，对国家的粮食生产及市场供应产生了较大的需求，这就要求进一步变革农地制度，不断增加粮食生

---

① ［法］保尔·芒图：《十八世纪产业革命——英国近代大工业初期的概况》，杨人楩、陈希秦等译，商务印书馆 1983 年版，第 286 页。

② 同上书，第 289—290 页。

③ Richard Brown, *Society and Economy in Modern Britain* 1700—1850, London：Routledge, 1991, pp. 34 – 35.

④ Ibid. , p. 35.

产并提高粮食的市场化率，同时也导致了工资水平的下降及粮食价格的上涨，因之相对降低了圈地的费用及圈地后雇工生产的成本，而粮食价格的上涨使圈地的经济效益大增，从而激励促使着社会各阶层尤其是贵族、地主、乡绅等投入了圈地的浪潮之中。另一方面，英国的殖民扩张及向海外移民的过程从未间断。东西并进的海外扩张及辽阔的海外殖民地显然需要庞大的军队数量及维护殖民统治的机构和非军事力量。更为重要的是，为英国人提供了从事各种活动的更为宽广的舞台。英国的疆域不能仅视为局限在不列颠，殖民地虽不等同于本土，但在经济活动中显然和英国有着直接的联系，对其产生着直接的利益。不仅为国内创造着更多的就业机会，而且持续向海外移民使国内人口不至于对土地造成过大的压力，从而也为圈地运动创造了较为宽松的环境。到 19 世纪时，移民的人数和规模达到顶峰。"移民还得到公共和私人团体的大力支持，苏格兰高地许多大地主为其佃农提供移民资助。在 1815—1826 年，由国家资助的大规模的移民就有 6 次，通过 1834 年修订的济贫法资助的迁移的流民到 1860 年时就有25000 人，大部分是英格兰东南部的农业劳动力。"[1] 1839 年，根据一项统计数字估计，"有 120 万英国人生活在海外，其中大部分人居住在北美，少部分人居住在澳大利亚和西印度群岛。到 19 世纪 70 年代，每年向外迁移的人数达到了 90000 余人。而在 19 世纪 80 年代经济萧条时期，每年向外迁移的人数达到200000 人"。[2] 1834 年修订的济贫法授权监护委员会对海外移民提供资助，对人们向海外的移民也起到了鼓励作用。"这个时期英国大量对外移民，主要是向美国移民，另外还向英国的殖民地加拿大、澳大利亚、新西兰和南非移民。19 世纪英国对外移民占欧洲对外移民人数的 36%。这种移民起到了一种安全阀门的作用，缓解了国内的经济和社会矛盾。"[3] 甚至在第一次世界大战前的 50 年之间，"欧洲迁往世界其他地区的人口超过了 2000 万"。[4] 英国作为世界上最大的殖民帝国，迁往海外的人口肯定不在少数。若以 36% 来计算，50 年间就有 720 万人

---

① Richard Brown, *Society and Economy in Modern Britain* 1700—1850, London: Routledge, 1991, p. 44.

② M. W. Flinn, *An Economic and Social History of Britain Since* 1700, Published by Macmillan Education, 1963, p. 153.

③ 王觉非：《近代英国史》，南京大学出版社 1997 年版，第 544 页。

④ Michael Anderson, *British Population History – From the Black Death to the Present Day*, Cambridge University Press, 1996, p. 215.

口迁往海外。而在 1801 年时，"英国第一次正式的人口调查发现英格兰有
830 万人口，苏格兰为 163 万，威尔士 58.7 万，爱尔兰 522 万"。[①] 相比
较可以看出移民规模之大，人数之多。更为重要的因素是 1760 年工业
革命的兴起。人口的扩张增加了消费的需求而降低着劳动力的成本，消
费需求的增加必然要通过工农业生产技术的提高来满足，从而推动着工
农业生产的进一步变革。而劳动力成本的降低却有利于资本的积累和生
产技术的改造。因而 18 世纪中期以后英国人口数量的迅速增长也是农
业革命和工业革命兴起的一个因素。当然，这种人口数量的增长和经济
发展对人口数量及结构的需求有一定的比例和限度，超越了这个限度，
则必然对经济和技术的发展带来消极影响。工业革命不仅是一次生产技
术的变革，而且使近代以来的工业化与城市化的进程骤然加速，不仅机
器大工业的发展吸纳了大量的农村人口，而且繁荣的商业、日益扩张的
对外贸易、繁忙的交通运输业、日趋完善的服务业都创造着大量的就业
机会，从而使农村人口大量迁居城市，表 4 - 5 具体地反映了英国城市
化的进程。

表 4 - 5　　　　　　　英格兰和威尔士人口分布及城市化的进程

时间	农村人口	人口规模在 2500—10000 的城市	人口规模在 10000—50000 的城市	人口规模在 50000—100000 的城市	人口规模在 100000 以上的城市	城市人口
1801	662	99	94	35	110	338
1811	634	108	94	37	137	366
1821	600	109	92	43	156	400
1831	557	106	111	40	186	443
1841	527	100	121	55	207	483
1851	460	99	135	58	248	540
1861	413	98	140	61	288	587

①　[英] 肯尼思·O. 摩根：《牛津英国通史》，王觉非等译，商务印书馆 1993 年版，第
443 页。

续表

时间	农村人口	人口规模在 2500—10000 的城市	人口规模在 10000—50000 的城市	人口规模在 50000—100000 的城市	人口规模在 100000 以上的城市	城市人口
1871	348	108	162	56	326	652
1881	300	105	160	73	362	700
1891	255	102	136	86	394	745
1901	220	89	181	74	436	780
1911	211	88	183	80	438	789

表注：农村人口和城市人口以千人为单位，即农村人口 + 城市人口 = 1000 人，四类规模城市人口之和等于城市人口数。

资料来源：译自 Michael Anderson. *British Population History – From the Black Death to the Present Day* [M]. Cambridge University Press, 1996, p. 303.

从表 4 - 5 可以看出，农村人口数量逐步减少，而城市人口则不断增加；在四类规模的城市中，小城市人口也呈减少的趋势，而大中城市人口则不断增加，其中 1851 年是一个重要的转折点。"1851 年英国城市人口开始超过农村人口，这是世界上第一次出现的现象，在 1900 年以前没有哪个国家城市人口的比例达到英国 1851 年的水平。这时农村人口的出生率仍然高于城市很多，只是农村人口向城市迁移的速度高于以前。"① 据估计"1841—1901 年间英格兰和威尔士的乡村人口大约减少了 400 多万，300 万人流向城镇，50 万人去了矿区，还有一部分流向了海外"。② 这种工业化及城市化所引起的人口迁移也缓解着人口对土地所造成的压力，从而能使圈地运动持续发展，而与圈地运动密切相关的农业革命则提高了农业生产率，使农业支撑起了工业，农村支撑起了城市。

---

① 王觉非：《近代英国史》，南京大学出版社 1997 年版，第 549 页。
② 同上书，第 550 页。

第五章 都铎及斯图亚特王朝时期的 圈地运动

第一节 中央政府的圈地政策

英国的圈地运动持续时间长，规模大，历代英国中央政府出于政治、经济、军事、财政、慈善等各种复杂的社会因素的考虑，在不同的时期和不同的阶段分别采取了不同的立法和行政措施。在圈地运动的早期阶段，从军事因素而言，圈地并不受中央政府的支持。一方面，圈地相对于敞田来讲，对中央政府具有较强的抵抗和分离性；另一方面，敞田制下的约曼农、自由持有农、公簿持有农、契约租地农乃至那些不能按自己意志来租种土地的佃农，是国家兵源的基础、是国家军事力量的脊柱。在当时兵役制度未有改变的情况下，对敞田的圈占势必影响到国家的军事力量。另外，圈地大量驱逐农村的人口，就农村本身而言，人口减少了，势必难以抵挡外来的入侵，而且人们更愿意为保卫拥有自己财产的家园而战，圈地剥夺了大部分人的土地，使土地高度集中于少数人的手中，因而在地方上也不利于抵抗外来的侵略。这方面的因素是 16 世纪制定圈地政策和法规时要重点考虑的，甚至在十七八世纪时这一因素依然发挥一定的作用。"都铎及早期斯图亚特王朝的中央政府，主要担心农村的变化会引起流民问题和粮食的供应，因而多次进行圈地调查并以立法的方式反对把耕地圈占为牧场且导致农村人口的减少。但是在 17 世纪中期以后，随着粮食供应的增加及价格的稳定，政府对农村的政策有所放松，对敞田的圈占及土地占有的重新分割被认为是一种更好的农业生产方式，从而有利于发展农业生产的圈地得到了同意。"[1]

---

[1]　B. W. Clapp, H. E. S. Fisher, *Documents in English Economic History* (1000—1760), London: G. Bell & Sons Ltd, 1977, p. 75.

一　都铎王朝的圈地政策

英国都铎王朝（1485—1603 年）统治时期，发源于欧洲大陆的文艺复兴和宗教改革运动在英国向纵深方向扩展，地理大发现、"商业革命"和"价格革命"也深刻地改变着英国的政治和经济面貌。"英国社会处于变迁的发萌和启动时期，中世纪社会的各种特质处于蜕变的状态，现代社会的各种因素开始逐步形成出现。"① 政治上，都铎王朝大力加强王权，以专制君主制取代了等级君主制，并使神圣的教权开始从属于王权；经济上，实行重商主义的经济政策，资本主义的生产关系在城乡迅速发展，为其以后的发展积累了"第一桶金"；在对外贸易和争夺世界市场方面，英国在与西欧列强的角逐中崭露头角。封建的都铎王朝，已在诸多方面呈现出新时代即将到来的曙光。其"生产关系由封建的依附制向资本主义雇佣劳动制发展，思想观念由宗教神学的贫困光荣向资产阶级发财进取转变"。② 正如马克思所言："为资本主义生产方式创立基础的革命的前奏曲，是开始于十五世纪最后三十余年及十六世纪最初十数年间。"③

都铎王朝时期，出于政治和社会等因素的考虑，都铎政府反对驱逐人口的圈地。早在亨利八世统治之前，都铎王朝就有禁止圈地的法规和措施。亨利八世和萨默塞特摄政统治期间，都极力采取措施反对圈地，保护小土地所有者。封建统治阶级中大部分人认为，商品经济的发展、"价格革命"、人口数量的迅速增长、圈地运动等导致了"贸易使布昂，布昂使毛贵，毛贵使羊多，羊多使牧富，牧富使农荒，农荒两不利，谷贵民不悦，终至万物疏"。④ 他们惧怕失地农民的起义对都铎王朝的统治构成威胁。终都铎王朝一代，颁布了大量的法规、公告，并成立了圈地调查委员会，都试图禁止大量驱逐人口的圈地。

都铎时期在圈地过程中具有标志性的事件是 1489 年通过的"禁止人

---

① 王晋新、姜德福：《现代早期英国社会变迁》，上海三联书店 2008 年版，第 7 页。
② 尹虹：《十六、十七世纪前期英国流民问题研究》，中国社会科学出版社 2003 年版，第 63 页。
③ 马克思：《资本论》（第一卷），人民出版社 1963 年版，第 907 页。
④ 尹虹：《十六、十七世纪前期英国流民问题研究》，中国社会科学出版社 2003 年版，第 43 页。

口减少法令"。法令规定："所有占有 20 英亩以上的土地占有人，如果该土地在前三年一直作为耕地，那么就要继续作为耕地。如有违反就要没收该土地的庄园主在这片土地上一半的收入。"①简而言之，也就是禁止将 20 英亩以上的耕地圈占为牧场。1515 年，都铎政府又发布了反对圈地的公告，禁止吞并农场，同年还进行了一些圈地情况的调查。1516 年，都铎政府又颁布了一项临时性的法规，但后来成为正式的法规而长期有效。1517 年都铎政府成立了圈地调查委员会，对英格兰各郡的圈地数量、人口减少、土地转化等情况进行了详细的调查，强调贵族和绅士要保留英格兰北部四个郡。圈地委员会的调查报告指出，圈地"减少了农村的房屋、城镇和村庄，同样也减少了农田和耕地，转变成放牧羊群和其他牲畜的牧场而追逐个人私利，而且圈占了大片的田地和林地，被开辟为广阔的鹿苑。与此同时，很多的城镇、村庄不仅荒芜，而且房屋农舍也遭破坏，没有留下丝毫的痕迹"。② 圈地委员会的工作一直持续到 1527 年。但圈地运动却始终在继续发展，在圈地方面的立法总是被圈地者巧妙地逃避。1518 年和 1519 年，还专门成立了禁止圈地的委员会。在 1519 年，枢密院首席大臣和大法官沃尔西命令：自 1488 年以后经王室赦免的圈地应当撤除修建的圈篱和沟渠，1526 年，此项声明得以重申。1534 年，都铎政府颁布了控制养羊业的法令，同时大法官法院和财务法院对圈地者进行调查和审判。但到 1550 年，都铎政府的政策有所转变，着力进行圈地的贵族和绅士一度取得了胜利。早期允许圈地的默顿规约（Statutes of Merton）和威斯敏斯特 II 规约得以重新确认和实施，对破坏圈篱的行为也进行了遏制。但仅在两年以后的 1552 年，都铎政府又通过了新的禁止减少人口法令。在玛丽女王统治期间的 1555 年，同样也颁布了禁止减少人口的法令。伊丽莎白就任女王后，在 1563 年废除了 1536 年、1552 年、1555 年颁行的收效甚微的禁止减少人口的法令，又重新修改了都铎王朝初期 1489 年颁布的"禁止减少人口法令"。但该项法令在 1593 年时已经被部分地废除了。1589 年，伊丽莎白还通过了一项法令："禁止任何人圈占伦敦近郊三英里的公用土地，以免妨碍训练和集合军队、国王陛下臣民的休闲

---

①　Gilbert Slate, *The English Peasantry and the Enclosure of Common Fields*, New York: Augustus M. Kelley Publishers, 1968, p. 323.

②　B. W. Clapp, H. E. S. Fisher, *Documents in English Economic History* (1000—1760), London: G. Bell & Sons Ltd, 1977, p. 120.

散步、健康和舒适，也不能妨碍有重要意义的射击训练。"① 1597 年都铎王朝的中央政府又通过了两项法令。第一项法令要求重建因圈地而被毁坏的农民的房屋，但同时也认识到了仅通过立法和行政命令是难以维持现状，也无法恢复原状的。因而同时也授权地主或庄园主，在地主或庄园主与租佃农民都同意的情况下，地主和庄园主可以交换散布混杂而分散的敞田，以便于发展农业生产。第二项法令的序言中提到："自从1593 年以来，由于耕地不断地转变为牧场，导致农村人口大量减少。"②从而要求禁止圈占土地，驱逐人口。第二项法令适用的范围仅涉及米德兰 23 个郡，也有南部一两个郡，还有南威尔士的彭布罗克郡（Pem-brokeshire）。这可以被认为是都铎王朝最后两个禁止减少人口和耕地的法令。

　　都铎王朝的中央政府所颁行的这些法案都力图维持现状，禁止暴力圈占耕地为牧场，促使失地农民重建家园。但这些难以计数的法案和措施都难以遏止各种因素综合作用驱动下的圈地浪潮。"圈地运动并没有完全停止，把耕地转化为牧场的圈地也没有完全停止。"③ 其法案和措施上的多样性也正是其无济于事的表现和象征。"这些法令的层出不穷及其措施的变化复杂，其目的都是纠正同一弊害，这也是这些法令无能为力的最好的证据。"④ 其原因在于都铎王朝的中央政府只是将法案作为制止圈地的重点，而其建立的各项专门性质的圈地委员会则大多掌控在从圈地中而大获其利的地主阶层的手里。

　　尽管都铎王朝的中央政府采取了各项措施禁止圈地的发生，但在伊丽莎白统治时期也开始出现了与控诉圈地不一致的论调。有人开始从经济因素方面分析圈地运动的必然性，而不是着力强调圈地运动所造成的负面的社会影响。到 17 世纪，从经济因素出发而支持圈地的呼声渐趋高涨。一篇题为《地主驱逐农民的原因探析》的备忘录的作者认为："从军事、社会、经济等各个因素看不出旧的体制有什么可赞赏的；圈地并不一定要使

---

① W. E. Tate, *The Enclosure Movement*, New York: Walker and company, 1967, p. 123.

② Ibid., p. 124.

③ Roger Lockyer. *Tudor and Stuart Britain* (*Third Edition*) Published by Pearson Education Limited, Longman, 2005, p. 143.

④ ［法］保尔·芒图：《十八世纪产业革命——英国近代大工业初期的概况》，杨人楩、陈希秦等译，商务印书馆 1983 年版，第 121—122 页。

农村人口大量减少，在已经圈地的地方应该通过退还耕地或通过新法律来纠正，或通过枢密院的权威来纠正。应该对整个国家的平原地区开展普遍的调查，在每一个地方应该保持一定比例的耕地。"① 1639 年，加布里埃尔·普兰特斯（Gabriel Plattes）在他的作品《发现无限财富》（*Discovery of Infinite Treasure*）里面提到，穷人们预期可以在 18 世纪从圈地中受益。他还提议每处圈地应该为穷苦农民划拨出一头牛的草地。在当时达勒姆郡（County Durham）很多地方圈地时，这个提议还一度得到普遍的贯彻落实。

二　斯图亚特王朝的圈地政策

斯图亚特王朝中央政府的圈地政策在很大程度上受到其财政政策的左右和影响，尤其是在查理一世统治期间。正如托尼所指出的"受到了财政困难的玷污"。②圈地运动在某种程度上继续驱逐着人口并破坏着习惯法。斯图亚特王朝的中央政府主要通过枢密院及各种法院，特别是大主教法庭、诉讼法庭和星室法院、威尔士和北方委员会执行其法令和政策，实则作为一种敲诈勒索、强取豪夺的手段，对于违法者往往征收很重的罚金了事，而后违法者继续其营私舞弊的行为。

1607—1636 年，斯图亚特王朝的中央政府采取了一系列反对圈地的政策和措施。1607 年，米德兰的圈地运动引发了农民的武装起义，起义从 1604 年就开始动荡的北安普顿郡酝酿，主要参加者是乞丐和流民，很快持续蔓延波及贝德福德郡、贝克汉姆郡（Buckinghamshire）、亨廷顿郡（Huntingdonshire）和莱斯特郡，还有林肯郡和沃里克郡（Warwickshire）等地。起义被镇压后，中央政府所做出的退让只是成立另外一个王室圈地调查委员会以调查了解农村对圈地的不满情绪，但是很快发现通过立法和成立圈地委员会只会增加繁琐的公文报告，而其努力的结果是徒劳无益的。尽管大法官爱德华·科克爵士在 1620 年强调了坚决反对圈地，认为圈地驱逐减少了农村的人口，违背王国的法律，圈地者用一个牧羊人和一只牧羊犬废弃了昔日繁华的农村是违背上帝和人类意愿的，但是地方上的贵族和乡绅依然忙着圈占自己和其他人的土地。1619 年，英格兰农业获

---

① W. E. Tate, *The Enclosure Movement*, New York：Walker and company, 1967, p. 75.

② Ibid., p. 124.

得了丰收，斯图亚特王朝中央政府的圈地政策又有所松动。枢密院为了减缓谷贱伤农的局面，又任命成立专门的委员会考虑修改禁止人口减少的法令，因而在 1624 年废除了保留的 1597 年伊丽莎白在位时通过的两项法令。17 世纪 30 年代谷物价格又有所上升，1630 年，米德兰五个郡的地方法官又被命令撤除在过去两年内所有的圈地。在英格兰西南部，有着广阔的属于王室所有的森林，但地方居民在国王的森林中享有"用益权"。17 世纪上半期，国王出卖了不少森林。这些森林在易主之后，当地农民原来享有的"用益权"便被废除，农民因此发生了骚乱，他们破坏圈围森林的栅栏，并扬言要杀死森林的看守人。政府派遣军队前往镇压，逮捕了运动的领导者，并在 1630 年 1 月对其进行了审讯。1631 年夏，在威尔特郡（Wiltshire）又爆发了农民起义，起因仍是国王出卖森林，起义者破坏了森林的新主人所建的栅栏。类似的农民起义也发生在伍斯特郡（Worcestershire）及格洛斯特郡（Gloucestershire）。格洛斯特郡的狄安森林是当地木柴工业、铁器制造业及采煤业所赖以生存的基础。国王出卖这个森林不仅剥夺了当地农民在森林中一直所享有的"用益权"，而且也侵害了手工业者的利益。因而狄安森林成为持久斗争的策源地，这次起义从 17 世纪初一直持续到革命爆发以后。接下来在 1632 年、1635 年、1636 年，斯图亚特王朝的中央政府又任命了更多的圈地委员会，巡回检查督促保护耕地法令的实施。"1635—1638 年，13 个郡的圈地行为被课以重罚，对 600 个左右的圈地者征收的罚金达到了五万英镑，圈地者在 1639 年也被送上了星室法院。"①但是，星室法院在 1641 年就已不复存在，斯图亚特王朝中央政府的圈地政策时断时续，很难持久而有效地付诸实施。

"如果单从建立的反对圈地的委员会的数量来衡量国王统治时的社会和土地政策，那么毫无疑问查理一世是当之无愧的一位最杰出的土地改革家。"②他执行的政策有多少成分是公正无私地顾怜穷人，有多少成分是为了向违法者征收可卑的罚金，我们不得而知。但斯图亚特王朝中央政府无法遏止圈地浪潮的部分原因毫无疑问是其支持者的复杂动因，更多的原因则归结于王室所依靠贯彻其政策的地方政府，其人员组成者主要是大土地

---

① W. E. Tate, *The Enclosure Movement*, New York: Walker and company, 1967, p. 126.

② Ibid..

所有者阶层，本身就包括了最恶劣的监守自盗者，"一个偷猎者不可能成为一个优秀的猎场看守员"！①

在英国资产阶级革命期间，克伦威尔就任护国公，英国宣布为共和国。克伦威尔作为国家元首和行政部门的首脑，必须协同并通过国务委员会来进行统治，他还必须定期地召开会议。这一阶段英国很少有立法和行政措施来阻止圈占敞田，因而"圈地运动在共和国期间有重大的进展"，②大量的公用荒地也建设起了排水工程。1652 年 10 月 22 日，国会通过法令，规定了要审查林场公用地上茅舍农的占有权；1654 年，按照护国主特别训令进行的国家林地第二次登记工作，又专门调查了有关土地被侵占及发生的圈地事件；1657 年 6 月 19 日，国会颁布了驱逐林场公用地上茅舍农的法令。"这些法令不仅使革命时期发生的零星的圈占村社土地活动合法化，而且还成为后来通过法律大规模圈地的先导。"③这一时期，也有一些重要的军队将领关注土地问题，尤其是爱德华·沃利（Edward Whalley），试图用强权将他的理想付诸实施，拟定和呈递了其请愿书，国务委员会也成立了专门的委员会，并发行了许多宣传的小册子。1653 年，莱斯特市市长和地方官员针对地方上圈地问题引起的怨愤向伦敦递交了请愿书。正因为此，同年成立了专门解决穷人问题的委员会，考虑圈地引起的社会问题。1656 年，当爱德华·沃利少将负责米德兰地区时，他开始在地方上调查圈地情况，并对当地陪审团受理过的请愿采取了一些必要的措施。他希望通过他的努力，"使上帝不要被挑衅，使穷人不要被伤害，使人口减少得到遏止，使国家不要被损害"。④ 同年，他向议会提交了题为"涉及被分割的公用土地"（Touching the dividing of commons）的提案，但是因遭到负责这个提案的威廉·莱瑟尔的反对而失败，后来的确也没有进行过第二次宣读。这可以被认为是最后一个试图控制圈地的提案。后来，在斯图亚特王朝复辟期间的 1666 年，另外一个提案在上院得到宣读，要求确认之前 60 年来通过法庭法令而进行的

---

① W. E. Tate, *The Enclosure Movement*, New York: Walker and company, 1967, p. 127.

② Gilbert Slate, *The English Peasantry and the Enclosure of Common Fields*, New York: Augstus M. Kelley Publishers, 1968, p. 154.

③ 王铁之：《试评英国资产阶级革命时期土地立法的作用及其影响》，《英国史论文集》，生活·读书·新知三联书店 1982 年版，第 88 页。

④ W. E. Tate, *The Enclosure Movement*, New York: Walker and company, 1967, p. 127.

圈地，后来虽无果而终，但是事实上反映了上层当权者对圈地所持的观点普遍有所转变。

英国革命期间，"长期国会"、护国政府在圈地运动的基础上，又通过土地立法的形式，扣押出卖王室、教会、保王党人的土地，同时颁布实施取消"骑士领地制"的法令，进一步推动了圈地运动的发展。1642 年 8 月，英国第一次内战爆发以后，长期国会为了筹集对国王作战的经费，立即开始扣押和出卖封建土地，尤其是国王和王室的土地。1643 年 9 月 21 日，国会通过了关于国家扣押国王、王妃和王储的收入办法的法令，规定王室领地上的收入应交给国会支配。1649 年，查理一世被处死后，被扣押的国王和王室的土地得以大量地被出卖。1649 年 7 月 16 日，国会颁布了关于出卖属于前国王、王妃和王储的领地、庄园和土地的法令，规定由一位总清查员领导监护人编造成王室领地的清册；一些专职出纳员在监察官的监察下，点收出卖王室土地的货币和登记以土地作抵偿的公债券（debentures）。国会在出卖王室领地以后，又开始处理王室的林地。1653 年 11 月 22 日，国会正式颁布了关于王室林地出卖办法的法令，提出了一系列关于土地和森林经营的重要措施。诸如登记森林领地，检查个人和村社占有权，搜集并保管有关土地的登记册。1654 年 8 月 21 日，又以护国主的名义，发布了一项特别补充训令，对王室所属的森林资产进行第二次登记工作。

在扣押出卖王室土地的同时，国会也同时对"拿起武器帮助国王的罪犯"的土地予以扣押和出卖，并没收其收入。1643 年 3 月 27 日，国会公布了扣押重要破坏分子领地的法令。所谓重要的破坏分子，是指那些拿起武器反对国会，以及直接或间接支持国王的僧俗界的著名人物，即保王党人。法令规定，对一切支持国王的人的财产都予以没收，只许可其留下 1/5 的收入。国会还派出了一个特别的委员会，到各地去监督法令的执行情况。各郡也成立了专门的扣押委员会，征收被扣押土地的实际持有者所缴纳的地租，1647 年 2 月 8 日，国会又颁布了新的扣押法令，规定对保王党人进行罚款。罚款也称赎金，一般为地产价值的 1/10—1/2，按其所犯罪行的大小而定，凡缴纳罚款之一半者，就可以发还其被没收的土地，其余一半必须保证在一定期限内缴纳完毕。凡到期未能全部缴纳罚款者，其土地将再度被没收。"罚款法令的实行，导致一部分保王党人，主要是乡绅、骑士和部分高级贵族，自动出卖自己

的一部分土地，以便获得必要的货币来支付赎金。于是，按照民法契约
进行的土地买卖便盛行起来了。从 1654 年起的八年内，破坏分子所缴
纳的罚金共达 1344957 镑。可见，破坏分子自动出卖的土地是相当
多的。"[①]

　　在颁布和执行关于扣押和出卖破坏分子领地法令时，也涉及教会的地
产。在 1643 年 3 月 27 日的法令中，国会就规定扣押 14 个主教的领地，
而且在执行中其范围还扩大到那些参加对国会作战或帮助国会敌人的教士
们的领地。1646 年 11 月 17 日，国会通过了关于出卖大主教和主教土地
的法令，统称"十一月法令"。法令规定了对主教土地的清查、出卖及其
款项收支等程序，以及实施监管和登记的办法。从 1647 年起，在军队中
开始讨论关于出卖首席牧师和总堂牧师的土地问题，要求将这些土地用来
偿付军队的欠饷。因此，在 1649 年 4 月 30 日，国会又通过一项法令，决
定出卖首席牧师和总堂牧师的土地，价值 106 万镑。这项拍卖法公布后，
马上就产生了反响，很多巨商买到了牧师团的领地。1647—1658 年间，
"国会从出卖 727 宗的主教土地中，收入了 662596 镑。在整个革命期间，
出卖国王和教会的土地，总价达到了 3461387 镑，其中国王土地 1314825
镑，主教土地 626600 镑，牧师土地 1483962 镑"。[②] 由此可见，在革命期
间没收出卖的封建地主阶级的土地占有较大的数量。这一切都进一步活跃
了社会转型时期日益发育完善的土地资本市场，造成了土地所有乃至占有
权的大规模流转，促使圈地运动在更大规模上持续进行。1652—1654 年
间，"在登记入册的 403 个土地买主中，有 138 人是载明他们的社会身份
的。其中，伦敦商人 70 人，占 50.73%；贵族 13 人，占 9.42%；官吏 11
人，军官 19 人，各种债券持有者及其他富人 10 人，合占 28.98%；租地
农业家 10 人，农民 5 人，合占 10.87%。据统计，1642 年爱尔兰土地公
债持有者共 1360 人，其中有册可查社会成分者 858 人：大贵族及乡绅 203
人，官吏 52 人，军官 6 人，僧侣 17 人，银行家及商人 406 人，手工业者
163 人，农民及仆役 11 人。"[③] 由此可见，土地买卖的结果是土地的产权
大部分流入了新旧贵族和大资产阶级手中，从而使大土地所有制得到了较

---

　　① 　王铁之：《试评英国资产阶级革命时期土地立法的作用及其影响》，《英国史论文集》，
生活·读书·新知三联书店 1982 年版，第 84 页。

　　② 　同上书，第 86 页。

　　③ 　同上书，第 93—94 页。

快的发展。而这些大土地所有者，通常会采用雇佣劳动或把土地出租给租地农场主方式经营土地。租地农场主往往是贵族地主圈地的代理人，也是圈地运动的推动力量。虽然封建占有与从事资本主义经营的租地在一定的时期内并存，但封建贵族所收的租金已不是封建的地租，而是与资本主义生产直接相联系的利润。因此其与资产阶级在经济上的利益渐趋不约而同。而土地买卖和圈地后的这种大土地所有制，已不再是封建制度下的具有公共性质的敞田制，而是具备了社会转型时期向近代资本主义完全私有化的大土地所有制过渡的性质，这必然会促进资本主义大农业经济的发展。

英国资产阶级革命期间的土地立法，进一步动摇了封建土地所有制，为圈地运动提供了源源不断的"蓄水池"。"它一方面把土地转化为资本，另一方面又把农民转化为雇佣劳动者；与后者变化相适应，又获得一个扩大化的工业资本的国内市场。这一切，都为当时正在迅速发展的城市工场手工业，以及后来出现的机器大工业，准备好了必需的条件，使英国成为工业革命的故乡。"[1] 土地立法也是较为重要的革命措施之一，对封建势力土地的扣押和出卖不仅为革命提供了必要的财政支持，也削弱了封建势力的经济基础，同资产阶级革命本身一起动摇了封建的统治秩序，建立着新的资本主义的生产关系。

斯图亚特王朝复辟以后，封建地主和教会的僧侣阶层重新得势，中央政府不可能为了穷苦阶层的利益而得罪他们。"从农业立法可以看出议会的政策方向是倾向于圈地和提高地租的。"[2] 但在这一时期，舆论宣传的导向也有了深刻的变化，对社会问题关注的变化强烈要求发展农业生产。例如，"针对贫穷立法，查理二世要求不要过度地同情草根阶层"。[3]复辟后的斯图亚特王朝的中央政府再也没有建立过圈地委员会，也没有对任何圈地者提起公诉。由于内战期间封建贵族和绅士的战争开支以及对他们所征收的沉重的赋税使他们陷入了经济困境，因而他们非常渴望经济变革。当时的理论家认为，土地的租金是国家繁荣的指标，圈地毋庸置疑地有利

---

① 王铁之：《试评英国资产阶级革命时期土地立法的作用及其影响》，《英国史论文集》，生活·读书·新知三联书店 1982 年版，第 96 页。

② Gilbert Slate, *The English Peasantry and the Enclosure of Common Fields*, New York: Augustus M. Kelley Publishers, 1968, p.154.

③ W. E. Tate, *The Enclosure Movement*, New York: Walker and company, 1967, p.128.

于提高租金水平，因而对公众有利。

1660 年斯图亚特王朝复辟时期，"土地变革已经持续了两个多世纪，并且正以波澜壮阔之势吞并着敞田制、自治的村庄、小土地持有者及英格兰古老而虔诚的自耕农"。[①] "农业科研和实验已经开始，改革与进步成为时代的要求，敞田制的存在已严重阻碍了农业发展的实验与进步。"[②] 在排水、改良土壤、引进农作物新品种方面，敞田制尤其是其条块分割的外在形式和土地占有上公共权利的普遍存在已经不适应农业发展进步的要求，只有实施圈地，这些问题才能迎刃而解。

三　汉诺威王朝的圈地政策

17 世纪 60 年代以后，倡导圈地的呼声渐趋高涨，反对圈地的言论逐渐微弱。1714 年汉诺威王朝的统治确立后，17 世纪就已经出现的通过议会法令进行的圈地现象渐趋高涨，后发展成为议会圈地运动。中央政府逐步以立法的形式来管理和规范圈地运动，圈地运动被纳入了法制化的轨道。这标志着中央政府圈地政策的转变，即由以前的禁止转为许可支持，并进行规范有序的管理。因而这一阶段大量的个人圈地得到批准，涉及了庞大的土地数量。在很长的一段时间内，汉诺威王朝的中央政府依然没有制定出任何形式的较为明确的圈地准则，符合什么条件、用何种方式进行圈地，都没有明文规定。直到 1774 年，才制定出了第一个长期性的圈地法规，规定由下院负责处理圈地提案。这才能够确保不出现无节制的圈地浪潮，也在实践上指明了什么是被允许的和什么是不恰当的、应该禁止的圈地行为。例如，这一法规禁止不了解土地持有人情况的圈地提案，要求把圈地的通知贴在教区教堂的门口，有明确的措施禁止和控制圈地委员的巧取豪夺，还要求提交的圈地提案应包括圈地委员的姓名、对庄园主及什一税的主人进行补偿分配的详细内容。这一长期性的圈地规则在之后的 1775 年、1781 年、1799 年、1800 年和 1801 年又得到修改和补充，其新增加的一系列条款的内容试图确保圈地工作的公平与公正性。1801 年新增加的条款中包含这样的内容："任何庄园主或庄园的代理人和管家，不

---

① W. E. Tate, *The Enclosure Movement*, New York: Walker and company, 1967, p. 79.

② Ibid., p. 80.

得作为圈地委员参加与本庄园有利益关系的任何圈地活动。"①

18 世纪 80 年代以后，圈地才能使农业生产得到发展的思潮已被广泛接受，很少再有人提倡维持敞田制与公用土地。"必须注意，针对着那些类似 16 世纪的怨言，有越来越多的在经济方面拥护圈地的论调。其中有些作家认为这不仅是合法的，而且是值得赞颂的。随着农业进步观念的日益明确，随着最富裕的和最有知识的人希望开发利用其土地时，旧土地制度越来越受到威胁：这就是 18 世纪整个英国农村的历史。"② 1793 年，威廉·皮特（William Pitt）成立了农业委员会，其首要任务是起草英国各郡农业情况报告。报告的修订版于 1796—1817 年陆续出版，在长达九十多卷的报告中，一致认为只有通过圈地才能使农业生产得到发展，将来必须采取圈地来寻求农业的进一步发展。而在整个 18 世纪，"圈地运动的令人注目的进展，逐渐把以热爱古老英国的小生产者、自由持有农和自耕农为特征的农村社会改变为一个新的农业社会。富裕的资本主义农场主，他们通常是乡绅地主阶级的佃农而不是地主本人，逐渐成为农村的统治者，而在这些阶层之下的人则越来越多地变为没有土地的劳动者。这个过程有时被夸大了，但是在 18 世纪这个进程肯定是加速了"。③

持续不断的圈地运动是农业"改良"进程中必不可少的部分。而且，继英国中部各郡黏土地在 18 世纪初被圈占以后，中部地区南部和东部的二三百万英亩旷野和荒地也在 1760—1799 年被圈了起来。所使用的程序通常是由国会发出圈地法令，而不是通过自愿协议或压力。成功的圈地法并不需要获得当地居民的一致同意，而是在法令通过后要求有足够的钱付给律师、测地员或用于栅栏、围篱、道路和排水系统。这基本上只是一个法律手续，因为派去测量土地的圈地委员们总是偏向要求圈地的一方。议会也是如此，它于 1801 年通过的带有总则性的圈地法使圈地程序简单化了。"从 1760 年到 1801 年，通过的圈地法令达 1300 个。而在此后直到

① W. E. Tate, *The Enclosure Movement*, New York: Walker and company, 1967, p. 129.
② ［法］保尔·芒图：《十八世纪产业革命——英国近代大工业初期的概况》，杨人楩、陈希秦等译，商务印书馆 1983 年版，第 122 页。
③ ［英］肯尼思·O. 摩根：《牛津英国通史》，王觉非等译，商务印书馆 1993 年版，第 400 页。

1820 年，所通过的圈地法令接近 1000 个。"①

第二节　圈地运动的进程及数量

一　圈地者的社会成分

都铎及斯图亚特王朝统治时期的圈地者主要有贵族、乡绅、商人和富裕农民即约曼。在圈地的次数和圈地的绝对面积方面，大贵族和乡绅（gentry，一般认为是 knight、esquire、gentleman 的总称）都占据首位。乡绅的概念十分复杂，不同的学者有不同的解释，其阶层界限并不十分清楚，经常出现不同的社会阶层相互渗透的现象。"乡绅是拥有中等规模土地的中产阶级，其地产规模在爵衔贵族（公、侯、伯、子、男）与约曼之间。其成员在 16 世纪包括骑士、缙绅和一般绅士。1611 年之后还包括从男爵，其地位在骑士之上，贵族之下。虽然部分乡绅还保留旧的封建剥削方式，但是就其主流而言，已具有明显的资本主义剥削方式特征。乡绅一般以地产收入为主，职业收入为辅。"② 16 世纪以来乡绅在英国获得了很大的发展，其阶级地位处于封建地主阶级与近代资产阶级之间，是一个正在形成中的农业资产阶级。许多乡绅因为圈地而发家致富，"斯潘塞家族就是一个很好的例证。这个家族原来家境并不富有。但是，到了 1497 年时，约翰·斯潘塞持家时，他圈围土地，放牧养羊，靠圈地经营而发家致富。到了 1627 年其后代罗伯特·斯潘塞持家时，该家族已拥有大量家产跻身贵族行列，成为沃尔姆莱顿的第一个男爵"。③

在都铎时期的圈地过程中，贵族地主虽然人数不多，但圈地的数量却超过了任何一个阶层。他们以"协议折换"的方式来圈占耕地，或者强迫农民退佃，或者等待租约期满即把土地收回，在有的地方贵族地主还通过彼此间的协议将公用土地据为己有。都铎时期的圈地，起初主要是圈占这类的公用地，后来才逐渐波及农民的份地。"根据 1517 年王

---

①　［英］阿萨·勃里格斯：《英国社会史》，陈叔平等译，中国人民大学出版社 1991 年版，第 211 页。

②　王乃耀：《英国都铎时期经济研究》，首都师范大学出版社 1997 年版，第 199—200 页。

③　陈曦文、王乃耀：《英国社会转型时期经济发展研究》，首都师范大学出版社 2002 年版，第 137—138 页。

室调查委员会的报告书，圈地者有诺福克公爵、施鲁斯伯里伯爵、白金汉公爵、丹伯里勋爵、威廉·博伦爵士、R. 谢菲尔德爵士（下院议长）、J. 威特爵士（财政副大臣）和 J. 科顿爵士。"[1]由此可以看出，走在圈地运动前列的正是政治上握有实权、经济上拥有实力的封建贵族和乡绅。在"北安普顿、白金汉、莱斯特、沃里克和约克五郡，大贵族和乡绅都占据首位。这五个郡大贵族和乡绅圈占的土地面积占全部圈地面积的比例分别是 53.05%、58.67%、71.20%、61.72%、64.64%"。[2]其圈占的土地面积都超过了圈地总面积的一半。英国农村资本主义生产关系形成的历史特点在于彻底打破了一切旧的关系，完全改造了农村的经济，其中也利用了封建特权。在都铎前期，"伯克郡共发生圈地案例 130宗，其中农场主有 49 宗，占圈地总数的 37.7%，全郡被圈占的土地共6615 英亩，农场主圈占了 3249 英亩，占圈地总面积的 49.12%。牛津郡共发生圈地案例 118 宗，其中农场主有 67 宗，占圈地总数的 56.78%，全郡被圈占的土地共 9261 英亩，农场主圈占了 5735 英亩，约占圈地总数的2/3。这两个郡农场主的特点是租入的土地极多，圈地的规模也大。"[3] 租地农场主通过驱逐小农、圈占小农的份地而扩大了租地面积，把传统的、分散的土地占有变为自己集中的大片租地，排除了其他人在土地上原来享有的公用权利，按自己的意志独立从事具有资本主义性质的农牧业生产，封建地主借此也提高了地租，增加了收入。因而租地农场主往往成为贵族地主圈地的代理人，而贵族地主则积极地支持租地农场主进行圈地。封建的贵族地主与租地农场主在圈地过程中以牺牲农民的利益为代价而获得了双赢。虽然封建占有与从事资本主义经营的租地在一定的时期内并存，但封建贵族所收的租金已不是封建的地租，而是与资本主义生产直接相联系的利润。

　　早在 13 世纪末，庄园土地的流动已非常活跃，当时已在庄园法庭进行公开的土地转手。"中世纪英国庄园土地的转手，是在封建法律的框架下进行的。当时的法律理论只承认授予和让渡土地，而不承认也不提及出

---

　　① 蒋孟引：《英国史》，中国社会科学出版社 1988 年版，第 288 页。
　　② 陈曦文：《英国 16 世纪经济变革与政策研究》，首都师范大学出版社 1995 年版，第45 页。
　　③ 同上书，第 47 页。

售和购买，但是事实上土地出售非常普遍。"① 这里的"授予"与"让渡"，用今天的术语来说也就是土地使用权的买卖与转让。在不拥有土地所有权或土地所有权并不清晰明朗的情况下，土地市场上的买卖，实质上是土地使用权的交易。而当这种交易渐为人们所接受时，英国中世纪以来一切土地归国王所有的理论便被打破。土地实质上便成为自由交易的商品，其所有权与使用权渐趋统一，资本主义的土地私有制最终得以确立，这是土地成为资本要素的前提条件，而由此也可以看出社会转型的痕迹。当然，两个势力此消彼长总是一个漫长的过程，量要积累到一定程度时才会有质的变化。土地市场的孕育和形成也只是社会转型的一个因素，而不是决定性的因素。

富有的商人也是积极的圈地者，但并不排除他们是兼营农牧业的租地农场主。"莱顿巴扎德庄园位于贝德福德郡奇尔特恩的北部，这个庄园离伦敦的距离只有 30 多英里，所以伦敦的商人纷纷来这里买地。1460 年，伦敦的杂货商理查德·黑尔在莱顿巴扎德庄园买下土地，后把买下的地产授予他的女儿玛格丽特。此后，他又将土地出售给商人约翰·切斯特。1502 年，伦敦杂货商威廉·博德利在这里买下一所宅院和园地。1505 年，伦敦金匠罗伯特·阿马达斯和尼古拉·沃利在这里买下一座宅院，伦敦绸布商约翰·桑德斯和另一个伦敦商人也在这个庄园地产上投资。1508 年，另一个绸布商乔治·莫诺在莱顿巴扎德买下了一座宅院和 40 英亩土地。在莱顿巴扎德庄园，土地交易在 15 世纪后期已非常频繁，1464 年到 1508 年间共进行土地交易 907 起。"② 莱顿巴扎德庄园留下的资料说明了都铎时期土地市场已渐趋活跃，这就为商人圈地创造了有利条件。"1550 年出版的一篇讲道词提到圈地者有拓殖家公司的成员、呢布制造商、金饰商、屠宰商、鞣皮商和其他工匠以及许多过分贪婪的人。他们每天蚕食许多农庄，这比他们能够占有或保持像过去那样用于播种谷物的要多。"③ 这说明，这些商人中就有兼营农场的农场主。诸如"在莱斯特郡的最南部的科茨巴赫，庄园主约翰·夸尔斯是伦敦的一个亚麻布商，他和皇家军队订有供货契约。1596 年，约翰·夸尔斯从托马斯·雪利爵士处买下了科茨

---

① 沈汉：《英国土地制度史》，学林出版社 2005 年版，第 60 页。
② 同上书，第 58—59 页。
③ 蒋孟引：《英国史》，中国社会科学出版社 1988 年版，第 288 页。

巴赫庄园。当时在科茨巴赫庄园里有两户自由持有农，约翰·夸尔斯与其中一个结盟，出钱使另一个自由持有农放弃了他的地产。而第三个自由持有农只有两英亩土地，微不足道。约翰·夸尔斯用补偿给他别处土地的办法取得了该自由持有农的土地。至于其他的从夸尔斯处租种土地的租户，在租约到期后，夸尔斯在更新租契时规定了租额很高的新的地租，使所有的佃户都退出了租地。夸尔斯通过对法庭的影响，最终从王室取得许可，圈占了整个庄园。到 1607 年，夸尔斯把 20 英亩可耕地转变为草地，绝大多数租地农民变得贫穷而选择了离去，有 16 所房屋被放弃。经过圈地，科茨巴赫庄园人口减至 80 人"。① 这则资料详细地说明了亦农亦商的庄园主利用经济实力进行圈地的过程。他们通过交换、购买、驱逐小农等方式将土地转化为资本，从而成为亦农亦商的资产阶级。"尤其值得指出的是，在封建社会解体及资本主义萌芽时期，新兴工商业资产阶级分子都很重视对土地的投资，认为这最可靠，而且也是提高自己的社会地位，获得贵族称号的有效途径。有的大呢绒商就是通过经营地产和同贵族通婚，使自己或者是后代取得贵族头衔，挤进贵族的队伍里去的。"②

农村经济的分化使富裕农民也具有了圈地的实力。在伊丽莎白一世和詹姆士一世统治时期，是一个渴求土地的年代，"对土地的渴求，没有人比自耕农更贪婪"。③ 自耕农拥有中等规模的土地，主要依靠家庭成员进行生产劳动，在农业生产的经营体制上形成了农民的家庭农场。在圈地运动的过程中，具有资本主义性质的租地农场普遍兴起的情况下，农民的家庭农场也同时得到了发展并获得了持久的生命力。这使得"自耕农在英国社会中占据了一个独特的地位，受到同时代人的赞赏，他们被认为是国家的'强者和富人'。他们在和平时期最能使国家致富，在战时则是我们军队的荣耀"。④ 在圈地运动的过程中富有的自耕农也是积极的圈地力量，"自耕农对领主圈地行为一直进行着猛烈的斗争，但是富裕的自耕农，一

---

① 沈汉：《英国土地制度史》，学林出版社 2005 年版，第 131—132 页。

② 陈曦文：《英国 16 世纪经济变革与政策研究》，首都师范大学出版社 1995 年版，第 94—95 页。

③ M. Campbell, *English Yeoman: Under Elizabeth and the Early Stuarts*, New York, 1969, p. 72.

④ 陈曦文、王乃耀：《英国社会转型时期经济发展研究》，首都师范大学出版社 2002 年版，第 58 页。

面领导着斗争，另一面自己却又尽一切力量进行夺取和圈占。法院的记录里面，有非常多的事实可以证明自耕农就是积极的圈地者"。① 这里富裕的自耕农就是前面提及的以经济地位而言的约曼。根据 1519 年圈地调查委员会的报告，1485—1517 年，"伯克郡圈地的自耕农人数占全郡圈地总人数的 16.15%，圈地面积 841 英亩，占全郡圈地总面积的 12.71%；白金汉郡的相应数字分别是 25.22%，1275 英亩，13.91%；北安普顿郡的相应数字分别是 17.02%，632 英亩，7.07%；沃里克郡的相应数字分别是 30.61%，1022 英亩，13.30%。"② 都铎时期约曼所圈占的土地占全部圈地面积的比例，迄今尚无全国范围内具体而可靠的数字。但有些学者根据不完全统计的资料，估计这一比例达到 20%—30%。即使实际比例低于这一数字，也有大量面积的土地的占有权流归约曼所有，这对当时正在解体的封建经济和正在成长的资本主义个体经济的影响都不可低估。

关于 15、16 世纪农民的基本情况、各类农民对土地的占有关系、在圈地过程中主要圈占哪些农民的土地等问题在前文中已进行了详细交代，这里不再赘述。

二 圈地的规模和数量

都铎及斯图亚特王朝统治时期的圈地数量，国内外学者都进行过大量的研究，利达姆和盖伊曾作过全国规模的研究和统计，现代历史学家帕克（L. A. Parker）和古尔德（J. D. Gould）也作过一些地域性的调查研究。而这些学者在研究这一时段的圈地数量时所依据的资料均来源于 1517 年、1548 年、1566 年、1607 年所分别建立的四个圈地委员会的调查数据。但是这些调查没有一次是全国性的。最完全彻底的调查是 1517 年所建立的圈地委员会的调查，在 1519 年的调查报告中发生圈地的郡只有 24 个。1548 年和 1566 年圈地委员会的调查仅涉及两三个郡，留下的调查报告也较为粗略，实际上参考价值很小。1607 年圈地委员会的调查比前几次虽有较大的进步，但是详细资料仅局限在六个郡之内。原始资料本身的不完

① ［苏］施脱克马尔：《十六世纪英国简史》，上海外国语学院编译室译，上海人民出版社 1958 年版，第 37 页。

② 陈曦文：《英国 16 世纪经济变革与政策研究》，首都师范大学出版社 1995 年版，第 206—209 页。

整注定了这一研究工作不可避免地带有不完整性和不确定性。盖伊根据1519 年及 1607 年圈地委员会的报告得出了短时段特定地域内较为精确的圈地数据,但对长时段全国范围内的圈地数量,则是在精确圈地数据的基础上所作出的进一步的推测,因而具有一定的不确定性。之后对此问题进行研究的学者对盖伊的研究结果虽有批评和质疑,也有所修订,但是其方法也免不了进行某种程度的推算和推测,只不过变换了推算的方法而已,鉴于资料本身的不完整性,历史学家的研究除此估算及推测的方法也别无他法。

　　盖伊在圈地数量的研究成果主要分成两部分,一部分依据 1519 年圈地委员会的报告,反映了 1488—1517 年之间 24 个郡圈地的情况;另一部分依据 1607 年圈地委员会的报告,主要反映了 1578—1607 年之间米德兰六个郡的圈地情况,如表 5-1。

表 5-1　　　　　　　　　1517—1519 年的圈地调查

郡 名	受圈地影响的土地总面积(英亩)	占全郡总面积的百分比(%)	被圈作耕地的土地(英亩)	被圈作牧场的土地(英亩)	本来就是牧场而加以圈围的土地(英亩)	被毁坏的农屋	被迫离开家园的农民	受圈地波及的地方
Ⅰ.北部								
切斯特	65	0.01	15	50	—	—	—	5
约克西部	1837	0.10	1217	400	220	18	58	28
约克北部	2503	0.18	750	1751	—	30	82	28
约克东部	1384	0.18	230	792	362	31	135	25
Ⅱ.西部								
什罗普	1869	0.22	231	1623	1628	23	365	71
赫里福德	1185	0.22	145	600	440	22	—	18
格罗斯特	3681	0.46	1786	1895	—	49	211	20
Ⅲ.中部								

续表

郡　名	受圈地影响的土地总面积（英亩）	占全郡总面积的百分比（%）	被圈作耕地的土地（英亩）	被圈作牧场的土地（英亩）	本来就是牧场而加以圈围的土地（英亩）	被毁坏的农屋	被迫离开家园的农民	受圈地波及的地方
斯坦福德	538	0.70	313	145	80	4	15	13
德比	620	0.10	40	550	30	18	56	7
诺丁汉	4470	0.83	1056	2024	1390	71	188	80
沃里克	9684	1.68	1124	6022	2547	207	1018	70
莱斯特	5780	1.09	136	4622	1022	148	542	49
拉特兰	531	0.55	43	145	343	26	—	15
北安普顿	14081	2.21	960	9514	3607	354	1405	112
牛津	11831	2.47	1069	5068	5694	186	720	107
白金汉	9921	2.08	451	6079	3390	172	887	70
贝德福德	4137	1.37	—	984	3153	89	309	36
伯克	6392	1.39	264	1712	4416	116	588	86
米德尔塞克斯	2236	1.52	1196	822	218	—	—	—
亨廷顿	—	—	—	—	—	—	—	—
剑桥	1402	0.25	882	440	80	1	—	8
Ⅳ. 东部								
林肯	4866	0.29	155	2168	2534	70	158	63
诺福克	9334	0.71	613	7672	1049	70	—	122
埃塞克斯	1248	0.31	100	920	228	12	38	9
Ⅴ. 南部								
汉普	1035	1.10	269	766	—	8	42	17
萨默塞特	660	0.06	374	112	174	8	—	13
小计　Ⅰ	5789	0.12	2212	2993	582	79	275	86
小计　Ⅱ	6735	0.31	2162	4118	440	94	576	109
小计　Ⅲ	71623	1.16	7534	38127	25970	1392	5728	653
小计　Ⅳ	15448	0.39	868	10760	3820	152	196	194
小计　Ⅴ	1695	0.58	643	878	174	16	42	30
总计	101290	0.53	13419	56876	30986	1733	6817	1072

资料来源：陈曦文：《英国 16 世纪经济变革与政策研究》，第 211—213 页。

表 5 - 2　　　　　　　　　　1607 年的圈地调查 (1578—1607)

郡 名	受圈地影响的土地总面积（英亩）	占全郡总面积的百分比（%）	被圈作耕地的土地（英亩）	被圈作牧场的土地（英亩）	本来就是牧场而加以圈围的土地（英亩）	被毁坏的农屋	被迫离开家园的农民	受圈地波及的地方
沃里克	5373	0.93	—	4973	400	88	33	28
莱斯特	12290	2.32	—	9005	3285	172	120	70
北安普顿	27335	4.30	3532	10746	13056	358	1444	118
白金汉	7077	1.48	190	3532	3355	80	86	56
贝德福德	10004	3.32	464	2852	6687	122	259	69
亨廷顿	7677	3.29	9	3798	3870	146	290	52
总计	69756	2.53	4195	34906	30653	966	2232	393

资料来源：陈曦文：《英国 16 世纪经济变革与政策研究》，第 214 页。

　　盖伊的研究和统计表明，1488—1517 年之间 24 个郡圈地的总面积为 101290 英亩，并把约克郡看作一个郡；1578—1607 年之间米德兰 6 个郡的圈地面积为 69756 英亩。盖伊并以此研究的结果为基础，推算出 1455—1607 年英格兰圈地的总数量为 516673 英亩。沃第综合盖伊、约翰逊的圈地资料，还有 1873 年霍斯克斯（Hoskins）及斯丹普（Stamp）的土地调查清册，并考虑到 1517 年圈地调查时有隐瞒圈地面积的事实，按圈地比例分类修订了盖伊的研究结果，得出了 1455—1607 年 152 年的时间内英格兰圈地的总数量为 643469 英亩，约占英格兰总面积（3250 万英亩）的 1.98%。从研究的方法及所利用的资料的完全程度来看，沃第的研究结果更为准确，但也只是相对准确一些，也并非绝对准确，因为这一时间段本来就没有留下绝对准确的原始圈地资料。沃第所依据的主要资料还是盖伊的研究结果，是对盖伊研究结果的进一步发展，但也没有完全摆脱估计与推测的方法。盖伊、沃第的研究结果表明，都铎王朝统治时期的圈地数量大致介于 516673—643469 英亩之间。1607 年圈地调查时虽然在斯图亚特王朝统治时期，但所调查的圈地基本上都发生在都铎王朝统治时期，因而并不妨碍得出以上的结论。由此可以计算出都铎时期的圈地所占英格兰面积的比例在 1.59%—1.98% 之间。而斯图亚特王朝统治时期

（1603—1714 年）的圈地数量则大大超过了都铎王朝时期，圈地所占英格兰面积的比例约为 24%，① 那么依此可计算出其圈地的面积约为 780 万英亩，大大超过了都铎时期的圈地数量。在封建的统治秩序受到冲击和彻底动摇的社会转型时期，圈地的进程明显加速。另外，斯图亚特王朝统治时期，议会圈地已经开始。尽管议会圈地尚处于起步阶段，还不是圈地的主要方式，但是它无疑标志着中央政府的圈地政策开始有了较大的变化，从以前的反对禁止圈地开始转变为以法律的形式来约束、规范、引导圈地行为，"法律本身现在成了掠夺人民土地的工具，是地主借以把人民的土地当作私有财产赠送给自己的法令，是掠夺人民的法令"。② 从而使以前受到束缚和限制的圈地行为得到了鼓励和促进，圈地的进程大为加快。

三　圈地运动的进程分析

通过上文的论述可知，都铎时期的圈地数量在整个圈地史上所占的比例并不大。其主要原因有：其一，终都铎王朝一代，统治者认为圈地导致"作为国家主要富源之一的农业正在萧条中：教堂破坏了，礼拜停止了，死者无人为其祈祷……国家对外敌的防御也受到削弱并陷入瘫痪的状态"。③ 从而颁布了大量的法规、公告并成立了圈地调查委员会，试图禁止大量驱逐人口的圈地，同时社会上反对圈地的呼声也颇为高涨。比如莫尔的《乌托邦》，便是都铎王朝统治时期社会各个阶层反对圈地的代表作之一。同时，尽管贵族、地主、乡绅、约曼等阶层积极致力于圈地，但传统的土地占有关系在都铎时期也并未被彻底动摇，仍阻碍束缚着圈地的进程。"像许多反对圈地的小册子的作者所说的那样，尽管地主是残酷和贪得无厌的，但事实上，他们的圈地行为受到了自由持有农和公簿持有农牢固的租佃关系的限制。"④ 农民阶级反对圈地的斗争此起彼伏，也有效地遏制了圈地运动的进程。其二，都铎王朝统治时期，正是黑死病及其他蔓延的疾疫持续流行后英国人口的恢复和增长时期。"在 16 世纪后半期，

---

① J. R. Wordie, "The Chronology of English Enclosure, 1500—1914", *The Economic History Review*, Second Series, Volume XXXVI, No. 4, November 1983, p. 502.

② 马克思：《资本论》（第一卷），人民出版社 2004 年版，第 832 页。

③ ［法］保尔·芒图：《十八世纪产业革命——英国近代大工业初期的概况》，杨人楩、陈希秦等译，商务印书馆 1983 年版，第 121 页。

④ Roger Lockyer. *Tudor and Stuart Britain*（*Third Edition*）. p. 141.

人口年增长率接近 1%，一个世纪后的最低增长率仅为 0.25%，而在
1541—1751 年之间，人口的年平均增长率低于 0.5%。"① 特别是在
"1525 年到 1541 年期间，英国的人口增长特别快，在长期人口数量停滞
不前的情况下，这给人一种人口爆炸的感觉"。② 到 1601 年时，"英格兰
和威尔士的人口已达到 446 万"，③ 已接近黑死病流行之前的人口数量。
迅速增长的人口对土地形成了较大的压力，人地矛盾较为突出。在农业生
产力未取得突破性进展的情况下，只能依靠增加劳动力的投入或开垦新的
土地以解决迅速增长的人口的衣服问题。但是"随着人口的增长，至少
在都铎时代，土地短缺的问题已逐渐显露出来，能用以增加耕地面积的荒
地数量也越来越少。霍斯金斯（Hoskins）认为导致 17 世纪早期土地问题
的原因是人口的增加以及农场的合并，简而言之，英格兰的土地已不再充
足"。④ 农业过密化的现象已非常严重，许多庄园和教区的地力已被耗尽，
轮空休闲的土地面积越来越少，牧场及公用地上都不同程度地出现了载畜
量过大的问题。瑟斯克认为："16 世纪时米德兰农业用地短缺问题已经非
常突出。在林肯郡，为了解决土地短缺的问题，所采取的方法是在轮空休
闲地上种上庄稼。在贝克汉姆郡的雪纳利教区，用分配的条田的方式来管
理牧场以试图增加牧场的面积。在沃里克郡，18 世纪的圈地判定书清楚
地表明，在敞田已引进放牧奶牛的草场作为一种轮作的延伸，以作为临时
的草地。相邻的村庄往往达成协议来交叉分享一些公用权利作为一种缓解
公用地短缺的方法。"⑤ 而在 15 世纪以后，"圈地的主要目标就是将条块
分割的敞田耕地变成集中的牧场。牧场的租金通常要高于耕地，而且就如
经常提到的那样，畜牧业更有机会将农村经济引上市场化的道路，特别是
在 18 世纪之前"。⑥ 这就不难理解为什么都铎王朝的中央政府基本上都采

---

　　① Michael Anderson, *British Population History – From the Black Death to the Present Day*, Cambridge University Press, 1996, p. 118.

　　② ［英］肯尼思·O. 摩根：《牛津英国通史》，王觉非等译，商务印书馆 1993 年版，第
241 页。

　　③ Michael Anderson, *British Population History – From the Black Death to the Present Day*, Cambridge University Press, 1996, p. 298.

　　④ Michael Turner. *English Parliamentary enclosure——Its historical Geography and Economic History*, Wm Dawson & Sons Ltd, Cannon House Folkestone, Kent England, 1980, p. 142.

　　⑤ Ibid. , p. 147.

　　⑥ Mark Overton, *Agricultural Revolution in England*, Cambridge University Press, 1996, p. 114.

取限制或禁止圈地的政策，也可以理解为什么都铎王朝时期社会上反对圈地的呼声那么高。其三，都铎时期，正是英国社会的转型期，传统与改革、保守与进步、专制与民主势必要进行激烈的斗争和博弈，诸如亨利八世的宗教改革、"血腥的玛丽"对新教徒的迫害、1536年的"求恩巡礼"（Prigrimage of Grace）起义、1549年诺福克郡发生的凯特（Robert Kett）起义等。

这就产生了一个新的问题，如果说都铎时期由于人口数量的迅速增长、人地矛盾比较突出而导致中央政府反对圈地，使圈地的进程相对缓慢，那么都铎时期以后的人口数量依然在继续增长，土地面积也无多大的增加，在18、19世纪人口数量远远超过都铎时期，但英国的圈地运动不仅未走向低谷，反而走向高潮，其原因究竟何在？人口因素是否是影响都铎时期圈地政策和圈地进程的一个原因？

其实两种情况并不矛盾，可以相辅相成地说明人口因素正是影响圈地政策和进程的因素之一，这一表面看来似乎矛盾的现象正是英国历史本身发展的结果。其一，都铎时期英国社会正处在社会的转型时期，人口主要依靠土地和农业来支撑，工业化及城市化的进程相对缓慢，社会生产力尚未出现突破性的进展，近代化的社会分工依然居于较低的水平，经济的发展程度尚不能为更多的人口提供谋生和就业的途径。但是都铎时期以后，英国在近代化的道路上快马加鞭，农业革命和工业革命相互促进，工业化、城市化进程明显加速。从地域分布上，城市化的进程吸引着大量的人口从农村移居到城市；从社会分工上，社会分工进一步加细。这就使原来主要以农村和农业来承载的人口可以分散到社会的各行各业；从就业人口上，社会生产力的发展可以为更多的人提供就业的机会，或者说可以承载更多的社会人口。其二，都铎时期英国已形成了专制主义中央集权制度，王权大大加强。以国王为代表的中央和地方政权为了富国强兵，尽管采取了重商主义的经济政策，客观上促进了资本主义经济的发展，但其目的并非为了发展资本主义，而是继续维护各级贵族及大小封建主的政治及经济利益，必然要维护其统治的经济基础——封建土地所有制。但在英国资产阶级革命以后，建立起了贵族地主和资产阶级的联合专政，不仅为资本主义的发展创造了条件，而且也维护了土地贵族等大地主的利益，很多的土地贵族从其自身的经济利益出发，因势而动，抢抓机遇，顺应历史发展的潮流，变压力为动力，积极进行圈地、变革其土地占有及经营的方式，亦农亦工或亦农亦商，使土地由以前封建的经济基础转变成为资本，自身也成为资产阶级化的新贵族。新贵族不仅在政治上积极参与或掌握中央到地方的政权，而且在经济上也能够与时俱进，巩固并提高自己的经济地位，在技术变革领域也不甘落后，尤其在农业领域里能身先士卒，积极推广先进的农业生产技术，充当农业革命的领头人。从而英国的贵族才能经久不衰，在近代历史的舞台上能够独树一帜。其三，英国都铎时期海上的殖民活动尚处于起步阶段，仅限于一般的商业活动、海盗式的抢劫、贩卖黑人奴隶的罪恶交易，到 16 世纪末打败西班牙的"无敌舰队"后，方在西欧崭露头角。直至 17 世纪三次英荷战争后，英国才能在海外殖民扩张中站稳脚跟进而力挫群雄，东西并进，到 19 世纪中期时已成为继西班牙之后更为辽阔的"日不落帝国"。其殖民地面积达到了 3000 多万平方公里，约占世界陆地总面积的 20%。到 1914 年时大英帝国已占有的殖民地比本土大 111 倍。如此辽阔的殖民地，使英国人不再局限于西欧的蕞尔岛国，而是在全球范围内逐步形成了更为广阔的活动舞台。更为重要的是，英吉利民族在近代化及海外殖民的进程中形成了较为开放的世界观。约从 19 世纪开始，英国常年在海外活动的人口总数几乎和国内人口数量相持平，而且英国青壮年人口大量地迁居海外，降低了国内人口的增长率，从而减缓了国内的人口压力，使国内的人口与资源环境的压力相对较小，人地矛盾相对缓和，这些时代特征都是都铎时代所不具备的。因而尽管都铎时期以后人口有了较大幅度的增长，但并未妨碍圈地运动走向高涨。相反，时代的发展为圈地运动走向高潮进一步创造了更为有利的条件。

四　宗教改革与圈地运动

"诺曼征服"以后，威廉一世对英国的教会进行了改革，王权与教权联袂确立起了封建统治。教权给王权戴上神圣的光环，是维护王权的精神支柱；王权给予教会以庇护和财产，是维护教权的世俗力量。王权与教权虽互相支撑与依赖，但其矛盾斗争也几乎贯穿了以后的历史。到都铎王朝亨利八世统治时，随着英国经济结构和阶级关系的变化，教权与王权在诸多问题上的矛盾终于发展到了不可调和的地步。在文艺复兴和宗教改革思潮的影响下，亨利八世勇敢地将王权之剑指向了腐化的教会和罗马教皇，在 1529 年开始了前所未有的宗教改革。在宗教改革过程中，亨利八世对教会和修道院所占有的大量地产进行了没收并加以馈赠、租佃和出售。

"16世纪后半期土地财产分化的趋势不断加强，随之而来的是中世纪土地占有框架的最终解体，修道院的解散为1536年以来的土地市场增加了份额，使土地的重新分配得以继续。"① 都铎时期的宗教改革给方兴未艾的圈地运动注入了新的源泉和动力，从而引起了更大规模的土地占有权的流转。马克思也曾指出："在16世纪，宗教改革和随之而来对教会地产的大规模的盗窃，使暴力剥夺人民群众的过程得到了新的惊人的推动。在宗教改革的时候，天主教会是英国相当一部分土地的封建所有者。对修道院等的压迫，把住在里面的人抛进了无产阶级行列。很大一部分教会地产送给了贪得无厌的国王宠臣，或者非常便宜地卖给了投机的租地农场主和市民，这些人把旧的世袭佃户大批地赶走，把他们耕种的土地合并过来……宗教改革的这些直接的影响并不是它的最持久的影响。教会所有权是古老的土地所有权关系的宗教堡垒。随着这一堡垒的倾覆，这些关系就不能维持了。"②

我们有必要先了解一下宗教改革时教会及修道院所占有的土地的面积。对宗教改革前后英国修道院所属庄园的土地缺乏系统的计量研究，只有非常粗略的估算。"1430年左右，修道院占有英国15%的土地，教会占有10%的土地，而王室只占有6%的土地。1530年，英格兰大约有825所修道院，约有9300多修士和修女。按照宗教律令，其年度净收入总计达到了175000英镑，几乎是同时期王室年平均收入的3/4。"③另外萨文教授根据对教会档案的研究得出结论："在1535年时，英格兰修道院地产每年总价值在160000英镑左右。加上几处教会大地产，如圣奥古斯丁修道院、布里斯托尔大教堂和一些长老会和慈善收养院的地产，每年总价值大约为200000英镑。教会地产收入约占全王国地产收入的1/5到1/4。"④这两组数字基本能反映出教会及修道院所占有的土地数量。亨利八世在剥夺教产时采取了由易到难、分期分批、逐步推进的策略。1535年，在托马斯·克伦威尔的策划与组织下，首先对教会和修道院的财产状况、地产规模、

---

①　H. C. Dabby, *A New Historical Geography of England before* 1600, Cambridge University Press 1976, p. 207.

②　马克思：《对农村居民土地的剥夺》，《马克思恩格斯选集》第2卷，人民出版社1972年版，第227—228页。

③　Carlo M. Cipolla. *Before the Industrial Revolution European Society and economy*, 1000 – 1700 [M]. Published in Great Britain 1976 by Methuen & Co Ltd, London. p. 55.

④　沈汉：《英国土地制度史》，学林出版社2005年版，第144页。

收益情况展开了全方位的调查并编制出《教产账簿》（*Valor Ecclesiasticus*），从而拉开了剥夺教产的序幕。1536 年，宗教改革议会通过法案，决定首先解散岁入在 200 镑以下的小修道院，其动产与不动产皆归王室所有，同时成立"王室岁入增收法庭"（The Court of Augmentations），主要处理所没收的修道院的土地和其他财产，并审理判决相应的诉讼案件。1539 年议会又通过了解散大修道院的法案。到 1540 年 3 月，最后一座修道院——瓦尔萨姆修道院也关上了大门，英国延续了千年之久的修道院制度至此结束。剩下的歌祷堂（chantries）等的宗教财产，也在爱德华六世时期（1547—1553 年在位）被没收。在这一改革过程中，还包括对主教集团土地和财富的侵占。亨利八世对主教集团的地产虽没有采取没收的方式，但也通过以散换整、以少换多、以次换好等方式蚕食掠夺了大量的土地。通过对修道院及主教地产的剥夺，都铎王朝在短时期内就拥有了中古时代以来英国王室最多的地产，"仅从修道院掠夺的地产就占全国地产总数的 1/5 至 1/4。其年收入达 13 万英镑"。①

　　修道院的大量土地及其收入，并没有长期保持在国王手中。"到 1547 年，整个修道院保有物约有一半以上或最多是 2/3 被转让。爱德华六世又出卖了不少。玛丽女王恢复天主教信仰，不但不敢恢复修道院，而且还出卖了少量修道院土地。到 1558 年约有 3/4 的修道院土地已非王室所有。"② 总的看来，都铎王朝处置修道院地产的方式大致有四种，即馈赠、租佃、出售及与其他地产交换。但大部分地产是以大面积整体出售的方式进行的，而且不断竞价和转手，成为有产阶级在土地市场上投机获利的交易。其主要得益者是新成立的国教教会、贵族官员、乡绅、商人及租地农场主，贫苦农民是无力购买的。"由王室出售的教会土地绝大部分转入社会中间阶层，特别是乡绅阶级。一些接近王室的商人和廷臣，以及担任地方治安法官的乡绅率先买到了被没收的教会土地。律师、商人等中产阶级长期对教会特权不满，也利用了这一致富良机。土地转手使地主和商人站到拥护宗教改革和支持都铎王朝的立场上，在较短的时间内扩大了乡绅阶级的队伍。"③ 英国土地史权威托尼教授对格罗斯特郡、北安普顿郡和沃

---

①　陈曦文：《英国 16 世纪经济变革与政策研究》，首都师范大学出版社 1995 年版，第 50 页。

②　蒋孟引：《英国史》，中国社会科学出版社 1988 年版，第 303 页。

③　阎照祥：《英国史》，人民出版社 2003 年版，第 136 页。

里克郡的大约 250 座修道院庄园的历史进行了考察，发现"最初其中 1/6 以上为 17 名贵族所得，王室官员和商人也取得一部分，但大多数马上落到了那些在地方上早已享有土地和声望的家族成员手中。美国学者海顿认为：乡绅从王室出售教产中获利最大，已经成为英国农村生活的脊梁"。① 原来修道院土地上的依附农民，反而因土地的频繁买卖地位变得更不稳定，很多农民在此过程中失掉了原来的土地占有权。"拥有大量修道院地产的北安普顿郡就有这方面的例子。特雷瑟姆家族在修道院解散后从国王手中买下了拉什顿庄园，在该庄园上的佃户租期期满时将他们驱逐了，而将这些土地改成牧羊农场。北安普顿郡另一个大地主斯宾塞，也采取了同样的做法。"② 土地的新主人一般都会驱逐土地上原来的农民而进行圈占，亲自经营或出租给租地农场主。因而对教会地产的剥夺和重新分配，对当时的圈地运动在客观上起到了推波助澜的作用。

　　亨利八世在宗教改革中对教会及修道院地产的剥夺是英国自中世纪以来规模较大的一次土地占有权的流转和再分配。这种对教会地产以出售为主的处置方式，动摇了以分封和赏赐为主要方式的封建的土地分配与占有制度。"修道院的解散有力地打破了几个世纪以来旧式的村社体系并消除了土地上的界标。"③ 地产的流动性极大地加强了，它促进了土地市场的发展和土地的资本化。土地不再与封建的权力和义务相联系，而是与市场货币相联系，从而使土地失去了昔日维护封建等级制度的经济功能，由封建的经济基础转变成为新兴资产阶级发财致富的资本。因此它不仅仅是王权与教权的斗争，也是正在成长的资产阶级和新贵族与教会贵族的斗争。教会地产的没收和拍卖符合新兴阶级的经济利益和要求，成为资本积累的有力手段，壮大了资产阶级的经济实力，有力地促进了封建经济的解体和资本主义经济的发展。"修道院的解散通常被认为是 16 世纪 30 年代大变革过程中最重要的环节，它波澜壮阔并具有显著的后果是毫无疑问的，但它并不是像以往那样真正地加强了中央集权，从某种角度而言它甚至是革

---

　　① 李自更：《12—16 世纪英国乡绅的形成及其在社会经济变革中的作用》，《肇庆学院学报》2002 年第 12 期，第 35 页。

　　② 沈汉：《英国土地制度史》，学林出版社 2005 年版，第 151 页。

　　③ G. R. Elton. *England under the Tudors.* Published by Methuen & Co Ltd, London, 1974, p. 145.

命的前奏曲。"① 亨利八世对教会地产的剥夺，虽然在当时也起到了打击教会贵族、增加财政收入、加强王权的作用，但却哺育了新贵族。在旧贵族经济衰落的同时，新贵族在他们的近旁诞生了，从而为以后的资产阶级革命孕育了新的阶级力量。

　　综上所述，我们可以看出在都铎及斯图亚特王朝统治时期。圈地运动的后果是：一部分土地的占有权从农民转向了圈地者，从封建贵族转向了新贵族和资产阶级，从分散走向集中，从封建庄园的集体占有转向了农民或资本主义个体占有，从小规模占有转向了大规模占有。"由于人口压力，到1300年时，米德兰公簿持有农的份地进一步减少为半雅兰（yard-land，约为12英亩，或4.8公顷）。到1500年时这样的小块份地已经非常少了；到1700年时，在莱斯特郡，这样的小块份地已经全部消失。持有50—60英亩土地的商业化家庭农场的数量有较大的增长。1279年，在剑桥郡的奇平汉姆（Chippenham），农户所持有的土地份额一般为半维尔格特；1544年时持有半维尔格特土地的农户仅为六家，占有土地超过50英亩的土地占有者已占到60%；到1636年时，持有半维尔格特土地的农户已经消失，占有土地超过了90英亩的土地占有者已达到69%。"② 更为重要的是，圈地所引起的土地占有权的流转开始打破了封建的经济基础，改造了农业中各种传统的关系，开始引起了生产方式及生产关系的变革。土地越来越多地被新兴的资产阶级和新贵族所占有而转化为资本，封建的农业生产与分配方式，已逐渐转移到资本主义的轨道上来了。"与大陆大部分地区相比，不列颠历史的显著特征是农业生产的组织形式从很早起就发生了彻底的变化。"③这场以土地占有权流转为核心的社会变革，不仅为资本主义农业的发展创造了条件，也为工业资本主义的发展提供了动力，还为后来资产阶级和新贵族最终战胜封建主义奠定了经济基础，因而其对英国历史的影响是广泛而深远的。

　　农业是整个古代世界的决定性的生产部门。一个国家近代化的进程不

---

　　① G. R. Elton. *England under the Tudors*. Published by Methuen & Co Ltd, London, 1974, p. 141.

　　② J. P. Cooper, "In Search of Agrarian Capitalism", *Past and present*, No. 80 (Aug. , 1978), p. 33.

　　③ R. A. Dodgshon, R. A. Butlin, *An Historical Geography of England and Wales*, New York: United States Edition published by Academic Press Inc. 1978, p. 151.

仅取决于其在多大程度上实现了近代化，而且也取决于其在多大程度上改造了传统的农业社会。英国都铎及斯图亚特王朝统治时期的圈地运动彻底地改造了中世纪的英国农村，"从历史上遗留下来的一切关系，不仅是村落的分布，而且村落本身，不仅是农业人口的住所，而且农业人口本身，不仅是原来的经济中心，而且这种经济本身，凡是同农业资本主义生产条件相矛盾或不相适应的，都被毫不怜惜地一扫而光"。① 从此以后英国城乡资本主义迅速发展、国内外市场不断扩大，毛纺织业、棉纺织业呈现出一派繁荣景象。

第三节　反对圈地运动的斗争

都铎及斯图亚特王朝统治时期，圈地的总量在整个圈地运动史上并不占主要地位。根据沃第的研究结果，"1455—1607 年 152 年的时间内英格兰圈地的总数量最多为 643469 英亩，占英格兰总面积的 1.98%"。② 而"1600—1699 年，英格兰圈地面积也仅占英格兰总面积的 24%"。③ 两个时段相加后英格兰圈地面积也不到其总面积的 26%。但是在圈地面积相对较少的都铎王朝统治时期，圈地所遇到的反抗斗争却是最激烈的时期，而到后期，圈地运动更加高涨，但是反对圈地斗争都没有之前激烈。这是因为都铎王朝统治时期，英国正处在社会的转型时期，商业、手工业虽然有了较快的发展，但依然是一个传统的农业社会。海外殖民活动虽已兴起，但仍未占绝对优势。而这一时期却正是英国人口快速增长的时期，尤其农村人口的增长对土地产生了较大的压力，人地矛盾较为突出。工商业及城市的发展尚不足以容纳过剩的农业人口，向海外迁移的人口也极为有限，难以为圈地运动创造较为宽松的空间。另外，工农业生产技术依然未能取得突破性进展，经济的发展水平也不能为快速增长的人口提供更多的谋生渠道。人们还未认识到圈地所带来的积极作用，而更多地看到的是圈地所带来的消极影响。而愈向后特别是到了 18 世纪议会圈地运动走向高

①　马克思：《李嘉图的地租理论》，《马克思恩格斯全集》（第 26 卷 第 2 册），人民出版社1973 年版，第 263 页。

②　J. R. Wordie, "The Chronology of English Enclosure, 1500—1914", *The Economic History Review*, Second Series, Volume XXXVI, No. 4, November 1983, p. 493.

③　Ibid., p. 502.

涨之后，情形则正好相反，所以圈地所受到的阻力也就越小，反对圈地运动的斗争也渐趋平静。

一　圈地运动所引起的社会问题

从很早时期起，就有很多人强烈谴责圈地运动损害了农民的利益。正是基于此原因，早期都铎王朝通过立法遏制圈地运动，禁止驱逐农村人口。也正因为此，从 16 世纪到 17 世纪早期，英格兰大多数教会和宗教界人士也极力反对圈地运动。甚至到 18 世纪时，反对圈地的呼声依然高涨，如果有经济理由作支撑，那么反对圈地的论调和行为一定会压倒圈地运动。因此当时力主革新和圈地的农业宣传家不得不用大量的篇幅去抨击反对圈地的论调，他们竭力论证圈地最终会为贫苦阶层带来利益。

在圈地的过程中，造成了许多村庄的人口锐减和田园的荒芜，使广大失地农民无以为生，被迫流浪，这是不争的事实。"在 16 世纪议会的法令、法规及官方的文件中，圈地与人口减少几乎是同义词。"① 1459 年，一座小教堂的教士约翰·路斯向英国议会递交了题为《1459 年的人口锐减》的控诉书，详细说明了他的家乡沃里克（Warwick）圈地所引起的人口锐减情况，他列举了沃里克郡南部 62 个村镇、教区、庄园圈地所引起的人口锐减情况。他说："圈地引起了这些地区完全或部分地荒芜。一些村庄，如康普顿的斯科普，已经完全地消失了，他们的教堂也被毁坏。在其他的地方，人口减少了 90%。"② "在沃里克郡的斯特雷巴斯克维尔（Stretton Baskerville），托马斯·托福特于 1489 年圈占了 160 英亩的耕地并拆毁了其上的 4 座宅院和 3 个农舍。他又把这些土地卖给亨利·斯密思。斯密思在 1494 年又圈占了另外 640 英亩的土地，拆毁了 12 座宅院和 4 个农舍，驱逐了其上 80 多个农民，使他们陷入了贫穷和痛苦的深渊。教区的教堂也被毁坏，残暴的牲畜亵渎着神明，在基督教徒的墓地上吃草。到 1549 年另外 160 英亩的土地也被圈占，难以计数的房屋被拆毁、人口被驱逐。"③ 这是最早的有记载的反对圈地的抗议书。在达勒姆主教

---

①　Gilbert Slate, *The English Peasantry and the Enclosure of Common Fields*, New York：Augstus M. Kelley Publishers, 1968, p. 91.

②　W. E. Tate, *The Enclosure Movement*, New York：Walker and company, 1967, p. 63.

③　Ibid., p. 66.

区，"几年间就闲置了 500 张耕犁，以致粮食必须从纽卡斯尔（Newcas-tle）运来，在过去 8000 英亩的耕地中，现在耕种的不到 200 英亩，整个乡村荒无人烟，居民流浪四方"。①

接下来反对圈地的著名人士是托马斯·莫尔（Thomas More）。莫尔从小受到良好的教育，博学多识，游历广泛，精通拉丁文和希腊文，通晓英国法律，当过律师，历任国王派往荷兰加来调解商务纠纷的特使、伦敦市的副执行官、王室请愿裁判长、枢密顾问官、副财务大臣、英国大法官等职位。就在他 1516 年当商务特使的期间，用拉丁文开始了《乌托邦》（Utopia）的写作，此书完成之后很快闻名遐迩，给他带来了很高的荣誉。莫尔早在青少年时期就陶醉于柏拉图的"共产主义"思想，《乌托邦》就是他理想社会的蓝图和构想。他在《乌托邦》中极力抨击和反对圈地："你们的绵羊本来是那么驯服，吃一点点就满足，现在据说变成很贪婪很凶蛮，甚至要把人吃掉，把你们的田地、家园、城市要蹂躏完啦。凡是出产贵重羊毛的地区，那儿的贵族豪绅，乃至主教圣人之流，觉得祖传地产上的惯例年租岁金不能满足他们了，也觉得他们对社会无益有害的闲适生活还不够过瘾。他们不让任何人在庄园上耕种，把整片地化做牧场，房屋和城镇都给毁掉了，只留下教堂当做羊圈。他们把可以居住可以耕种的每个角落都弄成荒地，仿佛他们的鸟圃兽园占地还不够大。"②莫尔还指出了圈地给农民带来的苦难："从那时起，一种馋嘴而且是贪狠的国蠹，会破坏地界，用一条篱栅把好几千亩地圈起。佃农从地上被逐出，他们的财产被用诡计或压制的方式剥夺掉。有时他们受尽折磨，不得不出卖自己的家业。那些不幸的人们想尽办法，只有离乡背井了，其中有男的、女的、丈夫、妻子、孤儿、寡妇、携着婴儿的父母，以及人口多养活少的一家大小（因为种田是需要人手的）。他们颠沛流离，和他们居住的乡园分手，前程茫茫，不知何处安身。他们的本来不值多少钱的随身家当，虽然可以等到好买主，却由于不得不急于出售，只好三文不值二文地脱手，等到他们在流浪生活中把卖来的钱花得一干二净，他们就只有盗窃，受绞刑的处分，否则就是挨家沿户讨饭了。此外他们还有什么可行的呢？可是他们做

① 蒋孟引：《英国资产阶级革命前农民反对圈地的斗争》，《蒋孟引文集》，南京大学出版社 1995 年版，第 179 页。

② ［英］托马斯·莫尔：《乌托邦》，戴镏龄译，生活·读书·新知三联书店 1956 年版，第 36 页。

了乞丐，也是被送进牢狱，因为他们是游手好闲，不寻工作的人。"①

马克思在英国居住长达34年，在《资本论》第一卷第二十四章论及资本原始积累的过程，两次引用了《乌托邦》一书中的内容。所谓的"羊吃人"的圈地运动即源于此。从资本原始积累和对贫苦农民的剥夺而言，马克思的见解无疑永远闪烁着其光辉，也为大多数历史唯物主义者所接受。但出发点和所要论述的观点不同，难免对相同的事物会有不同的见解和看法。我们不可简单地肯定或否定马克思的论断，马克思主义告诉我们，对于具体问题要具体分析，要客观辩证和实事求是。圈地运动持续长达近五个世纪，波澜壮阔而影响深远，其全部的意义并非"羊吃人"这三个字所能包含和概括。

莫尔的《乌托邦》是1516年问世的，呼吁采取措施保护小土地所有者的利益，制止农业上混乱的变革。作为莫尔呼吁的结果，都铎政府于1517年成立了圈地调查委员会，试图保护农民的利益。都铎政府颁布法令，禁止圈占农民的土地并采取行政和司法措施以确保已被圈占了的土地由牧场退还为以前的耕地。然与之努力相反的是"农民自己并不反对圈地，有时农民自己迫切想使自己的土地地尽其利，偶尔还有农民从整个乡村的普遍利益出发结成有组织的团体进行圈地，例如，在诺福克郡的温伐森（Winfarthing, Norf.）教区，有25英亩的土地被整个村镇圈起"。②1589年，在"约克郡布雷德福荒原进行圈地时，所有的佃户聚集在荒原上，他们毫无异议地一致达成了一项圈地协议。在兰开夏郡，通过协议交换条地通常是圈占公地的序幕。在此同时，公用牧场划分给各教区，然后在一致认可的条件下在个人之间划分。划分公地的典型例子是1608年利瑟姆庄园的32个居民同庄园领主达成协议，领主同意让他的佃户拥有与持有地同等面积的公有荒地，另外再加100英亩，使租户接受圈地。只要租户付得起地租，便允许向租户出租尽可能多的土地"。③由于中世纪晚期英国农民阶层的分化和本身经济社会地位的悬殊性，在圈地运动中不同农民所持的态度显然不可能一致。富有的自耕农本身就是积极的圈地者，而占有少量土地的公簿持有农、主要依靠公用地谋生的茅舍农等，则对圈

---

① ［英］托马斯·莫尔：《乌托邦》，戴镏龄译，生活·读书·新知三联书店1956年版，第37页。

② W. E. Tate, *The Enclosure Movement*, New York: Walker and company, 1967, p. 45.

③ 沈汉：《英国土地制度史》，学林出版社2005年版，第130页。

地持坚决反对的态度。而这部分农民恰恰占了农民的多数，因而能够形成一定的反对圈地的力量，拥有大量或中等规模土地的农民，则主张圈地以巩固或扩大自己所拥有的土地占有权，同时圈地后对公用权利的废除有利于土地的私有化趋势，使自己可以自由地支配土地的使用，进行改良施肥和新的轮作以提高土地的收益。总而言之，和历史上其他各国的农民运动相比较，英国反对圈地的农民斗争规模都相对不大，并没有威胁到中央政权的统治，这与农民阶层本身对圈地的态度就不一致有很大的关系，并不能形成团结有效的反抗力量，从而也无法阻止圈地运动的持续进行。

二　农民反对圈地的斗争

都铎王朝所采取的措施和圈地委员会的报告是果断的，但并未起到预期的作用。都铎政府禁止圈地的措施在不同程度上一直延续到 1527 年，而圈地运动却继续发展。都铎政府限制一个人所拥有的羊群的数量，但是为了增加羊群的数量，圈地者往往在其儿子和佣人的名下增加养羊的数量。

表 5 - 3　　　　　北安普顿郡由于圈地所引起的抛荒的村庄数目　　　　（单位：个）

时间	抛荒村庄数目
1086 年以后	2
	2（未证实）
1125—1350 年	1
1350—1450 年	14
1450—1700 年	49
1700 年以后	9
时间不定	5
总数（total）	80
累计（Grand total）	82

资料来源：W. E. Tate, *The Enclosure Movement*, New York：Walker and company, 1967, p. 69.

由表 5 - 3 北安普顿郡抛荒的村庄的数字我们可以看出，圈地运动引发了农村人口的锐减，大量村庄的毁坏和农田的荒芜，特别是在都铎王朝到斯图亚特王朝统治时期，圈地运动对农民的驱逐达到了顶峰。土地是农民世代赖以生存的根本，失地农民背井离乡，被迫流浪，乃至奋起反抗。"可怕的社会动乱从爱德华六世统治时期首先从萨默塞特郡（Somerset-shire）开始普遍蔓延，然后向北向东扩展而愈演愈烈，最后在诺福克汇聚成凯特（Robert Kett）起义的斗争高潮。"① 都铎及斯图亚特王朝统治时期农民反对圈地斗争主要表现为三次规模较大的农民起义。

1. "求恩巡礼"（Pilgrimage of Grace）起义

1536 年 10 月，"求恩巡礼"起义首先发生于林肯郡，参加者都是失去土地及将要失去土地的农民，起初的人数约有 4 万人，并组建了自己的武装力量。但起义的队伍成分复杂，又缺乏坚强有力的领导力量，在关键时刻按兵不动，使王军得以集结并进入林肯城。起义者约有 100 多人被捕，后来有 46 人被绞死。"农民起事的主要原因是对于宗教改革尤其是对解散修道院带来的社会后果不满。"② "求恩巡礼"起义是在宗教外衣掩盖下的阶级斗争，但反对圈地也是农民起义爆发的原因之一。"求恩巡礼"起义的 24 条要求中许多是关于宗教的，也有一些是关于农民利益的。"第 9 条要求把地租固定下来，以免地主任意增加；还要求对某些土地应凭租用权占有，地主只能得到不超过两年租金的'进庄费'。第 10 条要求取消关于禁止居民持有猎枪和弓弩的法律，只能禁止在王室森林中打猎。特别重要的是第 13 条要求：关于反对圈地的法律，应付诸实施。从 1489 年以来被圈的土地，除了山岭、森林和公园，应全部撤销。"③ "1536 年反叛的农民聚集在唐卡斯特（Doncaster）时，他们提出的主要要求是，根据习惯租佃权的规定，他们应当持有在马夏姆郡、柯尔比郡和尼德戴尔的土地，而更新契约时所缴纳的款项应当限定在两年的地租总额之内。他们对地租的提高进行攻击，要求自亨利七世第四年以来圈围的土地应当开放。"④ 此外，"求恩巡礼"起义还有反对圈地的实际行动，"在康伯兰，某些起义领袖提议消灭全部贵族，以期今后谁也不要向地主交

---

① Gilbert Slate, *The English Peasantry and the Enclosure of Common Fields*, New York：Augstus M. Kelley Publishers, 1968, p. 150.

② 沈汉：《英国土地制度史》，学林出版社 2005 年版，第 128 页。

③ 蒋孟引：《英国资产阶级革命前农民反对圈地的斗争》，《蒋孟引文集》，南京大学出版社 1995 年版，第 168—169 页。

④ 沈汉：《英国土地制度史》，学林出版社 2005 年版，第 128 页。

'进庄费'，而且既不纳地租，也不纳什一税。起义群众的号令则是'打倒公用土地的圈占者！'在其他地方，如约克郡一个乡村小教区，农民把不久前筑起的圈栅栏拆毁，还派人通知邻近各教区照样办理。"①

在林肯郡起义的同时，北方各郡也在酝酿起义。约克郡乡绅罗伯特·阿斯克（Robert Aske，伦敦的一个开业律师）度假期间在贝弗利城被起义群众推举为他们的首领。约克郡参加起义的群众数以万计，他们聚集在约克郡南部的纺织业城市当卡斯特附近，而据守当卡斯特的王军只有数千人。但是起义者的成分复杂，贵族、天主教乡绅和修道院院长及修道士参加起义的目的只是为了反对宗教改革；而农民阶层不仅要求降低和减少地租，还反对圈地运动；而乡绅贵族本身就是地租的受益者，也是积极的圈地者，起义队伍内部的利益和要求本身就存在着矛盾和分歧，起义联盟的分裂成为必然。1537 年初，起义联盟完全破裂，贵族乡绅开始站在封建政府一边来镇压起义军，起义队伍被王军各个击破而归于失败。

2. 罗伯特·凯特（Robert Kett）起义

农业的歉收使本来就已尖锐的社会矛盾进一步激化，"一年的农业歉收会导致苦难，而连续多年农业歉收的结果则是灾难性的，对于贫苦人民尤其如此。1549 年农业出现了歉收，1550 年的农业收成也未出现好转，1551 年的收成则更为糟糕。饥饿是不堪忍受的难事。所以，当他们匮乏的时候，他们必然埋怨那些富有的人，从而掀起骚动"。② "这一可怕的恶果和安特卫普呢绒市场的萎缩、呢绒价格的大幅度下降的影响相互叠加，出现了所谓的'都铎中期的危机'。"③ 圈地运动和农业歉收导致了社会矛盾的严重激化，1549 年 6 月 20 日，在诺福克爆发的罗伯特·凯特起义，是自 1381 年以来规模最大的农民起义。起义群众在诺福克南部拆除了庄园领主格林的圈地藩篱，因为格林圈占了阿特尔镇（Attleborough）公用地的一部分。1549 年 7 月 6 日至 8 日，群众奔向东北部的威蒙达姆（Wymondham），要求该地庄园主罗伯特·凯特归还所圈占的公用地，马上拆除篱笆。凯特因为和当时统治阶级内部某些人有较大的矛盾，他同意群众的要求，而且还鼓励起义者进行斗争，表示要和大家一起推翻贵族乡

---

① 蒋孟引：《英国资产阶级革命前农民反对圈地的斗争》，《蒋孟引文集》，南京大学出版社 1995 年版，第 169 页。

② 同上书，第 170 页。

③ Roger Lockyer. *Tudor and Stuart Britain*（*Third Edition*）［M］. p. 144.

绅的统治，并声言愿意领导这一场反对圈地的起义。于是凯特成为起义的
领导者，他的兄弟威廉是一个镇的屠宰商，也参加了领导。在凯特兄弟之
下，起义的领导者还有裁缝詹姆斯·威廉姆斯（J. Williams）和制帽匠纳
尔福·苏顿（Ralph Sutton）。罗伯特·凯特还组织了代表会议，代表 48
人，由 24 个百户乡选派，其中 23 个在诺福克郡，一个在萨福克郡。起义
队伍很快聚集了两万多武装农民，其中除诺福克农民外，还有附近各郡的
人，特别是萨福克人，且包括贵族的家臣、失业的织工，以及一些无家的
流浪人。"起义者不满的主要原因正如他们文章中所描述的那样，是地主
饲养了过多的羊群。农村的很多地区都适合发展农牧混合型经济，无地或
少地农民，主要依靠公共放牧权。有无几只羊对于一个家庭的经济状况的
影响是巨大的。当地主大量地增加所放牧的羊群时，就会威胁到农民的生
计……高涨的地租是起义者不满的另一个因素。"① 起义农民这样说道：
"我们祖先留下的公用地，是为了周济我们自己和家属的，竟被夺去了。
从我们的父辈能记忆的时候就是敞开的土地，现在却为篱笆和壕沟环绕
着，牧场也被圈围起来，以致无人再能进去。我们一定要拔除篱笆，填平
壕沟，敞开公用地，并把他们设置的任何围栏夷为平地。"② 起义者激烈
反对剥夺他们祖辈传下来的土地，推倒圈地的篱笆，填平壕沟，把被圈的
公共牧场和耕地恢复原状，还宰杀了两万多只羊，一度阻止了圈地的进
行。7 月 22 日，起义军攻占了诺威奇城，声势大振，其中有许多城市贫
民和起义农民联合起来。起义队伍的成分也因此变得更加复杂，起义的领
导权被地主和商人所掌握，他们不想与封建统治者决裂而采取了按兵不动
的策略，也没有和邻近的萨福克郡、剑桥郡已发生起义的群众联合。起义
者与前来镇压的政府军在最初的几次战斗中还一度获胜，但在 8 月 26 日，
政府军组织了主要由德意雇佣兵 1.5 万多人组成的大军，携带大炮向起义
群众发动进攻，起义军损伤惨重。次日，凯特见大势已去便临阵脱逃，起
义群众四散瓦解，经过杜森德尔（Dussindale）血战，被镇压及屠杀的起
义者达 3500 多人，伤者无数，凯特兄弟及其他起义骨干 300 余人都被抓
获并处以绞刑。在这次起义期间，虽然罗伯特·凯特始终致力于温和政

① Roger Lockyer. *Tudor and Stuart Britain* (*Third Edition*) ［M］. pp. 115—116.
② 蒋孟引：《英国资产阶级革命前农民反对圈地的斗争》，《蒋孟引文集》，南京大学出版
社 1995 年版，第 174 页。

策，致力于降低起义的阶级性，因为他原来只是与本阶级的人有私仇而要利用起义，但广大群众却坚决反对圈地，并痛恨实行圈地的贵族士绅。起义队伍的成分复杂，斗争的目的各异，而且起义的领导权被封建地主和商人所掌握。他们并不想与封建统治阶级彻底决裂，因而起义的失败在所难免。起义最后虽然失败了，但是影响却不小，它遏制了附近的圈地，使 16 世纪五六十年代的圈地步伐趋缓，同时也使东盎格利亚许多富裕的自耕农得以生存，这些自耕农的后代在英国资产阶级革命时期构成了"新模范军"的主要力量。

在诺福克郡凯特起义的同时，西南部的德文郡也几乎同时爆发了反对圈地的农民起义。德文郡的起义爆发于 1549 年 6 月 10 日，起义的主要领导人是乡绅汉弗莱·阿伦德尔（Hamphry Arundel），还有一些平民也参与了组织领导。诸如裁缝托马斯·安得希尔（Thomas Underhill）、皮匠蒙德（Mounder）、渔夫阿什瑞奇（Asheridge）、矿工威廉·塞加（William Segar）。起义的参加者主要是农民，也有工匠、矿工、渔民、教士和乡绅。起义主要反对圈地，同时也反对宗教改革，要求恢复他们的旧宗教及被圈占的土地。他们提出的口号是：打倒地主！打倒圈地！起义群众很快就集结了一万多人的队伍，并向该郡首府埃克塞特（Exeter）进军。该城位于小山之上，有古城墙环绕，地势险要，易守难攻。起义军囤兵坚城之下，围城 40 余日久攻不克，这就使得政府有时间集结兵力进行镇压。政府派格雷勋爵率领德意雇佣兵增援不敢与起义军交战的拉塞尔勋爵。8 月初，起义军虽英勇奋战，但最终仍被击溃，埃克塞特解围。阿伦德尔及其他起义领导人被押送往伦敦处死，起义群众被杀害和绞死者多达 4000 余人。"这次起义队伍成分复杂，行动又限于个别地区，加之集中注意于埃克斯特，变成消极的围困，以致师老气衰，终遭失败。"①

3. 约翰·雷诺（John Reynolds）起义

"在 1536 年和 1549 年的农民起义中，圈地是反抗者不满和斗争显而易见的因素。尽管后来 1554 年和 1569 年的农民起义的原因主要不是土地因素，但 1569 年牛津郡爆发了反对圈地的起义，1607 年米德兰对圈地的

---

① 蒋孟引：《英国资产阶级革命前农民反对圈地的斗争》，《蒋孟引文集》，南京大学出版社 1995 年版，第 171 页。

不满已发展成为武装起义。"① 1607 年农民起义席卷北安普顿郡、沃里克郡和莱斯特郡，起义者号称"平均者"（Levellers），起义的领袖是约翰·雷诺，绰号"袋子队长"（Captain Pouch），因为他身上总是挂着很多的皮袋，他宣称袋子里装着克敌制胜、保卫自己的法宝。他声称自己受上帝的派遣来拯救各阶层人民，并且表示他已从国王那儿取得权力来消灭圈地运动。以上帝和国王的名义来发动起义是这次起义的特点，其宣言表明对圈地的不满是他们起义的唯一原因。其宣言指出："地主暴君剥夺了人民的生活资料，他们把我们的肉体放在石头上细细研磨，为的是他们自己在肥胖的绵羊群中生活。他们把村庄弄得荒无人烟了，他们消灭了整个村庄，在它的废墟上设立牧羊场，这对于我们国家是丝毫没有裨益的。"② 这次起义和前两次农民起义相比较，其起因和斗争的目标更为单纯，主要是反对地主贵族的圈地，起义虽未摆脱宗教和神权统治的影响及束缚，但已不似前两次农民反对圈地的斗争和反对宗教改革等因素交织在一起，使起义的性质具有了多重特点。而且这次起义提出了"均平"的口号，反映了失地农民对以圈地为主要形式的土地集中状况的强烈不满，并要求维护传统的对土地所拥有的权利，起义的农民群众砍倒栅栏、填平沟洫，并且打开所有被圈占的公用土地，仅在沃里克郡的一个村庄里，起义者即有3000 人。在北安普顿郡，起义队伍至少来自 15 个村庄。在莱斯特郡一个村庄的起义者甚至达到 5000 人，声势之大，震惊遐迩。6 月中旬，贝德福德郡的农民也参加了起义，农民的反抗斗争犹如燎原之火，有不可遏止之势。北安普顿郡 15 个村庄的起义者中，除了农民之外，还有瓦工、铁匠、木匠、织工、鞋匠、面包匠及制革匠等手工业者。手工业者之所以参加起义，是因为他们虽然从事手工业，但仍靠公用土地来获取一定的生活资料；而圈地的结果，公用土地上的公用权力被废止，他们的生活便无法维持。"骚乱的民众尽其力量去弄平和打开围圈的土地，但他们不触犯任何人身、物品，也不采取暴力行动。并且，他们所到之处，一般来说都由邻近的居民供给食品，居民送给他们的不仅有装着食品的运货马车，还装着准备好的铲子和铁锹，以使他们迅速地完成他们正在进行的工作。这些人把他们称作是平等派或掘土派，并且发表了《致所有其他掘土派的宣

---

① W. E. Tate, *The Enclosure Movement*, New York: Walker and company, 1967, p. 67.

② 刘祚昌：《英国资产阶级革命史》，新知识出版社 1956 年版，第 21 页。

言》，谴责圈地造成了人口减少。他们抗议说，圈地危及其生活及生存。"[①] 国王在 6 月 28 日发出宣告表示要用武力镇压起义者，同时又表示要派法官去调查，希望起义者静待调查结果。7 月 27 日又颁布一次宣告，表示在 9 月 29 日以前向地方政府认罪者将获得赦免。米德兰中部各郡的地方政府为了镇压起义调动了地方上的一切兵力，同时又召请起义领袖在沃里克郡进行谈判，但一当他们充分准备之后，便立刻终止谈判而对起义者进行武力镇压了。这次起义很快失败，约翰·雷诺被处以极刑，其余四五十个村庄的首领也被处死，有些甚至被处以绞刑和分尸，起义余众也被遣散。

英国社会转型时期以农民为主力的反对圈地运动的三次较大规模的武装斗争，基本都以宗教和君权神授的思想为外衣，起义队伍的成分较为复杂，各种力量所代表的阶级或阶层利益及所关切的问题不同，斗争的目的各异，而且除 1607 年约翰·雷诺起义之外，前两次起义的领导权多被隶属于封建统治阶层的人所掌握，因而这三次武装斗争最终都以失败而告终。其失败的根本原因在于这一时期英国社会生产力发展的要求是为资本主义的发展开辟道路，而不是维护封建制度本身。而圈地运动充当着社会转型的杠杆，不仅为资本主义的发展在积累着资本，而且还深刻地变革着传统的农业生产关系，为资本主义的发展从各个方面创造着有利条件。从农民斗争的性质来看，无疑具有反剥削、反压迫、求生存，维护其传统土地权益的正义性，但在历史发展的长河中，并非所有的正义斗争都一定会取得胜利，而且，正义性并不完全等同于历史发展的进步性。之后，圈地运动不断走向高涨，农民反对圈地的斗争虽然继续进行，但是再没有形成大规模的武装起义。在资产阶级革命期间，反对圈地的斗争演化为以平静和缓形式进行的"平等派"及"掘土派"的运动。"平等派"提出了要求"民主"和"土地"的口号，要求把国王的森林、土地作为偿付军队欠薪之用，把圈占的土地归还农民等。"掘土派"提出土地公有、共同工作和共同吃饭的口号，他们主张消灭土地不平等现象、消灭大地主的特权，不缴纳任何捐税。在他们的宣传鼓动下，许多地方都出现了农民耕种公共土地并组织农业公社的运动。其实质上是在英国实行资本主义小土地所有制还是实行资本主义大土地所有制的道路之争，最终"平等派"及

---

①　沈汉：《英国土地制度史》，学林出版社 2005 年版，第 129 页。

"掘土派"的起义都以失败而告终。取得政治权力的资产阶级和新贵族必然要维护其固有的和在革命过程中的既得利益，因而继续以圈地的方式在英国走上了资本主义大土地所有制及经营的道路。

这一时期，在文化思想领域内，也出现了大量的反对控诉圈地的作品。除莫尔的《乌托邦》之外，伊丽莎白统治时期的托马斯·巴斯达德（Thomas Bastard）这样写道：

> 羊群已吃掉了我们的草原和草地（downes），
>
> 我们的谷物树木，整个村庄和街镇；
>
> 是啊，它们已吃掉了很多有钱的男人，
>
> 还有寡妇和孤儿，
>
> 还有我们的法规和铁的法律；
>
> 它们的胃口是如此之大，
>
> 使我想起那句俏皮的谚语，
>
> 黑色的绵羊是吃人的猛兽。[①]

威廉·哈利逊（William Harrison）在1577—1587年间多次指责残暴的统治和贪婪的地主，他说："乡村已自然地一分为二，敞田制的平原和圈地的林地。一个典型的敞田制的村落应该差不多有三四百座房屋，多达两千的人口，而一个典型的圈地制的村庄只有四五十座房屋，不超过二三百的人口。"[②] 在圈地运动过程中，"即使不把耕地转化为牧场，也倾向于毁灭小土地所有者和减少中等土地所有者，这些人不得不加入农业雇佣大军的行列，也增加了潜在的贫民队伍"。[③] 这些失去土地的农民在社会变革的阵痛中无以为生，往往"采取集体的行动来试图维持和保护传统的习俗，这也是专制社会的反映"。[④]

都铎王朝及斯图亚特王朝统治的前期，英国的人口增长特别快，迅速

---

① W. E. Tate, *The Enclosure Movement*, New York: Walker and company, 1967, p. 70.

② Ibid..

③ Gilbert Slate, *The English Peasantry and the Enclosure of Common Fields*, New York: Augstus M. Kelley Publishers, 1968, p. 265.

④ Mark Overton, *Agricultural Revolution in England*, Cambridge University Press, 1996, p. 191.

增长的人口对土地形成了较大的压力，人地矛盾较为突出，工商业及城市的发展尚不足以容纳过剩的农业人口。殖民扩张尚处于起步阶段，向海外迁移的人口也极为有限，难以为圈地运动创造较为宽松的空间。另外，工农业生产技术依然未能取得突破性进展，经济的发展水平也不能为快速增长的人口提供更多的就业途径和谋生渠道，人们还未认识到圈地所带来的积极作用，而更多地看到了圈占耕地作为牧场所带来的消极影响，尤其使很多失地农民处于无以为生的悲惨境地，从而激化了阶级矛盾，引发了农民此起彼伏的反对圈地的斗争，也在一定程度上遏阻了圈地运动的进程。但是由于中世纪晚期英国农民阶层的分化和本身经济社会地位的悬殊性，使不同经济社会地位的农民对圈地所持的态度显然不可能一致，因而并不能形成团结一致的联盟，也不能形成团结有效的反抗力量，而且在起义过程中往往都被地主或乡绅掌握了斗争的领导权，所以农民反抗圈地的斗争最终都走向失败，从根本上也无法阻止圈地运动的持续进行。相反，在此之后，圈地运动却以法制化的更雄健的步伐走向高潮。

第六章　英国议会圈地运动

英国议会圈地运动从 1604 年通过多塞特郡（Dorset）的瑞蒂普尔（Radipole）村庄的圈地法令开始，到 1914 年议会通过最后一个圈地法令结束，历时 300 多年、通过圈地法令 5000 多项，圈地面积达到 700 多万英亩，约占英格兰总面积的 21.5%。议会圈地历时久远、规模巨大、影响深远，以法律程序规范了圈地的程序，协调了圈地所涉及的各方利益，减小了圈地的阻力，规划了土地用途，是英国圈地运动也是英国土地制度变革的重要组成部分。

第一节　议会圈地的程序

一　圈地议案的提出

提出圈地请愿书是进行议会圈地的第一步。早期的圈地请愿书比后期的圈地请愿书要详尽得多，按常规一般不可避免地要说明圈地请求者及所请求圈地的详细情况，还要标明该教区或庄园每个土地持有人所拥有土地的价值及其对圈地的态度——支持、反对或中立，以及每个人在文件上的签名。通常来说，至少要有 3/4 的土地所有者的支持，议案方能生效。但为了使圈地请愿书能够顺利通过，这一比例往往要达到 4/5 以上。但是，"圈地要求大多数人同意是根据土地的数量而不是土地主人的数量，在一些教区里，4/5 的土地有可能被唯一的一个主人所占有，因为大多数村庄在土地的占有上是不平衡的，往往是少数人占有大部分的土地。议会圈地通常就是少数土地主人将自己的意志强加给大多数农民。没有土地只享有公共权利的农民尽管有机会请愿以反对圈地议案，但是在议案的提出过程中没有发言权"。① 当然，该比例以土地所有者的土地价值而不是以土地所有者的数目为准。用哈蒙德夫妇（the Hammonds）的话来说："在圈地过程中，赞成票不是用计数的方法而是用称量的方法，也就是在决定是否进行圈地的时候，土地所有者的权利是按所拥有的土地面积来分配的，而不是按照土地主所有者的人数。"② 因而，在有些教区，尽管存在着多数的小土地持有者的反对，单个的大土地所有者仍然有能力让议案获得绝对的支持。如果要提交到议会的圈地议案能够得到一个教区僧俗什一税主人及庄园主的支持，那么从理论上来说，单个的土地主人就可以决定一个教区的圈地事宜，而不需要考虑其他土地主人的意见。不过，议案的倡导者们总是竭尽全力地争取尽可能多的支持者，以便让议案顺利通过。圈地请愿者一般为大土地持有人或进步的农场主。"按照新农业规则有系统地经营其地产的人，首先是大地主们。最不能耐心忍受敞田束缚的人，就是他们。领先向议会提出请愿书请求发布圈地条例的人，几乎总是他们。"③ 而且圈地请愿书一般是在现任庄园主、教会财产的监管人，以及主要的土地持有人的主持下共同起草的。圈地请愿书通常还要说明所圈占土地上的什一税的承担转移情况。"圈地请愿书、圈地议案、圈地法令通常认为敞田制下条块分割、所有权与租佃关系错综混杂的农业经营阻碍着对土壤的改良，认为只有对敞田重新进行划拨和圈围，才能使农业发展进步。诸如此类的序言常见于很多乃至于大多数圈地档案的前文中。"④ 圈地请愿书的内容详尽而复杂，"请愿书上签列着那些土地、家宅、房屋所有人和经营者的名单，同时也签列着那些在教区（庄园）可耕作性敞田、草地、牧场、公地、荒地中有着利益关系的人员名单。鉴于请愿者拥有某些土地……（如上所述），鉴于上述（土地等物）以小块的形式相互混杂、条块分割，形成了当今的状态。但如果上述土地等物得以分割、圈围和分配，这种状况就可得以改造，前述请愿者和公众就会从中受益。可是，如

---

① Mark Overton, *Agricultural Revolution in England*, Cambridge University Press, 1996, p. 158.

② Michael Turner, *English Parliamentary enclosure—Its historical Geography and Economic History*, Wm Dawson & Sons Ltd, Cannon House Folkestone, Kent England, 1980, p. 152.

③ ［法］保尔·芒图：《十八世纪产业革命——英国近代大工业初期的概况》，杨人楩、陈希秦等译，商务印书馆 1983 年版，第 130 页。

④ Michael Turner, "English Open Fields and Enclosures: Retardation or Productivity Improvements", *The Journal of Economic History*, Vol. 46, No. 3（Sep., 1986），p. 673.

果没有议会的法令，这样的分割就毫无效力。因而获得议会的批准就意味着按照其要求递呈为（分割……）上述（土地等……）的议案。"① 如果一个教区内单一的土地所有者占绝对的支配地位，那么圈地请愿书就容易达成一致，其过程就较为简单和快捷。但是在现实中，往往是多个主要的土地所有者存在于一个教区之内。在这种情况下，圈地请愿书在制定之前必须首先征求他们的意见。有时，这个协商的过程非常漫长，往往达几年之久。如果圈地请愿书得到教区 3/4 或 4/5 的土地持有人的认可，下一步就是到议会进行请愿。

圈地请愿书提交到议会下院（the House）后，如果当地没有遇到强烈的反抗，一般很快即成为议案而宣读。宣读议案的人通常是支持该议案的议员，第二次宣读后如果没有人反对，那么议案即算通过。议案通过后即成为圈地法令。一般说来"不是利益攸关方的议员很少注意此类的圈地议案"。② 即使有反对议案的人，但如果反对的人不是大地主，那么就不会有人注意到这样的反对意见，议案一般都能顺利获得通过。但是并非所有的议案都会被议会通过，"在 1730—1839 年这一较长的议会圈地阶段，现在能够确定的有 5494 项圈地议案被提交到议会，有 1453（26%）项议案因为这样或那样的原因未获得通过或被撤回"。③ 议会偶尔也会收到反对圈地的请愿书，反对圈地的请愿书转到圈地委员会后也成为议案，要求对圈地请愿方和反圈地方的双方进行调查和询问，然而小土地所有者很少能支付得起昂贵的费用到圈地委员会阐明情况。因而"那些最需要控诉的人几乎不敢作声。如果他们敢于提出要求，请求议会主持公道，那么，他们行动的结果就几乎只能是白花费用，如诉讼费、鉴定费、初级律师和高级律师费"。④ 反对圈地的议案有时会成为圈地议案无法通过的重要因素，但是议会一般很少接收到有影响及有效的反对圈地的议案，所以大部分圈地议案都能顺利通过，而且越到议会圈地的后期，议案的通过就越顺利。圈地法令在议会通过后有时还要经国王的同意和签署。这一步骤

---

① W. E. Tate, *The Enclosure Movement*, New York: Walker and company, 1967, p. 96.

② Ibid..

③ G. E. Mingay, *Parliamentary Enclosure in England: An Introduction to its Causes, Incidence and Impact* 1750—1850, New York: Published in the United States of America by Addison Wesley Longman, 1997, p. 68.

④ ［法］保尔·芒图:《十八世纪产业革命——英国近代大工业初期的概况》,杨人楩、陈希秦等译,商务印书馆 1983 年版,第 136 页。

与王室对该圈地法案的同意并无直接的关联，只是当国王作为土地的主人，或圈地赞成者，或土地的持有人与所圈占土地有直接利益关系时才会发生。议会上院（the Lords）对圈地议案几乎毫无例外地都能通过。由于上院成员特殊的贵族身份，使其比较多地关注教会的利益。"在一个地方，他们规定教区牧师的分配收入应不少于 30 英镑，他所分配的土地应当竖以篱笆圈围，就像其他接受教会财产的人，通常应当为其土地的主人支付相应的开支。"① 如果议会上院对圈地议案有任何的修正，那么该议案就要转回议会下院的议员再取得一致同意。这样的修正总是被议会下院完全地接受。议会通过的圈地法令中，有时还包括要求保护当地文物古迹的规定，北安普顿郡的卡索尔（Casor）和艾利斯沃斯（Ailesworth）两个村庄在圈地时，"教区宣称他们遗存有部分古代由伦敦通往约克的罗马大道，还有当地人认为是罗宾汉和小约翰时期的巨石群。圈地法令要求予以保护和保留"。②英国议会在圈地的过程中，也能够较好地处理当地有关公共利益和设施的用地。就在上述的卡斯特和艾利斯沃斯两个村庄圈地时，"在教区南部靠近河流而且非常便利的地方还建设了一处澡堂，还建立了三处各占地约 6 英亩的娱乐场所，还向教区委员会移交了 14 英亩的土地以作保留用地，此外还分配四块共 42 英亩的土地作为园林用地"。③ 在圈地过程中，对于无视和有损地方及国家利益的圈地行为，也能够得到及时的制止和纠正。如"在 1845—1874 年总则性圈地法令下的一些违背地方公共利益的圈地行为受到起诉，在激烈的反对浪潮中而退出了圈占，这才使我们能够保留有埃平森林（Epping Forest）、汉普斯特德灌木林（Hampstead Heath）以及其他很多有珍贵价值的草地。"④

　　一些地方的圈地需要很多圈地者的合作及议会的支持，仅靠单个的圈地者是无法完成的。1797 年萨里郡（Surrey）的克洛顿（Croydon）教区在圈地时，有"各类土地 2200 多英亩，连同已被圈占的土地总面积达到了 6200 英亩。包含了敞田、草地、沼泽地、荒原、荒地、林地等各种类

---

①　W. E. Tate, *The Enclosure Movement*, New York: Walker and company, 1967, p. 102.

②　Gilbert Slate, *The English Peasantry and the Enclosure of Common Fields*, New York: Augstus M. Kelley Publishers, 1968, p. 17.

③　Ibid., pp. 17 – 18.

④　Ibid., p. 17.

型的土地"。① 各类田地分散混杂，仅靠单个人的经济力量无法有效地完成圈占，而这些各种类型的土地在圈占后可得到更好的开发和利用。与这些土地利益相关的占有人如果按其权利进行合作分割圈地，那么圈地的进程就要顺利得多，同样，如果不能得到议会的支就不能顺利进行圈地。议会的权力以法制的力量为圈地提供保障。

请看一则圈地议案在议会通过的实例②：牛津郡奇平诺顿（Chipping Norton）和索尔福德（Salford）的一份圈地请愿书于1769年1月26日呈交到议会下院。圈地请愿书上签有请愿人的名字，同时介绍各类土地所有人及承纳什一税情况。圈地议案首先陈述圈地事由是教区内敞田、共耕地、公用土地交错分布，每个土地占有者的土地条块分割而支离破碎。这种情况阻碍了土地的有效利用和农业的发展，如果在土地所有人之间重新进行分配划拨和圈围，将使每个土地所有者都各得其利而便于进行生产和改进，因而请求议会通过议案使他们划分圈围所提出的敞田及公用土地。依据议会的法定程序，指定议员查尔斯·斯潘塞（Charles Spence）和罗伯特·斯潘塞（Robert Spencer）负责这一圈地议案。2月17日，查尔斯·斯潘塞负责向议会下院介绍并第一次宣读了圈地议案，2月23日第二次宣读后由议员查尔斯·斯潘塞及哈博德等人于当天下午5点在议院发言厅召开了专门会议来商议此圈地议案。当天，议会下院又收到了奇平诺顿教区牧师亨利·迪莫克（Henry Dimock）的一份圈地请愿书，也要求划拨圈围奇平诺顿及索尔福德一部分公用土地及荒地，并申明通过圈地后，他和教区其他土地持有人的收益将大大增加。这一圈地请愿书相对比较简单，并无其他详细条目说明圈地的目的。之后这一圈地议案被送往审议委员会审查通过，审议委员会有权对相关的人、书面卷宗或记录进行审核或调查。

1769年2月28日，奇平诺顿的另一份圈地请愿书又呈交到议会下院并进行了宣读，圈地请愿书详细陈述了上一份圈地请愿书所涉及的牧场的历史沿革，认为从中世纪国王理查德（King Richard）统治时期他们就和奇平诺顿的其他很多的土地持有人对许多公用土地均共同享有用益权，而上一份圈地请愿一旦通过进行圈地，他们的权益就要受到影响，同时也会

---

① B. W. Clapp, H. E. S. Fisher, *Documents in English Economic History after* 1760, London: G. Bell & Sons Ltd, 1976, p. 64.

② D. B. Horn, Mary Ransome, *English Historical Documents Volume* Ⅶ 1714—1783, London: Routledge, 1957, pp. 432—435.

影响到很多穷人在公用土地上的权利，使他们生活条件下降。因而他们也要求圈占奇平诺顿的名叫大草地、石南高地、南卡姆的土地。之后这份圈地议案也送交审核委员会和上例圈地议案一并审议。

1769 年 3 月 20 日，议员查尔斯·斯潘塞宣布委员会正在审议第一例圈地议案，委员会也审查了奇平诺顿教区牧师亨利·迪莫克的圈地议案及第三例圈地议案，并听取了相关律师的意见。审议委员会也证实了圈地议案中的各项陈述真实有效，圈地相关各方也都同意圈地议案（有少数小土地所有者没有签名同意）达到了审议委员会的规定和要求。圈地议案通过后将有 342 英亩的土地被分配圈围。圈地委员会作了几处修订后通过议案向议会下院报告并送达议会下院秘书处。3 月 21 日，圈地议案及修正案在议会下院通过并要求合并。4 月 4 日，合并了的圈地议案在议会下院第三次宣读并得以通过而成为圈地法令，圈地法令的标题为：牛津郡奇平诺顿和索尔福德教区划分及圈围敞田、共耕地、公用土地的法令。之后，议员查尔斯·斯潘塞还要将圈地法令送达议会上院请求批准。

由此可见，某个教区一个圈地请愿的提出往往会引发圈地请愿的连锁反应，因为在敞田制下土地的使用权并不完全属于某一位土地的占有者。土地的使用及支配权在很大程度上属于庄园集体的土地占有者或居住者，公用土地更是如此。单个或数个土地所有者的圈地往往就会影响到教区其他土地所有者或占有者的用益权，这样以排除他人权利而最大限度获取个人利益的行为必然引起其他人效仿，这也是推动圈地运动走向高涨的一个因素，这不仅是马克·奥弗顿所谓的社会"从众心理"在起作用，而是关乎切身利益的理性选择。通过议会复杂而完备的圈地议案的审批程序也可以看出，英国议会圈地并非只是在单纯的经济利益驱使下简单粗暴的行为，而是有其法定的程序和文明的理性，也体现着一定范围内的民主。小土地占有者的土地在被圈占时，其权益也在一定程度上得到补偿，显然有别于在海外的殖民掠夺行为。尽管都是资本原始积累的手段，然而，在国内的圈地行为和在海外殖民地的领土占领与扩张，其方式与方法大相径庭。

关于英国议会所颁布的圈地法令的数量，不同的学者有着不同的统计结果，斯莱特所统计的圈地法令数字是 4763 项，而泰特修正为 5400 项，特纳对泰特的研究进行了进一步的考证，认为有些圈地法令在相应的圈地过程中所圈之地本身在两个郡之间，因而逐郡统计时就会重复计算，所以

他把圈地法令的总数修订为 5265 项，另外有些法令虽然有册记录但不能
和相应的实际圈地相对应，这种无法具体一一对应和考察实际圈地数量的
法令有 218 项，显然要做到最精确的研究和统计是比较困难的。国内学者
叶明勇则认为"英格兰的议会圈地法案共有 5625 项之多……威尔士的议
会圈地法令约有 250 项"。① 要准确无误地研究清楚英国议会圈地法令的
数据及圈地面积对任何一个学者都非易事，正如明盖所说的那样，"事实
上，根据圈地法令或圈地判定书在实际圈地时都有出入，由此得出的任何
一种总计的结果不可避免地都存在一些错误"。②

从圈地法令的类型上来看，依据圈地法令的内容，"主要有三种类型
的圈地法令。无论是从圈占的土地面积还是从历史上产生的争论来说，最
初也是最重要的是圈占敞田及相关的公用草地的个别圈地法令……第二类
是只涉及公用草地和荒地的诸多的个别圈地法令，这类法令不包括可耕
地。第三类是圈占包括公用草地、荒地，也包括一小部分地区敞田的
'总则性圈地法令'，开始于 1801 年"。③而从圈占的土地类型上来看，
则可以大致分为两种，"从议会圈地法令所圈占的土地类型来看，圈占
公用荒地的法令可以称为扩展耕地法令（Acts for extending cultivation），
圈占一个或数个教区的敞田和其他土地的法令可称为消灭乡村共同体法
令（Acts for extinguishing village communities）。约有 1/3 的圈地法令属于
前一类法令，约有 2/3 的圈地法令属于后一类法令。这两类法令在法律
形式上尽管相似，然而从经济和社会学角度而言，它们却有着很大的差
别"。④

二　圈地法令的实施

圈地法令在议会通过后，其执行和实施是一个复杂而又漫长的过程，

---

① 叶明勇：《英国议会圈地及其影响》，《武汉大学学报》（人文科学版）第 54 卷，2001 年
第 3 期，第 192 页。

② G. E. Mingay, *Parliamentary Enclosure in England: An Introduction to its Causes, Incidence and Impact* 1750—1850, New York: Published in the United States of America by Addison Wesley Long-man, 1997, p.14.

③ Ibid., p.17.

④ Gilbert Slate, *The English Peasantry and the Enclosure of Common Fields*, New York: Augstus M. Kelley Publishers, 1968, p.7.

"圈地法令的通过并不意味着圈地过程的开始，也不意味着圈地过程的结束"。① 实际的圈地过程是相当漫长而复杂的工程，涉及所有敞田、公用土地及以前圈地的测量与评估、道路的规划与设计、公共设施的占地与布局，土地重新利用及改良的具体方案、排水等水利设施的修建等。还要尽可能地对土地以原来所占有的情况进行按比例重新合理的分配与分布。北安普顿郡的卡索尔（Casor）和艾利斯沃斯（Ailesworth）两个村庄在圈地时，从 1892 年向议会递呈圈地请愿书，先后历经六年直到 1898 年才完成了圈地的准备工作。"每个土地所有人要求按圈地委员所测定和制定的圈地判定书来圈围自己的土地。测量和土地重新分配的费用经计算为每英亩 1 英镑；圈地所用的篱笆及工程等费用可能更多。"② 赫特福德郡的托特霍尔（Totternhoe）教区的"圈地法令于 1886 年通过，圈地判定书的制定完成于 1891 年。在圈地之前，托特霍尔是一个典型的敞田制的教区。以前的圈地圈占了仅 370 英亩的土地，未圈占的敞田有 1797 英亩，其他公用土地有 193 英亩……这个教区的大部分土地属于庄园主所有，但是总共的土地所有者有 40 人，其他的土地所有者大多为约曼，圈地运动的发起者正是这些约曼。他们采取圈地是为了保护他们的权益不受庄园佃农的侵犯"。③ 一项圈地法令付诸实施的时间不尽相同，总体而言，"18 世纪 90 年代之前的圈地进程相对要快些，一般要 1 到 3 年。在此之后的圈地时间则比较漫长，4 至 6 年甚至 7 年的时间并非不常见"。④ 这是因为前期相对简单易行的圈地工作越向后越复杂，而且后期圈地法令的条款一般要涉及什一税的转承、改善当地的交通条件等内容，因而不可避免地要延长圈地的时间。

圈地法令一般由特别安排的圈地委员去执行，往往还有一个秘书和一个土地测量员作为随从。圈地委员一般有三个人，但是有时却多达 12 个

① G. E. Mingay, *Parliamentary Enclosure in England*: *An Introduction to its Causes*, *Incidence and Impact* 1750—1850, New York: Published in the United States of America by Addison Wesley Longman, 1997, p. 20.

② Gilbert Slate, *The English Peasantry and the Enclosure of Common Fields*, New York: Augstus M. Kelley Publishers, 1968, p. 18.

③ Ibid., p. 64.

④ G. E. Mingay, *Parliamentary Enclosure in England*: *An Introduction to its Causes*, *Incidence and Impact* 1750—1850, New York: Published in the United States of America by Addison Wesley Longman, 1997, p. 21.

人。在圈地利益协调一致的情况下，考虑到方便、经济、效率等因素，有时也派遣一个圈地委员。圈地委员承担着宣传和裁决圈地事宜等多项复杂而艰巨的任务。圈地委员既要有身份又要有声望和信誉，能平衡各方利益，解决争端，最终产生尽可能使大部分利益相关方都满意的结果。"当然并不能期望圈地委员总是会产生令所有人都满意的结果……在条件许可的情况下大体上能做到客观公正并被大多数人接受就可以了。"① 某一圈地委员如果因自己的工作较为令人满意而出名，就会在一定的地域内不断地被雇用，成为职业性的圈地委员。他们不仅会在自己的教区内被雇用，在其他教区也大受欢迎。担任圈地委员除了被认为是一种荣耀之外，而且往往还有较高的报酬和待遇，并逐渐职业化。担任圈地委员的往往是绅士、骑士等土地所有者阶层，偶尔也有自耕农、租地农、自由农民，到18 世纪后逐渐被较小的圈地委员会所取代，其组成人员主要是土地看管人、土地代理人或土地测量人员。此外教士也常常充任圈地委员，地方上的教士通常都具有农业生产实践的专业知识，因为他们常常在寺院的地产上从事农业生产劳动并征收什一税。

圈地委员在开展圈地工作时一般要遵循以下原则："（1）圈地委员不得购买或租种他所负责圈占的地区中的任何土地，只有等圈地法令执行五年以后他才可以这样做。（2）圈地委员的一切工作，如测量、评估和分配等都应该留有记录，以便日后查询。（3）圈地委员应定期集会，听取每一个与圈地利益相关的人对自己权利的呈诉。（4）任何人不得在裁决争议的过程中对圈地委员施加压力。"② 这些措施在制度上使圈地委员的行为更加规范化和制度化，从而减少了舞弊事件的产生。当然，上述规定能否被遵行，在很大程度上取决于圈地委员"诚实而公正的名声"，当时大量的圈地记录也表明圈地委员是"小心而仔细"地履行自己的职责。

圈地委员的报酬在后期要高于前期，也并非所有的圈地法令都明确规定给圈地委员每天所应支付的报酬，如果圈地法令明确规定了圈地委员的

---

① G. E. Mingay, *Parliamentary Enclosure in England: An Introduction to its Causes, Incidence and Impact* 1750—1850, New York: Published in the United States of America by Addison Wesley Longman, 1997, p. 81.

② 唐昊：《1760—1830 年英国议会圈地运动对小农的影响》，《安庆师范学院学报》（社会科学版）第 18 卷，1999 年第 2 期，第 86 页。

报酬,那么报酬的范围通常"是从18世纪早期每天最少半个基尼到19世纪最多时的每天五、六个基尼(guine)①。有时候报酬的多少则根据预先确定的规模,有时则显然是依据圈地委员的意愿"。②时常参加圈地的实际工作无疑是一项有利可图的事业。"最引人注目的是在林肯郡科宁斯比的约翰·伯克汉姆先生,他在1801—1840年间因参加了至少69项圈地而闻名,当然这些圈地很多是同时进行的。他在1841年死时留下了600000英镑的财富。"③

圈地委员到某一地开展圈地工作时,通常首先要在当地的报纸上声明他们的委任情况并已开始工作。他们要通知大家第一次会议召开的具体时间和地点,同样的通知要贴到当地教堂的门前。在第一次会议上圈地委员还要做相应的宣誓并任命秘书和土地测量人员,然后针对要圈占的土地拿出初步的圈地方案,会见所有与土地利益相关的人员征集意见,之后将意见整理成提要后发表在当地的报纸上,同时张贴在当地教堂门前。秘书需在办公室保留意见提要的副本,这一过程要持续一至两个月。同时圈地委员要召集相关的土地持有人,征求他们对意见提要的建议和意见。接下来的会议便集中讨论反对者的意见,这一过程要持续几个月,甚至几年的时间。

在圈地委员工作的同时,敞田上正常的农业生产按照圈地委员制定的指导意见继续进行。土地测量员要制定精确严密的土地分配划拨及以前存在的敞田和与敞田相关的公共权利等的补偿方案,同时还要以宣誓的方式来表明自己工作的公正性。土地测量员还要制定出圈地后道路、马道(bridle road,适宜骑马而不通行汽车的路)、小径的具体方案,同时对土地权利的分配、土壤的排水改良措施、未来土地肥力的保持、圈篱的边界等都要做出详尽计划。圈地秘书要谨慎地记录圈地委员仲裁的大量决定。

三　圈地判定书

圈地委员在对所圈土地进行详细测量的基础上先要制定出圈地判定

---

① 基尼(guine)为旧时英国的一种金币,值21先令,比1英镑多一些,相当于1.05英镑。

② W. E. Tate, *The Enclosure Movement*, New York: Walker and company, 1967, p. 112.

③ Ibid. .

书。圈地判定书是圈地的计划，也是很长的法律文件，附带有参考数据
表。"通过圈地判定书，圈地主人对原先所拥有的土地及公用权利进行单
独的分配和划拨。"① 早期的圈地判定书通常是卷轴的形式。"一份圈地判
定书要用三四十张羊皮纸，大约有 3 英尺长，2 英尺宽。到 1800 年前后，
为了使用上的方便，开始出现书本形式的圈地判定书。这类的圈地判定书
往往用结实的牛皮纸作封面，书里面的羊皮纸从中间固定形成对开，页面
的大小约是 2 英尺长、1.6 英尺宽。"② 圈地判定书总是附有大量的计划和
详细的时间进度表。圈地判定书的计划要说明圈地的位置，标明圈地的范
围，也要说明土地权属及使用的分配情况，阐明由圈地委员决定的公路、
土地排水、圈篱修建的具体细节等。圈地判定书在之后的流传过程中，有
正本和副本之分。"在 1836—1840 年颁布的圈地法令下，约有 230 多个圈
地判定书，几乎全部以副本的形式而传世，一种副本是为教区制作的，另
一种是为圈地所在郡官方而制作的。"③

　　圈地判定书在内容上往往以约定俗成的方式开始，首先用大量的篇幅
引征据以制定判定书的圈地法令。其次，叙述圈地委员从开始工作到结束
的整个过程，接着又详尽地说明大量的决定和裁决，比如分配哪些土地用
以修筑公路和公用设施，从庄园以下分配哪些土地给小土地所有者等。最
后是标明时间的条款，还附有签字和盖章的记录。

　　圈地判定书是对圈地所涉及的各项事宜及进程的具体规划，因而其制
定的过程往往更加棘手和漫长，需要圈地委员多次召开会议以解决土地分
配及圈围的诸多问题，听取各方面的意见，对道路、桥梁的承包商给予说
明，决定出售哪些荒地以解决圈地费用，协调利益相关方的争议及矛盾，
最终达成较为科学合理、让各方都基本满意的圈地方案以保证圈地顺利进
行。比较典型的圈地事例发生在"米德尔塞克斯郡（Middlesex）桑伯利
（Sunbury）附近的汉沃斯（Hanworth）教区，圈地委员从 1800 年 8 月 20
日召开第一次会议，直到 1803 年 4 月 21 日最后一次会议才完成了圈地判
定书的修订，其间召开了 50 多次会议，接下来还召开了许多次会议来听
取意见、回复信件、检查并解决账目问题，敦促新分得土地的所有者偿付

① M. W. Flinn, *An Economic and Social History of Britain Since* 1700 , Published by Macmillan Education, 1963, p. 54.
② W. E. Tate, *The Enclosure Movement*, New York: Walker and company, 1967, p. 117.
③ Ibid. , p. 119.

土地上的树木及与农事活动相关的债务。这些债务问题直到 1806 年夏季仍然没有解决"。①

四　议会圈地的费用

圈地费用在圈地的过程中起着十分重要的作用，直接影响着圈地的进程及结果。议会的圈地费用通常由两部分组成，公共费用和私人费用。公共费用是计划和实施圈地的费用，包括向议会提出圈地请愿的费用、议会进行的与该项圈地相关活动的费用、制定圈地判定书的费用、圈地委员的报酬及花费，圈地前后土地测量及规划所产生的费用，圈地时修建的一些公用设施如排水、桥梁、道路的费用。如果圈地的费用来自贷款，也包括贷款的利率。此外还包括修建一些公共藩篱的费用，特别是当什一税转承到一定土地时，圈围什一税主人所分配的土地时的藩篱费用，也要由教区内其他的土地主人来承担。私人费用是每个土地所有者圈围自己分得的土地时修筑篱笆、围墙、壕沟等围障物的费用，也包括在自己土地内必要时进一步区划的费用。私人费用的高低主要取决于自己所占有的绝对的圈地面积，圈地面积越多，圈地所耗费的藩篱等费用就越高。公共费用综合起来由所有享有土地所有权的土地主人分摊，而租地农场主及各类佃农并不承担任何的圈地费用。如果圈地费用过高，往往会引起土地所有者尤其是小土地所有者的反对。因而圈地费用也是导致反对议会圈地的一个重要因素，由此会引起无法达成一致意见的圈地请愿书。反对者进而向议会提出反对圈地的请愿书，甚至在圈地开始后用各种方式阻止圈地的进行，有时甚至会引起暴力反抗。小土地所有者也常常在圈地前后或圈地过程中因为无法偿付圈地费用而出卖自己的土地，"这是在圈地过程中小土地所有者发生转变的一个关键的因素"。②

特纳（Turner）教授依据圈地判定书研究了沃里克郡及贝克汉姆郡议会圈地公共费用的平均数，圈地费用的单位为先令/英亩，如表 6-1：

---

① G. E. Mingay, *Parliamentary Enclosure in England*: *An Introduction to its Causes*, *Incidence and Impact* 1750—1850, New York: Published in the United States of America by Addison Wesley Longman, 1997, p. 74.

② Ibid., p. 102.

表 6 - 1　　　　　　　　18 世纪沃里克郡及贝克汉姆郡圈地费用

（单位：先令/英亩）

年代	沃里克郡 （Warwickshire）		贝克汉姆郡 （Buckinghamshire）	
	平均圈地费用	圈地判定书数量	平均圈地费用	圈地判定书数量
1760 年前	11.0	17	—	—
1760—1769 年	13.7	20	16.8	10
1770—1779 年	19.6	29	20.6	18
1780—1789 年	19.7	6	24.1	4
1790—1799 年	34.08	9	34.3	5

　　资料来源：G. E. Mingay, *Parliamentary Enclosure in England：An Introduction to its Causes*, *Incidence and Impact* 1750—1850, New York：Published in the United States of America by Addison Wesley Longman, 1997, p. 103.

　　表 6 - 1 的数据是根据圈地判定书所计算的，而依据圈地后可以得到的资料，实际的圈地费用往往比表中的数字要更高。实际上议会圈地的公共费用"平均每英亩达到了 42.8 先令，比依据圈地判定书所计算的费用平均要高 8.5 先令或 25%"。[1] 而且从表中可以看出，圈地的费用并不是固定不变的，在不同时期，圈地费用有很大的差别，越到后期圈地费用越高。圈地的费用也因圈地地区不同而有较大的差异，因而学术界有关圈地费用的研究很难得出一个精确统一的结论。货币价格及市场因素也是圈地费用高低的一个重要因素。尤其在 18 世纪晚期，圈地费用几乎成倍地增长，与其相关的因素首先是拿破仑战争期间（1793—1815 年）物价的普遍上涨，致使圈地时修建藩篱、道路、排水设施的费用不断增加。其次付给圈地委员、土地测量人员、事务律师的费用也有所提高。最后也因为越到后期，圈地所涉及的事务和问题就越多，往往牵扯到什一税的转承、道路的重新规划与修建、土壤的排水及改良，尤其是在沼泽和低洼地区这样的工程就越浩大，圈地所耗费的时间就越长，这不可避免地都要增加圈地的费用。

---

　　[1]　G. E. Mingay, *Parliamentary Enclosure in England：An Introduction to its Causes*, *Incidence and Impact* 1750—1850, New York：Published in the United States of America by Addison Wesley Longman, 1997, p. 104.

如果以通过的圈地法令来计算圈地费用，"包括办事员及起草正式法令的费用在内，议会两院通过每项圈地法令的费用在 170—200 英镑之间，在 1786—1799 年的 14 年之间，议会通过了 707 项圈地法令，每项圈地法令的平均费用为 169 英镑 7 先令"。① 但是这个数字仅是议会通过圈地法令的费用，而依据圈地法令制定圈地判定书，在实际的圈地过程中的耗费更巨，通常要远远超出以上的数字，"每项圈地法令的平均费用则在 200—500 英镑之间"。② 圈地的公共费用也与该项圈地法令所圈占的土地类型与数量相关。一般而言，圈占敞田和残存的公用土地的费用要高于圈占荒地的费用。一项法令所圈占的土地总面积越大，那么分摊到单位面积土地上的费用就越少。

从圈地的数量也可以衡量圈地费用。"如果一个小土地所有者在圈地过程中分得 20 英亩土地，那么他要支付的公共费用为 24—50 英镑，圈围自己土地的私人费用与公共费用基本相当。50 英镑对一个小农场主意味着什么呢？在 18 世纪晚期，9 英镑就可以买 12 只羊，25 英镑就可以买 5 头小公牛，28 英镑可以买 4 头奶牛。在拿破仑战争的通货膨胀时期，价格基本翻了一番。"③ 小土地所有者可以用三种方式来筹集这笔圈地费用。首先，可以用这 20 英亩土地上的年产值来支付。根据当时土地的产值，20 英亩土地上的年产值在拿破仑战争以前约为 45—50 英镑，而在战后，年产值也几乎翻了一番，他可以用这些土地上一年的收入来支付这笔圈地费用。其次，他还可以用家庭的积蓄来支付。如果积蓄不够，也不排除向邻里和亲戚朋友去借一部分款来支付圈地费用。另外，圈地是一个较为漫长的过程，圈地费用并不是立刻就要全部支付。土地所有者常常是分期分批地支付圈地委员的报酬及圈地费用，"在时限上少则两三年，多则长达五年甚至时间更长，这显然使土地所有者能够较为容易地来支付圈地费用，对小土地所有者显然更为有利"。④ 最后，他还可以用土地作抵押向银行贷款，"在 1770 年时，20 英亩中等敞田的价值为 200—250 英镑，如

---

①　G. E. Mingay, *Parliamentary Enclosure in England*: *An Introduction to its Causes*, *Incidence and Impact* 1750—1850, New York: Published in the United States of America by Addison Wesley Longman, 1997, p. 105.

②　Ibid. .

③　Ibid. , p. 113.

④　Ibid. .

果圈地后价值就更高，100 英镑贷款的年利率是 5 英镑。18 世纪晚期时村镇的银行已很普遍，因而容易获得银行贷款"。① 同时，也有一些小土地所有者向私人进行一些短期的借贷。农民在冬春季节手头往往比较拮据，而在秋季农作物收获后则手头比较宽裕。这就需要一些短期的贷款来周转进行生产或生活，从而哺育了农村的私人借贷市场。当时村镇上一些职业放贷人、商人、工匠、富孀和一些有闲余资金的人常向一些他们所了解和信任的人发放有息贷款。霍尔德内斯（Holderness）在他的研究中发现这种地方的借贷现象在 18 世纪早期的乡村就已经很普遍，而且这种借贷方式被广泛接受。从总体看来，"在整个议会圈地期间，平均每英亩土地的圈地费用在 2 英镑 10 先令到 5 英镑之间（包括圈围土地的篱笆等费用），早期的圈地费用较低，越到后来圈地费用越高，变化趋势是逐年升高，特别是在拿破仑战争期间的圈地费用更高。特纳（Turner）教授估计议会圈地的公共费用平均每英亩为 1 英镑 4 先令到 2 英镑 10 先令之间，这个费用不包括圈围土地的（私人费用）"。②

大土地所有者经常以出售少量土地的方式来筹集圈地的公共费用，"大约有 1/4 的圈地法令授权圈地委员出售部分要圈占的土地，包括以前的公用土地和荒地来偿付圈地费用。这种方式在米德兰以外的地区尤为流行"。③ 土地的购买者往往是当地的地主或农场主，还有本教区或邻近村镇的商人、工匠等。他们中有些人本来就有一定数量的土地，职业为半工半农或半农半商，通过这种方式他们可以扩大所拥有土地的数量。有些人购买土地是为了传给子孙以从事农业经营，有些人则是把购买土地作为一种安全的投资来获取利润。这样一来，教区的土地所有权呈现出多元化的现象，出现了不同于传统的农村社会的新局面。土地成为工商业资产阶级投资获利的新方式。但是这样的土地买卖一方面造就了大土地所有者，另一方面在减少一些小土地所有者的同时也造成了一部分新的小土地所有者，这也是英国小土地所有者长期存在的原因之一。

如前所述，圈地的私人费用主要包括圈围自己土地的篱笆、围墙、壕

---

① G. E. Mingay, *Parliamentary Enclosure in England: An Introduction to its Causes, Incidence and Impact* 1750—1850, New York: Published in the United States of America by Addison Wesley Longman, 1997, p. 114.

② Ibid., p. 113.

③ Ibid., p. 109.

沟等围障物及修建这些围障物的人工费，有必要时在圈地的内部也要进一步的圈围和区划，以方便种植不同的作物或隔离牧场里的牲畜。圈地内的进一步圈围时土地的面积一般不大，通常为5—15英亩。"在19世纪早期时，30英亩的外围圈地的费用约为160英镑，把30英亩分成三块的内部分割性圈围需要两道围栏或围墙，需要另外花费40英镑。如果分配的土地在教区的外围，或许还要修建新的农舍及谷仓、牛棚、马厩等附属物。此类建筑物的费用取决于建设的规模，往往在几百到一千英镑之间。"[1]另外，如果圈围的是以前的荒地，那么圈地的私人费用还包括开垦荒地的费用以及修建农舍的费用。开垦荒地时"清理荒地上的杂草树木、石头，耕地及平整土地、洒播石灰等每英亩的费用约为5—15英镑"。[2] 因而租种这类的荒地的地租额一般较低，如果一个租地者租种一个面积为500英亩的原先为荒地的农场，那么他起初的投资就应该在2500—7500英镑。由此可见，圈地的公共费用及私人费用相对于农场进一步建设及生产费用而言，所占比例并不高。另外，小土地所有者在圈地时在单位面积上所付出的圈地费用往往要高于大土地所有者，也就是说并不能形成比较经济的圈地规模，"一块面积为10英亩的地块在价值上仅相当于面积为40英亩的地块的1/4，但是在圈地费用上却相差无几"。[3] 因而许多小土地所有者不得不出卖自己的土地，迁往别处或从事其他行业，成为无地的劳动力的出卖者，由之前的小农转变成为工农业生产中的无产阶级。而与此同时，在议会圈地的高峰时期，正是英国工业革命蓬勃发展的时期，工业化及城市化的进程也吸纳了大量的农业人口。

　　尽管小土地所有者可以用各种方式来筹措圈地费用，但圈地对小土地所有者的影响依然是巨大的，并在一定程度上导致了他们的分化。一部分小土地所有者上升成为大土地所有者，另一部分则成为失去土地的劳动力的出卖者，或者从事其他非农产业。在圈地的过程中并不排除一部分小土地所有者成为大土地所有者的可能，因为圈地的过程本身就是土地所有权

---

　　[1]　G. E. Mingay, *Parliamentary Enclosure in England*: *An Introduction to its Causes*, *Incidence and Impact 1750—1850*, New York: Published in the United States of America by Addison Wesley Longman, 1997, pp. 109—110.

　　[2]　Ibid., p. 110.

　　[3]　B. W. Clapp, H. E. S. Fisher, *Documents in English Economic History after 1760*, London: G. Bell & Sons Ltd, 1976, pp. 103 – 104.

及占有权流转的过程，一些善于经营或富有的小土地所有者就有可能买进土地以扩大自己的地产，有些则在圈地过程中承租新的土地成为农场主，"在许多的事例中他或许是一个小土地所有者，但是他却是一个大的农场主。当然他也有可能在其他的教区拥有土地，使他成为大土地所有者，而他在圈地的教区所分配的土地并不多"。① 因而在议会圈地的过程，也是土地所有者重新分化的过程，小土地所有者的分化尤为剧烈。而在分化中，是向两极的分化，并非都要成为失去土地的劳动力的出卖者。其中一部分小农抓住圈地之后土地价格上涨的良机出卖土地，获得一笔可观的资本去租种大块土地成了农场主，而有些则转向了其他行业，成为小乡绅、官吏、律师和商人等。他们摆脱小农的身份完全是出于自愿，在市场规律的作用下去寻求更美好的前程。而失去土地的小土地所有者的流向也是多方面的，并非都成为工农业生产中的无产阶级。他们有可能从事一些专门性的个体职业，或从事商业，或成为工匠，也可能成为绅士。瑞格利（E. A. Wrigley）教授研究了英国议会圈地期间农村十个行业的就业情况，发现"在 1851 年前的 20 年，在面包烤制、铁匠、砌砖工、屠宰商、木匠、石匠、出版商、鞋匠、店员、裁缝等十个行业的就业人数，从134189 个上升到 164418 个；在城镇则由 382790 个上升到 555907 个"。② 从这十个行业的就业情况可以看出，城镇就业人数的增长远远要超过农村，但无论在农村还是在城镇，社会分工及就业途径均呈现多元化的局面。"在农村的很多地区，其他行业也普遍出现并蓬勃发展，手工作坊和小工厂在城镇和村庄同步发展，在纺织、针织、制鞋、腌制蔬菜及果酱等行业，主要雇用妇女进行生产。"③ 与此同时，英国城乡的家政服务也普遍兴起，也为农村分化出来的农民提供了就业渠道。"1841 年的人口调查表明，家政服务的就业人员已成为英国第二大职业群体，吸纳了 255000名男性和 989000 名女性劳动者，总数达到了 1244000 名。这个数字几乎等同于所有的农业劳动力。"④ 第三产业的迅速发展不仅吸纳了在圈地过

---

① G. E. Mingay, *Parliamentary Enclosure in England: An Introduction to its Causes, Incidence and Impact* 1750—1850, New York: Published in the United States of America by Addison Wesley Longman, 1997, p. 116.

② Ibid., p. 139.

③ Ibid., p. 140.

④ Ibid..

程中失去土地的农业劳动力，也扩大了社会分工，为资本主义商品经济的发展注入了活力。当时社会经济的发展"使青年男女在就业的选择上不必一定局限于土地和工业——即便工业的确可以提供就业的选择。较大的乡村和城镇发展起了各行各业，特别是为妇女也提供了可以就业的广阔领域。"① 由此可窥见整个社会经济的多元化及社会结构的分化情况之一斑。如果按阶级来划分，大部分小农分化成为出卖劳动力的无产阶级，但是也有一些成长为工商业者，同时也不排除其最终成长为工商业资产阶级的可能性。农民的分化是资本主义发展的必然产物，资本主义的发展为其分化提供了动力，也提供了分化的机遇。而与此同时，圈地运动所引起的农民分化也形成了活跃的劳动力市场，形成了劳动力的"蓄水池"，打破了土地对于农民在人身和经济上的束缚，使劳动力的流动性也大为增加，则反过来又促进了资本主义的进一步发展。

　　促使小农在圈地过程中出售自己土地的原因是多方面的。其一，圈地后排除了小农对公用土地及荒地的使用权。在以前的敞田制下，小农可以在开放的敞田中捡拾落穗、在牧场上放牧牲畜、在荒地上挖掘泥炭、在林地中采伐木材、在水池中捕鱼捉虾。这种公用权利的大小一般与拥有或占有的土地数量成正比，也得到习惯法的认可和保证。因而这种公用地对农民的生活与生存是至关重要的，尤其是无地少地的下层农民，如茅舍农（cottager）等，主要依靠公用地为生。这些权利的丧失势必使小农的生产和生活陷入困境而被迫出卖自己少量的土地而从事其他的职业。茅舍农尽管不负担圈地费用，但是剥夺其对公用地和荒地的使用权，无疑是摧毁了其赖以为生的根本。其二，在敞田制下，每户农民的份地分散在几片大田中，基本上是一种按土地质量的平均分配，以保证每户农民在任何年景下都有一定的收成而维持生活，但是圈地后土地分配趋于集中，而小农在圈地的过程中并不占主导地位，分得优等土地的可能性并不大，大多数分得的是边际性的土地。而次等的土地和荒地在生产中都需要大量的投资，这就使小农陷于更加不利的处境，权衡利弊，不如舍弃。其三，圈地的费用毕竟也是一笔不小的负担，分得的土地越少，负担的圈地公共费用越多，

① G. E. Mingay, *Parliamentary Enclosure in England: An Introduction to its Causes, Incidence and Impact* 1750—1850, New York: Published in the United States of America by Addison Wesley Longman, 1997, p. 144.

因为圈围的面积越小，单位面积的圈地费用也就越高。这对于一些本来就很窘迫的小农而言，就成为无力偿付的负担，如果缺乏信用、借贷无门，就不得不出卖自己的土地。其四，如果在圈地过程中分得的土地太少，就无法成为一个农场，或者说无法形成适宜于农业生产的比较经济的规模，也就不能取得最佳的经济效益。例如："在 19 世纪早期，一个小农分得三英亩的土地，他要支付的圈地的公共费用为六英镑，另外他还要承担圈围自己土地的费用约为 40—50 英镑（不包括利用已存在的或作为边界的篱笆而节省的费用），这样他要支付的圈地总费用就约为 30—60 英镑，而这些土地在圈地前的价值仅为 30—40 英镑，圈地后升值到 60 英镑。如果他不出卖自己的土地，那么他就要支付相当于他的土地价值的圈地费用。如果他缺乏足够的信用去贷款，也不愿或不能去借款，那么最好的选择就是在圈地前将土地出卖而去租种土地，用卖地得到的 40 英镑的钱就可以租种更多的土地，一般是从前土地的三到四倍。"[1] 像这种方式对于占地在 20 英亩以下的小农影响较为严重。至于少地或无地的佃农、茅舍农、农村短工，受到的影响则更为严重。在圈地的过程中对"拥有少量土地及公用权的小农尽管也或多或少地分配给一二英亩的土地作为补偿，但是结果都选择或被迫将这些土地出卖"。[2] 而且这种补偿只给予那些附有公共权利的房屋和土地的法定所有者。在敞田制下无地农民包括佃农、茅舍农等，对公用土地享有的使用权依据的是习俗，在圈地过程中并不能得到法律上的补偿。圈地后，他们失去了生存的基础，这些人则大多沦为资本主义农场的雇用工人，或加入工业劳动力的大军，或远走他乡以寻求谋生的出路，或找不到谋生的出路而成为流浪的无业游民及乞讨者。

1975 年，特纳在研究贝克汉姆郡的圈地过程时发现，在议会圈地期间小土地市场比较活跃，"大约有 30% 的小土地所有者因为圈地费用的压力在圈地前后出卖了自己的土地。购买者有些是为了将小块土地合并进大地块的小土地所有者，有些是当地的商人或律师"。[3] 历史学家普遍认为，在 18 世纪议会圈地的过程中，小土地所有者的数目有所减少，减少的数

---

① G. E. Mingay, *Parliamentary Enclosure in England: An Introduction to its Causes, Incidence and Impact* 1750—1850, New York: Published in the United States of America by Addison Wesley Longman, 1997, pp. 119 - 120.

② Ibid., p. 120.

③ Ibid., p. 121.

量各郡不等，在议会圈地比较集中的米德兰各郡减少的数量较多，而在全国范围内减少的具体数量则限于资料仍然难以确定。当然减少的原因多种多样，并非全部都由圈地所致。"小土地所有者年老丧失劳动能力或无嗣继承土地，或者需要资金从事商业等非农产业，或者要承租新的农场，或者为了儿子去学习手艺、为女儿置办嫁妆"[①] 等因素都是引起土地出卖的原因。但是圈地的过程无疑促进了土地市场的活跃，为土地的买卖提供了契机。"土地所有权的改变，使那些最密切地、最忠实地依附土地的阶级产生动摇。自耕农虽然诚实而勤劳，但是守旧而无远见，闭塞在有限的眼界之内，被他周围所发生的那些变化弄得手足无措，同时又受到按照新方法经营农业企业的可怕竞争的威胁。或者是由于失望，或者是宁愿到他处去找出路，他最终逃不了诱惑而出卖其土地。"[②] 圈地运动不仅是一次深刻的土地所有权和占有权的革命，也是一次农业生产技术的革命，创新与进步必将战胜落后和守旧。滚滚的资本主义浪潮进一步扫荡着封建的生产关系，为自己的发展扫除着一切障碍。农业小生产者不可避免地经受着社会转型的阵痛与不幸，但资本主义的发展也为从农业社会中分离出来的小生产者在城市化与工业化的道路上铺就了谋生之道，促使整个社会在近代化的进程中快马加鞭，奋勇向前。

18 世纪的英国社会正发生着一场平静而剧烈的变革。英国加紧对外殖民扩张，在殖民战争中取得了对荷兰、法国等国的优势，初步奠定了殖民霸权并扩大了对外贸易。国内政治稳定，议会政治趋于成熟，苏格兰、爱尔兰先后并入英国，近代的民族国家逐步形成。社会经济迅速发展，人口增长迅猛，社会分工完善发达，国内外市场体系已经建立。圈地运动以空前的速度和规模改造着传统的农业社会，农业革命与工业革命相互推进而交相辉映，工农业生产技术及其组织形式得以彻底的改造，工业化和城市化的进程明显加速。面对圈地以及其带来的种种变化，小土地所有者本来的经济状况及社会经济结构的发展变化，决定了他们作出不同的反应和对策，并由此造成了不同的前程和命运，这是理解圈地对小土地所有者产

---

①　G. E. Mingay, *Parliamentary Enclosure in England*: *An Introduction to its Causes*, *Incidence and Impact* 1750—1850, New York: Published in the United States of America by Addison Wesley Longman, 1997, p. 122.

②　[法] 保尔·芒图:《十八世纪产业革命——英国近代大工业初期的概况》，杨人楩等译，商务印书馆 1983 年版，第 134—135 页。

生不同影响的关键，也是小土地所有者产生分化的动因和根源。

从上述的圈地程序可以看出，英国议会圈地是一种较为公开民主和规范法制的程序，当然这种民主和法制更多地体现了贵族地主及资产阶级的意志和利益，但是和历史上许多肆意侵占与暴力吞并农民土地的方式相比较而言，英国议会圈地的程序和方式则是历史发展的进步。其民主法制化、文明理性化、规范具体化、长期渐进化的土地变革过程协调了各阶层的利益，缓和了社会矛盾，因而在英国议会圈地史上并未出现周期性的或较大规模的农民运动，实现了土地所有及经营方式平静而彻底的变革，无疑是历史的巨大进步。同时，我们也可以看出，英国议会圈地也并非地主和资产阶级单纯用暴力驱逐农民、侵占农民土地的过程。即使说它是"羊吃人"的暴力，也是以某种经济关系的社会职能为基础的暴力。这种以经济关系为职能的法制化程序，使土地的变革方向符合经济及市场规律，也使各阶层的愿望和呼声都能得到反映，利益都能得到一定程度的实现。比如反对圈地的请愿、公共权利的补偿等。至于农民的分化，那是市场经济、工业化与城市化的必然产物。而恰恰是农民的分化，实现了资本的积累与集中，实现了社会分工的进一步扩大，建立起劳动力市场，也建立起发达而完善的国内生产与消费市场，满足了工业化与城市化的需求。在资本主义的发展过程中，其土地的变革目标并非要实现"凡天下田，天下人同耕，耕者有其田，无处不均匀、无人不饱暖"的大同理想，而是为资本主义的发展扫除一切障碍。

第二节　议会圈地运动的进程

英国议会圈地运动是一个漫长的历史过程，不同时期原因不尽相同，并且呈现出不同的特征。议会圈地可按圈地的规模及特征划分为两个阶段。第一阶段为 1604—1760 年，为议会圈地运动的前期，议会圈地和非议会圈地同时进行。议会圈地的规模和面积均非常有限，这一时期议会圈地面积仅占圈地总面积的 5.1%。而非议会圈地占同时期圈地总面积的 95.8%，因而非议会圈地是这一阶段圈地的主要方式。第二阶段为 1760—1914 年，为议会圈地运动的后期。这一时期议会圈地面积占圈地总面积的 94.9%。而非议会圈地仅占同时期圈地总面积的 6.4%，英国议会圈地的规模和面积均大大超过了非议会圈地，是这一阶段圈地运动的主要方式。

一　前期议会圈地运动

前期议会圈地运动是 15 世纪以来圈地运动的继续和发展。是英国政府用法律程序和法制体系对圈地行为的规范，开始以法制化的手段管理和约束圈地，从而把圈地纳入中央政府有效的管辖之下。这也体现着中央政府圈地政策的变化，由都铎时期的禁止和限制开始转向用法制手段来规范和引导圈地。对圈地者而言，谋求议会通过圈地法令以圈地，"其一，可以获得法律上的确定性。在圈地委员的工作结束及圈地判定书密封及转移之后，按议会圈地法令在土地所有人之间重新分配的土地就有了法律上的保障而不易被改变。其二，在个别圈地法令的权威之下，在圈地时可以同时实现诸如像什一税转承、改善道路交通等涉及公共利益的目标"。[①] 但这种法制化的议会圈地方式并不能立即成为圈地运动的主导方式，而早期圈地运动继续以巨大的"惯性"冲击并变革着英国的土地制度。也就是各种形式的协议圈地依然是圈地运动的主导方式，但法制化的议会圈地已经兴起。而两类圈地运动只有圈地程序和方式上的不同，而无本质上的区别。

"英格兰最早的八项圈地法令普遍认为是圈占以下地方的法令：1603年多塞特郡的瑞蒂普尔（Radipole）；1606 年赫里福德郡（Herefs.）的玛登（Marden）；1664 年格洛斯特郡（Glos.）、赫里福德郡（Herefs.）及伍斯特郡（Worcs.）的玛尔文切斯（Malvern Chase）；1668 年格洛斯特郡（Glos.）的霍顿（Horton）；1692 年拉特兰郡（Rutland）的汉密尔顿（Hameldon）；1695 年牛津郡（Oxon.）的萨尔福德（Salford）；1709 年汉普郡（Hants.）的罗普莱（Ropley）；1713 年格洛斯特郡（Glos.）的法明顿（Farmington）。"[②] 沃第综合诸多学者的研究结果，计算出了"1604—1760 年议会通过的圈地法令有 228 项，圈占的土地为 358241 英

---

① G. E. Mingay, *Parliamentary Enclosure in England: An Introduction to its Causes, Incidence and Impact* 1750—1850, New York: Published in the United States of America by Addison Wesley Longman, 1997, p. 22.

② W. E. Tate, *The Enclosure Movement*, New York: Walker and company, 1967, p. 50.

亩"。① "涉及的地域主要集中于沃里克郡、北安普顿郡及格洛斯特郡。"②
根据各种资料可以推算出 1760 年前非议会圈地约为 8270532 英亩,占
1604—1760 年圈地总面积的 95.8%,而议会圈地仅占同时期圈地总面积
的 4.2%,占议会圈地总面积的 5.1%。由此可见在前期议会圈地阶段,
议会圈地并不占主要地位,非议会圈地依然是圈地的主要方式。"从 18
世纪 30 年代到 50 年代中期,平均每年通过的圈地法令只有 4 个。主要是
因为这一时期较低的粮食价格使地主不想耗资费时去谋求私有化的法令以
圈地,一些非议会圈地的方式依然在进行,但是我们不知道这种圈地方式
在这一阶段是否也趋于平静。但是提交到议会的大多数圈地法令并不是发
起新的圈地,而只是对原先已达成的协议圈地进行法律上的确认。"③ 从
实际情况来看,1750 年前的议会圈地法令,"有相当一部分,大约有 34%
的圈地法令,似乎不是议会授权批准进行圈地,而是对原先早已存在的圈
地协议进行认可……许多法令仅是批准性的判令。早期的法令更像是对地
方上土地所有者之间的圈地协议进行注册登记的一种方式,而不是顽固地
反对进步"。④

　　17 世纪 50 年代以后,长期萧条的农业因为谷物价格的上升而开始回
暖,在敞田制村庄里的农民也可以采用新的农业经营方式,引进新的轮种
作物,提高农业生产效率,推动农业的发展进步。然而,这种提高或进步
在敞田制下是极其有限的,在倒茬轮作及土地的自由支配、土壤的排水和
灌溉方面均存在一定的限制和不利之处,特别是公用权利的存在常常成为
引发矛盾和产生争执的根源。尽管圈地后意味着地租的上涨,但进步的农
场主依然乐于接受。因为圈地后农场主可以打破旧的土地占有体制下的条
块分割而单独支配土地,可以自由地引进豆科或芜菁等块根作物以轮休土
地而恢复土壤肥力,可以科学合理地兴修排水或灌溉等水利设施,可以用
临时性的草地或牧场减少轮空土地的面积来提高土地的利用率。17 世纪

---

　　① J. R. Wordie, "The Chronology of English Enclosure, 1500—1914", *The Economic History Review*, Second Series, Volume XXXVI, No. 4, November 1983, p. 486.

　　② W. E. Tate, *The Enclosure Movement*, New York: Walker and company, 1967, p. 52.

　　③ G. E. Mingay, *Parliamentary Enclosure in England: An Introduction to its Causes, Incidence and Impact* 1750—1850, New York: Published in the United States of America by Addison Wesley Longman, 1997, p. 21.

　　④ Michael Turner, *English Parliamentary enclosure—Its historical Geography and Economic History*, Wm Dawson & Sons Ltd, Cannon House Folkestone, Kent England, 1980, p. 110.

以来以圈地运动为先导的农业革命必然进一步推动议会圈地的发展，因而50年代后，议会圈地运动伴随谷物价格的提高而迅速走向高涨。另外，社会群体的从众心理也推动着圈地运动的高涨，一个土地所有者在其邻居已从圈地中大获其利的时候，实在难以无动于衷，必然要仿效其成功的经验进行圈地和生产技术的革新。马克·奥弗顿称这种因素为扩散性因素。在以往的研究中往往容易被人们所忽略，但社会群体的这种从众心理尽管不是圈地运动发展的决定性因素，但是肯定会发挥着一定的效能和作用，从而使圈地者之间互相影响，推波助澜，共同荡涤着落后的敞田制及土地上附着的公用权利。

除去上述最早的四项圈地法令之外，前期议会圈地都发生在"光荣革命"之后，贵族地主和大资产阶级联合专政的建立为议会圈地运动的迅速发展提供了政治上的支持，"法律本身现在成了掠夺人民土地的工具，是地主借以把人民的土地当作私有财产赠送给自己的法令，是掠夺人民的法令"。[①] 贵族地主阶级依然处于社会的顶层，掌握着政治经济的命脉，操纵中央和地方的政治经济大权。他们占有大量的土地，以拥有土地的多寡而划分他们的等级，有的贵族还进一步涉足工商业及对外贸易以扩充自己的经济实力。"在地方上，乡绅是乡村真正的统治者，通过占有大量的土地而垄断政治经济权力，操控议会选举并且是雇佣劳动者的主人。租地农场主和大农场主在等级上居于小土地持有者之上，在他们之下的是农业雇工，靠出卖劳动力而获取货币工资或其他报酬。"[②]

17世纪时，英国的商品及市场经济进一步发展，手工业繁荣发达，社会分工进一步扩大。在此基础上，新兴的资本主义土地市场日益完善活跃，使农民阶层进一步分化，也使贵族地主、乡绅、约曼、自耕农阶层能够利用其经济地位和土地市场完成对土地的圈占而扩大他们的地产，为议会圈地运动创造了有利的经济条件。"17世纪中叶以后，投资于土地、采用新的农业生产方式已经非常普遍，对利润的追求推动着这一运动。农业革新的方式采取了开发土地、提高土地利用效率、转变农业经营方式、浇灌或漫灌草地、引进苜蓿、培植的饲草及芜菁进行土地轮作，诺福克郡的

---

① 马克思：《资本论》（第一卷），人民出版社2004年版，第832页。

② Richard Brown, *Society and Economy in Modern Britain* 1700—1850, London：Routledge, 1991, p. 27.

农业革新尤为著名。"① 贵族制度的长期延续使拥有土地的数量成为社会
地位上升的筹码。土地作为不动产替代了国王的宠幸而成为人们获得名
望、地位与政治权力的工具；土地所蕴涵的社会价值也远远超过了传统意
义上的农业价值。从而为富有阶层渴求土地提供了长盛不衰的动力，而
"最明显也最普遍的扩大耕地或牧场的方式是圈地"。② 圈地后提高的地租
及上涨的土地价值也实现了圈地者的经济需求。"南海泡沫"③事件后土地
作为安全的财富占有方式的优势更加体现出来，使投资者的投资理念发生
了较大的变化，土地对资本的吸引力超出了公债和股票，"成功的商人和
银行家往往用所赚的钱购买土地，从而为他们带来金钱所不能带来的社会
地位"。④ 土地也成为资金筹集和借贷行为中最常使用而且最令债权人放
心的抵押品。"土地作为一种安全和长期的财富贮存手段而备受谨慎投资
者的青睐。并且投资者普遍认为，土地具有其他投资所不可比拟的优越
性，诸如房产、政府公债、英格兰银行股份以及那些海外贸易公司，其风
险性几乎可以忽略……土地仍然是一种可以世代传承的财富，可以传给子
孙且可以作为令人放心的借贷担保，还可以作为同富豪家庭联姻的资本。
更为重要的是，拥有足够数量的土地就可以赋予土地主人以地方上的优越
地位、社会声望以及政治权力，诸如获得担任地方法官及议会议员的资
格。"⑤ 土地在英国社会里的重要作用远不止以上所列举的内容。到 1814
年时英国的工业化已经起步多年，但是在年度的财产税中，土地项的税收
额远远超过了工业税，年度的税收总额为 57129047 英镑，而土地税达到

---

① B. W. Clapp, H. E. S. Fisher, *Documents in English Economic History* (1000—1760), London: G. Bell & Sons Ltd, 1977, p. 75.

② 姜德福：《社会变迁中的贵族》，商务印书馆 2004 年版，第 155 页。

③ 1711 年，英国曾成立一个"南海公司"，专门对南美洲进行垄断商业贸易。公司企图投
机取巧，在 1720 年与政府谈成一笔交易。由公司从私人手中回收政府债券，而以公司股票兑现。
但在兑现过程中用平价或低于面值的价格计算政府的债券，却以高于面值的市场价格计算公司的
股票。如此一进一出公司就赚了许多钱，结果，用总面值 325 万英镑的公司股票，吃进了 950 万
英镑的政府债券，公司股票因此也就随之升值。许多人认为这是投机的好时机，于是倾其财力吃
进，使股票从每股 128 英镑猛升至 1000 英镑以上。但这样一座空中楼阁是难以维持的。1721 年 4
月股市终于崩溃，南海公司股票成为一堆"泡泡"，许多人终生的积蓄在一夜之间化为乌有。

④ Richard Brown, *Society and Economy in Modern Britain* 1700—1850, London: Routledge,
1991, p. 27.

⑤ G. E. Mingay, *Parliamentary Enclosure in England: An Introduction to its Causes, Incidence
and Impact* 1750—1850, New York: Published in the United States of America by Addison Wesley Longman, 1997, pp. 55 – 56.

了 37666346 英镑，矿产税为 555435 英镑，钢铁业的税收仅为 379748 英镑。① 土地税占到了税收总额的 66%，土地对于国家和私人的重要意义由此可见一斑。"土地的重要意义，无论其在经济还是社会地位方面的价值，在这一阶段都得到了突出的强调。"② 所有这一切都使圈地运动获得了前所未有的推动力。"私人的协议圈地显然是艰难和漫长的交易过程，这对于 18 世纪热情高亢的农业改良者来说是无法忍受的，因而下一步是通过议会圈地法令来代替法庭判决。"③

另外，社会上层价值取向的变化也推进了圈地运动及整个社会对农业生产技术改良的热情，例如汉诺威王朝的国王乔治三世，也用"农夫乔治"的笔名给《农业年鉴》撰稿，鼓吹技术改革。英国贵族汤森勋爵，他曾担任过驻荷兰大使，英格兰和苏格兰合并的谈判者，以后又做过同法国订立合约的谈判者，爱尔兰总督，两度充任国务大臣，做过枢密院院长。但是他于 1730 年脱离政治生涯，在诺福克郡的雷恩哈姆地产上躬耕田园。这个地方原本是一块广阔的荒地，不是沙石便是沼泽，瘠薄荒芜，鲜有草木。但是汤森勋爵没有畏难退缩，他排干沼泽、改良土壤、引进新的农作物品种、改良农业生产技术、使用新的轮作方法，既不耗竭地力也不让土地荒休。不到几年，他便把一个荒芜贫瘠的地区变为王国中最繁荣的地区之一　从而开一代风气之先，使诺福克郡重视发展农业的地主贵族日渐增多。"邻近的地主都仿照他的榜样，在三十年内，即从 1730—1760 年，整个诺福克郡中的地价增到十倍，温特伍斯的罗金哈姆侯爵、沃伯恩的贝德福公爵、佩特伍斯的埃格雷蒙特勋爵，埃塞克斯郡的克莱尔勋爵，还有其他人等如卡思卡特勋爵和哈利法克斯勋爵，都起了同样的作用，并且他们也有许许多多的模仿者。不久，这便成为普遍的风气，每个绅士都亲自指导其土地的开发。前一代贵族只对狩猎感到兴趣，仅仅谈论马和犬；这一代则谈论肥料、排水、轮种、苜蓿、紫花苜蓿和萝卜……1760 年左右，几个大贵族所引起的刺激已经传遍了全国。"④ 更多进步的农场

---

① A. Aspinall, E. Anthony Smith, *English Historical Documents Volume Ⅷ 1783 —1832*, London：Routledge, 1959, p. 573.

② Richard Brown, *Society and Economy in Modern Britain* 1700—1850, London：Routledge, 1991, pp. 368 – 369.

③ W. E. Tate, *The Enclosure Movement*, New York：Walker and company, 1967, p. 49.

④ ［法］保尔·芒图：《十八世纪产业革命——英国近代大工业初期的概况》，杨人楩等译，商务印书馆 1983 年版，第 126—127 页。

主也加入了到了通过变革农业生产技术来增加土地收益的农业改革者的行列中，并且取得了显著的成效。阿瑟·杨曾指出，当时"英国的农业整体上被一种良好的进取精神所支配而与日俱进"。[1] 诺福克郡的地主科克(Coke)家族，从 17 世纪开始在诺福克郡霍克汉姆(Holkham)地区的海滨沙地经营地产，传至托马斯·科克(Thomas Coke，1750—1842 年)时尤为成功和著名。托马斯·科克子承父业，但他积极向他的租地农场主传播新的农业生产技术，在租地契约中明确规定了租地农场主必须种植适宜于在沙质土壤中成长的作物并采取新的轮作技术，并禁止在同一地块上连续种植谷物类庄稼；要用种植苜蓿、芜菁等饲草类作物进行轮作，还要给土壤及时施肥，保证土壤有足够的肥力。托马斯·科克坚持用一部分地租向土地进行投资以改良地产，改善农业生产的条件。结果，他地产的收入连续得以提高。"1718 年时地产收入为 6000 英镑，1748 年时增加到 9000英镑，1776 年时增加到 12000 英镑，1816 年时增加到 25000 英镑。"[2] 如此巨大的地产收入除了有货币价格、市场供求、战争等方面的因素之外，更多的是圈地运动和农业革命的成果。丰厚的经济利益必然刺激着圈地运动和农业革命在更广阔的领域和更深层面加速进行，这也是议会圈地运动兴起的一个重要原因。

社会上层对土地和农业的重视，成为当时英国社会的一种风尚，将圈地运动和农业革命推向新的高潮。同时，从中央政府对圈地所采取的政策来看，18 世纪的圈地与十六七世纪的圈地之间也有了显著的不同。那就是十六七世纪的圈地运动在不同程度上都受到过政府的反对、禁止或限制，而在 18 世纪时，圈地运动开始得到议会的援助和鼓励。"都铎时期的法令都试图保护耕地和农舍，而汉诺威王朝的法令旨在为大多数而不是全部的土地所有者提供机会。"[3] 另外在"18 世纪初，敞田制农业依然广泛地集中于英国中部、米德兰和英格兰南部。尽管从 16 世纪以来圈地运动有较大的进展，但是很多是蚕食型的圈地，一些教区被完全圈占了，而

---

① D. B. Horn, Mary Ransome, *English Historical Documents Volume* VII 1714—1783, London: Routledge, 1957, p. 428.

② Michael Turner, *English Parliamentary enclosure——Its historical Geography and Economic History*, Wm Dawson & Sons Ltd, Cannon House Folkestone, Kent England, 1980, p. 133.

③ Ibid. , p. 135.

有些教区仅仅是部分被圈占，同时有些教区还未受到影响"。① 甚至在
"乔治三世统治时期（1760—1820 年），依然有大量的土地未被圈占，依
然以古老的传统方式进行经营，粮食的短缺及价格的高涨加速着土地圈占
及合并的过程"。② 根据各种资料推算，在 1700 年时，英格兰有近 30% 的
土地面积依然实行敞田制或属于敞田制下的公用土地。也就是说，圈地运
动依然有较大的推进空间。

　　马歇尔·特纳将议会圈地运动的原因概括为各种因素综合作用的结
果。但从特定的圈地过程来看，也不一定是所有的因素同时发挥作用。有
些情况下是这几种因素共同作用；有些情况下是另外几种因素发挥作用；
有些因素起临时性作用；有些因素长期发挥作用。而这些因素主要包括：
"价格因素、货币的发行、人口压力、战争因素、土地所有权、粮食生产
的自给自足、粮食的收成情况、敞田制农业的弊端等。"③ 其价格因素与
货币流通量及农产品的比价有一定的关系，集中体现为圈地的费用和圈地
后的效益。圈地的费用需要立即投入大量的资金，这些资金需要累积多年
的租金才能实现，但是如果能获得某种形式的贷款，圈地的费用就可以得
到解决。从这个意义上说，贷款的利率与圈地的进程也有直接的关系。
"埃伦就认为 18 世纪圈地运动迅速发展的原因之一就是长期抵押贷款这
种信贷方式的出现，这就为地主圈地提供了资金的支持并使地主能够利用
这些资金来获得农民的财产。"④ 阿什顿（Ashton）就强调货币的供应是
圈地投资的决定性因素之一，"相对稳定的利率使 18 世纪六七十年代的
圈地进程明显加快，而 70 年代晚期至 80 年代初期美国独立战争期间利率
较高时，圈地的进程则明显趋缓"。"1780—1795 年圈地运动相对平静的
原因可以通过这些数字和国家的货币供应来解释。国家实行相对较低的公
债率意味着高利率，尽管高利贷法规定私人贷款的利率不得超过 5%，但
是很难获得贷款，从而使圈地的成本增加。从 1760—1790 年，谷物在每

　　① Richard Brown, *Society and Economy in Modern Britain* 1700—1850, London：Routledge,
1991, p. 26.

　　② B. W. Clapp, H. E. S. Fisher, *Documents in English Economic History after* 1760, London：
G. Bell & Sons Ltd, 1976, p. 61.

　　③ Michael Turner, *English Parliamentary enclosure—Its historical Geography and Economic Histo-
ry*, Wm Dawson & Sons Ltd, Cannon House Folkestone, Kent England, 1980, p. 101.

　　④ J. P. Roger, John Chapman, Richard R. Oliver, *The Enclosure Maps of England and Wales*
1595 – 1918, Cambridge University Press, 2004, p. 2.

个十年的平均价格几乎没有变化。从 1780—1789 年公债的利率一直稳定在 3%，圈地的动因减弱。"① "拿破仑战争期间的利率尽管较高，但同时圈地运动也出现了高潮，这是因为货币的通胀率依然高于利率，因而利率相对较低，从实际意义上来讲，货币仍然比较'便宜'。"② "圈地所涉及的这些经济因素可以概括为利率和通货膨胀率的关系，这些争论充分表明通货膨胀率较高时就会促使土地所有者去贷款进行圈地，因为通货膨胀将大大减少还贷的压力。"③ 马歇尔·特纳甚至 "认为决定圈地进程的主要因素就是货币的供应，而不是农产品的价格"。④ 这些经济理论也仅可用来解释议会圈地运动，并非适用于所有的圈地运动。即使具体到议会某一圈地实例，也很难分清圈地的主要原因是通货膨胀还是谷物价格，甚至还会出现与理论相反的实例，因而在分析具体的圈地因素时，应将各种因素综合考虑，具体问题具体对待。

　　人口因素从理论上主要体现为人口数量的增长要求有相应的粮食供给总量的增加才能维持相应的生活水平，更多的食物供应可以通过提高农牧业生产效率来获得，或者通过扩充农牧业用地面积来实现，或者将二者结合起来得以实现。可以认为圈地是有效利用土地或增加土地面积的一种方式，因为圈地可以减少敞田制下轮空休闲的土地面积，或者通过圈占公用地和荒地来拓展可利用土地的数量，提高土地使用的效率。但更为重要的是，圈地不仅扩展了可利用土地的面积或增加了土地的数量，而且为农业或畜牧业生产技术的变革创造了条件，也就是说，已成为农业革命的必要条件。"18 世纪 20 年代，德比郡梅普尔顿（Mapleton）一位较为进步的地主其地产分布于六处敞田，又分散成 75 块条田，为此他不能引进和采用最先进的生产技术。1731 年，他和与其有同样想法的邻里以交换的方式完成了圈地，将他的地产集中地连成一片。"⑤ "敞田制在耕作方面的不

　　① A. Aspinall, E. Anthony Smith, *English Historical Documents Volume Ⅷ 1783—1832*, London: Routledge, 1959, p. 449.

　　② Richard Brown, *Society and Economy in Modern Britain 1700—1850*, London: Routledge, 1991, p. 67.

　　③ J. P. Roger, John Chapman, Richard R. Oliver, *The Enclosure Maps of England and Wales 1595–1918*, Cambridge University Press, 2004, p. 2.

　　④ Ibid. , p. 3.

　　⑤ Michael Turner, "English Open Fields and Enclosures: Retardation or Productivity Improvements", *The Journal of Economic History*, Vol. 46, No. 3 (Sep. , 1986), p. 671.

灵活性并不是十分明显，因为它本身限制着农业和畜牧业的选择。一些地方的田地管理规则和内部规定以限定牲畜数量的方式来限制畜牧业的发展，甚至要求减少当时所饲养的牲畜数量。畜牧业用地的短缺导致了1750年以前的危机。大量的事实表明，尤其是米德兰各郡，在1720—1780年，大量的牧场被转化为耕地。而改革的最重要的事件之一就是圈地。"① 也就是说，通过圈地，使畜牧业的比重有所增加，农业和畜牧业的比例趋向协调。特别是在适宜发展畜牧业的土地上进行退耕还牧，不仅有利于因地制宜，合理利用土地，提高土地的利用效率，还能优化农业生产的环境，使农业与畜牧业能够形成协调的比例及良性互动的关系。

"18世纪后半期及之后圈占敞田的动力来自引进新的农作物及新的轮作方法，而这些已被证实是非常成功的，这种轮作方法取消了土地轮空休闲的时间，通过引进培植的饲草或块根作物减少了土地轮空休闲时的资源浪费，从而为牲畜的越冬提供了较多的饲料，因之也提高了农业生产效率。这起到了双重的作用，既避免了连续种植庄稼而耗尽地力，又能为牲畜的越冬提供饲料。"② 这种技术的变革和生产效率的提高乃是生产不断进步的永不衰竭的动力和源泉，因而对于历史的发展与进步意义攸关。因为可利用的土地资源在一定条件下总有极限和最大值，而且在短时间内是不可再生或替代的资源。

法国大革命和拿破仑战争期间是议会圈地的另一个高峰时期。因而战争因素也是圈地的一个重要原因。因为战争改变了价格体系、利率、生产的自给自足及其他诸多方面。在战争期间，国家需要把有限的资金投入到战争及与战争密切相关的行业，因而利率通常会提高。战争期间的"大陆封锁"政策直接影响到了英国的对外贸易及粮食进口，也使国内正常的贸易受到严重影响，从而直接导致了物价尤其是粮食价格的上涨，另外，英国在战争期间连续或间隔多年的农业歉收使粮食供应雪上加霜。"以往，国内粮食的歉收可以通过进口而获得补偿，但在战争年代，粮食的进口受到极大的限制，每年进口的粮食不超过所需要消费粮食量的5%……当小麦供应短缺，面包昂贵时，工资劳动者基本的饮食需要都要受到影响。

---

① Michael Turner, "English Open Fields and Enclosures: Retardation or Productivity Improvements", *The Journal of Economic History*, Vol. 46, No. 3（Sep., 1986）, pp. 672—673.

② M. W. Flinn, *An Economic and Social History of Britain Since 1700*, Published by Macmillan Education, 1963, pp. 49—50.

战争期间，商品特别是食品价格的高涨带来了异常的艰难。"① 因而英国迫切需要增加粮食供应并提高自给率，长期持续进行的议会圈地在战争期间因此具有了应对战时危机的性质，成了开垦荒地、增加农业用地面积、发展农业生产、提高粮食自给率的有效途径。而"农业的发展——圈地运动及生产技术的提高，也的确大大地增加了国内粮食的产量"。② 特纳也认为，1780 年以前在黏土地带所进行的圈地大多是将耕地转化为牧场，将发展农业调整为发展畜牧业或农牧相结合的混合性农业。也就是前文中所说的，自然因素在圈地的动因中起了一定的作用，圈地的过程实质就是因地制宜合理利用土地资源、调整农业生产结构的过程。

二　后期议会圈地运动

与前期议会圈地相比，后期议会圈地运动无论是从通过的圈地法令的数量，还是从圈地的数量上，都要远远超过前期。后期议会所通过的圈地法令的数量为 5037 项，圈地面积达 6646227 英亩，而非议会圈地约为455000 英亩。议会圈地数量占同时期圈地总数的 93.6%，占议会圈地总面积的 94.9%。因而议会圈地是圈地的主要途径和方式，各类非议会圈地的方式已退居次要地位。

（一）后期议会圈地运动兴起的背景

后期议会圈地成为圈地运动的主要方式，是前期议会圈地运动一脉相承而不断发展的结果，但也有其复杂的政治和经济方面的因素，也与时代背景密切相关。

1. 中央集权的不断加强

议会圈地法令的通过及实施本身就是中央及议会权力的体现，只有中央集权及议会权力的不断加强才能保证议会法令被有效地贯彻执行。"英格兰中世纪时代的终结是以紧缩而不是以扩张为标志的；长期以来征服法国的梦想被放弃了，尤为重要的是，在爱尔兰受英格兰控制、受英格兰语言和文明影响的地区大为缩减。在 15 世纪早期，随着欧文·格伦道尔的反叛，威尔士一度赢得了半独立的地位；虽然这次抗争遭到彻底的镇压，

---

① M. W. Flinn, *An Economic and Social History of Britain Since* 1700 , Published by Macmillan Education, 1963, pp. 61—62.

② Ibid. , p. 63.

但威尔士人仍旧愤愤不服，不肯就范归化。在康沃尔地区和苏格兰边境地区所开展的将边民们整合进入国家整体结构之中的工作也收效甚微，没有任何实质意义的进展。"① 这一切表明，在进入近代之前，英国统一的现代民族国家的最终形成尚有很长的路要走。英国统一的现代民族国家形成的历史因素和社会力量是多种多样的，最为重要的是，它不是一个孤立的历史过程，它与当时不列颠经济发展、社会转型、制度变迁和海外殖民扩张等诸多历史过程之间构成了一种相互关联和相互影响的复杂关系。1603年，苏格兰国王詹姆斯六世南下伦敦登基加冕，是为英王詹姆士一世，开始了斯图亚特王朝在英格兰的统治。"这一事件，并不意味着苏格兰、英格兰及爱尔兰三个王国由此而合并为一个整体。詹姆士一世只是一身二任头戴三顶王冠而已。在不列颠诸王国之间，正式的、宪政的关系是多种多样——苏格兰仍然拥有自己的议会和枢密院，对于它们，英格兰的枢密院并无管辖权——爱尔兰则是一个殖民地王国，附属于英格兰国王和英格兰枢密院（但显然不属于英格兰议会）。英格兰和苏格兰仍是两个互不相属的王国，各有自己的议会和政府，而苏格兰与爱尔兰之间又不存在任何正式的宪政联系。仅凭'一王三国'或'三国一王'的这点关系，是无法将当时不列颠称之为一个同质的社会。"② 詹姆士一世和查理一世父子两代君主在位时所推行的各种政策不仅在英格兰遭到反抗，在苏格兰和爱尔兰也遇到强烈抵制。"同西班牙君主一样，英格兰的查理一世统治着数个王国，同时，他也面临着所有王国对他的反叛；而最后一个造反的则是英格兰。的确，人们现在已经意识到如果没有 1638 年的苏格兰的起义和1641 年的爱尔兰起义，那就不会爆发英格兰的内战；17 世纪所发生的各种动乱，已被比较准确地理解为是一场'三个王国的战争'。"③ 也就是说，英国在当时还远远不是统一的国家，更非现代意义上统一的民族国家。但正是在 17 世纪的内战中，却使统一的趋势得到加强。克伦威尔率领"新模范军"转战不列颠群岛，以铁血方式将其统一在英吉利共和国的大旗之下。"英格兰垂首顺服，爱尔兰俯首慑服，苏格兰悚然屈服。这三个王国统一起来，处于伦敦的专制政府的统治之下，不可抗拒的力量书

---

① 王晋新、姜德福：《现代早期英国社会变迁》，上海三联书店 2008 年版，第 171 页。
② 同上书，第 176 页。
③ 同上。

写了英国历史上最难忘的一页。虽然斯图亚特王朝复辟以后,不列颠社会空间的格局又重新恢复到以往状态之中,但是三个王国之间的联系已发生了深刻的变化。"① 这种变化为现代统一的民族国家的形成奠定了基础。及至"18世纪开始时,不列颠无论是从政治上还是从经济上而言,都不是一个统一的国家"。② 但18世纪是英国近代民族国家建立过程中的重要阶段。1707年,苏格兰与英格兰正式合并,英格兰王国的名称也改为"大不列颠联合王国"。英国对爱尔兰的控制也大为加强。1800年,爱尔兰也正式并入英国。1714年汉诺威王朝建立后,英国的议会政治日趋成熟,也形成了对议会负责的内阁制,中央集权逐步加强。帝国的早期历史是同英国民族国家的发展联系在一起的,英国对外殖民扩张,要求有强有力的中央集权,才能保证对外战争的胜利,巩固通过血与火的斗争在殖民地取得的利益。中央集权的不断加强,近代民族国家逐步形成,是议会圈地运动迅速发展的政治条件。而且英国的国家政权,能够妥善地处理国家与民众之间的利益关系。经济史学家克里斯托夫·格拉曼认为:"商业社会色彩较重的荷兰是沿着将国家政府的权力降低至最小限度的方向发展;在绝对主义专制色彩较重的欧洲大陆国家的政府,则以国家利益与封建王朝的利益以及对财政的关心作为国家政策的重心;而在英国,政府将私人利益与公共利益并重,从而使英国国家政权与百姓之间取得了一种也许比其他任何国家都更为协调的关系。"③

2. 工业革命的兴起

后期议会圈地运动的兴起与发展几乎与英国工业革命的进程同步,以圈地为先导和动力的农业革命与工业革命的相互促进作用更为突出。"工业革命一词指的是18世纪中叶以后从传统的农业社会到工业占优势的那种经济的逐渐转变时期,由于'革命'的概念和逐渐转变的概念相矛盾,因而常常受到非议。但是这个词还受到更有理由的反对,因为工业革命首先是一场真正的农业革命。"④ 我们知道,是农业革命首先兴起,而后促

---

① 王晋新、姜德福:《现代早期英国社会变迁》,上海三联书店2008年版,第177页。

② M. W. Flinn, *An Economic and Social History of Britain Since* 1700 , Published by Macmillan Education, 1963, p. 3.

③ 王晋新、姜德福:《现代早期英国社会变迁》,上海三联书店2008年版,第73页。

④ [意]卡洛·M. 奇波拉:《欧洲经济史》(第三卷),吴良健等译,商务印书馆1989年版,第362页。

进工业革命。"农业革命——因为农村生活发生如此深刻的变化,可以正确地这样叫——结束了僵局,突破了束缚,从而为工业革命铺平了道路。"① 而工业革命的进行一方面要求农业革命以空前的广度和深度进行,另一方面则为农业革命的深入发展提供技术及空间上的支持。可以说以圈地为先导的农业革命孕育了工业革命,而工业革命的兴起则进一步促进了圈地为先导的农业革命的深入发展。

在工业革命兴起之际,英国传统的民族工业——毛纺织业尽管受到棉纺织业及新兴工业门类的冲击而失去了优势,但依然占有较大的份额。据麦克弗森(Macpherson)估计,在工业革命已经开始的 1783 年,英国毛纺织业的年产值依然占据首位,其"产值达到了 16800000 英镑,其次皮革业的年产值为 10500000 英镑,钢铁业的年产值合起来才为 12100000 英镑"。② 这样,在主要的工业门类中,毛纺织业的年产值不仅居于首位,而且占了各种主要工业总产值的 30%。但钢铁业年总产值仅占工业总产值的 21.3%。从毛纺织品的出口情况来看,1715 年,英国出口的各类毛纺织品的价值总额达到了 3359029 英镑,之后出口总额虽有波动,但总的趋势仍然是在增加,1760 年最多时出口毛纺织品达到了 5453172 英镑,直到 18 世纪 80 年代时出口额才开始下降。③ 毛纺织业、皮革业的年产值数据及各类毛纺织品的出口额的统计数字充分表明在 19 世纪之前,英国传统的民族工业并没有走向衰落,而民族工业显然需要以养羊业为主的畜牧业来支撑,这表明圈地发展以养羊为主的畜牧业依然有较大的可能和利益。这是后期圈地运动得以继续高涨的经济因素之一。

在传统的民族工业之外,随着工业革命的兴起,英国棉纺织业、丝织业、采矿业、钢铁业、机器制造业、造船业、交通运输业也日益发展起来,这一切虽不是圈地运动的直接动因,但却对农业变革提出了更高的要求并创造了可能。自由主义的经济政策及市场价格的力量在国民生产各资源的配置中发挥了隐性而巨大的作用,密切了国民经济各部门之间的内在联系,工业拉动了农业的发展。而农业要发展,就要求其革命性因素——

---

① [意] 卡洛·M. 奇波拉:《欧洲经济史》(第三卷),吴良健等译,商务印书馆 1989 年版,第 363 页。

② D. B. Horn, Mary Ransome, *English Historical Documents Volume* Ⅶ 1714—1783, London: Routledge, 1957, p. 505.

③ Ibid., pp. 454—456.

圈地运动要走向高涨。以棉纺织业为例，1787 年英国工业革命起步之时，英国的棉纺织工厂仅有 143 家。而到 1835 年时，棉纺织工厂激增至 1263 家，纺织工人达到了 221169 人。[①] 棉纺织业仅是英国工业化过程中比较重要的一个行业，其他行业同样也在迅猛地发展，必然需要大量的农业劳动力转化为非农业劳动力，同时也要求农业要支撑起工业化及城市化的粮食供应。当然，英国在工业化过程中也进口一部分粮食，但是不可忽视的因素是人口数量成倍的增长及城乡人民生活水平的提高。从增加的人口总量及进口粮食的数量对比来看，英国还是依靠国内的农业发展基本解决了本国人口的吃饭问题。总体来看，"1780 年，英国的铁产量还比不上法国，1848 年已超过世界上所有国家的总和。它的煤占世界总产量的 2/3，棉布占 1/2 以上。1801—1851 年，英国国民总产值增长 125.6%，1851—1901 年又增长 213.9%。1700—1780 年，工业年平均增长率是 0.9%—1%，1780—1870 年已超过 3%。这个数字虽不如 20 世纪有些国家发展速度快，但在当时的世界上却是惊人的，有些经济学家曾测算：在工业革命之前，每 1000 年人类的生产能力才增长一倍；而在工业革命以后，生产能力则加速翻番。英国则迅速成为世界上最富有的国家，它一个国家的生产能力比世界上其他国家的总和还要多得多，它成为全世界的加工厂，它庞大的远洋船队把数不尽的工业品运往世界各地，再把原材料运回国，加工成工业品，然后再运出去"。[②] 1851 年夏天，英国在伦敦市中心举办世界博览会，为此专门修建了一个晶莹透亮的"水晶宫"（Crystal Palace），长 560 多米，高 20 多米，全部用钢架及玻璃搭建，占地 37000 多平方米，造价 8 万英镑。博览会中陈列着 7000 多家英国厂商的产品和大约同样数量的外国商家展品。英国商家几乎全部陈列展出工业品，而外国商家则几乎全部陈列展出的是农产品或手工业产品。博览会"向全世界展出了不列颠在工业方面无可挑战的支配地位。博览会体现和突出的事实显然是不列颠工业在世界上的领先地位"。[③] 实际上也向全世界表明，在 19 世纪中期，英国已率先实现了工业化并在工业化的道路上遥遥领先，而在此背

---

① A. Aspinall, E. Anthony Smith, *English Historical Documents Volume* Ⅷ 1783—1832, London: Routledge, 1959, p. 512.

② 钱乘旦、许洁明：《英国通史》，上海社会科学院出版社 2002 年版，第 221 页。

③ M. W. Flinn, *An Economic and Social History of Britain Since* 1700 , Published by Macmillan Education, 1963, p. 93.

后，圈地运动和农业革命的支撑与基础地位不容忽视。

在工业革命兴起之际，英国依然是一个以农业为主的国家。据阿瑟·杨的详细推算，英国工业革命起步阶段，也就是后期议会圈地运动开始之际，1770 年英格兰各项收入中，"农业收入为 66000000 英镑，而工业收入为 27000000 英镑，商业收入为 10000000 英镑"。[①] 工商业收入的总和还远不及农业收入。这就要求加快农业变革，为工业的发展创造更有利的条件。而恰恰是圈地运动将土地变革和农业革命有机地结合在一起，既变革了土地的所有及使用制度，确立了土地市场和资本，又为农业革命铺平了道路，改变了土地使用及管理体系。使土地制度既能充分发挥劳动者的积极性和创造性，又能科学合理地调整土地利用结构，将更多的劳动力从土地上解放了出来。而工业革命的蓬勃发展也为圈地运动提供了更大的吸引力和空间，要求有更多的劳动力从农业转移到工业，从农村转移到城市，也要求有包括农产品及工矿产品在内的充足的工业原料及燃料，还要求有广阔的国内市场及完善的交通网络，这一切都要求农业革命及土地制度的变革在更宽广的领域内展开。"农业革命最明显的象征即议会圈地法案绝大部分都是集中在 18 世纪后半期制定的。"[②] 这表明在 18 世纪后半期，随着工业革命的进行，议会的圈地运动也进入了高潮，而"圈地运动的令人瞩目的进展，逐渐把以热爱古老英国的小生产者、自由持有农和自耕农为特征的农村社会改变为一个新的农业社会。富裕的资本主义农场主，他们通常是乡绅地主阶级的佃农而不是地主本人，逐渐成为农村的统治者，而在这些阶层之下的人则越来越多地变为没有土地的劳动者。这个过程有时被夸大了，但是在 18 世纪这个进程肯定是加速了"。[③] 由此可见，议会圈地运动担负起了把英国传统的农业社会改造成为近代工业社会的重任，因而工业革命的兴起必然推动圈地运动走向高涨。

3. 1760 年后国际国内形势

1760 年后英国工业化及城市化的进程明显加速，城镇人口不断增加，英国总人口数量也有较快的增长。非农业人口的大量增加对农业生产提出

---

① D. B. Horn, Mary Ransome, *English Historical Documents Volume* Ⅶ 1714—1783, London: Routledge, 1957, p. 428.

② ［英］肯尼思·O. 摩根：《牛津英国通史》，王觉非等译，商务印书馆 1993 年版，第 400 页。

③ 同上。

更高的要求，也导致了谷物价格的普遍上涨，"大不列颠需要依靠自己的土地养活不断增加的人口，对于这个问题许多人是不了解的。然而人人都感觉到物价上涨所反映的无形的需求压力，大家也意识到散在式农业已经成为提高谷物产量和改进喂养家畜的绊脚石"。① 这种对农产品需求压力的加大促使了议会圈地运动的迅速发展。

在 1760 年后的 50 年中，有一半以上的时间不列颠是在战争中渡过的。先是与法国争夺印度与北美殖民地的"七年战争"（1756—1763 年），之后又由于美国独立发生了与北美殖民地的战争，接着又爆发了干涉法国革命及持续的"拿破仑战争"（1793—1815 年）。持续不断的战争使海外输入英国的粮食锐减，同时也由于国内粮食的歉收以及人口的迅速增长导致市场上的粮食供不应求，粮食价格日益昂贵，几乎达到了饥荒时期的水平。"从 18 世纪中期至 19 世纪初，小麦价格平均上涨了 70% 以上，大麦的价格从 1780—1814 年也上涨了 45%—48%。"② 其他种类的粮食及肉食、奶制品的价格也有较大幅度的上涨。在粮食歉收和供应紧张时，"物价水平是战前物价水平的两到三倍。高涨的物价鼓励农场主集中生产更多的谷物"。③ 这就要求加快农业的变革，实现粮食生产在一定程度上的自给自足，同时"土地价格的上涨，也刺激着越来越多的富人参与圈地"。④ 因而"在这两个战争时期中，圈地运动蓬勃地开展起来了，这一点丝毫不会令人感到奇怪。战争时期所形成的气氛要求采取果断的行动，反对对农业和农村政策抱冷漠的态度"。⑤ 1803 年，农业委员会的主席约翰·辛克莱尔爵士（Sir John Sinclair）积极倡导："我们已同我们的敌人开始了另外一场战役……我们为什么不同国内的敌人也进行一场战役呢？我指的是同王国内至今依然未被彻底征服的大片的贫瘠的土地。我们不能只满足于解放埃及或征服马耳他，还要制服芬奇利（Finchley）草原、征服豪恩斯洛（Hounslow）荒原、战胜埃平（Epping）森林，从而使

---

① ［英］斯丹普、比佛：《不列颠群岛自然地理和农业地理》，吴传钧译，商务印书馆 1960 年版，第 184 页。

② G. E. Mingay. *The Agrarian History of England and wales*VI. Cambridge, 1989, p. 107.

③ M. W. Flinn, *An Economic and Social History of Britain Since* 1700 , Published by Macmillan Education, 1963, p. 62.

④ 阎照祥：《英国史》，人民出版社 2003 年版，第 232 页。

⑤ ［英］斯丹普、比佛：《不列颠群岛自然地理和农业地理》，吴传钧译，商务印书馆 1960 年版，第 184 页。

这些地方得到开垦利用。"① 这种积极进取的动力 "不仅来源于农业的歉收，也来源于仍然继续的拿破仑战争，使人们感觉到粮食安全值得担忧"。② 英国当时持续进行的战争和 "大陆封锁" 政策对英国所造成的后果虽不如两次世界大战那样令人瞩目，但在英国历史上也绝非小事，对英国所造成的影响及结果不可忽视。在圈地运动方面，战争的持续不仅推动圈地运动走向高潮，也推动着进一步开垦荒地、扩大可利用土地的面积、挖掘土地资源的潜力、调整土地资源的配置等，促使农业革命在纵深领域里展开，极大地推动了英国农业的发展和对土地资源的充分合理利用。

（二）后期议会圈地运动的进程

1760 年后议会圈地运动迅速高涨。从议会通过的圈地法令数量来看，"70 年代每年议会通过的圈地法令迅速攀升到 64 项"，③ 80 年代通过的圈地法令数量稍有回落，90 年代又重新高涨，"在 1790—1819 年之间，议会通过的圈地法令平均每年达到了 75 项，而在 1800—1814 年，当战争期间的粮食价格上升到最高时，议会圈地也达到了顶峰，平均每年通过的圈地法令多达 95 项"。④ 拿破仑战争结束后，议会所通过的圈地法令数量迅速回落，"1815—1819 年，每年通过的圈地法令平均有 46 项，而从 1820—1844 年，每年通过的圈地法令平均只有 16 项"。⑤ 由议会每年通过的圈地法令的数量，可以大体上勾勒出议会圈地的规模及进程。另外，从议会圈地的面积来看，根据特纳（Turner）的统计，"1793 年前议会通过的圈地法令有 1611 项，圈占敞田耕地 1853567 英亩，圈占公用土地及荒地 709093 英亩，总面积有 2562660 英亩，占英格兰总面积的 7.9%。在 1793—1815 年的战争期间，议会通过的圈地法令多达 1969 项，圈占敞田耕地 1986888 英亩，被圈占的公用土地和荒地也达到了 905249 英亩。圈地的总面积约 290 万英亩，占英格兰总面积的 8.9%。而在 1816—1829

---

① Michael Turner, *English Parliamentary enclosure—Its historical Geography and Economic History*, Wm Dawson & Sons Ltd, Cannon House Folkestone, Kent England, 1980, p. 88.

② ［英］斯丹普、比佛：《不列颠群岛自然地理和农业地理》，吴传钧译，商务印书馆 1960 年版，第 184 页。

③ G. E. Mingay, *Parliamentary Enclosure in England: An Introduction to its Causes, Incidence and Impact* 1750—1850, New York: Published in the United States of America by Addison Wesley Longman, 1997, p. 22.

④ Ibid..

⑤ Ibid..

年，被圈占的敞田仅有 239308 英亩，被圈占的公用土地及荒地也只有
142739 英亩，而且全部用于耕种"。① 从议会圈地的数量也可以得出大致
相同的结论。另外，从地理和地形上看，圈地在更广阔的范围内展开，将
更多的郡卷入了议会圈地的浪潮中。议会圈地的前期，圈地的地理范围主
要集中在米德兰地区，而在后期，则向其他地区扩展，包括"东盎格鲁
的低地地带、萨默塞特郡、河谷和石南荒原地带的砂砾层或沙质土地区、
诺福克郡的沙质土地带、英格兰相对偏远和荒凉贫瘠的地区，特别是在奔
宁山系地带。在威尔士，圈地也相对集中在崎岖不平的高地或山地而不是
河谷地带"。② 若以行政区划来看，后期议会圈地主要集中在剑桥郡、诺
福克郡、萨默塞特郡、萨福克郡、伯克郡、坎伯兰郡、米德尔塞克斯郡、
萨里郡、兰开夏郡、丹佛郡、埃塞克斯郡、赫里福特郡及怀特岛（Isle of
Wight）。若从圈占土地的类型上来看，在议会圈地运动的早期，圈占的大
多为敞田及相关的公用土地，以后圈占的公用土地及荒地逐渐增多，在拿
破仑战争期间尤为显著。正如威廉姆斯（Williams）所观察到的情况，
"1795—1815 年同法国战争期间，人们才充分认识到荒地的价值，因而在
一些人的心目中，征服荒地和战胜法国就成了同义语"。③ 人们希望通过
开垦次等和边际土地以增加粮食生产，将昔日的荒地变成盛产粮食的良
田。这种对边际土地进行开垦的圈地主要集中在"柴郡、康沃尔郡、丹
佛郡、达勒姆郡、肯特郡、兰开夏郡、蒙茅斯郡及威斯特摩兰（Westmor-
land）地区（也称伊顿河谷④，Vale of Eden），也就是主要集中于什罗普
郡、斯坦福德郡及约克郡东区"。⑤ 此外议会圈地还"改造了汉普荒原及
地处萨里郡与多塞特郡之间的荒地、约克郡北区和西区的湿地，对林肯及
萨默塞特郡的低地的圈占则同时也进行了疏浚排水的改造。这些低地地带
以前通常是公用地或荒地，不时遭受水患或水灾，在圈地后通常转换为耕

---

① Michael Turner, *English Parliamentary enclosure——Its historical Geography and Economic History*, Wm Dawson & Sons Ltd, Cannon House Folkestone, Kent England, 1980, p. 71.

② Ibid. , p. 77.

③ Ibid. , p. 88.

④ 英格兰坎布里亚行政郡的一低洼地带，把本宁山地北部与广大湖区分开，上游谷地属威斯特摩兰（Westmorland）历史郡，下游地区则属坎伯兰历史郡。伊登河注入索尔韦湾（Solway Firth）。现为富饶的农业区。

⑤ Michael Turner, *English Parliamentary enclosure——Its historical Geography and Economic History*, Wm Dawson & Sons Ltd, Cannon House Folkestone, Kent England, 1980, p. 77.

地或牧场"。① 这种荒地及公用地因其地理位置或较低的生产率往往成为次等土地,所以其圈地的进程相对要缓慢而滞后,通常只有在饥馑和粮食价格高涨时才会被圈占开发。因而圈地也具有因地制宜合理利用土地资源、进一步开发土地资源、增加可利用土地的数量、提高土地利用率的作用。而拿破仑战争期间这种对边际土地的垦殖,从表6-2的数字可以看出,总面积达到了90多万英亩,而且在战争期间大部分开辟为耕地,这对于增加粮食生产,提高粮食自给率的意义显而易见,的确是解决"不列颠饥饿"的一种有效途径。"大量的荒地被圈占后用来种植谷物,而且千方百计来提高产量。据估计,战争期间,各类粮食作物的产量增加了50%,更多的都是单位面积产量提高的结果。农业的发展进步使取得较高利润成为可能,而这些利润大多又以投资圈地的形式回归于土地,并采用新的生产工具、改良畜种和农作物品种、排水和施肥。高昂的粮食价格的优势在于不可避免地使地主获得较高的地租。战争后期的租地契约都规定有较高的地租。"②

表6-2可以简明地反映出不同时段议会圈地在议会圈地总额中所占的百分比,1830年前议会圈地数量在议会圈地总数量的百分比是85.9%,而圈地总面积占英格兰总面积的18%。

表6-2　　　　　　　　　1830年前议会圈地进程概览

时间段	圈地项目总计	其中圈占的敞田耕地	其中圈占的公用土地和荒地
圈地法令（项）			
1793年前	1611	1177	434
1793—1815年	1969	1283	686
1816—1829年	365	184	181
1830年前总计	3945	2644	1301
圈地面积（英亩）			
1793年前	2562660	1853567	709093

---

① Michael Turner, *English Parliamentary enclosure—Its historical Geography and Economic History*, Wm Dawson & Sons Ltd, Cannon House Folkestone, Kent England, 1980, p. 87.

② M. W. Flinn, *An Economic and Social History of Britain Since 1700*, Published by Macmillan Education, 1963, p. 62.

续表

时间段	圈地项目总计	其中圈占的敞田耕地	其中圈占的公用土地和荒地
圈地面积（英亩）			
1793—1815 年	2892137	1986888	905249
1816—1829 年	382047	239308	142739
1830 年前总计	5836844	4079763	1757081
圈地面积占英格总面积的百分比（%）			
1793 年前	7.9	5.7	2.2
1793—1815 年	8.9	6.1	2.8
1816—1829 年	1.2	0.7	0.4
1830 年前总计	18.0	12.6	5.4

资料来源: Michael Turner , *English Parliamentary enclosure——Its historical Geography and Economic History* , Wm Dawson & Sons Ltd, Cannon House Folkestone, Kent England, 1980, p. 71。

表 6-3　　　　　　1830 年前议会圈地进程比例　　　　（单位:%）

时间	圈占的耕地在议会圈地总额中所占的面积比	圈占的公用土地和荒地在议会圈地总额中所占的面积比
1793 年前	27.3	10.4
1793—1815 年	29.2	13.3
1816—1829 年	3.5	2.1
	在议会圈地总额中占 60	在议会圈地总额中占 25.9

资料来源: Michael Turner, *English Parliamentary enclosure——Its historical Geography and Economic History*, Wm Dawson & Sons Ltd, Cannon House Folkestone, Kent England, 1980, pp. 69—71。

　　但是特纳上述的统计表中没有 1830 年以后的圈地数据，而特纳推算出了议会圈地的总数量为 6794429 英亩，也就是约 680 万英亩，这个数字应该不包括蒙茅斯郡，同时也推算出了 1830 年前议会圈地数量占议会圈地总数量的百分比为 85.9%。这样，1830 年议会圈地数量在议会圈地总数量中所占的百分比就为 14.1%，圈地的数量就为 957585 英亩。如果算上蒙茅斯郡的面积 210039 英亩，那么特纳的统计就和泰特、沃第等学者所推算的数据趋向一致，也就是议会圈地的总额为 7004468 英亩，即约 700 万英亩。因而可以认为是相对准确的议会圈地数量。

　　1830 年后议会圈地的总体走势是趋向平静，圈地的数量也迅速锐减。

但有个别郡的圈地依然在进行，议会圈地的份额仍然较大，例如："剑桥郡在 1830 年的议会圈地数量占到了该郡议会圈地总量的 36.6%。"[1] 与剑桥郡情况相类似的还有亨廷顿郡和贝德福德郡，而且圈占的大部分为古老的敞田。其相同的原因是这三个郡都处于大乌斯河（Great Ouse River）流域的低地地区，泛滥的洪水时常淹没农田，土壤养分流失较为严重，因而是比较贫瘠的土地，其农业利用时需要采取排水改良等一系列措施，圈地的成本及投资相对较高而利润较低。所以直到拿破仑战争期间谷物价格高涨时，这里才出现了第一次圈地的高潮。高价格带来的高利润，有利于收回圈地及投资的成本。这些郡的自然及地理因素是其圈地进程相对较为迟缓的主要原因。

诺丁汉郡（Nottinghamshire）议会圈地面积为 175324 英亩，占该郡总面积的 32.5%。从圈地的绝对数量和圈地的规模方面均处于中等水平，在圈地进程上应该具有代表性，以下以诺丁汉郡为例说明 18—19 世纪议会圈地的详细情况：

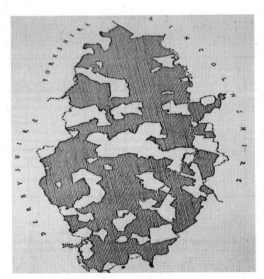

图 6-1　诺丁汉郡议会圈地所涉及的教区（1743—1868 年）

资料来源：W. E. Tate, *The Enclosure Movement*, New York: Walker and company, 1967, p. 132。

---

① Michael Turner, *English Parliamentary enclosure—Its historical Geography and Economic History*, Wm Dawson & Sons Ltd, Cannon House Folkestone, Kent England, 1980, p. 85.

　　图6-1中阴影部分的面积几乎遍布诺丁汉郡的每个教区，然而实际圈占的面积当然比此要小得多。"诺丁汉郡实际圈地面积大约为530000英亩，依据圈地判定书而圈占的面积大约为145000英亩。"[1] 其余则应该是依据总则性圈地法令而圈占的面积，约为530000 - 145000 = 385000（英亩）。由此我们可以看出，在总则性圈地法令下，圈地的进程大大地加速了，而且圈地的规模也大大超过了以前议会通过的个别圈地法令之下的圈地规模。在半个多世纪以内，在总则性圈地法令下的圈地面积在诺丁汉郡占到了该郡圈地总面积的72.7%。而以前在几个世纪中的圈地面积仅占该郡圈地总面积的27.3%。

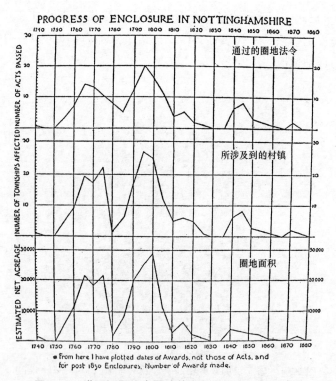

图6-2　诺丁汉郡议会圈地的进程（1743—1880年）

资料来源：W. E. Tate, *The Enclosure Movement*, New York：Walker and company, 1967, p. 133。

---

[1]　W. E. Tate, *The Enclosure Movement*, New York：Walker and company, 1967, p. 202.

从图 6-2 三个不同方面的参数我们可以看出诺丁汉郡圈地的进程，而且无论从哪一种参数来分析，我们基本可以得出大致相同的结论。从图 6-2 可以看出，从 18 世纪 60 年代到 70 年代，圈地的进程明显加速，这与 1750 年以后谷物价格普遍持续地上涨有关。这一时期圈占的土地主要是敞田及敞田制下的荒地和公用土地。在 18 世纪 80 年代前期圈地的进程几乎趋向停止和中断。从 1793 年开始，在 18 世纪的 90 年代到 19 世纪最初的几年里，迎来了第二个圈地的高峰，这与这一时期持续的战争、饥荒和高涨的物价有直接关系。特别是在 1800—1801 年、1809—1813 年这两个饥荒特别严重的时期，圈地运动有很大的进展。到 1815 年以后，几乎没有敞田可供圈占，因而圈地的进程明显趋缓。在此之后的圈地大部分是在 1836 年、1840 年和 1845 年总则性圈地法令的条款下进行的，其费用低廉，也较为公平和公正。这一时期，圈占的主要是荒地和公用土地（大部分是以前从未开垦过的）。

诺福克郡通过议会圈地及农业革命而成为英国农业最发达最先进的郡，其首先推行的四圃轮作制被命名为诺福克四圃轮作制而成为农业革命标志性的事件，以合理利用土地资源、科学轮作、减少轮空休闲的土地面积、提高土地利用率及农业生产率而带动了英国整个农业的发展。议会所通过的涉及诺福克郡的议会圈地法令有 322 项（其中有 16 项圈地法令无法考证其对应的圈地地点或数量），其中圈占敞田耕地的有 192 项，圈占公用土地及荒地的有 130 项，[1] 诺福克郡的议会圈地总面积为 422986 英亩，议会圈地占该郡总面积的 32.3%。[2] 与其他郡相比，议会圈地的面积位于前列而圈地较之该郡总面积的比例相对较低。其圈地的进程如图 6-3 所示：

---

① Michael Turner, *English Parliamentary enclosure——Its historical Geography and Economic History*, Wm Dawson & Sons Ltd, Cannon House Folkestone, Kent England, 1980, p. 176.

② 这两个数据来源于 Gilbert Slate, *The English Peasantry and the Enclosure of Common Fields*, New York: Augstus M. Kelley Publishers, 1968, pp. 140 - 147, 而特纳所统计的数字分别为 420363 英亩, 31.1%。引自 Michael Turner. *English Parliamentary enclosure—Its historical Geography and Economic History*, pp. 178 - 180。因而可认为基本一致。

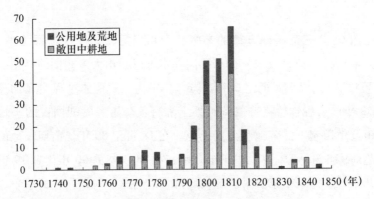

图 6-3 诺福克郡圈地进程（1730—1849 年）

资料来源：作者根据以下资料编制：Michael Turner, *English Parliamentary enclosure——Its historical Geography and Economic History*, Wm Dawson & Sons Ltd, Cannon House Folkestone, Kent England, 1980, p. 78.

    图 6-3，诺福克郡议会圈地的时间主要集中在议会圈地后期的 1760—1785 年和 1790—1815 年法国大革命及拿破仑战争期间，在后一个阶段议会圈地运动达到了顶峰。其圈地进程的基本特征与上述的诺丁汉郡及全国基本相同。从圈地类型上，诺福克郡所圈占的敞田耕地、公用地和荒地的比例份额基本同时上升和下降，但所圈的敞田耕地明显多于公用地及荒地。圈地不仅要改造原来所利用的土地，同时还大量地开发了未利用或利用率低的公用地及荒地，并以科学的轮作制使土地资源得到了充分合理的利用，其先进的生产技术及轮作制度使诺福克郡成为农业革命的领衔之郡。不仅如此，而且在拿破仑战争期间，也大大提高了粮食的自给程度，缓解了因战争和 18 世纪 90 年代连续的农业歉收所带来的粮食危机。这对于解决日益增多的人口的粮食问题及方兴未艾的工业革命都具有重大的意义。"粮食歉收和饥饿的情况是异常严重的但并未造成蔓延性的危机，这在很大程度上要归功于土地革命。如果没有土地革命，不列颠即使在和平时期也无法养活她的人口。"① 英国农业在战争期间的发展成果是显著的，以至于在战后对外贸易恢复后粮食生产随即出现了过剩，导致了始料未及的农业萧条，特别是给约曼阶层和小土地所有者带来了沉重的压

---

① A. Aspinall, E. Anthony Smith, *English Historical Documents Volume* Ⅷ 1783—1832, London: Routledge, 1959, p. 450.

力，促使约曼阶层和小土地所有者进一步走向衰落。可以说，地产的集中和大农业经营体制的确立是以圈地运动为核心的各种经济因素发展的结果。

(三) 总则性圈地法令 (The General Enclosure Acts)

尽管有无数特殊法令在特定的区域进行着圈地，但在 1801 年之前，依然没有总则性的圈地法令。早在 1621 年和 1641 年就出现过要求通过总则性的圈地法令的提案。其要求的动因是议会圈地的过程耗时费力、费用高昂、复杂而艰难，因而要求通过能够降低圈地费用、简便圈地过程的总则性圈地法令。1669 年约翰·沃利芝 (John Worlidge) 的《系统化的农业》(Systema Agriculture) 问世后，要求通过总则性圈地法令的呼声日益高涨，"在丹尼尔·笛福 (Daniel Defoe)、约翰·霍顿 (John Houghton)、威廉·佩第爵士 (Sir William Petty) 等人的作品中都可以见诸这样的要求"。[1]最终在 1801 年，第一个总则性圈地法令终于得以通过。此外，在 1836 年又通过了另外一项重要的总则性圈地法令。1845 年，又一个总则性圈地法令在上下两院都得以成功地通过。因而在圈地历史上，共有三项比较重要的总则性圈地法令。

18 世纪 90 年代，土地问题一直困扰着英国政府。持续的对外战争、农业的歉收、连年的饥荒和高涨的物价要求扩大耕地面积，然而可增加的耕地数量是非常有限的，只能通过提高已耕作土地的产量来解决问题。1793 年建立的农业委员会是一个半私有性质的企业组织，但是该委员会在经费上得到了政府的大力资助，当时最著名的农业问题专家阿瑟·杨被任命为农业委员会的秘书。在他被任命为秘书前后，他大力宣传改革农业，认为只有通过圈地才能推动农业发展进步。他指出现行的圈地方式阻碍了圈地的进展，圈地应该尽可能地得到政府的帮助和鼓励而使其成为一种运动。阿瑟·杨认为圈地本身就促进了农业的发展："圈地后的结果不能仅视为对个人有益，它将会对整个国家都大有裨益。农业的发展是我们强大的源泉，否则我们将会被轻视。因而我们应当积极地为圈地创造条件，扫除圈地的障碍，任何对圈地的偏见都应当纠正。"[2] 圈地的优点是

---

[1] W. E. Tate, *The Enclosure Movement*, New York: Walker and company, 1967, p. 130.

[2] D. B. Horn, Mary Ransome, *English Historical Documents Volume* Ⅶ 1714—1783, London: Routledge, 1957, p. 437.

"既改善了国家又改变了人"。在圈地方面占主导地位的无疑是大农场主。阿瑟·杨写道："没有任何小农户能够做到像诺福克郡已做的那种大事，这是显而易见的。大农场是诺福克耕作业的灵魂。如果把大农场瓜分为一个个年产值为 100 英镑的地产，你会发现全郡除了乞讨就是杂草。"①

农业委员会成立以后还立即着手对英格兰和苏格兰逐郡进行全面的农业普查，其间还对有些郡进行过反复的测量和调查，1793—1794 年初步完成了对英格兰的农业调查。同时期最有才干的农业问题专家威廉·马歇尔（William Marshall），也独自完成了英格兰的农业调查，他忽略了郡的行政区划，以相同的土壤、作物和农业生产方式将土地进行分类。结合这两次普查结果，可以对 18 世纪末 19 世纪初英格兰敞田制下不同的农业生产方式有较为全面的了解，调查结果显示："总体而言，米德兰各郡普遍实行敞田制，尤其米德兰中部各郡，尚留有大量的敞田及公用土地，并普遍实行三圃轮作制。"②调查还发现，在有些地区虽未有议会圈地法令的授权与批准，但出现了土地所有人自发组织的类似于圈地的行为，"在赫特福德郡南部，我们发现敞田已被土地的所有者或占有者以协议的方式耕种，出现了类似于圈地的行为"。③

以上的农业普查表明，圈地运动虽历经近三个世纪，但进程相对缓慢，在英格兰依然有广阔的敞田制地区，圈地的深入发展尚有较大的空间。"在米德兰的大部分村庄，这种变革是 18 世纪晚期或 19 世纪早期在议会权威下发生的。"④而且在 18 世纪末 19 世纪初，圈地运动已经成为发展农业的必要条件而深入人心，而不再像圈地运动初期那样，受到社会各阶层人不同程度的反对和抵制了。到 18 世纪时，人们对圈地运动的看法甚至出现了截然不同于 16 世纪的看法，认为圈地并不一定引起农村人口的减少，随着农业生产的发展，还有可能增加农业需要的劳动力。"或许比较接近事实的说法是，圈地养羊的历史并非就是驱逐人口的历史，那些被抛荒的地方和毁坏的村庄最先出现在米德兰中部诸郡，圈地往往是为了

---

① ［英］阿萨·勃里格斯：《英国社会史》，陈叔平等译，中国人民大学出版社 1991 年版，第 211 页。

② Gilbert Slate, *The English Peasantry and the Enclosure of Common Fields*, New York：Augstus M. Kelley Publishers, 1968, p. 74.

③ Ibid., p. 75.

④ W. E. Tate, *The Enclosure Movement*, New York：Walker and company, 1967, p. 23.

因地制宜和地尽其利，这种情况并非一直延续到 18 世纪中期。假如养羊不是唯一目的，那么目的或许是为了发展农牧混合型农业。"① 通常来说，"将耕地转化为牧场的圈地会减少对劳动力的需求，而将牧场转化为耕地的圈地则会增加对劳动力的需求"。② 圈地也并不意味着将耕地转变为牧场，也出现了把荒地和公用牧场变为耕地的圈地行为，"在 1702 年至 1802 年之间，为圈占荒地和公共牧场而通过的法令就有 577 项之多，因之英格兰和威尔士增加的耕地面积达到了 800000 多英亩"。③ 同时，18 世纪对羊毛出口的限制也引起了羊毛价格的下降，而对谷物出口的补贴直接鼓励着农民种植谷物。农业生产的进步的确比过去吸纳了更多的劳动力。从 16 世纪到 18 世纪，就反对圈地的实质而言，无一例外地都是反对圈占耕地作为牧场并驱逐农民、减少农村人口，而对圈占荒地、有可能增加农业劳动力的圈地行为则持赞成的态度。倡导圈地的人提倡的是既能发展农业生产，又能增加农村人口的圈地行为。

至于 19 世纪英国农村人口的锐减，其原因多重而复杂，并非单纯地由圈地运动所致。"不列颠乡村社会结构在议会圈地期间所发生的变化，我们必须清楚地认识到，其他因素和圈地因素具有同等重要的作用。"④ 首先，19 世纪自由贸易的实行严重地影响到了英国的谷物价格，一定程度上导致了农业生产力的转移。其次，随着总则性圈地法令的实施，1845 年以后英国农村公用土地的面积急剧萎缩，也使以前部分依赖公用土地为生的农民被迫背井离乡。最后，更为重要的原因是，随着工业革命的完成，工业化和城市化的深入发展不可避免地要对农村人口产生拉力，吸引着农村人口向城市转移。以采煤业中的矿工为例，"1870—1880 年，采煤工人的人数约为 50 万左右，而到 1914 年时，采煤工人的人数已经翻了一

---

①　Michael Turner，*English Parliamentary enclosure——Its historical Geography and Economic History*，Wm Dawson & Sons Ltd，Cannon House Folkestone，Kent England，1980，p. 136.

②　Leigh Shaw - Taylor，"Parliamentary Enclosure and the Emergence of an English Agricultural Proletariat" *The Journal of Economic History*，Vol. 61，No. 3，（Sep.，2001），p. 659.

③　Gilbert Slate，*The English Peasantry and the Enclosure of Common Fields*，New York：Augstus M. Kelley Publishers，1968，p. 92.

④　M. W. Flinn，*An Economic and Social History of Britain Since* 1700 ，Published by Macmillan Education，1963，p. 57.

番"。① 同时，以前在乡村的工业也受到工业革命的冲击而趋向衰落，诸如"英格兰东南部森林地带的威尔德（Weald）的冶铁业、西南部和东盎格鲁的纺织业"。② 此外，拿破仑战争持续长达 22 年，不仅英国自身经历着战争的创伤，英国还要向无力长期支撑战争的欧洲盟国提供贷款，"1792—1816 年，不列颠向欧洲盟国提供了 5700 万英镑的巨额贷款，为了筹措如此巨额的贷款和庞大的海陆军军费开支，赋税自然达到了最高水平"。③ 战争期间物价高涨，赋税剧增，尤其是谷物和食品的价格有较大幅度的增长，给农村贫困人口带来的压力和影响最为显著，也推动了农村人口向城市和其他地区的转移。"特别是拿破仑战争期间，也是议会圈地的顶峰时期，农村劳动力的缺乏既是圈地的结果，也是工业扩张的结果，也是大量人员应征入伍所导致的结果。"④ 生产力的发展和社会分工的进一步扩大也促使农业劳动力向非农产业转移，还有一个不可忽视的原因是，英国在 19 世纪已成为"日不落帝国"，庞大的海外殖民地也使英国人口源源不断地流向国外，或从事殖民活动，或向海外移民而在殖民地落地生根。英国的圈地运动之所以能够持续将近 5 个世纪，与长期以来其人口对土地产生的压力较小有很大的关系。即农业与工业及其他产业能够形成良性互动，劳动力资源在市场的作用下能够合理有序地流动及配置，农业领域内的过剩劳动力能够被工业和其他产业迅速吸收消化，无论是在农产品市场方面，还是在技术的改进方面，均为农业生产的进步提供了较大的空间。从 16 世纪开始，源源不断地向海外移民也从不同程度上缓解了国内人口对土地产生的压力，为充分合理地利用土地也提供了较为宽松的空间，使得土地切实能够宜耕则耕、宜牧则牧。

1795 年的农业危机迫切要求建构新的更好的圈地方式代替当时通行的圈地方式，阿瑟·杨指责当时通行的圈地方式是私人欺诈和公众愚昧的混合物。农业委员会的主席约翰·辛克莱尔作诗支持他的秘书阿瑟·杨的圈地倡议：

---

① M. W. Flinn, *An Economic and Social History of Britain Since* 1700 , Published by Macmillan Education, 1963, p. 125.

② Ibid. , p. 57.

③ Ibid. , p. 59.

④ G. E. Mingay, *Parliamentary Enclosure in England: An Introduction to its Causes, Incidence and Impact* 1750—1850, New York: Published in the United States of America by Addison Wesley Longman, 1997, p. 145.

让我们铲除法律的藩篱，

它扼杀了我们不列颠岛灿烂的文化，

如果那些法律被废除，无尽的财富就会遍地而来，

我们的荒地也会绽放笑脸，

英格兰很快就会成为第二个伊甸园。①

在阿瑟·杨的推动和努力之下，1801 年的总则性圈地法令得以通过。"他起初的意图是通过总则性圈地法令，不要使每例圈地都提交到议会，以减少不必要的花费、拖延和不便。"②其目的是简化圈地程序、降低圈地费用、使圈地法令更易于在议会获得通过。但是之后的"每一例圈地仍然需要单个的圈地法令，只是在通过圈地法令时手续有所简化，时间有所缩短"。③ 从而也"被认为仅是一款修正性的法令，也只是稍稍降低了圈地的费用"。④ 但是该圈地法令的通过对于简便圈地程序及推进圈地进程仍然有着积极的意义。它"简化了圈地程序、统一了圈地法令的条款、降低了圈地的费用，因而 19 世纪早期圈地依然能以较快的速度得以继续进行，直到所留有的敞田和公用土地逐渐消失时圈地速度才趋于缓慢"。⑤

1836 年的总则性圈地法令是非常重要的一项圈地法令，它规定在 2/3 的利益相关人同意的情况下就可以实施圈地，不必向议会提交特别申请。根据法令圈地者可以自行任命圈地委员会，而在有 7/8 的利益相关人同意的情况下，圈地者就可以自行圈地，而不需要通过任何形式的圈地委员会。此法令通过以后，某些郡有很大面积的土地以相对公平和低廉的费用而被圈占，而此类的圈地很少引起历史学家的注意，因为这样的圈地判定书大多是地方性的，不像之前的圈地判定书，是国家性质的。一些人注意到 1836 年总则性圈地法令中关于公共利益的条款，它禁止圈占使用伦敦

---

① W. E. Tate, *The Enclosure Movement*, New York: Walker and company, 1967, p.131.

② Ibid., p.130.

③ G. E. Mingay, *Parliamentary Enclosure in England: An Introduction to its Causes, Incidence and Impact* 1750—1850, New York: Published in the United States of America by Addison Wesley Longman, 1997, p.29.

④ Michael Turner, *English Parliamentary enclosure—Its historical Geography and Economic History*, Wm Dawson & Sons Ltd, Cannon House Folkestone, Kent England, 1980, p.68.

⑤ M. W. Flinn, *An Economic and Social History of Britain Since* 1700, Published by Macmillan Education, 1963, p.55.

市中心 10 英里以内的任何地区，其他较大的城镇可以根据城镇的规模相应地在此范围内有所变动，并期望以后的立法要加强对公用土地的保护。这一点可以认为是伊丽莎白时期 1589 年法令的再版，那时禁止任何人圈占伦敦近郊 3 英里的公用土地，而随着工业化进程的加速和城市规模的扩张，这一规定的距离由 3 英里变成了 10 英里。

1836 年总则性圈地法令的原始内容只包括圈占英格兰和威尔士可耕的敞田，但在实施中被极大地扩大了，扩大到了圈占公用的牧场、庄园主的荒地等。尤其是威尔士大量的荒地就是依据此法令而被圈占的，还有位于纽纳姆村庄和剑桥之间的兰默斯牧地（Lammas lands）等。

最后一个总则性圈地法令在 1845 年获得通过。早在 1842 年议会就开始了对圈地问题的政治讨论，并成立了由沃斯利勋爵（Lord Worsley）担任主席的特别委员会。在这个特别委员会的报告中，针对 1845 年的总则性圈地法令提出了一个更完善的圈地计划，虽然遭到了较多人的强烈反对，但最终在议会得到通过。之后建立了圈地委员会，由圈地委员和土地测量员共同开展工作。其工作主要有两方面：一是对地方上建议的每例圈地进行实地调查；二是在圈地委员会向下院报告和推荐的圈地议案得到批准以后，负责实际的圈地和分配工作。

1869 年，格拉德斯通（Gladstone）在任期间，议会对圈地进行了调查。调查显示："在 1845—1868 年，每年平均圈地事例有 39 起，总共有 946 起圈地，圈占土地 618000 英亩。"[1] 至此，圈地的进程明显趋缓，圈地的数量也大为减少，表明英国议会圈地运动已经基本结束。

第三节　议会圈地的规模

一　议会圈地的数量

议会圈地历史悠久，所通过的圈地法令数量多，涉及的地域辽阔，学者们大多依据议会通过的圈地法令和圈地判定书来研究英国圈地的面积，但是几乎所有的学者都承认不可能得出准确无误的详细数字。因为圈地法令和圈地判定书并非全部完整地保存下来，在实际的圈地过程中也并非严格按照圈地法令或圈地判定书去实施，往往根据实际情况也有一些调整或

---

① W. E. Tate, *The Enclosure Movement*, New York: Walker and company, 1967, p. 136.

出入。圈地的准确数字犹如一个绝对真理，任何详尽的研究只能无限接近而不能绝对地实现。正如社会统计学家保尔·阿·拉达姆所说："有人可能会责备我们不算细账，我们的回答是，细节并不重要，关键在于抓住数量级。数量级也就是大概的最高水平或最低水平。"①

关于议会圈地的数量，最具体详尽的数字是斯莱特（Slater）估算的1700年到19世纪90年代圈地的数量。但是泰特（W. E. Tate）认为，斯莱特估算的数字过于保守，没有把1836年和1840年的圈地计算进去，对1845年总则性圈地法令下的圈地也只是进行了部分计算，因而泰特对斯莱特估算的总数进行了修正，据泰特的推算，在18、19世纪，被圈占的土地在700万亩以上，"相当于英格兰总面积的1/5"②，其中1/3的圈占土地属于以前的公用地和荒地，如表6-4所示：

表6-4　　　　斯莱特对议会圈地数量的研究结果及泰特的修正

时间	敞田和部分荒地		荒地		总数	
	法令	英亩（1000）	法令	英亩（1000）	法令	英亩（1000）
1700—1760	152	238	56	75	208	313
1761—1801	1479	2429	521	752	2000	3181
1802—1844	1075	1610	808	939	1883	2549
1845年及以后	164	187	508	335	672	522
总数	2870	4464	1893	2101	4763	6565
泰特的修正	3200	4700	2200	2300	5400	7000

资料来源：译自 W. E. Tate, *The Enclosure Movement*, New York：Walker and company, 1967, p. 88。

但是表6-4的数字仅包括1700年以后议会圈地的面积，而议会最早的圈地法令是1604年的多塞特郡的瑞蒂普尔（Radipole）的圈地法令。马歇尔·特纳又对泰特的统计数字进行了长达两年的详细检查与推算，认为："英国通过议会方式圈占的土地总面积为6794429英亩，此外还有蒙茅斯郡。但是这一推论包括了从1604年最早的多塞特郡的瑞蒂普尔的圈

① ［法］费尔南·布罗代尔：《15至18世纪的物质文明、经济和资本主义》（第三卷），施康强、顾良译，生活·读书·新知三联书店1993年版，第37页。
② W. E. Tate, *The Enclosure Movement*, New York：Walker and company, 1967, p. 51.

地法令到 20 世纪早期最后一个圈地判定书圈占的所有议会圈地的面积。"① 蒙茅斯郡的总面积为 850 平方公里,约合 210039 英亩,这样议会圈地的总面积就为 7004468 英亩。这个数字与泰特推算的数字基本相同,可以认为是比较准确的数据。查普曼(Chapman)的研究结果也与这一数据基本吻合。"查普曼最初估计议会圈地的总数量约为 2930000 公顷(合 7250000 英亩),但是后来的调查研究表明这一数量估计过高。"② 查普曼的重要贡献是较为准确地估算出了威尔士议会圈地的数量。"对威尔士而言,对议会圈地数量较为准确的估计约为 212820 公顷(525880 英亩)。"③ 不同学者对议会圈地数量研究结果的不同在于对同一议会圈地法令所圈占土地数量的计算方法不同。"对议会圈地数量的统计实际上有三种可能性。第一,同一议会圈地法令所影响的所有土地数量,包括在这一法令下所交换的土地。第二,仅包括圈地委员重新划拨的土地,不包括经过其确认而交换的土地,但包括之前虽已圈地但该次重新划拨的土地。第三,有些仅以圈地之前敞田或公用土地的数量作为统计圈地数量的依据。这三类数据并不一定相同。"④ 这就是不同学者在议会圈地数量的研究统计上产生差异的基本原因。

从议会所通过的圈地法令数量上,特纳对泰特的研究进行了进一步的研究,认为有些圈地法令在相应的圈地过程中所圈之地本身在两个郡之间,因而在逐郡统计时就会重复计算,他经过考证,把圈地法令的总数修订为 5265 项,另外有些法令虽然有册记录但不能和实际的圈地相对应,这种无法具体一一对应和考察实际圈地数量的法令有 218 项,显然要做到最精确的研究和统计是比较困难的。

沃第又综合上述学者的数字,计算出了"1604—1760 年议会通过的圈地法令有 228 项,圈占的土地为 358241 英亩"。⑤ 那么,1760 年后议会圈地的面积就为圈地总面积减去这一数字,即 7004468 英亩 - 358241 英

---

① J. R. Wordie, "The Chronology of English Enclosure, 1500—1914", *The Economic History Review*, Second Series, Volume XXXVI, No. 4, November 1983, p. 486.

② J. P. Roger, John Chapman, Richard R. Oliver, *The Enclosure Maps of England and Wales 1595 – 1918*, Cambridge University Press, 2004, p. 26.

③ Ibid..

④ Ibid., pp. 26 – 27.

⑤ J. R. Wordie, "The Chronology of English Enclosure, 1500—1914", *The Economic History Review*, Second Series, Volume XXXVI, No. 4, November 1983, p. 486.

亩 = 6646227 英亩。这样 1760 年前议会圈地的面积仅占议会圈地总面积的 5.1%，但是"到 1760 年时，英格兰和蒙茅斯郡至少有 75% 的土地已被圈占。换句话说，英格兰在那时已成为以圈地为主的地区。仅 20 年以后，也就是到 1780 年时，根据特纳和泰特提供的数字推算，英格兰圈地所占的比例已达到了 80%"。① 到 1760 年时，议会圈地的绝对数量和相对数量都不大，这说明了早期的非议会圈地占较大比例。而 1760 年后议会圈地面积则占到了议会圈地总面积的 94.9%。由此可以看出，英国议会圈地的高峰期在 18 世纪后半期到 19 世纪。沃第计算出英格兰的总面积为 32500000 英亩，那么英国议会圈地面积占英格兰总面积的 21.5%。

如果按圈地的绝对数量来计算，则圈地面积较多的郡依次是：林肯郡 496450 英亩（以下单位均为英亩）、诺福克郡 422986、北安普顿郡 331051、约克郡东区（Yorks，East Riding）300800、牛津郡（Oxfordshire）212792、威尔特郡 212133、约克郡西区（Yorks，West Riding）206454、莱斯特郡 200377、剑桥郡 199330、格洛斯特郡 179128、诺丁汉郡 175324、贝克汉姆郡 162841、沃里克郡 149559、贝德福德郡 137313、伯克郡 119602、亨廷顿郡 108013、德比郡 105015，以上 17 郡或地区的圈地面积均在 10 万英亩以上。而未通过议会圈地法令圈占敞田的郡是兰开夏郡、肯特郡、德文郡、康沃尔郡。② 但是并不意味着这些郡没有进行圈地，只是因为这些郡的圈地发生较早，"在其他的时期已被圈占，圈地主要发生在 18 世纪以前，在很多情况下更多的是因为已不存在敞田可供圈占"。③ 而在戈纳的地图上，1600 年时全部被圈占的郡有肯特郡、康沃尔郡、德文郡、埃塞克斯郡、柴郡（Cheshire）、蒙茅斯郡、兰开夏郡等七个郡。也就是说，这些郡的圈地大多属于早期圈地运动，在议会圈地开始之后，这些郡已无可圈的土地。

从议会通过法令的时间段上来看，在 1760 年之前，沃第综合诸多学者的研究结果，计算出了"1604—1760 年议会通过的圈地法令有 228 项，

---

① J. R. Wordie，"The Chronology of English Enclosure，1500—1914"，*The Economic History Review*，Second Series，Volume XXXVI，No. 4，November 1983，p. 486.

② 以上数字均来源于 Gilbert Slate，*The English Peasantry and the Enclosure of Common Fields*，New York：Augustus M. Kelley Publishers，1968. pp. 140—147。

③ Michael Turner，*English Parliamentary enclosure—Its historical Geography and Economic History*，Wm Dawson & Sons Ltd，Cannon House Folkestone，Kent England，1980，p. 34.

圈占的土地为 358241 英亩"。[①]"涉及的地域也主要集中于沃里克郡、北
安普顿郡及格洛斯特郡。"[②] 而 1761—1801 年 40 年间通过的圈地法令即
达 2000 项之多，圈地面积达到了 3181000 英亩。此后的 1802—1844 年的
42 年的间通过的圈地法令也达到了 1883 项，圈地面积也多达 2549000 英
亩。1845 年以后通过的圈地法令也只有 672 项，圈占面积也只有 522000
英亩。这说明议会圈地的高峰时期是 1760—1845 年，也就是 18 世纪后半
期到 19 世纪前半期，此时所通过的圈地法令多，所涉及的地域多达英格
兰的 38 个郡。表 6 - 5 统计了议会从 1730—1844 年之间所通过的圈地法
令，其中划分了圈占耕地、草地及荒地的法令，每五年为一个时间段。

表 6 - 5　　　　　　　　　议会通过的圈地法令数量

（单位：每五年通过的法令数）

时间段	圈地法令的数量	其中圈占耕地的法令	其中圈占公用土地及荒地的法令
1730—1734	24	19	5
1735—1739	15	8	7
1740—1744	26	19	7
1745—1749	13	9	4
1750—1754	26	12	14
1755—1759	91	75	16
1760—1764	130	107	23
1765—1769	263	209	54
1770—1774	319	250	69
1775—1779	321	231	90
1780—1784	105	68	37
1785—1789	132	84	48
1790—1794	235	168	67
1795—1799	344	245	96
1800—1804	450	321	129
1805—1809	430	270	160
1810—1814	547	315	232

① J. R. Wordie, "The Chronology of English Enclosure, 1500—1914", *The Economic History Review*, Second Series, Volume XXXVI, No. 4, November 1983, p. 486.

② W. E. Tate, *The Enclosure Movement*, New York: Walker and company, 1967, p. 52.

续表

时间段	圈地法令的数量	其中圈占耕地的法令	其中圈占公用土地及荒地的法令
1815—1819	232	115	117
1820—1824	115	54	61
1825—1829	101	53	48
1830—1834	66	39	27
1835—1839	59	40	19
1840—1844	62	38	24

资料来源：Michael Turner, *English Parliamentary enclosure——Its historical Geography and Economic History*, Wm Dawson & Sons Ltd, Cannon House Folkestone, Kent England, 1980, p. 68.

通过表 6 – 5，我们可以清楚地看出，1760 年议会通过的圈地法令的数量呈迅速上升的趋势，进入 18 世纪 80 年代后通过的法令的数量开始回落，到 90 年代后又开始上升，一直持续到 1815 年以后又开始回落。还可以通过每年的平均数来看出其通过的法令数量，1730—1759 年这 30 年议会平均每年通过的圈地法令数为 6.5 项，1760—1779 年这 20 年议会平均每年通过的圈地法令数为 51.65 项，1780—1794 年这 15 年议会平均每年通过的圈地法令数为 31.47 项，1795—1814 年这 20 年时间里议会平均每年通过的圈地法令数达到了 88.55 项，而 1815—1844 年这 30 年时间里议会平均每年通过的圈地法令数又下降到了 21.17 项。在每个五年的时间段中，议会通过圈地法令在 300 个以上的时间段依次是：

表 6 – 6　　　　　　　　议会圈地法令超过 300 个的时间段

时间段	圈地法令的数量
1770—1774	319
1775—1779	321
1795—1799	344
1800—1804	450
1805—1809	430
1810—1814	547

　　另外，从圈占的土地类别来看，前期主要圈占的是敞田，而到后期，圈占的公用土地和荒地的份额有所上升。1810—1814 年，议会通过圈占公用土地和荒地的法令数量达到了 232 项，是议会通过圈占公用土地和荒地法令最多的时期，其主要原因一方面在于耕地的逐渐减少，另一方面则是当时需要进一步加大对土地资源的开发利用。通过圈地，不仅要实现土地权属的改革，也要实现对土地资源的进一步开发利用，对生产要素重新进行调整和配置。总而言之，从长时段来说，议会圈地主要集中在 18 世纪后半期和 19 世纪前半期，而从短时段来说，主要集中在两个分别延续了 20 年的圈地运动，即 1760—1780 年、1795—1815 年这两个不连续的时间段中。"在这两个基本等同的时间段中，每个阶段大约有 40% 的议会圈地被完成。换言之，尽管议会圈地被认为至少有一个世纪（1750—1850年），实际上在这仅 40 年的时间中，议会圈地就完成了 80%。"①

二　议会圈地的范围

　　英国的"议会圈地的重要特点是具有地域性，并不是一个全国性的问题"。② 斯莱特以郡为单位对议会圈地进行统计，并区分了说明圈地地区的圈地法令和未说明圈地地区的圈地法令，按议会圈地的影响程度由高到低排列出了 38 个郡的议会圈地的法令数量及圈地数量，并计算出了圈地所占该郡总面积的比例。按圈地面积所占该郡总面积的比例来计算，圈地影响较大的地区依次是：北安普顿郡 51.5%、亨廷顿郡 46.5%、拉特兰郡 46.5%、贝德福德郡 46%、牛津郡 45.6%、约克郡东区 40.1%、莱斯特郡 38.2%、剑桥郡 36.3%、贝克汉姆郡 34.2%、诺丁汉郡 32.5%、诺福克郡 32.3%、林肯郡 29.3%、伯克郡 26.0%、沃里克郡 25.0%、威尔特郡 24.1%、格洛斯特郡 22.5%，以上 16 郡地区圈地面积与该郡的总面积之比均在 20% 以上。

　　我们还可以通过图 6-4 来了解议会圈地所影响的地区：

---

① 　Michael Turner，*English Parliamentary enclosure—Its historical Geography and Economic History*，Wm Dawson & Sons Ltd，Cannon House Folkestone，Kent England，1980，p. 66.

② 　G. E. Mingay，*Parliamentary Enclosure in England：An Introduction to its Causes，Incidence and Impact* 1750—1850，New York：Published in the United States of America by Addison Wesley Longman，1997，p. 146.

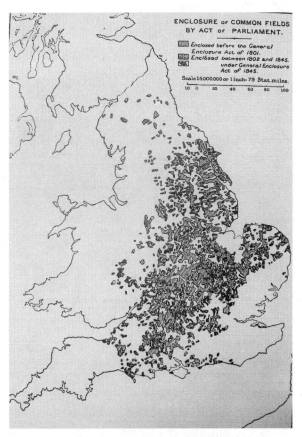

图 6-4　议会圈地进程及范围

资料来源：G. E. Mingay，*Parliamentary Enclosure in England：An Introduction to its Causes，Incidence and Impact* 1750—1850，New York：Published in the United States of America by Addison Wesley Longman，1997，p. 158.

图例说明：

①▨▨ 表示 1700—1801 年在 1801 年议会总则性圈地法令颁布之前议会圈地的地区。

②▒▒ 表示 1802—1845 年在 1801 年议会总则性圈地法令下的圈地地区。

③▰▰ 表示在 1845 年总则性圈地法令下圈地的地区。

通过图 6-4 我们可以看出：

第一，敞田制在英国农村的社会生活中有着极为重要的作用和影响。图中所有阴影部分所表示的地区是 1700 年时依然实行敞田制的地区。而▒▒所表示的是在 1801 年时依然有敞田的地区，而▰▰所表示的是在 1845 年时依然有敞田的地区。由此可见，中世纪以来英格兰农村实行的敞田制，虽历经近三个世纪的圈地运动的圈占，但在 1700 年时，实行敞田制的地区依然占有很大的比例。

第二，英国议会的圈地，无论是在圈占的土地数量上还是所涉及的地域上，都要超过前期的圈地。议会圈地涉及 38 个郡，未涉及的郡仅有 4 个，圈占土地面积超过 700 万英亩，"议会圈地对全国农业用地的影响是巨大的，在比例上约占 1/4，或者更大一些"。① 在整个圈地运动中具有重要的地位和深远的影响。

第三，英国议会圈地的地区从东北的约克郡东区（Yorks, East Riding）起，向西向南延伸至多塞特郡和萨默塞特郡东部。议会圈地的地区和非议会圈地地区有着较为清晰的边界。在这条边界的东南，只有两块议会圈地的地区，即萨福克郡（Suffolk）的埃克（Iken）和奥福德（Orford）教区，而在圈地地区的西南部边界以外，没有一例通过议会圈地法令而进行的圈地。在议会圈地的西北部，从圈地的中心区向西北，所发生的圈地越来越少，但除兰开夏郡之外，几乎英格兰每个郡都有议会圈地发生。

第四，通过对比可以看出，18 世纪的圈地面积显然要超过 19 世纪，而且 18 世纪的圈地均处在阴影部分的中心区域，因而 18 世纪议会圈地占主要地位，首先圈占主要的敞田制地区，19 世纪的议会圈地基本是以 18 世纪的圈地为中心而向外围的扩展和延伸。

1795 年前，威尔士所通过的圈地法令仅有 13 项，圈占土地面积为 28596 英亩，圈地之处大多与英格兰毗邻。威尔士的圈地主要集中在 1801—1815 年。在此期间，所通过的圈地法令有 76 项，所涉及的圈地面积约有 20 万英亩，大多属于威尔士高地的公用土地和荒地。这主要是因为谷物价格的高涨，促使了对以前未开发的威尔士高地的圈占并开垦。1845 年总则性圈地法令通过以后，威尔士在 19 世纪五六十年代迎来了第二个圈地高峰，所通过的圈地法令有 89 项之多，所圈占的大多为以前未开垦的山坡草地和沿海的荒地，主要用作草场或改良畜种的牧场。

苏格兰议会在 1661 年以后通过了几项旨在促进圈地的法令，尤为重

---

① G. E. Mingay, *Parliamentary Enclosure in England: An Introduction to its Causes, Incidence and Impact* 1750—1850, New York: Published in the United States of America by Addison Wesley Longman, 1997, p. 15.

要的是 1695 年的圈地法令。1750 年前尽管也在圈地，但圈地进程相对平静而缓慢。苏格兰圈地的高潮出现在 1750—1780 年，另一个圈地高潮出现在 19 世纪初到 30 年代。圈地较早发生在罗司安斯（Lothians）地区和柏韦克郡（Berwickshire），到 1770 年这两个地方的大部分土地已被圈占，而在埃尔郡（Ayrshire）和佩斯郡（Perthshire），圈地才刚刚开始。苏格兰的圈地进程相对比较顺利和彻底。首先，"苏格兰并没有像英格兰那样的一个约曼和众多的小土地持有者阶层，而这些人则可能成为圈地的障碍；其次，农民在耕地上也没有长期普遍存在的习惯性的依附权利；再次，1661 年、1685 年、1695 年、1770 年的圈地法令赋予苏格兰地主更大的圈地权利和自由。最后，詹姆斯二世党人起义①的失败导致其大量的土地被没收，尤以苏格兰高地为最多。苏格兰地主在农村经济中的统治地位没有受到任何有效的威胁"。② 从 1720—1850 年，苏格兰的圈地面积约为 50 万英亩。苏格兰温凉的气候使圈地大部都发展成为牧场。特别是在苏格兰高地，地主驱逐农民，起初发展养牛业，以后从英格兰引进新的羊种发展养羊业，发展成为规模较大的牧区。在圈地过程中，很多农场也得以合并扩大，地主以较高的地租出租给租地农场主经营。圈地使苏格兰高地的人口迅速减少，"很多人迁往北美和澳洲，有的迁往苏格兰南部正在发展的厂矿企业成为工人，有的则迁往英格兰"。③ 苏格兰高地失地农民的这种迁移在当时看来是苏格兰地主"清扫运动"的结果，是一种社会灾难。但是苏格兰很多农民是带着对美好生活的向往而自愿迁往南部的工业发达地区的。这种迁移既是苏格兰地主"清扫运动"的结果，也是经济发展的必然规律。苏格兰地主合理利用土地的迫切性要远远超过英格兰，其农业资源非常贫乏。圈地时大部分地区的经济依然处于自然经济状态，生产技术落后，工业发展水平低。经济发展的水平无力供养日益增加的人口，而且苏格兰高地的自然条件并不适合发展农业，这也决定了此地区不能像英格兰那样大力扩展耕地，因为它的农业劳动生产率提高的空间极其

---

① 1714 年汉诺威王朝建立后，一直受到忠于斯图亚特王朝的詹姆斯二世党人的威胁。詹姆斯二世党人试图恢复信奉天主教的斯图亚特王朝，他们的叛乱从 1715 年到 1745 年，坚持了长达 30 年。

② Richard Brown, *Society and Economy in Modern Britain* 1700—1850, London：Routledge, 1991, p. 387.

③ Ibid. , p. 64.

有限。因而"苏格兰'清扫运动'的革命意义要远远超过不列颠其他地方的农业变革"①。

三　议会圈地与土地利用

议会圈地为合理利用土地、提高土地的利用效率创造了条件。"圈地虽不能改变土壤的性质,但是其最大的优越性在于给予了农场主支配土地的权利。如果条件允许,他可以给黏湿的土壤排水、扩大耕地、增加农作物品种,他还可以将贫瘠的土地退耕还牧,专门用来发展畜牧业,他还可以根据市场的需求种植花卉或蔬菜水果以获取最大的收益。"② 圈地的特点在于打破了敞田制下土地外在的条块分割及内在的土地使用上的不完全支配权,废除了农民之前土地上享有的公共权利,也废除了敞田制下的集体决策机制及人人必须遵守的共同的规则与约定,从而为集中而自由地使用土地创造了条件,也为因地制宜地利用土地创造了条件。同时,还可以根据市场的需求及时调整农业生产的结构以获取最大的收益。用卡尔姆的话来说,"圈地上的农场主,可以用一千种方法改善他的地产,赚更多的钱"。③ 圈地后土地利用的总体趋势是,"圈地在土地利用方面的重大变化是:在适宜于耕种的轻壤土地区拓展了可耕地面积,而在适宜于畜牧业的黏重土地区进行了退耕还牧……土壤性质是决定圈地后土地利用的最重要的因素"。④ 例如,莱斯特郡在议会圈地的早期,"其主要的动因是要将耕地变成永久性的牧场,或许促使其转变的原因是,莱斯特郡圈地史上一项很有影响的关于土壤类型的研究表明,这里的土地在圈占后显然不适合发展种植性农业。并且在最初圈地的地方,通常都是急需转变土地利用方式的地方。钱伯斯在相邻的诺丁汉郡,也发现有同样的趋势……在诺丁汉郡

---

① Richard Brown, *Society and Economy in Modern Britain* 1700—1850, London: Routledge, 1991, p. 64.

② G. E. Mingay, *Parliamentary Enclosure in England: An Introduction to its Causes, Incidence and Impact* 1750—1850, New York: Published in the United States of America by Addison Wesley Longman, 1997, p. 88.

③ Mark Overton, *Agricultural Revolution in England*, Cambridge University Press, 1996, p. 167.

④ G. E. Mingay, *Parliamentary Enclosure in England: An Introduction to its Causes, Incidence and Impact* 1750—1850, New York: Published in the United States of America by Addison Wesley Longman, 1997, p. 94.

的贝尔沃谷地（Vale of Belvoir）在圈地前是以种植谷物为主的地区，圈地后成为牧区，这就是 1766—1792 年之间这 12 个教区圈地的原因。那里僵硬的岩质黏土在变成草地后更能地尽其利。而与其相邻高地上的轻质泥灰土在发展种植业时却得天独厚"。① "林肯郡靠近汉伯（Humber）的巴顿（Barton）及其他地方，圈地后耕地数量虽有减少，但是在更先进的耕作模式下，从整体上则有增加。圈地后即便不采用先进的耕作方式，也通过排除他人对土地的使用权及减少定期的轮空休闲而意味着一种进步与获得。"②

北安普顿郡的"韦尔福德（Welford）村自从 1778 年圈地后大部分土地被转变为草地，在之前的 1100 英亩圈地中只有不足 20 英亩的耕地保留了较长的时间。即便是在谷物价格最昂贵的 18 世纪 90 年代，北安普顿郡部分地区的新圈地上依然是将耕地转化草地。例如阿福德（Ufford）、班顿（Bainton）、阿什顿（Ashton），被圈占于 1796—1799 年谷物价格的顶峰时期。这一时间段正处于 1795—1801 年窘迫困顿的危机期间，但圈地后依然很少种植各类谷物。在韦尔巴斯顿（Wilbarston），一些非常适宜种植小麦和豆类作物的田地在圈地后依然被转化为牧场或正在转变为牧场"。③

特纳对 1801 年北安普顿郡圈地及敞田教区的耕地和作物分布进行了详尽的研究，发现在圈地教区的耕地比例有较大的下降，在"102 个圈地教区中，耕地所占的比例仅为 22.6%，而在 45 个敞田教区中，耕地比例却高达 30.3%。芜菁的种植面积在每个敞田教区平均为 25 英亩，在每个圈地教区却多达 56 英亩；圈地教区种植各类作物的耕地面积从总体上有所减少，这意味着每个圈地教区有大量的耕地被转化成草地；另外，燕麦的种植面积也有显著增加，每个敞田教区的平均种植面积为 49 英亩，而在圈地教区中每个教区的平均种植面积增加到 105 英亩"。④ 燕麦对生长的土壤要求不高，喜凉爽湿润的气候条件而忌高温干燥，对积温要求也

① Michael Turner, *English Parliamentary enclosure—Its historical Geography and Economic History*, Wm Dawson & Sons Ltd, Cannon House Folkestone, Kent England, 1980, p. 75.

② Michael Turner, "English Open Fields and Enclosures: Retardation or Productivity Improvements", *The Journal of Economic History*, Vol. 46, No. 3 (Sep., 1986), p. 674.

③ Ibid., p. 677.

④ Michael Turner, "English Open Fields and Enclosures: Retardation or Productivity Improvements", *The Journal of Economic History*, Vol. 46, No. 3 (Sep., 1986), pp. 678—679.

不多，这与北安普顿郡的地理环境是相适应的。燕麦叶、秸秆多汁柔嫩，所含粗蛋白、粗脂肪、无氮抽出物均比谷草、麦草、玉米秆高，所含难以消化的纤维却相对要低，因而是最好的饲草之一。燕麦的籽实也是很多家畜家禽的优质饲料。这一切都表明圈地不仅是土地权属的重要变革，也是土地利用结构的一次重大调整，其对土地的利用结构显然是因地制宜，主要发展方向是以畜牧业为主的农业。而约克郡东区的土地主要以轻壤土为主，因而圈地后耕地的比重则有所增加。1801 年，约克郡东区的 "69 个圈地教区中，耕地所占的比例为 35.4%，而在 27 个敞田教区中，耕地比例却为 29.6%。事实上，沃尔德（the Wolds）丘陵地区在圈地后也把大量的草地转化为耕地，这一过程一直持续到 19 世纪。约克郡东区在圈地后主要以引进芜菁的种植而发展畜牧业，并没有减少谷物种植的面积，而且在实践中以取消轮空休闲土地的方式增加了耕地数量"。[①]

　　同时，市场价格因素也使圈地成为调整农业生产结构的一种方式，从而将农牧业生产进一步纳入市场化的轨道，以更好地获取经济效益。正如贝雷斯福德教授（M. W. Beresford）所引用的 17 世纪的一位观察家所注意到的，"圈地并非转换土地用途必要的第一个步骤，但却是发展更高效率农业生产的一种方式，并且成为许多地方因地制宜、转变土地用途的主要方式，因而现在的农村能在与市场体系互动的作用下繁荣富足"。[②] 农业生产不像工业生产，它在很大程度上都得依赖甚至受制于自然条件，生产力水平越低，这种依赖和受制的程度越大。以实践经验和科技力量为核心的农业生产技术的进步过程，也是人类的农业生产逐步减小这种对自然条件依赖和受制程度的过程。

　　"1740 年前沃里克郡早期的一些圈地，就成为自耕农寻求摆脱 20 年代农业萧条而自救的一条途径，他们首先在适宜于用作草地的重质黏土带进行圈地以发展畜牧业。而与之相反，在林肯郡的科斯蒂文（Kesteven），圈地则成为扩展农业的方式，约克郡东区早期的圈地也属于同类。然而，事实上可以概括为，英国更多的地区则是以畜牧业代替农业。总而言之，

---

① Michael Turner , "English Open Fields and Enclosures: Retardation or Productivity Improvements", *The Journal of Economic History* , Vol. 46, No. 3 (Sep. , 1986), pp. 680 – 681.

② Michael Turner , *English Parliamentary enclosure—Its historical Geography and Economic History*, Wm Dawson & Sons Ltd, Cannon House Folkestone, Kent England, 1980, p. 136.

在轻壤土地带，则更多地保留了耕地和发展农业，而在黏土地带，通常是将耕地转变为永久性的牧场。到 1800 年时，农业领先的诺福克郡有 2/3 的地区都以农业为主（包含大量的属于轻壤土地带的敞田），而畜牧业领先的莱斯特郡则有 3/4 的地区都成为草地（大部分在 40 年前就成为圈地）。"①

表 6 - 7 反映了议会圈地时期不同类型的农业用地在圈地前后所引起的投资、产值、租金和利润的变化。单位是每 1000 英亩土地，产值单位为英镑。

表 6 - 7 　　　　　　　议会圈占四类农业用地的成本和效益

（单位：英镑/1000 英亩）

土地类型	羊毛产值	其他产值	小计	劳动力成本	马匹的产值	其他成本	租金	利润
A. 肥沃敞田（Rich open - fields）								
敞田	50	2350	2400	400	367	966	300	364
圈地	250	1250	1500	100	25	125	750	500
B. 贫瘠敞田（Poorer open - fields）								
敞田	50	1950	2000	400	367	733	200	300
圈地	100	1700	1800	325	250	455	400	370
C. 肥沃牧场（Rich common pastures）								
敞田	100	370	470	10	0	120	100	240
圈地	250	1250	1500	100	25	125	750	500
D. 草地、灌木地和荒原（Commons, heaths and moors）								
敞田	90	100	190	10	0	70	50	60
圈地	100	1700	1800	325	250	155	400	370

资料来源：Mark Overton, *Agricultural Revolution in England*, Cambridge University Press, 1996, p. 161.

由表 6 - 7 可见，议会圈占肥沃敞田和贫瘠敞田的圈地，虽然引起了总产值的降低，但却降低了劳动力成本和其他成本，提高了租金和利润。租金分别提高了 150% 和 100%，利润分别提高了 37% 和 23%，这意味着圈地后地主所获取的利益远远要大于租地农场主。圈占肥沃牧场和草地、

① Michael Turner, *English Parliamentary enclosure—Its historical Geography and Economic History*, Wm Dawson & Sons Ltd, Cannon House Folkestone, Kent England, 1980, p. 76.

灌木地及荒原的，虽然增加了劳动力成本，但是却大大提高了租金和利润，租金分别提高了650%和700%，利润分别提高了108%和517%。但是租金的提高幅度并不等同于利润提高的幅度。租金最终来源于生产者自身不能消费的那部分劳动产品，是劳动生产率提高的标志之一。而利润是农场主产出与投入的比率，利润率被认为是租地农场主与地主斗争的结果，这种斗争显然包括了政治和经济等各个方面的斗争，诸如政治权力的变化与市场物价的变化。圈地在地租方面的重大变革在于它打破了中世纪的习惯性租金，即固定租金。把租金也纳入了日趋市场化的经济体系中，纳入受市场规律调节的范畴，改变了物价上涨而租金不能上涨的局面。这在英国社会经济日益走向市场化的背景下显然对封建地主阶级更为有利。尤其在"商业革命"和"价格革命"的洪流中，封建地主阶级能够化被动为主动，变压力为动力，在时代变革的浪潮中顺势而动，从而将封建地主阶层纳入了近代市场经济的体系之中，其租金的来源不再主要依靠封建地租，而已是资本主义利润的一部分，因而与资本主义在经济上可谓"一荣俱荣，一损俱损"。英国议会的圈地运动不仅是重大的土地改革，也是一次地租和利润运动，同时也与农业革命紧密相关而相互推进，包含着对土地资源的因地制宜、进一步调整农业生产结构，进一步开发和合理利用土地资源，适应了生产力的发展和时代的要求。这对于解决日益增长的人口的生活资料及工业革命的进程等方面都意义非凡。"土地的利用通常在圈地后得到改变，使得能在新的土地经营中获取更多的利润，因而对地主有着提高地租的潜在的空间……农场类型可以在一夜之间得到彻底改变，新的农业生产技术的引进不再受任何阻碍，生产成本可以通过减少劳动力而得到降低，土地质量可以通过增加投资以开垦或排水而得到改善。"①

　　农业委员会调查了1761—1799年之间英格兰诸郡依据议会圈地法令而圈占敞田的情况，这项调查不包括仅圈占荒地的圈地案例，只涉及有关小麦种植且为圈占敞田制下土地的圈地案例，现将斯莱特所引用的逐郡统计结果简化为按地域统计结果，如表6-8：

---

① Mark Overton, *Agricultural Revolution in England*, Cambridge University Press, 1996, p. 163.

表 6 - 8　　　　　　　　议会圈地所引起的土地利用方式的变化

地域	增加小麦种植面积的圈地		减少小麦种植面积的圈地	
	圈地案例	面积（英亩）	圈地案例	面积（英亩）
中部各郡	59	3033	272	22040
东部各郡	29	2355	13	731
北部各郡	94	5993	76	5444
南部各郡	29	1787	22	1077
西部各郡	29	1448	24	1443
总计	240	14616	407	30735

资料来源：Gilbert Slate, *The English Peasantry and the Enclosure of Common Fields*, New York：Augstus M. Kelley Publishers, 1968, pp. 108 - 109。

表 6 - 8 的统计为了客观说明圈地的发展趋势，不受其他因素的影响，因而将单纯圈占荒地的圈地案例排除在统计结果之外。另外需要指出的是，18 世纪后半期却经常处于粮食歉收的饥馑时期。"18 世纪 50 年代中叶和 60 年代中叶饥荒时期经常发生的那种食物暴动，也被认为是当时令人不快乐的乡村生活面貌的必然反映。"[1]另外还有 1793—1815 年，"也就是 18 世纪末对法战争期间，垦荒达到高潮。在拿破仑战争期间，大不列颠与欧洲大陆之间的许多贸易渠道被切断了，它无法从波兰和东普鲁士等主要外贸伙伴处进口小麦和农产品。信用不稳和战时海上运费高昂，更增加了粮食供应方面的困难"。[2] 从而造成了粮食价格的飞涨，以至于"小麦价格每夸特超过了一百先令"。[3]这样的历史条件难免要影响到圈地的趋势，也就是圈地后小麦种植面积有增加的趋势，很多被圈占为牧场的圈地在高昂的谷物价格刺激下又重新转变为种植谷物的耕地。然而就在这样的背景下，我们从表 6 - 8 也可以看出，在 19 世纪后半期，英格兰旨在增加小麦种植的圈地仅有 240 例，而旨在减少小麦种植的圈地却有 407 例，前者约占后者的 59%。从圈地所引起的小麦种植面积的变化上也可以看出，

---

① ［英］肯尼思·O. 摩根：《牛津英国通史》，王觉非等译，商务印书馆 1993 年版，第 402 页。

② ［英］W. H. B. 考特：《简明英国经济史》，方廷钰等译，商务印书馆 1992 年版，第 24 页。

③ Gilbert Slate, *The English Peasantry and the Enclosure of Common Fields*, New York：Augstus M. Kelley Publishers, 1968, p.110.

此类圈地所增加的小麦种植面积仅 14616 英亩，而减少的面积却达到了 30735 英亩，前者仅占后者的 47%。按英格兰的地域来比较，西部、南部、北部各郡两类圈地无论是从圈地案例的数目，还是从圈地增减的小麦种植面积，都基本趋向平衡。而中部的拉特兰郡、北安普顿郡、莱斯特郡、沃里克郡、贝克汉姆郡、牛津郡、诺丁汉郡、贝德福德郡等，发生增加小麦种植的圈地仅 59 例，增加小麦种植面积也只有 3033 英亩，而减少小麦种植的圈地却多达 272 例，减少的面积高达 22040 英亩。但在东部的诺福克郡、萨福克郡、亨廷顿郡、剑桥郡、埃塞克斯郡、赫特福德郡，发生增加小麦种植的圈地却多达 29 例，增加小麦种植面积达到 2355 英亩，而减少小麦种植的圈地仅有 13 例，减少的面积仅有 731 英亩。为什么在小麦价格一直高涨的情况下，中部各郡的圈地减少了小麦种植面积，而东部各郡的圈地却在增加小麦种植面积？原因只能归结于自然条件。因为中部各郡的土壤气候等自然条件更适宜发展畜牧业。而东部各郡则相对适合于发展种植业。由此可见，18 世纪的圈地运动，也包含了因地制宜，充分合理地利用自然资源、调整农业和畜牧业生产结构的意图，而并不是单纯追求经济利益的纯粹的谋利行为。因为农业生产不像工业生产，它受气候等自然因素的制约较大，只有将影响农业生产的各种因素和资源科学、有效、合理地配置，才能获取最大的收益。

众所周知，以工业革命为代表的经济增长开始于 18 世纪后半期，然而在 1750 年时，农业依然是不列颠最主要的产业部门。在那以前的好几个世纪中绝大部分人口以农业为生。工业的兴起深刻地改变了不列颠的职业结构，不过在之后很长时间里，从事农业的人口仍占首位。随着经济的发展和人口的增加，"不断扩大可耕地面积是其中的一个显著的变化。1700 年不列颠境内相当数量的土地没有得到开发或处于使用率很低的状态，英格兰和威尔士未开发或使用率甚低的土地占全部土地的 1/4"。[①] 另据格雷戈里·金估算，17 世纪时英格兰的"耕地面积为 900 万英亩左右，牧场的面积为 1300 万英亩左右"。[②] 但是到 1827 年时，英格兰的"耕地面积已增加到 10252800 英亩，牧场及草地的面积也增加到 15379200 英

---

① ［英］W. H. B. 考特：《简明英国经济史》，方廷钰译，商务印书馆 1992 年版，第 23 页。

② R. Floud. *Essays in Quantitative Economic History*. Oxford：Clarendon Press，1974，p. 121.

亩"。① 仅以英格兰为例，历经几个世纪的圈地运动，无论是耕地面积还是草地、牧场的面积均有较大数量的增长。更为重要的是，在土地的利用结构上更趋科学合理，发展起了以畜牧业为主的农业，奠定了现代英国农业的基本格局。同时，农业和畜牧业生产技术及生产率均有了显著的提高，突出地体现在人口数量的成倍增加。在英国议会圈地期间，英国的人口由"1751 年的 580 万迅速增长到 1801 年的 870 万，到 1831 年时已增长到 1330 万——总人口几乎增长了 130%。而与此同时，非农业人口也同时增长，这些都需要提高农业生产效率和农产品的商品化来解决这些人口的吃饭问题（后来也依靠进口一部分粮食）。在需求增长的拉动下，从 1750 年到 1850 年，英国农产品的产量也几乎翻了一番"。②

第四节　非议会圈地运动

在通过议会法令进行圈地的同时，未经议会批准的圈地也在进行。也就是说，18、19 世纪，议会圈地成为圈地运动的主要方式，但非经议会批准或授权的圈地也是圈地运动的另外一种方式，两种类型的圈地并行不悖，相互促进，共同构成圈地运动的浪潮，推动着英国社会的变革和发展。非经议会批准的圈地主要有三种方式：地主圈地、约曼圈地、谷物种植区和牧区的圈地。"但是非议会圈地所留下的记录少而分散，很难搜集，使用起来也有一定的困难。"③ 因而对非议会圈地的研究就不能具体而详细。

一　地主圈地

通过议会法令进行的圈地符合地主贵族的利益，但是"不经过议会的圈地程序，也就省去了议会圈地的费用、时间和精神上的焦虑等待，这

---

① A. Aspinall, E. Anthony Smith, *English Historical Documents Volume* Ⅷ 1783—1832, London: Routledge, 1959, p. 469.

② G. E. Mingay, *Parliamentary Enclosure in England: An Introduction to its Causes, Incidence and Impact 1750—1850*, New York: Published in the United States of America by Addison Wesley Longman, 1997, p. 144.

③ J. R. Wordie, "The Chronology of English Enclosure, 1500—1914", *The Economic History Review*, Second Series, Volume XXXVI, No. 4, November 1983, p. 503.

就更符合地主阶层的利益"。①因此，如果一个地主能够得到教区的所有敞
田及公用土地，那么他就不必通过议会法令的批准或授权而直接将其圈
占。这样进行圈地的困难在于通过契约的形式同时获得这些土地。这种圈
地的形式也称为协议圈地（Enclosure by agreement）。如果有任何一个佃
农依据以前签署的契约反对地主这样圈占土地，那么要进行圈地的地主就
要设法让他们同意，从而消除这些反抗，获得他们所占有的土地。对于公
用土地，地主在圈地时往往以出钱补偿的方式获得公用土地上的公用权，
从而排除其他人对公用土地所享有的使用权。1596 年，伦敦亚麻布商约
翰·夸尔斯（John Quarles）购买了莱斯特郡的库特斯巴赤（Cotesbach）
庄园。"他的佃农的租约到 1602 年时期满，他与佃农协商要求签订新的租
约并提高租金但遭到拒绝，于是他准备圈占敞田以提高租金，从而使租金
水平能与其购买庄园时的价格相协调。而他所遇到的最大阻力不是来自习
惯租地农，而是自由租地农。因为自由租地农长期以来按照庄园传统在敞
田中所享有的公共权利在圈地后将受到侵犯和剥夺。如果出钱来偿付，那
将是一笔巨大的开支。这个村庄的教区牧师也极力反对圈地，最后夸尔斯
同意支付牧师圈占教区地产的圈地费用。反对的这些佃农还向国王詹姆斯
一世递交了反对圈地的请愿书，但是调查委员会做出了有利于夸尔斯的裁
决，从而夸尔斯获准进行圈地。1603 年，他与租地农达成了新的协议。
到 1607 年，他把 520 英亩的土地变成耕地并拆除了其上的房屋。夸尔斯
因驱逐庄园的人口还被上诉到星室法院。在圈地之前，这所庄园的年产值
为 300 英镑，但是圈地后的年产值上升到 500 英镑，圈地费用也是 500 英
镑。尽管夸尔斯为购买庄园和自由租地农的农场也付出了大笔的资金，但
是他却通过圈地的方式最终将其所有的土地连成一体。"② 1876 年，"康
沃尔郡的公爵就以这样的方式买下了在福丁敦（Fordington）大田中公簿
持有农所占有的全部土地。曼沃斯（Manvers）伯爵以同样的方式获得了
兰开斯顿（Laxton）公用土地上完整的公用权。教会的圈地委员想方设法
以同样的手段在哈德威克（Hardwicke）实现了对埃尔默斯顿（Elmstone）

　　① Gilbert Slate, *The English Peasantry and the Enclosure of Common Fields*, New York: Augustus M. Kelley Publishers, 1968, p. 151.

　　② Mark Overton, *Agricultural Revolution in England*, Cambridge University Press, 1996, p. 157.

的圈占"。① 这种通过协议进行圈地的事例不胜枚举，在早期圈地运动的过程中，协议圈地是圈地运动的主要形式。在协议圈地的过程中，一般是占有较多土地的领主或庄园主为了提高地租，或将自己分散的敞田合并而将整个农场按竞争性租金出租而提出圈地的倡议。但是圈地的过程必然要影响到敞田制下所有租地农原先所享有的公共权利，因而自然会受到他们的反对。在此情况下，圈地的倡导者不得不以协议的方式来补偿租地农所受到的损失，从而减少圈地的阻力，使圈地能够顺利进行。但是圈地后消除了土地条块分割的占有形式及土地上公众所享有的公共权利，使土地能够按自己的意志集中而自由地支配。

　　到 16 世纪时，价格革命已开始冲击着英国封建的租佃关系，封建主收取多年不变的固定地租已无法维持过去的收入水平和经济地位，迫切希望改变固定地租而能够提高地租，增加收入以应对日益上涨的物价。那么就要对原有的土地制度进行改革，这就是圈地以打破原有的束缚而将土地按竞争性租金自由地出租或自己亲自经营，只有这样才能顺应时代的风云变幻，才能在近代化的浪潮中乘风破浪，继续其昔日的荣光与辉煌。英国的土地贵族正是通过圈地运动而成功地实现了其身份的转变，既避免了被时代洪流淘汰的厄运，也避免了剧烈社会的动荡，将封建经济与资本主义经济平滑而顺利地接轨，从而能在近代化的政治航船上继续掌舵操帆，勇往直前。

　　从 18 世纪初开始，地主阶级中普遍通行的原则是利用土地代理人来经营管理他们的地产。特别是在涉及与公用土地有关的问题时，土地代理人更是发挥着重要的作用。土地代理人的主要职责是：调查在其主人庄园内或邻近庄园的所有自由持有农的处境和意向，并尽最大的努力以合理的价格购买自由持有农的土地，从而扩大地主的地产或方便其生产与管理。尤其是只有通过合并与圈地才能改善提高庄园内土地生产条件和生产效率时，这一点显得尤为重要。当自由持有农不愿意出卖其土地时，土地代理人应该尽力劝说其以契约的形式出让土地使用权，从而为地主进行圈地铺平道路；土地代理人不能将其主人的土地以任何形式让与庄园内或邻近庄园的自由持有农。也就是说，土地代理人的职责应该是扩大其主人的地

---

① Gilbert Slate, *The English Peasantry and the Enclosure of Common Fields*, New York：Augstus M. Kelley Publishers, 1968, p. 151.

产，而不能使主人的地产以任何方式而缩减，包括出租与出卖；土地代理人应尽力合并小块土地，使贫穷的小土地占有者尽量成为较大的农场主，因为"租佃农数量的减少或无人继续承租土地使敞田的合并变得较为容易"。[①] 从而为地主最终利用土地铺平道路。但明智的做法是要采取渐进的手段而不是一蹴而就。急促冒进会导致怨恨情绪的高涨并增加济贫税，较为合理和通行的做法是让小块土地变成死手地，即被自愿放弃或无人继承。为了便于圈地，地主或贵族还应该尽可能地将公簿持有农转变成契约租地农，因为公簿持有农对土地有着较强的依附关系，按庄园的习惯缴纳地租，土地出租期限通常不是按年计算，而是按一代、两代、三代计算。他们的租金一般是在实物地租和劳役地租折算货币地租时规定的，到 16 世纪时已成为固定的名义租金，也称为习惯租金，粮价上涨而租金不变。而契约租地农的租期较为灵活，而且租金高于公簿持有农，其中还考虑到了市场因素，因而无论是从对土地的依附关系上，还是从租金方面都有利于地主，地主可以根据自己的需要随时收回出租的土地加以圈占。

总体而言，议会圈地是十八九世纪圈地运动的主要方式，非经议会批准的地主圈地并非主流。在一个教区里，只有大地主或庄园主拥有绝对的优势能获得这个教区里的所有土地的支配权，地主圈地才能够顺利进行。

二　约曼圈地

关于约曼的定义，前文已经论及，这里不再重述。约曼是一个以土地为生的阶层，"一部英国约曼史基本上就是一部土地史，约曼对土地的渴求超过当时的任何一个阶级和阶层"。[②] 在历史久远的圈地运动中，约曼阶层是圈地运动的推动者，也是积极的圈地者和圈地运动的受益者。约曼本身占有大量的土地，在没有大地主的庄园和教区内就有可能凭借自己在经济上的优势进一步圈占更多的土地。1727 年，爱德华·劳伦斯认为，地主贵族的"土地代理人应该为主人非经议会批准的圈地而竭尽全力，如果他的主人是什一税的包税人，就更应该阻止约曼农渐进地圈地。土地

① H. S. A. Fox, "The Chronology of Enclosure and Economic Development in Medieval Devon", *The Economic History Review*, Second Series, Volume XXVIII, No. 2, 1975, p. 191.

② 王乃耀：《英国都铎时期经济研究》，首都师范大学出版社 1997 年版，第 218 页。

代理人还应当监视和阻止约曼农对任何公用土地的圈占。"① 这也说明约曼农和地主一样，也是非议会圈地的主要力量。

肯特郡受到议会圈地的影响很小，但在圈地运动的早期，肯特郡几乎完全被圈占。其中发挥了重要作用的就是"富有而具有重要地位的肯特郡的约曼和男子均分土地的继承法（Gavelkind），这种继承法使小土地占有者成倍地增长"。② 富有的约曼是积极的圈地者，而男子均分土地的继承法使地块越分越小。农民所占有地块越小，其对土地的占有权和保有权就越脆弱，抗拒风险的能力就越小，加之受商品经济的冲击，仅依靠农业生产维生的人难免陷入困境而被迫出卖自己的土地，这就为约曼通过经济手段进行圈地创造了有利条件。因而在圈地运动中，肯特郡几乎不受议会圈地法令的影响，成为非议会圈地的典型。威廉·马歇尔在 1788 年出版的《约克郡农村经济》一书中记述了皮克林（Pickering）谷地圈地的进程。该谷地位于约克山地的南麓，是约克郡北区最富饶的地区。"在一个世纪以前，还有少量的敞田制的村庄，在谷地还能看到残存的公用土地。西部属于教会的湿地，在很久前已经被圈占。村镇的中部地区也已经被圈占了很久，部分地区已被变成草地，但是村镇周围的地区依然是开放的敞田，草地具有不同寻常的价值。但是到现在整个谷地都已经完全被圈占。土地大部分属于小土地占有者，概而言之，处于约曼农的占有之下。"③ 这充分说明在约克郡北部，约曼所圈占的土地，占有相当的比例。

总体而言，一个教区的议会圈地表明该教区较有权威的贵族或庄园主已历经了较长时期的圈地，本身已占有了大量的土地，拥有较强的政治经济实力，而且也能阻止其他租佃农通过协议的方式进行圈地。而在一个无大地主的村镇或庄园内，众多的地主都拥有数量相差不多的土地。对每一个地主而言，并无经济实力向议会提出圈地申请并承担相应的昂贵的圈地费用，也无利润可言。相反，这些地主从私人和公众的角度出发，更容易组织起来反对议会圈地。在土地较为分散的实行敞田制的教区内，圈地最大的可能性就是采取渐进的蚕食型圈地，而不是通过议会法令来进行圈地。也就是通过非议会圈地的方式，即地主或约曼通过购买、协议、补偿

① 　Gilbert Slate, *The English Peasantry and the Enclosure of Common Fields*, New York：Augstus M. Kelley Publishers, 1968, p. 155.

② 　Ibid. , p. 156.

③ 　Ibid. , p. 157.

等多种方式逐步进行圈地,缓慢地变革乡村分散的土地占有关系和方式,使其逐步集中化和私有化。

三　非议会圈地的数量

关于非议会圈地的数量,远没有议会圈地的数量具体精确,据斯莱特的推算,"在1845年以后,非议会圈地的数量不超过100000英亩,而通过议会圈地法令圈占的敞田、公用土地、草地、牧场等有139517英亩"。[①]由此可见,非议会圈地虽然不是圈地运动的主要方式,但也占有一定的比例。当然,1845年后,议会圈地的高峰时期已过,因而两类圈地的数量才比较接近。根据沃第、斯莱特等人的研究成果,可以大体推算出议会圈地开始后,非议会圈地的总数量。议会圈地开始于1604年,结束于1914年,议会圈地的总面积为7004468英亩,而1604—1914年圈地的总面积约占英格兰总面积的48.4%,而英格兰总面积约为32500000英亩,则1604—1914年圈地总面积就为15730000英亩,则非议会圈地的数量就为8725532英亩,两相比较,非议会圈地的数量还要超过议会圈地的数量。但是在1760年前,议会圈地的数量仅为358241英亩。非议会圈地依然是圈地的主要方式,但是1760年以后,议会圈地的面积为6646227英亩,根据沃第的研究结果,"在1760—1914年之间,诸如蚕食公用土地等非议会圈地的面积约占英格兰总面积的1.4%",[②]约为455000英亩。非议会圈地仅占这一时期圈地总面积的6.4%,而议会圈地则为圈地总面积的93.6%。议会圈地面积则要大大超过非议会圈地的面积,已成为圈地运动的主要方式。由此可以推算出1760年前非议会圈地约为8270532英亩,占1604—1760年圈地总面积的95.8%,而议会圈地仅占同时期圈地总面积的4.2%。

关于1845年以前非议会圈地的数量,斯莱特依据1793年农业委员会的调查报告和其他资料对一些郡进行了详细的统计和推算。

贝德福德郡的总面积为298500英亩。议会圈地在该郡始于1742年,而在1793年农业委员会普查时,该郡敞田制教区为94个,被圈占的教区

[①]　Gilbert Slate, *The English Peasantry and the Enclosure of Common Fields*, New York: Augstus M. Kelley Publishers, 1968, p. 158.

[②]　J. R. Wordie, "The Chronology of English Enclosure, 1500—1914", *The Economic History Review*, Second Series, Volume XXXVI, No. 4, November 1983, p. 501.

为 27 个。1793—1845 年，在实行敞田制的 94 个教区中，非经议会批准而被圈占的有 14 个教区，1793 年以前非经议会批准而被圈占的教区有 10 个。1742 年以前该郡的圈地面积为 76000 英亩，包括敞田、林地、荒地、草场、牧场，还有一些古老的道路。这些被圈占的土地显然均属于非议会圈地。而在 1742—1900 年，通过议会圈地法令而圈占的各类土地面积总计为 138313 英亩，未通过议会圈地法令而圈占的各类土地的面积总计为 84000 英亩。① 那么该郡在议会圈地开始以后，非议会圈地的面积为总圈地面积的 37.8%。如果再加上早期圈地运动的圈地面积，非议会圈地面积则达到了 160000 英亩，占到了总圈地面积的 53.6%，还要超过议会圈地的面积，而议会圈地面积仅占圈地总面积的 46.4%。因而在议会圈地期间，非议会圈地依然是圈地运动中一个不可忽视的重要方面。

北安普顿郡的议会圈地面积占到了该郡总面积的 51.5%，为议会圈地比例最高的郡。另外还有 "1796 年罗丁汉姆（Rockingham）森林区分外部权利的重要法令，1812 年巴诺（Borough）湿地的排水圈地法令，创造出了名为新巴诺（Newborough）的教区，还有其他三项圈占草地和荒地的圈地法令，通过这五项法令圈占的土地面积约为 15000 英亩。如果把这些面积计算在内，那么议会在该郡的圈地比例达到了其总面积的 54%"。② 据农业委员会的调查委员詹姆斯·唐纳森（James Donaldson）报告："到 1793 年时，北安普顿郡的 316 个教区中，已被圈占的教区有 227 个，依然实行敞田制的教区有 89 个。在已发生圈地的教区中，其中有一半的教区就属于'早期圈地'。而在实行敞田制的 89 个教区中，以后有 88 个教区被通过议会圈地法令所圈占，1793—1903 年，未经过议会圈地法令而被圈占的教区只有 1 个。"③ 斯莱特对这里所谓的"早期圈地"进行了考证，发现这里所谓的早期即是 18 世纪中期以前，依然属于通过议会法令而进行的圈地，即属于议会圈地的范畴。虽然没有非议会圈地的具体数字，但由此我们可以推断，北安普顿郡主要以议会圈地为主，非议会圈地的数量微乎其微。

---

① 以上圈地数据均来自 Gilbert Slate, *The English Peasantry and the Enclosure of Common Fields*, New York: Augustus M. Kelley Publishers, 1968. p. 194。但本书作者经过分类计算，所以与原始数据有所不同。

② Gilbert Slate, *The English Peasantry and the Enclosure of Common Fields*, New York: Augustus M. Kelley Publishers, 1968, p. 197.

③ Ibid. .

莱斯特郡的议会圈地面积占到了该郡总面积的 38.2%。莱斯特郡的圈地始于 17 世纪初,首先从该郡的南部和西部开始,在约 50 年的时间内圈占村镇 100 多个,到 17 世纪中期时该郡的圈地运动迅速发展。据农业调查委员会调查委员 R. 芒克(R. Monk)报告,在他所报告的 110 个发生圈地的教区中,有 35 个教区未经议会圈地法令的批准。据斯莱特考证,“圈地的时间在 19 世纪前半期,还有他列出的有圈地时间的 15 个教区,也未发现有相应的圈地法令,圈占的时间应该在 18 世纪后半期”。① 因此莱斯特郡属于非议会圈地的教区就有 50 个。在议会圈地迅速发展的同时,非议会圈地也占有相当的比例。以教区统计来看,议会圈地与非议会圈地几乎旗鼓相当,但议会圈地明显占有优势,是圈地的主要途径和方式。

沃里克郡的议会圈地面积占到了该郡总面积的 25.0%,沃里克郡的总面积为 618000 英亩,议会圈地的面积约为 154500 英亩。“18 世纪后半期,在沃里克郡的东南部,非议会圈地占有相当大的数量。”② 根据议会圈地的数量和剩余的敞田数量,1793 年以前非议会圈地的数量在 40000 英亩左右,而在 1793—1845 年,“非议会圈地的数量为 10000 英亩多一点”。③这样,非议会圈地面积占总圈地面积的比例达到了 24.4%。因而从总体上看来,非议会圈地在沃里克郡所占的比例不大。

剑桥郡的总面积为 549723 英亩,议会圈地面积占该郡总面积的 36.3%。据农业委员会的调查委员温卡文(Vancouver)报告,到 1793 年时,“在剑桥郡的 98 个教区中,依然实行敞田制的教区有 83 个,被圈占的教区有 15 个。此后在敞田制教区中,有 74 个教区是通过议会圈地法令而被圈占,有 9 个教区属于非议会圈地”。④ 而在 1793 年前被圈占的 15 个教区中,“只有 2 个是通过议会法令而被圈占”。⑤ 这样,非议会圈地的教区总计就有 22 个,占到了剑桥郡总教区的 22.4%。

亨廷顿郡议会圈地面积为该郡总面积的 46.5%。据农业委员会的调查委员乔治·麦克斯韦尔(George Maxwell)报告,亨廷顿郡有 106 个村镇,

---

① Gilbert Slate, *The English Peasantry and the Enclosure of Common Fields*, New York: Augstus M. Kelley Publishers, 1968, p. 200.

② Ibid., p. 205.

③ Ibid., p. 204.

④ Ibid., pp. 209 - 210.

⑤ Ibid., p. 210.

到 1793 年时有 41 个村镇已被全部圈占，所剩余的 65 个村镇有相当数量的村镇已被部分地圈占。此后"有 58 个村镇通过议会法令而被圈占，有 1 个村镇（Lutton）在什一税转承时（1845 年）依然实行敞田制。麦克斯韦尔报告中的 65 个或实行敞田制或部分地被圈占的村镇中的所剩余的 6 个村镇，19 世纪中期时在无议会法令的情况下全部被圈占。而在 1793 年被全部圈占的 41 个村镇中，其中 20 个村镇是通过议会法令而被圈占，其余 21 个村镇在无议会法令的情况下被圈占，或者在议会圈地开始前有些就被圈占"。①这样，在亨廷顿郡议会圈地的村镇为 78 个，未通过议会圈地法令而被圈占的即非议会圈地的村镇为 27 个，还有 1 个村镇在 1845 年时依然实行敞田制。因而亨廷顿郡非议会圈地的村镇数量为全郡村镇数的 25.5%。

林肯郡通过议会圈地法令圈地的面积为该郡总面积的 29.3%，4/5 的议会圈地都发生在 18 世纪。"在 19 世纪时非议会圈地有较大的发展。"②1793 年农业委员会调查时，林肯郡"所留下的敞田及公用土地约为 421000 英亩，之后议会圈占的敞田为 207659 英亩，圈占其他的公用土地为 74000 英亩，（在 1845 年时）还余有 12000 英亩的敞田和公用土地，这样累计有 293659 英亩，这样还有约 127000 英亩的土地未计算在内，这些土地应该属于 19 世纪的非议会圈地。"③这样在 1793—1845 年，议会圈地的面积为 281659 英亩，非议会圈地面积为 127000 英亩，非议会圈地占总圈地面积的 31.1%。关于 1793 年之前的非议会圈地，尚无完整的资料可供参考。

伯克郡的非议会圈地在 19 世纪时异常活跃，农业委员会的调查委员威廉·皮尔斯计算出了伯克郡"在 1794 年时，有敞田和草地 220000 英亩，森林、荒地和公用土地 40000 英亩，已圈占的土地包括林地和园地等只有 170000 英亩，他还确证了至少有一半的耕地属于敞田，后来该郡约有 20% 的土地被通过议会圈地法令而圈占。1793 年后非议会圈地约占该郡总面积的 30%"。斯莱特认为此推算是精确的，即 1793 年后，伯克郡所发生的圈地中，非议会圈地所占的比例要超过议会圈地所占的比例。

多塞特郡从很早就开始了圈地，但是议会圈地面积所占的比例并不

①　Gilbert Slate, *The English Peasantry and the Enclosure of Common Fields*, New York: Augstus M. Kelley Publishers, 1968, p. 212.

②　Ibid. , p. 223.

③　Ibid. .

高，议会圈地面积仅占该郡面积的 8.7% 。非议会圈地面积所占的比例也不大，"没有史料可以证明 19 世纪时多塞特郡的非议会圈地有较大的发展"。[1] 1794 年，克莱瑞治（Claridge）曾说过："该郡此后被圈占的教区非常少。"[2] 因而可以推断，多塞特郡的非议会圈地所占的比例并不大。斯莱特也认为："多塞特郡没有大量地用篱笆进行圈地，而且该郡的敞田数量也不大，很多的土地从森林或沼泽直接转归个人耕种，但是在形式上并没有用篱笆进行圈围。"[3] 也就是说，该郡因为复杂的地形特征，很多的土地在所有权和占有权上虽发生了转移，但是在具体形式上，却并不是通过用篱笆等藩篱物进行圈地而完成的。

格洛斯特郡议会圈地面积占该郡总面积的 22.5% 。"从 1726 年开始，在议会圈地的同时，可以确定的是，非议会圈地也蓬勃展开。"[4] 该郡的土地占有传统使非议会圈地较为容易发生，三代占有的公簿租地习俗通常被转化为三代契约租地，这样就有利于地主或庄园主缩短租地年限，或者将土地租给一个人，从而使非议会圈地较为容易。

通过以上对英格兰一些郡的分析与考察，我们可以看出，在议会圈地开始以后，圈地运动就并非只有议会圈地一种类型，不通过议会圈地法令而进行的圈地依然是圈地运动的另外一种形式，而且在很多郡都占有较大的比例。"越来越多的证据表明，即便在 19 世纪，非议会圈地依然在很多郡普遍存在，在有些郡甚至还是圈地的主要形式。"[5] 根据所查阅到的资料，无论是以圈地的面积来计算，还是以圈地所涉及的教区数量来计算，很多郡的非议会圈地的数量所占同时段圈地总量的比例都在 20% 以上，在个别郡非议会圈地的份额甚至超过议会圈地的份额。"从英格兰整体情况来看，比较理性而合乎实际的情况是，在 18、19 世纪的圈地中，非议会圈地的比例占到了圈地总量的 1/3，而这一比例最终有可能被证实还是比较保守的。"[6] 但从总体而言，议会圈地开始以后，通过议会法令而进行的议会圈地是圈地运动的主要方式，所

---

[1] Gilbert Slate, *The English Peasantry and the Enclosure of Common Fields*, New York: Augustus M. Kelley Publishers, 1968, p. 238.

[2] Ibid. .

[3] Ibid. , p. 240.

[4] Ibid. , p. 241.

[5] J. P. Roger, John Chapman, Richard R. Oliver, *The Enclosure Maps of England and Wales 1595 – 1918*, Cambridge University Press, 2004, p. 20.

[6] Ibid. , p. 22.

圈占的土地面积也占有明显的优势。非议会圈地的方式和数量虽不占主要地位，但仍然是圈地运动不可忽视的一个重要方面。

第五节　圈地与地租

一　圈地与地租的关系

几乎所有的人都认为，地主圈地的经济动因在很大程度上是为了获取更多的回报。地租的上涨既是圈地的结果，也是圈地的重要动因之一。马克·奥弗顿在论述圈地的原因和影响时，就把圈地后地租的上涨既视为原因之一，也视为结果和影响。"罗伯特·埃伦发展了吉姆·耶琳（Jim Yelling）的观点，认为古老敞田上的地租往往低于土地的边际生产力，而圈地则为地主提供了增加收入的一种方式。"① 也就是圈地后可以提高地租，使得地租水平与土地的生产力水平相适应。一方面可以增加地主的收入，另一方面可促使租地者千方百计去提高土地的生产力。"无论是亨利八世的朝臣圈占敞田作为养羊的牧场，还是乔治时的乡绅圈占荒田作为耕地，其原始的动机都是从圈地这种新的经营方式中获取比过去敞田制下更大的经济效益。"② 当现代经济学家确认地租水平是国家经济繁荣的指标时，然而在 17 世纪后半期和整个 18 世纪，并非每个圈地者都总能如愿以偿，获取理想的收效。"尽管在特殊情况下也可能使圈地的倡导者失望，但作为普遍的规律，圈地后的地租总会有较大幅度的增长。"③ 从地主的角度而言，"他们认为通过提高单位面积产量而增加利润时他们也增加了投资和花费，而通过从羊毛业获取利润时他们也增加了劳动力的成本，都不是成功的交易"。④无论是哪种方式，都要有一定的剩余产品来抵销开支和花费。当然，在一定程度上，他们自信可以获得丰厚的利润。他们认为："从圈地中获取的最大收益是提高了他们财产的价值，这就使他们有

---

① J. P. Roger, John Chapman, Richard R. Oliver, *The Enclosure Maps of England and Wales 1595 – 1918*, Cambridge University Press, 2004, p. 2.

② W. E. Tate, *The Enclosure Movement*, New York: Walker and company, 1967, p. 154.

③ Gilbert Slate, *The English Peasantry and the Enclosure of Common Fields*, New York: Augstus M. Kelley Publishers, 1968, p. 262.

④ W. E. Tate, *The Enclosure Movement*, New York: Walker and company, 1967, p. 154.

可能从地产上获取更高的地租。"① 马歇尔·特纳也认为圈地后地租的提高是生产力发展的标志之一，"尽管可以得到一些地方农作物产量的数据，而土地数据又是其他地方的，很少能同时得到同一个地方的两种数据。结果我们通过分析农场产量的方法很难来分析生产力问题，因为很难进行推算——因此很多作品将地租的提高作为生产力提高的替代指标"。②

在社会转型时期，面对蓬勃发展的商品经济和价格革命的无情冲击，在某种程度上来说，地主要么设法增加其收入，要么面临穷困破产，除此别无出路。收取固定的货币地租，在货币不断贬值的情况下，他们的生活只能陷入困境。他们的出路也只有两条，一条是以固定的租金出租土地，但是对土地征收的罚金则不能固定，要尽可能地从农民增加的收入中攫取最大限度的罚金；另一条出路是，彻底摧毁古老的乡村社会及与其相孪生的复杂的权利和义务的纽带，使土地能以所值的市场价格获取高额的租金。而圈地则能够从两条途径促使这一过程的实现。其一，圈地能够打破古老的农村社会并驱使其成员远走他乡寻求生活出路；其二，圈地使新的租地者尽管付出了较高的地租，但是也能在扩大和合并了的农场上谋取相对较高的利润。到 1760 年时，英格兰大部分土地依然由佃农耕种，很多佃农依然按租约数年或者终身持有土地，那一阶段租金固定。1760 年后，特别是拿破仑战争期间物价普遍上升以后，也鼓励着地主进行圈地。当时的人们通常都肯定圈地后能促进生产力的发展。地主能提高地租，合并地产，因之为租地农提供了单独占有土地而进行生产的机会。③ 圈地法令的实施使地主能够废止以前地租多年不变的租地契约从而提高租金。圈地后租佃农也能够充分利用生产的时间且使自己分散的土地得到合并，因而也乐于交付更高的租金。"这不仅是因为圈地提高了农业生产力，而且也因为圈地后在自由租佃的基础上地主通过经济手段决定租金而完全占据了有利的经济地位。"④

---

① G. E. Mingay, *Parliamentary Enclosure in England: An Introduction to its Causes, Incidence and Impact 1750—1850*, New York: Published in the United States of America by Addison Wesley Longman, 1997, p. 83.

② Michael Turner, "English Open Fields and Enclosures: Retardation or Productivity Improvements", *The Journal of Economic History*, Vol. 46, No. 3 (Sep., 1986), p. 681.

③ Michael Turner, "English Open Fields and Enclosures: Retardation or Productivity Improvements", *The Journal of Economic History*, Vol. 46, No. 3 (Sep., 1986), p. 673.

④ J. R. Wordie, "The Chronology of English Enclosure, 1500—1914", *The Economic History Review*, Second Series, Volume XXXVI, No. 4, November, 1983, pp. 504—505.

二　圈地后地租的提高

1607 年，约翰·诺顿（John Norden）赞成提高地租，他认为提高地租将会对 18 世纪产生积极的影响，理由是高额的地租水平将对小农产生有利的作用，因为高额地租会对工业的发展提供持续的动力。"塞缪尔·哈特利布（Samuel Hartlib）在 1651 年指出，圈地以后的地租额要从每英亩 6 先令增加到 10 先令或 13 先令 4 便士。塞文诺斯·泰勒（Silvanus Taylor）在 1652 年提到未圈占土地上的地租通常是 1 先令 8 便士，圈地后的地租一般是 3 先令 4 便士……整体而言，圈地以后租金可期望平均提高 200%。"[1]需要指出的是，"在剑桥学院的一处圈地，地租每亩从 140 英镑上升到 537 英镑"。[2] 地租提高两三倍的现象并非偶然，"在牛津郡的福瑞弗德（Fringford）教区，自从圈地后租金和产量有了较大幅度的提高，两者至少分别提高了三倍"。[3]

1768 年，阿瑟·杨在他的《英格兰北部游记》中记载："在敞田制下的地租是每英亩 7 先令到 7 先令 6 便士，而在圈占为牧场后地租每英亩达到了 17 先令，因而我们可以发现圈占为牧场后每英亩可以增加 10 先令的利润。"[4]他还列出了林肯郡通过 23 项圈地法令所圈占的敞田制教区地租的详细情况，这些敞田制教区"在圈地前的地租总计是 15504 英镑；圈地后租金几乎翻了一番，平均增长 14256 英镑，同时也花费了 48217 英镑。假定这些资金的贷款利率是 6%，地主的净利润也达到了 11363 英镑。这个数字毫无疑问只是平均数字，但是无独有偶。在朗萨顿，地租平均从每英亩 5 先令提高到了 30—50 先令"。[5] 另外，他在 1808 年的《圈地总报告》中也有记录："贝克汉姆郡在圈地前耕地的地租是每英亩 14 先令，圈地后增长到 28 先令，没有一例地租低于一基尼的租金，草地从每英亩 40 先令增长到三英镑，并且全都免除了什一税。"[6] 威廉·马歇尔在 1789 年出版的《格洛斯

① W. E. Tate, *The Enclosure Movement*, New York：Walker and company, 1967, p. 157.

② Ibid., p. 158.

③ Michael Turner, "English Open Fields and Enclosures：Retardation or Productivity Improvements", *The Journal of Economic History*, Vol. 46, No. 3（Sep., 1986）, p. 673.

④ Gilbert Slate, *The English Peasantry and the Enclosure of Common Fields*, New York：Augstus M. Kelley Publishers, 1968, p. 107.

⑤ Ibid., p. 263.

⑥ Richard Brown, *Society and Economy in Modern Britain* 1700—1850, London：Routledge, 1991, p. 65.

特郡的乡村经济》中记载:"伊夫舍姆谷地在一般的敞田中,地租是10—15先令,而在圈地后,继续作为耕地的地租是每英亩10—20先令,而转变为牧场的地租每英亩可以达到20—50先令。"① 由此可见,地租的增加的确不仅是圈地的结果,也是圈地的重要动因之一。地租的增加,意味着土地产值的增长或净利润的增长,其必然包含着生产方式的改进和土地利用价值的提高。归根到底,租金水平取决于租地农偿付地租的愿望和能力,而这种能力依赖于物价水平和土地的产值。圈地以后的土地经营更为市场化和资本化,因而大大提高了农业生产的效率和利润。

在阿瑟·杨的游记里面有大量的关于地租的数据,而且对敞田的地租和圈地上的地租都做了很好的区分。"在希钦(Hitchin)附近的沃福利(Offley),敞田的地租平均每英亩是1先令,圈地上的地租是4先令。在贝德福德(Bedford)附近的比登汉姆(Biddenham)村庄,敞田上的地租是2先令6便士到3先令6便士,圈地上的地租是10先令6便士到12先令6便士。"② 他还观察到,"1766—1767年,在贝克汉姆的中部,敞田中耕地的租金是每英亩14先令,而在圈地后可望达到28先令。租金像这样的上涨幅度在艾利斯伯里谷地(Vale of Aylesbury)的圈地事例中随处可见。大量的事实证明,圈地后租金有时会翻一番,而有时会上涨两倍。"③此外他还详细计算出了林肯郡23项圈地法令所圈占敞田的账目:"在圈地前这些土地的总租金是15504英镑;(圈地后)地租额几乎翻了一番,租金增长14256英镑,为此而进行的投资和花费是48217英镑。假定这些投资款项的借贷利率是6%,那么地主的净利润仍可达到11363英镑。这个结果毫无疑问是平均数,但也不是特殊的。在朗萨顿,地租从平均每英亩5先令上涨到每英亩30—50先令。"④阿瑟·杨的这一观点几乎得到了当时农业专家普遍的认同。圈地后地租大幅度提高的例子不胜枚举。又如在贝克汉姆郡的瑞斯布罗芬公主村庄(village of Princes Risborough),"18世纪末时,早期圈地上耕地的租金是每英亩18先令,而牧场的租金则每

---

① Gilbert Slate, *The English Peasantry and the Enclosure of Common Fields*, New York: Augstus M. Kelley Publishers, 1968, p. 238.

② W. E. Tate, *The Enclosure Movement*, New York: Walker and company, 1967, p. 158.

③ Michael Turner, *English Parliamentary enclosure——Its historical Geography and Economic History*, Wm Dawson & Sons Ltd, Cannon House Folkestone, Kent England, 1980, p. 99.

④ Gilbert Slate, *The English Peasantry and the Enclosure of Common Fields*, New York: Augstus M. Kelley Publishers, 1968, p. 263.

英亩达到了 30 先令，然而在敞田中的租金每英亩仅有 14 先令"。① "显然经过圈地后地主能在相同的地块上获得更高的经济收入，尽管他也要在总经济收入里面拨出相当一部分用作投资的资本，大约是每英亩 1 英镑到 10 英镑不等。"② 从地主的角度出发，圈地就成为能提高租金的一种在土地上所进行的投资，"圈地后如果租金按正常情况下提高一半，那么地主将会获得 15%—20% 的回报，这使圈地成为当时一种最好的投资方式"。③ 近来的调查研究表明，18 世纪末期议会圈地之所以走向高涨，其中一个主要的原因就是这种获取较高租金的经济动力。当然这不是唯一的因素，圈地运动的高潮是诸多因素共同作用的结果。

"对圈地运动较为公正的争论都会承认圈地的每个方面都有其两面性，但任何一个圈地的反对者都不否认圈地会提高地租。"④ 而这种地租的大幅度增长显然只有通过土地上产品的净增长来偿付，通常认为圈地后的土地上的产品的净产值要大大超过其在敞田下的状态。"无数的事例表明，个体占有的土地的价值高于公共占有的土地，同等规模的农场在围圈之后的价值要高于在敞田下的状态。威廉·马歇尔是 18 世纪农业问题的作家，他认为条块分割的敞田和草地的价值要比等同面积的圈地少 1/3，如果敞田中夹杂公用地块，其价值要比圈地减少一半，通常的数据表明圈地后租金要增加一倍，但是近来的研究表明增加一倍的说法可能有所夸大，地租平均上涨了近 30%。"⑤ 地租即使只上涨 30%，那也是不小的数字。"圈地后增长的地租可以用作衡量圈地后产品净增长的指标。圈地后地租的增加也意味着圈地提高了生产力。"⑥ 早期圈地时，无论是把耕地转化为牧场，还是把封闭的牧场转化为公共草地，都可以羊毛产量的增长抵消其质量的下降。在敞田制下的公共牧场内，羊群所产的羊毛质量比在

---

① Michael Turner , *English Parliamentary enclosure—Its historical Geography and Economic History* , Wm Dawson & Sons Ltd, Cannon House Folkestone, Kent England, 1980, p. 99.

② W. E. Tate, *The Enclosure Movement*, New York: Walker and company, 1967, p. 159.

③ Michael Turner , *English Parliamentary enclosure—Its historical Geography and Economic History* , Wm Dawson & Sons Ltd, Cannon House Folkestone, Kent England, 1980, p. 98.

④ Gilbert Slate, *The English Peasantry and the Enclosure of Common Fields*, New York: Augstus M. Kelley Publishers, 1968, p. 262.

⑤ Mark Overton, *Agricultural Revolution in England* , Cambridge University Press, 1996, p. 162.

⑥ P. K. O'Brien, "Agriculture and the Industrial Revolution", *The Economic History Review*, New Series, Vol. 30, No. 1. (Feb., 1977), p. 170.

圈地下大规模圈养羊群所产的羊毛质量要好得多，但是圈地下的养羊业依然获利丰厚，利润的获得一方面是由于因地制宜，适应市场变化和需求以养羊业代替了谷物生产；另一方面是因为从经济学角度而言，养羊业比种植业所需要的劳动力数量大为下降，从而大大降低了生产成本。

圈地运动的发展为土地的大规模出租创造了条件，也促使了租地农场主的兴起。采用资本主义方式进行生产的租地农场主为了获取更多的利润，必然采取多种方式驱逐小土地占有者，扩大其所租农场的规模，因而租地农场主的兴起又进一步推动着圈地运动的发展。领主或地主所追求的是圈地后提高了的地租，而租地农场主所追求的是利润，地租与利润的合并使地主和资本家租地农场主有了共同的利益，在共同利益的驱使下必然共同推动圈地运动的发展。关于圈地后地租的提高，克里奇把地租与物价进行过详细的比较，如表 6 - 9：

表 6 - 9 　　　　　　　　地租和价格的估计（指数）

时间	新承租土地上的租金	小麦价格	大麦价格	羊毛价格
1510—1519 年	100	100	100	100
1520—1529 年	95	127	112	93
1530—1539 年	202	123	133	110
1540—1549 年	210	154	147	129
1550—1559 年	308	253	320	171
1560—1569 年	349	263	214	167
1570—1579 年	435	288	233	202
1580—1519 年	329	329	353	188
1590—1599 年	548	455	415	262
1600—1609 年	672	435	468	262
1610—1619 年	829	495	501	
1620—1629 年	699	513	437	1610—1625 年降至 175
1630—1639 年	881	612	557	1625—1650 年升至 233
1640—1649 年	649	654	516	1650—1685 年降至 117
1650—1659 年	845	573	452	

资料来源：E. Kerridge, *The Movement of Rent* 1540—1640, Published in EcHR, 1953, Vol. VI, p. 28.

通过表 6 - 9 可以看出，在 16、17 世纪，在价格革命、人口增加、商品经济发展等因素的影响下，物价普遍呈上涨的趋势。与物价相比，上涨幅度最大的是圈地后的地租。这种圈地后随市场行情而变化的租金相对于公簿持有农缴纳的固定租金，也称竞争性租金。显然这种竞争性租金对于领主或地主更为有利，这就是圈地运动得以持续发展的经济驱动力；而租金来源于利润，利润来源于产出与投入的比率，比率越大利润越高，因而地租的大幅度上涨也反映出圈地后生产率有了较大幅度的增长。当然，圈地后也包括将耕地转化为牧场，相对于农业，畜牧业投入的劳动力则相对要少得多，但是并非所有的圈地都将耕地转化为牧场，还有大量的圈地农场从事种植业。在专业化和规模化的经营中，其劳动生产率一般要高于敞田。更为重要的是，圈地后规模化、专业化、社会化、市场化的农场经营代表了土地利用方式的进步方向。

16、17世纪有很多记录记述敞田制下农作物较低的产量和公用牧场低效的畜产品生产。可以确定的是，很多地方的敞田因为连续的耕种地力被耗尽，播种的农作物也受到严格的限制，不利于在土地上的轮作和地力的恢复。而在敞田下的草地或牧场，尽管大多数教区也规定了详细的放牧量和载畜量，但每户农民总想最大限度地饲养尽可能多的牲畜，过度放牧的现象较为突出，而管理和投入则非常有限，也不利于草地和牧场从长远意义上发挥出更大的效益。

在17世纪早期，斯图亚特王朝的中央政府允许圈占耕地转化为牧场，更多的是希望通过发展畜牧业而草田轮作，以使地力得到平衡和恢复，在谷物价格上升时再度将牧场转化为耕地。与1607年米德兰农民起义相关的委员会的一份备忘录提到，"显而易见的是，和发生了圈地的几处地方相比，典型的敞田制农业不能很好地满足人们对于粮食的需求"。①

约翰·霍顿（John Houghton）在1682年试图计算出单位面积敞田与圈田在产量上的区别。他认为："在当时的斯塔福德郡，单位面积的敞田的小麦产量平均是每英亩20蒲式耳，因为土地在三年中有一年是轮休的，因而小麦的年平均产量是13蒲式耳多，而相同面积的圈田的小麦年平均产量是每英亩30蒲式耳。"②阿瑟·杨认为："圈田制下的小麦每英亩的产

---

① W. E. Tate, *The Enclosure Movement*, New York：Walker and company，1967，p.160.

② Ibid..

量可以达到 28—36 蒲式耳，而敞田制下的小麦每英亩的产量是 24 蒲式耳。"①圈地委员会也作出了官方的估计和对比："在实行三圃轮作制的敞田中，1 英亩敞田在圈地后的产值每年可期望达到 2010 磅面包和 30 磅肉，而在敞田状态下的产值是每年 670 磅面包。"②

三　地租增长的社会意义

圈地后地租的提高是多种因素共同作用的结果。"首先，圈地会引起教区内土地价值及租金的重新评估与修订，而以前的租金往往在较长的时期内维持了较低的水平；其次，新的租金代表了地主圈地投资的收益，而租地者也愿意付出较高的租金，因为圈地使他们能够较为集中而自由地使用土地，并且常常伴随着什一税的转承；再次，新的租金也反映了地主在农场建设、排水、修筑堤岸、道路等方面的额外投资；最后，新的租金也反映了劳动生产率在较长时间的停滞后有了提高——如果以前是荒地提高的幅度就更大，如果土地的性质限制了农业的进步，那么这种提高的幅度就会很小甚至没有。"③

正如圈地的倡导者一贯指出的那样，"地租是衡量一个教区农业净产值的精确指标，它与该地未消费的农产品的增长及市场化率成比例，而且这种净增长是国家税收所依赖的源泉"。④ 也正是这种农产品的净增长，才能供应日益增长的人口对粮食的需求，才能支撑工业化和城市化的进程，才能源源不断地为工业提供资本积累包括资金及生产的场地，才能为工业的发展提供劳动力和原料，才能使国家日益扩大的职能得以正常地运转。

① W. E. Tate, *The Enclosure Movement*, New York: Walker and company, 1967, p. 161.

② Gilbert Slate, *The English Peasantry and the Enclosure of Common Fields*, New York: Augstus M. Kelley Publishers, 1968, p. 264.

③ G. E. Mingay, *Parliamentary Enclosure in England: An Introduction to its Causes*, *Incidence and Impact* 1750—1850, New York: Published in the United States of America by Addison Wesley Longman, 1997, pp. 100 – 101.

④ Gilbert Slate, *The English Peasantry and the Enclosure of Common Fields*, New York: Augstus M. Kelley Publishers, 1968, p. 263.

第七章 英国圈地运动的影响

第一节 对土地制度的影响

一 土地所有权

英国的圈地运动逐步瓦解了中世纪以来以敞田制为主要形式的封建土地所有及分配体制，确立起了近代的土地所有制体系，变革了英国的土地所有及占有制度，为英国资本主义的发展开辟了道路。这种土地所有权的变革过程通常被称作圈地，近代和当代历史学家用来泛指土地占有的一系列变化。圈地应该包括以下几方面的过程："建立土地的租赁体系，公共所有权的消除，农场布局及田地界限的变更，农场的合并重组及集中，土地使用的根本变化。尽管这些过程相互影响并彼此作用，但是这些过程并不一定要综合为一个系统的过程。"[①]

英国学者希尔顿认为："整个中世纪农村经济的基础是农民家庭的持有地……家庭农民的基本核心是那些拥有足够的土地、工具和劳力来养活其家庭及其助手、维持这种个体经济再生产并交纳地租的人。这种农民家庭的剩余产品，即地租维持了整个封建国家。正是这种农民经济的产品，或者更确切地说，农民家庭不能留作自用的那部分产品（无论劳役、实物或是货币）给贵族、教士、城市和国家的整个社会政治上层建筑提供了必要的支持。"[②]

圈地运动彻底瓦解了中世纪英国农村的经济基础，即封建土地所有制、个体农民的土地占有制、土地集体支配制度，确立起完全的土地私有

---

① Mark Overton, *Agricultural Revolution in England*, Cambridge University Press, 1996, p. 147.

② 王乃耀：《英国都铎时期经济研究》，首都师范大学出版社 1997 年版，第 19 页。

制和单纯的个体占有及支配的土地制度，即在农村建立起了近代化的个体
独立所有和经营的土地所有及占有体制。农民被驱逐外出流浪或成为一无
所有的劳动力的出卖者，封建地租合并于资本主义经营的利润，因而动摇
了整个封建主义的经济基础，显然使封建主义失去了赖以生存的物质基
础，因而封建主义的衰落是不可避免的。圈地制代替敞田制，"以完全私
有的土地所有关系，表现为土地所有人排他性的土地使用权，代替了原来
敞田制下公共土地使用权"。① 消除了敞田制下土地所有权与占有权、支
配权与经营权交叉重叠不清和相互矛盾的状况，以较为完全的土地私有制
与单一的土地占有制代替了敞田制下不完全的土地私有制与集体的土地占
有与支配制度。沃第认为，圈地的法律意义就是"土地的单独占有，即
土地完全落入个人的占有与控制之下，他能以个人的意志自由支配土地，
而不管他是否选择用篱笆或壕沟圈围他的土地。这样的土地除过有可能被
利用为道路而外，已完全排除了其他的公用权利。相反，如果土地上还附
着一定的公共权利，那么这类土地将会被称之为开田或敞田，或者公用土
地"。② 马克·奥弗顿也指出："圈地不仅指一种特定的土地制度的外在形
式，也指拥有了私有的土地所有权，这意味着这种土地制度的形式与权属
有了一定的联系。圈地往往属于私有而敞田一般处于公共权力支配之下。
土地外在的形式和土地权属通常在农业生产的运作方式上紧密联系。用环
形篱笆圈围而集中的土地在土地所有权上属于私人所有，在土地经营时往
往属于个体的主人或租地农，他可以按照自己的意愿进行生产（如果属
于租地农，那么他有可能受到租地契约的限制）。农场中所有的作物与牲
畜，所采用的农业生产技术，完全由一个农场主做主，因为这块土地上不
再存在任何的公共权利，其他的人与土地也不存在任何利害关系。"③ 很
多的历史学家认为："私有制的土地关系是圈地的结果，英国的土地所有
关系在很大程度上是一种公共占有与使用的土地关系，这种关系一直持续
到近代早期……英格兰农业社会的阶级并非是在圈地运动的推动下才产生
的，然而可以确定的是，随着圈地运动的进行，早已存在的阶级在社会和

---

① Leigh Shaw - Taylor, "Parliamentary Enclosure and the Emergence of an English Agricultural Proletariat" *The Journal of Economic History*, Vol. 61, No. 3, (Sep. , 2001), p. 640.

② J. R. Wordie, "The Chronology of English Enclosure, 1500—1914", *The Economic History Review*, Second Series, Volume XXXVI, No. 4, November 1983, p. 484.

③ Mark Overton, *Agricultural Revolution in England*, Cambridge University Press, 1996, p. 24.

经济等方面的分化加剧了。"① 这种土地私有权的确立打破了中世纪以来
"一切土地都属于国王所有"的法理基础，动摇了以分封和赏赐为主要方
式的土地分配和占有制度，同时也打破了农民对土地的经济及超经济手段
的依附关系。土地失去了维护封建等级秩序的功能而成为自由流通的商
品，土地也不再仅仅与等级地位有关，而是开始与金钱货币密切相连。这
就有利于土地市场的培育及土地所有权及使用权的流转，从而加速了土地
资本形成的过程，土地从封建的经济基础转变成为资产阶级发财致富的工
具。"圈地运动通常包括了两个过程：一是地产的重组运动，包括耕地和
草地；一是土地的开垦运动，包括公用土地和荒地。而且这两个运动通常
不会同时发生。在发生圈地的任何地方，前一个运动往往倾向于促进后一
个运动。"② 也就是说，圈地一般从圈占耕地和草地开始，地产的重组意
味着土地所有权发生变化，并且往往引起耕地、草地等土地利用结构的变
化。引起耕地与草地利用结构变化的主要因素就是经济形势及该地的自然
因素。可见圈地的本身不仅意味着对土地所有权的变革，也意味着对土地
利用结构的调整。而对耕地与草地的圈占往往引起对公用土地的蚕食及荒
地的圈占，也就是推动了土地的垦殖运动，这样势必引起更大规模的土地
圈占及土地所有权的变化，同时导致土地利用结构的进一步调整。因而圈
地运动不仅变革着土地所有权，也调整着土地利用结构。

　　土地所有权上不仅确立了完全的私有制，而且在所有权的结构上确立
起了大土地贵族和乡绅地主的主导地位，土地所有及占有结构上渐趋集
中，出现了"田连阡陌"的大土地贵族。例如斯宾塞家族，在沃里克郡
和北安普顿郡都拥有广袤的地产。"据估计，斯宾塞家族在 17 世纪初的
年收入在 6500 英镑到 8000 英镑之间。但斯宾塞家族还不是英国最富有的
土地所有者。根据 J. P. 库伯编纂的表格，查理一世统治时期 23 名从土地
中获得利益的贵族的年收入中，有 7 人的收入在 1000 英镑或更多，有 3
个人的收入在 2000 英镑或更多。"③ 另据 1873 年英国对土地所有权的调
查结果，"英国有 4/5 的土地被不到 7000 人占有。英格兰有 363 名大地主
拥有的土地超过了一万英亩，其中 186 人是有头衔的贵族，58 人是从男

---

① W. E. Tate, *The Enclosure Movement*, New York: Walker and company, 1967, p. 170.

② J. P. Roger, John Chapman, Richard R. Oliver, *The Enclosure Maps of England and Wales 1595 – 1918*, Cambridge University Press, 2004, p. 3.

③ 沈汉：《英国土地制度史》，学林出版社 2005 年版，第 93 页。

爵，117 人没有任何头衔。"① 但是拥有贵族头衔的地主，随着时代的发展，到 19 世纪时其封建的特权已丧失殆尽，他们已不再属于严格意义上的封建贵族。有些贵族也投资经营工商业或金融业，其经济活动与市场和资本主义不可避免地发生着联系。贵族与非贵族地主逐渐融合为英国近代地主阶级，其阶级属性更多的属于农业资产阶级。到 19 世纪中期，英国的土地所有权主要为三类人所掌握。大土地贵族和大地主的地产跨州连郡，甚至有些地主"拥有几千英亩的土地，其占有的土地份额在 1700 年时约为 15%—20%，到 1800 年时已增加到 20%—25%。乡绅阶层所拥有的地产一般在 300—2000 英亩之间，所占有的地产份额基本稳定，约占地产总额的一半。而自由持有农所占的地产一般不足 400 英亩，在与大土地所有者的竞争中其所占的地产份额呈不断下降的趋势。大地主一般将土地出租给租地农场主，允许他们将农场合并或改革生产效率低下的农场经营，在租地农场主之下的是无地的农业雇工，他们按日或按年受雇于农场主。到 18 世纪中期时，这三级土地所有结构已成为英格兰和苏格兰东部地区所有土地的基本特点。英格兰和苏格兰东部地区这种农业经营方式和农业资本主义的发展，为不断扩张的工业部门提供了大量的劳动力。"②

历经社会变革及圈地运动，英国逐步确立起"地主—租地农"式的土地所有及使用体系。也就是说，"很少有土地属于在其上耕作的农场主。在 1700 年以前，土地所有权有一个加速集中的过程"。③ 历经圈地运动和土地的交易，大量土地渐趋集中在地主或土地贵族的手中。"中世纪后期的土地贵族主要是靠出租土地的收入而不是大规模的农耕获得利益。"④ 这些地主或贵族并不亲自经营土地，而是将土地出租给租地农场主，依靠收取租金而获利。而租地农场主则雇用工人进行生产，获取资本主义的利润。在租佃方式上一般由地主提供土地、农舍等建筑物、篱笆和其他必要的设施。此外，地主还要承担土地税，租地农场主只负担教区的地方税。土地上大项的资本投资，诸如圈地、排水设施、修建道路、建设

---

① 沈汉：《西方社会结构的演变——从中古到 20 世纪》，珠海出版社 1998 年版，第 214 页。

② Richard Brown, *Society and Economy in Modern Britain* 1700—1850, London: Routledge, 1991, p. 58.

③ M. W. Flinn, *An Economic and Social History of Britain Since* 1700, Published by Macmillan Education, 1963, p. 48.

④ 沈汉：《英国土地制度史》，学林出版社 2005 年版，第 87 页。

农场的房屋等事宜，一般由地主来负担。而且地主往往都雇有专门的土地监管代理人负责具体事项并维护地主的利益。租地农场主则负责农场具体的生产经营，诸如牲畜、肥料、种子、播种及收获等相关事宜，并支付劳动者的工资，并按双方达成的租地契约的规定向地主缴纳地租，特殊的事宜一般在租地契约中都要有明确的说明和规定。在草拟和制定租地契约时，固有的常规和习俗发挥着很重要的作用，地主和租地农场主经常为地租和承租土地上的各项权利讨价还价，在实践过程中也常常发生矛盾和纠纷，甚至会对簿公堂。但是威廉·马歇尔（William Marshall）认为这种租佃制的经营体制更有利于农场主优化土地资源，改善农场的生产条件，提高农业生产的效率。其主要途径有："通过较长的租期使租地农场主能够在较长的时间内寻求改进提高的必要条件并充分利用其优势；通过较短的租期对租地农场主所作出的改善或进步承诺给予报酬；在租期的开始实行较低的租金以利于租地农场主有能力加大投资；按自愿的原则可以向租地农场主提前付款或贷款支持某些特殊的改进项目，地主可以监督其经营；另外还可以通过思想影响来培养租地农场主的改革进取精神。"① 上述租佃制优点的核心在于地主和租地农场主能以契约的形式明确双方的责、权、利。契约标志着一定程度的独立自由平等，明确的责权利有利于发挥各自的主观能动性，维护双方权益，保证革新和进取精神，从而为优化资源配置、调动劳动积极性、提高生产效益创造了条件。这一切与中世纪晚期的敞田制农业经营模式相比，显然是巨大的进步。

"1500 年时，英国有超过一半的耕地处于敞田制下，到 1850 年时，耕地上所存在的公共权利几乎全部消失了。大约有 75%—80% 的土地由地主所有并按短期的租约承租给租地农场主，而土地上大部分劳动者是农业工人，自己并无土地而受雇用并从事某种单一的工作，已经取代了 16 世纪那种个人从事许多混合性工作的状况。"② 历经圈地运动，不仅土地的所有权发生变化，而且土地的占有方式也发生变化；不仅土地的占有方式发生变化，而且土地上的生产方式也发生了变化；不仅生产方式发生了变化，而且以土地为核心的生产关系也发生了变化；不仅生产关系发生了变化，而

---

① A. Aspinall, E. Anthony Smith, *English Historical Documents Volume* Ⅷ 1783—1832, London: Routledge, 1959, pp. 470 - 471.

② Mark Overton, *Agricultural Revolution in England*, Cambridge University Press, 1996, p. 195.

且生产效率也发生了变化。简而言之，也就是随着土地所有权及占有权的完全私有化及占有规模的集中与扩大化，资本主义的生产关系逐渐占据主导地位。"这种土地关系体系以农牧业生产的商品化，亦即地租与利润的结合为其存在的经济基础，因而具有合伙关系的性质。它将土地的所有与土地的经营纳入了一种更能发挥生产者和经营者的主动性和创造性、更有利于技术改革的近代资本主义体系。"① 美国著名学者布伦纳（Brenner）在1976 年 2 月的第 70 号《过去与现在》杂志上发表了题为《前工业时期欧洲农村的阶级结构与经济发展》一文，他指出："在我看来，正是这种古典地主—租地资本家—工资劳动者的结构的出现，使英国农业生产转变成为可能，而这又是英国独特的、成功的、经济全面发展的关键之所在。"②

土地所有权的变动也为农牧业技术改革创造了一个重要的前提条件——集中而自由地使用土地。"一旦圈地以后，单个的农场就可以按自己的选择自由地支配土地。圈地的最大优点之一就是允许一定程度的专业化生产，而这在圈地之前是不可能的。"③ 正因为如此，积极圈地买地的人，一般也积极倡导和参与技术改革。大农场的兴起为技术改革提供了体制上的保证，大农场更多地具有技术改革的内在动力和经济实力，因此几乎所有技术改革的尝试都是在大农场上进行并取得成功的。与此同时，技术改革又为大农场的发展奠定了必不可少的技术基础。后者正是通过技术改革不断地为其创造出新的技术基础，才保证了对于小农经济的优势，成为农业发展的必然趋势。同时也为因地制宜，充分合理利用土地资源，以及农业发展专业化、区域化、多样化奠定了基础。"当土地成为私有财产，个人对土地投资的回报将归于个人而不是村社的集体，公共权利的废止将更有利于个人增加投资以进行排水、洒施石灰、泥灰、改良草地等。如果农民在敞田下的条田中种植芜菁，那么其他农民在秋季也有公共权利在他的芜菁地中放牧牲畜。畜种的改良将因为畜群在公用草地上的混杂而无法进行，但是小规模的圈地将有利于对畜群的管理……尽管不排除敞田也有可能进行技术革新，但是圈地必然明显地加速技术革新的过程，并能迅即获得利润和回报。圈地对乡村面貌的改变将是这里正在进行新的农业

---

① 王觉非：《近代英国史》，南京大学出版社 1997 年版，第 216 页。

② 王乃耀：《英国都铎时期经济研究》，首都师范大学出版社 1997 年版，第 16 页。

③ M. W. Flinn, *An Economic and Social History of Britain Since* 1700 , Published by Macmillan Education, 1963, p. 52.

生产的标志。18 世纪中期前后，农业产量及劳动生产率的提高不是偶然
的，它正好与议会圈地的时间相重合。"① 这表明了圈地所引起的土地所
有权的改变，为农业革命的顺利进行创造了条件。15—19 世纪是圈地运
动持续进行的时期。通过表 7－1 我们可以大致看出英国土地所有权的变
化情况，当然土地所有权的变化是多种因素造成的，但是圈地运动无疑是
最主要的因素。

表 7－1　　　英格兰和威尔士土地权属的分布情况（1436—1873 年）　　（单位:%）

土地所有者类别	1436 年（英格兰）	1690 年	1790 年	1873 年（英格兰）
大土地所有者	15—20	15—20	20—25	24
乡绅	25	45—50	50	55
约曼自耕农	20	25—33	15	10
教会	20—30	5—10	10	10
王室	5			

资料来源：Mark Overton, *Agricultural Revolution in England*, Cambridge University Press, 1996, p. 168.

分析表 7－1 可以得出结论：贵族地主等大土地所有者占有土地份额
稳中有升，这也是英国贵族阶层长期存在的一个重要原因；乡绅所拥有的
土地数量有较大幅度的增长；以约曼为代表的自耕农在圈地运动初期所拥
有的土地数量一度上升，但在圈地运动的后期一直呈下降趋势；教会和王
室所拥有的土地数量则呈不断减少的趋势。诺福克郡庄园的土地占有情况
也可以说明同样的问题。如表 7－2：

表 7－2　　　诺福克庄园的土地所有情况（1535—1565 年）　　（单位:%）

时间	王室	贵族	乡绅	教会	修道院
1535 年	3	10	67	3	18
1545 年	8	13	73	6	0

① Mark Overton, *Agricultural Revolution in England*, Cambridge University Press, 1996, p. 167.

续表

时间	王室	贵族	乡绅	教会	修道院
1555年	5	12	77	7	0
1565年	5	11	78	6	0

资料来源：Mark Overton, *Agricultural Revolution in England*, Cambridge University Press, 1996, p. 169.

英国在近代化过程中，土地权属方面的变化的原因多重而复杂，既有政治方面的原因，诸如资产阶级与新旧贵族的斗争与妥协，议会一元制君主立宪政体的确立，英国海外的殖民与扩张，也有社会经济方面的原因，诸如工农业中较早地出现资本主义萌芽，"商业革命"与"价格革命"的冲击，旧贵族在经济上的衰落与新贵族在他们近旁的诞生，农业革命与工业革命等。当然也有历史文化传统的其他因素的作用，但是作为地产运动的变革，持续而漫长的圈地运动无疑是其中最主要的因素。"土地占有及私有权的确立进程在各地有较大的差异，也缺乏全国性的资料来编制一个具体的年表。对此最恰当的估计就是圈地的进程，尽管圈地运动包括了许多方面，但圈地的进程或许最能反映出把共耕地转化成私有财产的进程。"① 正是在以民主化、工业化、城市化、市场化为主要标志的近代化运动中，圈地运动将这些因素有效地结合在一起，加强并改善了这些因素的联系和内在关系，使影响社会生产的各种资源达到了较好的配置，使农业、工业、商业等其他产业能够良性互动而相互促进。而"16世纪农业的发展很少依据土壤类型而因地制宜；工业与农业是两个独立的行业；敞田消失后建立起了新的阶级关系，使个人主义相对集体主义而言，已降到无足轻重的地步"。② 地产运动尽管似乎只是经济史的一个方面，实则影响到了社会生活的方方面面。比如上述乡绅阶层的兴起，从15世纪到19世纪所拥有的土地数量不断地增长，正是圈地运动的直接结果。关于乡绅的定义，国内外学者有着较大的分歧和争议。王乃耀博士综合国内外学者的观点，给出了较为全面和准确的定义，认为"乡绅是拥有中等规模土地的中产阶级，其地产规

---

① Mark Overton, *Agricultural Revolution in England*, Cambridge University Press, 1996, p. 192.

② Ibid., p. 197.

模在爵衔贵族（公、侯、伯、子、男）与约曼之间。其成员在 16 世纪包括骑士、缙绅和一般绅士。1611 年之后，还包括从男爵，其地位在骑士之上，贵族之下。虽然部分乡绅还保留旧的封建剥削方式，但是就其主流而言，已具有明显的资本主义剥削方式特征。乡绅一般以地产收入为主，职业收入为辅……乡绅的阶级地位处于封建地主阶级与近代资产阶级之间，是一个正在形成中的农业资产阶级，从历史发展的趋势来看，乡绅不断向资产阶级靠拢，日益资产阶级化"。① 15 世纪时，乡绅已成为英国地产主阶层中的一个重要成员。据估算，"1436 年乡绅已占有英格兰土地的 25%……到 1688 年前后，乡绅占有的地产已达全国土地的45% —50%，较之 15 世纪整整扩展了 1 倍左右，成为英国社会各阶层中占有地产数量最大的一个阶层"。② 乡绅之所以兴起并占有大量的土地，其主要原因就是他们作为积极的圈地者，通过圈地运动成功地实现了封建经济向资本主义经济的转轨。例如在亨利八世宗教改革期间，所没收的修道院的地产"大部分土地经王室之手最后很快都落到许多小地主特别是乡绅的手中"。③ 作为封建的统治阶层，在时代改革的浪潮中乡绅阶层并没有固守旧的剥削及统治方式，而是"始终保持着一种活力和能量，不断显现着自身的存在和价值，并以自身所具有的有教养的行为规范影响着整个社会生活的方方面面"。④ 乡绅阶层能够审时度势，顺应历史发展的潮流，抢抓机遇，扩增地产，摒旧革新，以经营地产为中心，进而涉足商业与工业，从而不仅避免了被淘汰的厄运，而且能够不断壮大自己的经济实力，进而把持地方乃至中央的重要职位，甚至跻身于贵族行列，充当时代的弄潮儿。随着经济实力的增强，乡绅在英国政治生活中也逐渐开始发挥着重要作用。"同把持着国家朝廷和上院的大贵族不同，乡绅阶层政治活动的主要空间在地方，他们以出任地方各郡治安法官和民团首领等方式，牢牢地控制着地方统治事务，不断地扩充、壮大自己的力量；同时也不断以进入国会下院的途径跻身于国家事务决策层之中。"⑤ 这是因为

---

① 王乃耀：《英国都铎时期经济研究》，首都师范大学出版社 1997 年版，第 199—200 页。

② 王晋新、姜德福：《现代早期英国社会变迁》，上海三联书店 2008 年版，第 41 页。

③ Mark Overton, *Agricultural Revolution in England*, Cambridge University Press, 1996, p. 169.

④ 王晋新、姜德福：《现代早期英国社会变迁》，上海三联书店 2008 年版，第 5 页。

⑤ 王晋新、姜德福：《现代早期英国社会变迁》，上海三联书店 2008 年版，第 41—42 页。

"拥有地产更有利于向官方贷款，还提供了政治权力的来源和社会威望，因而占有土地的优势不仅在于收取租金"。① 还使乡绅阶层可以因之进一步扩大经营，获取更大的经济实力，形成经济地位上的优势，而约曼的上层和乡绅的下层相互渗透，积极进取的约曼不断跻身于乡绅行列，不仅壮大了乡绅的队伍，也扩大了乡绅所拥有的土地面积，也使农业资本主义生产关系得到了巩固与发展。"到 18 世纪中叶时，乡绅已发展为英国社会经济生活中最大的受益者。同时，其经济行为也全然蜕去了传统的性质，成为现代资本主义农业的经营者。正是乡绅阶层广泛而活跃的富于变革的经济活动，推动着英国社会经济较早地完成了由农业时代向工业时代的转变、过渡。"② 而固守自给自足、依靠自己家人作为主要劳动力的约曼阶层在圈地运动和资本主义大农场的冲击下则日趋衰落，因而约曼阶层所拥有的土地份额呈减少趋势。约曼的"小地产上主要依靠他自己和家庭成员进行劳动，这就是为什么约曼的家庭都是大家庭，约曼自身并不脱离劳动，并无资金雇佣劳动力……很多约曼出卖了自己的土地，通常卖给毗邻的大地产主。自耕农的人数就这样日益减少"。③ 因为"当大地主购买土地的需求增大时，小土地出卖土地的压力也就同时增加，从而更易于出手自己的土地。因而很多人认为，1660年后的事实表明，已建立起来的大地产对土地的供需两方面都产生了压力，而继承惯例和婚姻习俗又限制了大地产上的土地流向市场。这种严格的土地授予及占有制度使土地能够世代相袭而免于出售和支离破碎"。④ 英国中世纪以来的贵族地主阶级的土地继承制度也有利于乡绅阶层不断扩增所占有的土地数量，从而也对中小土地占有者，尤其是约曼的下层产生更大的压力，使他们在激烈的竞争中处于不利地位而出卖自己的土地。"这种小农场主数量的减少对于大地产的形成是至关重要

---

① Mark Overton, *Agricultural Revolution in England* , Cambridge University Press, 1996, p. 170.

② 王晋新、姜德福:《现代早期英国社会变迁》，上海三联书店 2008 年版，第 5 页。

③ A. Aspinall, E. Anthony Smith, *English Historical Documents Volume Ⅷ 1783—1832*, London: Routledge, 1959, p. 493.

④ Mark Overton, *Agricultural Revolution in England* , Cambridge University Press, 1996, p. 170.

的，对于自身地位及权力的影响也非常重要。"① 土地占有日趋集中的趋势也是英国贵族地主阶级"长子继承制"的土地占有和继承制度的传统所发挥的积极作用，也是资本主义市场竞争的必然结果，而圈地运动则是大地产吞并小地产，土地占有日趋集中的重要手段。"同西欧以及东方各国在农业现代化过程中因产权细碎化、经营规模细小化而陷入徘徊的局面相比，英国农业产权结构变革所具有的意义和作用便显现得更为鲜明。"②

二　农业生产关系

以圈地制代替敞田制，不仅仅是农业生产的方式发生变革，也意味着农牧业经济在商品化进程中全面发生变革，并在变革中实现资本主义化，是英国农业区别于欧洲大陆各国农业的显著特点。"自给自足农场的衰微、农场规模的扩大、农村无产阶级的形成、租佃制农场的盛行，意味着个体之间的社会关系便明显地具有了清楚的或不太清楚的契约关系。"③ 到 1831 年时，雇用工人进行农牧业生产的土地占有者的人数已大大超过了依靠自己劳动进行生产的土地占有者，"雇主人数达到了187075 人，而农业雇佣工人多达 887167 人"。④ 农业雇佣工人占到了农业总人口的 71.4%。这种以契约关系为主导生产方式的形成，意味着农业生产关系已经告别中世纪的人身依附关系，已完成了近代化的变革。这种"对传统的土地占有关系的逐渐废止并代之以租佃制的农场，为地主阶层谋取更多的租金创造了机会。公共权利的消失是一个漫长的过程，但是却从根本上反映了市场经济在逐步取代着自给自足的农村经济。私有财产权的建立起初并非通过非法与强制的手段，而是国家经济的发展趋势与各地传统的实际情况通过各种形式相互作用的结果。但在一些地方，比如低地地区，也采用了暴力与强制的手段，但似乎只是特

---

① Mark Overton, *Agricultural Revolution in England* , Cambridge University Press, 1996, p. 171.

② 王晋新、姜德福：《现代早期英国社会变迁》，上海三联书店 2008 年版，第 17 页。

③ Mark Overton, *Agricultural Revolution in England* , Cambridge University Press, 1996, p. 182.

④ A. Aspinall, E. Anthony Smith, *English Historical Documents Volume* VIII 1783—1832, London：Routledge, 1959, p. 628.

例。"① 英国农牧业较早确立的商品运行机制则成为变革的内在动力。相对于其他欧洲国家而言，英国农业资本主义的发展更广泛更深入，这正是英国农业资本主义经济的巨大潜力所在。农牧业经济的全面变革，既变革了自身，也改变了本身的地位，并与其他经济部门建立起商品交换关系，因而从供求两方面对其他部门尤其是对工业提出了要求。一方面，农牧业的变革不断地建立起工业劳动力市场、生活资料市场和生产资料市场，这就必然要求工业有相应的发展，以便吸收游离出来的剩余劳动力和商品化的农畜产品，这样既可以保证农牧业自身的继续发展，又使工业的发展成为可能；另一方面，农牧业生产的商品化程度越高，对非农产品的需求量就越大，因而工业的发展对农牧业来说就越不可少。因此，"农牧业的发展不断地产生对工业的推动力，农牧业同手工业之间的这种供求关系的矛盾达到一定程度，必然要突破手工业的框架，建立起近代的机器大工业"。②

对私人利益的追逐也刺激了公众利益的成长，圈地的巨额费用使圈地者不得不去借贷。圈地运动的进行也促进了商业和金融业的发展，"圈地时的巨额费用促进了18世纪银行信贷业的发展，这是国家的又一个收获，利率资本投资机会的增加促进了借贷资本的供应，这使得国家在拿破仑战争期间获得了大量的国家贷款，从而才使战争得以继续。这就培育了借贷和金融资本市场，也增加了资本投资获利的机会，且为国家的财政贷款提供了条件和支持。随着18世纪圈地运动的高涨，银行信贷业也日趋完善和发达。律师、土地测量员、议会代理人及相关人员在圈地运动中大获其利。城市尤其是伦敦，在发财致富了的贵族的'有效需求'的拉动下，在经济上都有不同程度的发展"。③ 因而圈地运动不仅培植了借贷资本市场，促进了银行金融业的发展，也促进了商业和城市的发展与繁荣。

我们可以看出，英国中世纪晚期兴起的圈地运动，对日趋衰落的封建主义起到了釜底抽薪的作用，不仅瓦解削弱了封建的经济基础，而且在农

---

① Mark Overton, *Agricultural Revolution in England*, Cambridge University Press, 1996, p. 191.

② 王觉非：《近代英国史》，南京大学出版社1997年版，第218页。

③ Gilbert Slate, *The English Peasantry and the Enclosure of Common Fields*, New York: Augstus M. Kelley Publishers, 1968, p. 264.

业领域里培育了资本主义生产关系的萌芽；不仅消灭了封建的土地占有关系，而且消灭掉了封建土地占有制下公有制的残余；不仅确立起完全的土地私有制，而且培植了以资本主义方式经营农业和畜牧业的租地农场主，并且使封建的土地所有者与资本主义租地农场主以经济利益为纽带，结成了新贵族与资产阶级的联盟，成为战胜封建主义的决定性力量，也成为发展资本主义的领导性力量。圈地运动不仅摧毁了中世纪的农业社会，而且催生了近代的资本主义工业社会；不仅哺育了借贷资本市场，而且促进了商业与城市的发展，从而有力地加速了封建主义的衰落和资本主义的发展。圈地运动的实质成为资本主义先进生产方式和生产关系取代落后生产方式和生产关系的有力手段。

第二节　对农业生产的影响

一　大农业经营体制的确立

英国的圈地运动逐步瓦解了英国中世纪以来敞田制下条块分割的土地所有及占有体制，土地所有权渐趋集中，土地经营的规模日益扩大。到 16 世纪中叶时，"随着圈地运动的开始，许多领主买下自由持有农的土地，同时驱逐老的佃户，推倒其房屋。领主自营地得到扩大。领主遂将自营地作为租地农场加以出租。租地农场的发展非常迅速。在诺福克郡 16 个庄园的土地上共形成了 18 处租地农场。在威尔特郡 23 个庄园的土地上形成了 31 个租地农场。在其他 13 个郡的庄园中形成了 18 个租地农场。这样，在上述 52 个庄园中共建立了 67 个租地农场。在这 67 个租地农场中，有 37 个面积超过 200 英亩，有 1/4 以上的农场面积超过了 350 英亩"。[①] 圈地以后的大土地所有者或者把整个农场、牧场出租以收取地租，或者雇用劳动力进行生产。其在土地经营上的共同特点是与市场发生着密切的联系，规模较大的农场都以雇佣劳动作为主要的劳动形式。因为这样规模庞大的农场，仅靠家庭劳动力是无法完成其耕作及生产的，在旧的劳役制崩溃的前提下，只有采用雇用劳动力的方式，才能保证农场生产的顺利进行。"彼特·鲍登作了一个估算，即一

---

① 沈汉：《英国土地制度史》，学林出版社 2005 年版，第 78 页。

个农户凭借自己一家的力量最大限度可耕种面积 30 英亩的农场,① 如果经营规模比此更大的农场就必须使用雇佣劳动力,按照鲍登的标准,上述那些面积在 30 英亩以上的租地农场在经营时必定要使用雇佣劳动力,也就是说,那些面积超过 30 英亩的租地农场经营时实际上已包含了资本主义成分。"② 即使农民依靠自己的家庭力量能耕种的农场面积更大一些,也有很多的农场必须依靠雇佣劳动力。关于 16 世纪租地农场的规模,据一些地区性的调查材料显示,"在 52 个庄园中的 67 个农场中,有 37 个农场的面积超过了 200 英亩,有 1/4 的农场面积超过了 350 英亩"。③ 也就是说,有一半以上的租地农场的面积都超过了 200 英亩,那么面积超过 100 英的农场数量将更多,这些农场肯定需要雇用若干数量的劳动力才能进行正常的农业生产。这就使农业生产走上了大农业经营的道路,也哺育了以雇佣制为基础的生产关系。而这种雇佣关系,正是农业资本主义生产关系的萌芽和发展。这种农业生产方式在 18 世纪后半期至 19 世纪中期形成了以资本主义大农场为主要生产单位的大农业经营体制。"圈地运动在中世纪的基础上不断改变着农业生产的组织形式,在敞田制下共同占有的耕作方式,逐步转变成为个体农民大规模占有的现代土地占有方式,而且在生产上精耕细作、生产单位日益合并扩大。"④ 从而变革了英国的农业生产经营方式,使规模化、集约化、社会化的农业生产方式逐渐占据主导地位,为英国社会的市场化、工业化和近代化奠定了农业基础。

剑桥郡的索汉姆(Soham)教区是小土地所有者得以充分发展并延续的一个特例。并不像剑桥郡大部分教区,索汉姆教区从未受议会圈地法令的影响。"什一税图册表明其总土地面积有 12706 英亩,其中有敞田 1100 英亩,公用土地 456 英亩。"⑤ 查尔斯·比德维尔先生向成立于 1889 年的议会下院关于小土地占有问题特别委员会递交了索汉姆教区土地占有情况,如表 7-3:

---

① 在当时主要依靠人力和牛耕的技术条件下。

② 沈汉:《英国土地制度史》,学林出版社 2005 年版,第 81 页。

③ 同上书,第 80 页。

④ P. K. O' Brien, "Agriculture and the Industrial Revolution", *The Economic History Review*, New Series, Vol. 30, No. 1. (Feb., 1977), p. 167.

⑤ Gilbert Slate, *The English Peasantry and the Enclosure of Common Fields*, New York: Augustus M. Kelley Publishers, 1968, p. 61.

表 7 - 3 索汉姆教区土地占有情况

占有土地的数量	占有的户数
1 英亩以下	195
1 英亩以上，5 英亩以下	77
5 英亩以上，10 英亩以下	34
10 英亩以上，20 英亩以下	43
20 英亩以上，50 英亩以下	57
50 英亩以上，100 英亩以下	32
100 英亩以上，200 英亩以下	6
200 英亩以上，500 英亩以下	8
500 英亩以上	5

资料来源：Gilbert Slate，*The English Peasantry and the Enclosure of Common Fields*，New York：Augustus M. Kelley Publishers，1968，p. 61.

从表 7 - 3 可以看出，整个教区的土地分属 457 名土地占有人，平均每户占有土地 28 英亩。占有土地在 20 英亩以下的农民有 349 户，占总户数的 76.3%；而占有土地在 100 英亩以上的农民仅有 19 户，占总户数的 4.2%。因而在实行敞田制的索汉姆教区，土地的占有情况相对分散，依然以小土地占有为主。更为重要的是，即使占有土地数量较多的农民，其占有的土地也是分散在各处，由条块分割的条田构成，并未形成集约化的大农场，在土地的实际占有上，仍然未改变小土地占有制的局面，农业生产方式未有根本性的改变。

二　对农场规模的影响

关于租地农场的规模，埃伦的研究结果表明，"1800 年，英国农场的平均面积约为 145 英亩，其中 60 英亩以下的农场面积占全国农场总面积的比例仅为 11.7%，60—100 英亩的农场面积占全国农场总面积的 7%，而 100 英亩以上的大中型农场的面积占到了全国农场总面积的 85.1%"。[1]

---

[1]　R. C. Allen.，*Enclosure and the Yeoman：the Population History of Britain and Ireland*（1500—1850），Oxofrd：Oxford University Press，1992，p. 73.

大中型农场已占绝对优势。奥弗顿通过对南米德兰地区在 17 世纪初、18 世纪初、19 世纪初三个时代敞田制农场与圈地制农场面积及数量的比较，也可得出相同的结论，如表 7 - 4：

表 7 - 4   南米德兰地区农场规模

面积（英亩）	农场面积所占百分比（%）						农场数量所占百分比（%）					
	敞田制农场			圈地制农场			敞田制农场			圈地制农场		
	(1)	(2)	(3)	(1)	(2)	(3)	(1)	(2)	(3)	(1)	(2)	(3)
5—15	1.8	2.2	0.2	0.6	1.0	0.1	11.9	15.0	2.7	13.0	8.3	1.8
15—30	5.8	6.8	1.2	0.5	2.5	1.8	16.2	20.1	6.9	4.3	13.1	11.9
30—60	25.9	15.7	6.2	5.3	9.1	6.2	34.8	24.1	20.0	26.1	21.4	21.1
60—100	34.2	21.7	7.6	2.8	15.1	6.4	25.6	18.3	15.2	8.7	19.0	11.9
100—200	21.9	41.3	28.3	9.6	43.9	25.5	9.8	19.3	26.1	17.4	29.8	24.8
200—300	3.6	7.7	30.8	13.5	11.5	26.5	0.9	2.3	19.3	13.0	4.8	15.9
>300	6.8	4.6	25.6	67.8	16.8	33.9	0.9	0.8	9.6	17.3	3.6	12.6

注：(1) 17 世纪初   (2) 18 世纪初   (3) 1800 年前后

资料来源：Mark Overton, *Agricultural Revolution in England*, Cambridge University Press, 1996, p. 173。

以 100 英亩以上的大中型农场为例，在 17 世纪初时 100 英亩以上敞田制农场数量所占的百分比仅为 11.6%，而到 19 世纪初时这一比例上升到 55.1%，圈地制农场的同比则由 47.7% 上升到 53.3%；南米德兰地区的农场规模，无论是在敞田制农场还是在圈地制农场，规模都有渐趋扩大的趋势，而且在圈地制农场中，这一趋势更为明显和突出。

利文森—高尔家族（the Leveson - Gower）是英国较为著名的土地贵族，其贵族血统一脉相承而经久不衰，通过各种手段不断扩大其家族地产。18、19 世纪时，该家族在斯坦福德郡（Staffordshire）、什罗普郡（Shropshire）、约克郡三个郡地产上的农场规模也呈现出不断扩大的趋势，如下表 7 - 5：

表 7 - 5   利文森—高尔家族地产的农场规模

(农场面积分布的百分比)

年代	0—20 英亩	20—100 英亩	100—200 英亩	200 英亩以上
1714—1720	6. 3	46. 1	28. 8	18. 8
1759—1779	6. 2	26. 6	35. 0	32. 2
1807—1813	6. 5	16. 7	25. 1	51. 7
1829—1833	9. 6	14. 9	16. 2	59. 3

资料来源：Mark Overton, *Agricultural Revolution in England* , Cambridge University Press, 1996, p. 174.

由表 7 - 5 可见，在利文森—高尔家族地产上，占地在 20 英亩以下的农场所占的比例变化不大，变化最大的是占地在 200 英亩以上的大农场，其所占的比例在一个世纪的时间内由 18.8% 上升到 59.3%，而占地在 20—200 英亩的中小型农场所占的比例却有较大的降低。在地产的分化与整合中，中小型农场逐步合并为大农场，大农业经营体制逐步成为农业发展的基本方向。关于全国农场规模的数字，最早的来自 1851 年的调查统计。但是 1851 年的数字有不太可靠的成分，因为 1851 年调查统计依靠农场主的义务报告，而许多小农场主不堪烦扰而拒绝提供数据。比较可靠的关于全国农场规模的数字来源于 1870 年的农业普查，但是 1870 年的统计没有关于 100 英亩以上规模的农场的资料，因而 300 英亩以上农场的数据只能采用 1851 年的统计数字，如下表 7 - 6：

表 7 - 6   英国不同规模农场的分布情况 (1870 年)

郡名	农场总数	不同面积农场所占的百分比					
		< 5	≥5 - < 20	≥20 - < 50	≥50 - < 100	≥100	> 300①
贝德福德郡	3752	30	28	13	8	21	16
伯克郡	3927	28	25	12	9	26	27
贝克汉姆郡	5548	32	21	12	10	25	13
剑桥郡	6715	27	29	14	10	20	14

————————

① 300 英亩以上农场的百分比采用 1851 年的统计数据。

续表

郡名	农场总数	不同面积农场所占的百分比					
		< 5	≥5 –< 20	≥20 –< 50	≥50 –< 100	≥100	> 300
柴郡	13034	29	30	17	12	12	1
康沃尔郡	13542	30	30	18	12	10	2
坎伯兰郡	7473	14	21	20	23	22	5
德比郡	12736	25	34	19	11	11	2
丹佛郡	17326	20	23	18	18	20	5
多塞特郡	4802	25	25	15	11	24	20
达勒姆郡	6157	18	30	15	14	24	7
埃塞克斯郡	9381	22	21	14	14	29	16
格洛斯特郡	10447	34	25	12	10	19	12
汉普郡	8434	33	25	12	8	22	22
赫里福德郡	6701	29	26	13	10	21	9
赫特福德郡	4116	31	21	13	10	26	21
亨廷顿郡	2748	28	28	13	9	22	18
肯特郡	10319	19	28	17	13	22	12
兰开夏郡	21745	19	36	26	13	7	1
莱斯特郡	8044	20	31	17	12	20	7
林肯郡	24518	26	32	15	9	17	11
米德尔塞克斯	2530	28	32	16	11	13	10
蒙茅斯郡	4512	22	28	19	16	15	3
诺福克郡	16995	38	23	14	9	16	13
北安普顿郡	6721	20	25	15	12	28	17
诺森伯兰郡	5497	20	23	12	10	35	25
诺丁汉郡	8265	27	34	14	9	16	7
牛津郡	4515	26	22	12	11	30	16
拉特兰郡	1369	20	32	17	12	19	1
什罗普郡	11198	30	28	12	9	21	9

续表

郡名	农场总数	不同面积农场所占的百分比					
		<5	≥5－<20	≥20－<50	≥50－<100	≥100	>300
萨默塞特郡	14942	27	27	16	13	17	5
斯坦福德郡	12895	30	31	15	10	13	5
萨福克郡	9328	26	19	15	14	26	11
萨里郡	5153	28	29	15	11	18	12
苏塞克斯郡	8492	20	25	18	14	23	14
沃里克郡	7432	25	28	14	10	22	10
威斯特默兰郡	3623	11	24	25	23	18	5
威尔特郡	7633	35	22	11	8	24	21
伍斯特郡	6975	30	28	14	11	18	8
约克郡东区	8382	29	24	12	10	25	12
约克郡北区	14797	27	26	15	13	18	5
约克郡西区	30850	24	38	18	9	10	2
英　　　国	393569	26	28	16	12	18	10

资料来源：Mark Overton, *Agricultural Revolution in England* , Cambridge University Press, 1996, p. 175。

由表 7－6 可见，规模在 50 英亩以上农场的数量占了农场总数量的 40%，而占地面积在 5 英亩以下的小农场的数量仅占农场总数量的 26%，同比显然大农场远远超过了小农场。大农场在农场总数量中的比例尽管占不到一半，但是大农场所占的土地面积毕竟要大大超过小农场，一个 300 英亩农场的面积相当于 60 个面积是 5 英亩的农场。而大农场数量所占的比例也超过小农场，说明了大农场无论在数量上还是占有的土地面积上，均超过了小农场，也说明了大农业经营体制在 19 世纪中期时已占据主导地位。另据 1851 年的统计资料，英国已有 "7771 个农场的面积超过了 1000 英亩。贝克汉姆郡在南部各郡中是具有代表性的郡，在 1810 个农场中，已证实其中有 872 个农场的面积在 100—300 英亩之间，有 229 个农场的面积已超过 300 英亩，农场的平均面积也达到了 179 英亩"。① 在苏格兰和爱尔兰，农场面积也呈不断扩大的趋势，到 1845 年时，"面积在 1—5 英亩之间的农场数量占农场总数量的 25%，而面积在 5—15 英亩之间的农场数量的比例则达到了 40%"。②

马克·奥弗顿认为，英国农场规模格局的形成与圈地运动并无直接的联系，主要是商品和市场经济发展的产物，但也承认 1750—1850 年的议会圈地的确驱逐了土地上的小农，创造了无地的劳动者阶层。我们通过对比议会圈地数量较大的郡与上述大农场比例较大的郡就可以发现，二者基本一致。以较为准确的 1870 年的统计数据为准，在圈地份额较大的一些郡中，其 50 英亩以上农场的比例也较高，例如：蒙茅斯郡（31%）、北安普顿郡（40%）、沃里克郡（32%）、莱斯特郡（32%）、贝克汉姆郡（35%）、牛津郡（41%）、亨廷顿郡（31%）、埃塞克斯郡（43%）等，这些郡大农场所占的份额均高于全国平均比例的 30%。其内在的联系是在商品与市场经济的刺激下，圈地运动成为小土地所有者不断破产、大农场规模日趋扩大的有力手段。圈地运动不能仅视为一种单纯的超经济的强制手段。议会的圈地运动并非单纯的暴力驱逐小农、掠夺土地的手段，"经历了一个从自发诱致性制度到政府主导的强制性制度的转换过程，同时经历了一个从非正式制度变迁到正式制度的转换过程"。③ 其中起决定性作用的力量不是"暴力"本身，而是经济力量。加之政府因势利导，制定了一些配套制度，缓和了矛盾，也促进了资本主义大农场的建立。

英国议会的圈地运动是一种以法制化为手段的渐进式的土地变革运动，与资本主义市场经济、农业革命、工业革命等因素一起塑造了英国近代化农场的格局。以圈地制为主宰的资本主义大农场最终战胜了敞田制下条块分割的条田，使农业生产走上了规模化、专业化、集约化的道路，不仅为工业化、城市化及海外扩张移民等解放了劳动力，还成功地解决了国内日益增长的城乡人口的吃饭问题，而且还能为工业生产提供部分原料并

---

① Richard Brown, *Society and Economy in Modern Britain* 1700—1850, London: Routledge, 1991, p. 58.

② Ibid. .

③ 胡乐明：《真实世界的经济学——新制度经济学纵览》，当代中国出版社 2001 年版，第 259 页。

一度向海外出口粮食。

通过圈地运动，在农村建立起了近代化的个体独立所有和经营土地的所有及占有体制，而且我们可以看到历经圈地，土地占有者数量减少而土地占有规模增大，大量的农民被从农村驱逐出去，有些则成为无地流浪的农业劳动力。在全国范围内进行的农业雇工人数调查表明，"从1811—1851年40年间农业雇工人数增长了11%"。[①] 农业雇工人数的增长主要"取决于对地区性农产品需求的增长，也取决于圈地在多大程度上改造了在农村社会占主导地位的敞田制及公用土地。归根到底，取决于土地的所有权关系及与市场的联系。农业雇工人数的增长也表明了资本主义大农场有了较快的发展"。[②] 据1851年官方调查，"在英格兰和威尔士，200英亩以上的大型农场占耕地面积的一半以上，100—200英亩的中型农场占耕地面积的20%以上，大农业经营体制占据了统治地位"。[③] 可以"肯定的事实是在18世纪后半期农场的数目已经大大地减少了，多塞特郡的某一个村庄，在1780年还有30个左右农场，15年后，这个村庄便分掌在两个企业手里；在哈福德郡的某一教区里，三个地主把50—150英亩面积的24个农场兼并在自己手里。有一位圈地的辩护人，他不喜欢夸大圈地的坏结果，也把1740—1788年间小农场被大农场所吞并的数目估计为每一教区平均有四个或五个；就是说，就整个王国来说，其总数便有四万个至五万个……在不到50年内就兼并了四万至五万的农场（这个数字并未夸大），这个数字表明半个世纪中土地所有权所受到的改变是何等深刻。的确，一个农场的消失，不一定就是一宗地产的消失。所谓囤购，往往是把一处产业中的若干小农场合并为大农场，但是，这种变化本身也是一种革命，因为它在经营的性质和劳动力的使用方面引起了深刻改变"。[④] 阿瑟·杨认为，大农场是诺福克郡农业成功变革的灵魂，"圈地、改良土壤、大规模改良畜种，只有大农场主才能做成这些事。小农场主不能有效

---

① G. E. Mingay, *Parliamentary Enclosure in England: An Introduction to its Causes, Incidence and Impact* 1750—1850, New York: Published in the United States of America by Addison Wesley Longman, 1997, p. 142.

② Gilbert Slate, *The English Peasantry and the Enclosure of Common Fields*, New York: Augstus M. Kelley Publishers, 1968, p. 4.

③ 王觉非:《近代英国史》，南京大学出版社1997年版，第255页。

④ ［法］保尔·芒图:《十八世纪产业革命——英国近代大工业初期的概况》，杨人楩等译，商务印书馆1983年版，第135页。

地完成其中一件事情，或者说其他地方的中等农场主也不能完成。不要忘记，诺福克最好的农牧业是属于大农场主的"。① 这些大农场主不仅能以雄厚的经济实力对土地进行投资改良，改革生产技术和提高生产效率，而且已处于"商业化农场模式的支配之下。农场主视他们的生产活动为一种商业活动，这种商业活动要求以最低的价格在市场上购进原材料，然后像工厂一样进行加工，最后将产品在最贵的市场上出售"。② 法国经济学家弗朗索瓦·魁奈（Francois Quesnay，1694—1774 年）也深受英国事例的鼓舞，认为富有的大农场主能进行大规模的耕作，才能利用其资本获得进步，只有这样才能确保增加农业产量，贫困的小农及小规模农业生产的净产出几乎为零。③

农场规模与地产经营规模的扩大，变革了中世纪以来的农业生产关系，改变了农业生产的方式，使农业经营更加有利于合理地利用土地资源、更有利于提高生产效率、更有利于扩大国内市场、更有利于扩大再生产，也有利于抵御自然灾害和市场风险，从而使农业顺应并满足了以市场化、工业化、城市化为主要特征的近代化进程的要求。"尤金·韦伯显然非常同意布伦纳教授的观点，也就是小农生产不能为经济发展奠定农业基础，因为只有农业的突破才能使经济得到发展……某种形式的资本主义大农场是必要的。"④

第三节   对农村社会的影响

一   对农民的影响

在不同的时期，圈地运动对农民所带来的影响也各有不同。就农民阶级而言，本身就包含着许多类别，诸如相对占有较多土地的约曼、相对独立的自由持有农，还有占有中等数量土地的公簿持有农，还有占有少量土地或无地的茅舍农、农业雇工等。他们本身的经济社会地位相差就很悬

---

① D. B. Horn, Mary Ransome, *English Historical Documents Volume* Ⅶ 1714—1783, London: Routledge, 1957, p. 443.

② J. P. Cooper, "In Search of Agrarian Capitalism", *Past and present*, No. 80 (Aug., 1978), p. 65.

③ Ibid., p. 27.

④ Ibid., p. 24.

殊，地域性差别也比较大。由于其本身的差异及所处的地位，对变革自会有不同的承受力及各自不同的反应对策，最终的个人命运自然是千差万别的，任何笼统性的描述或以一概之的结论都不可能准确。长期以来，马克思主义者的观点认为圈地运动是资本积累的重要手段之一，对农民的影响是驱逐农民外出流浪，失去土地的农民愈来愈贫困破产，最终成为飞鸟一样自由的劳动力的出卖者，即无产阶级化。这种观点自然有一定的科学性，尤其是对无地少地的大多数公簿持有农及茅舍农、农村雇工而言，大致就是这样的命运。但是约曼也属于农民阶级，而富有的约曼本身就是积极的圈地者，尽管约曼阶层后来也逐渐趋向衰落，但至少说明了并非所有的农民都因圈地而贫困化或无产化。另外，在17世纪圈地运动走向高涨的时候，农民的家庭农场也一度兴旺繁荣，在技术变革上也能与时俱进，并非远远落后于资本主义大农场。"那些上升的农民（多为约曼阶层），已不再存留于农民经济的范畴之内了，他们多是靠丰富的生产技艺和组织能力及一定的资产，成为大地主土地的承佃者，即租地农场主。他们的经济活动已被纳入地主—资本主义经济的范畴之内。"[1] 20世纪以来，西方学者的另外一种观点认为，历史远非这么简单，农民分化是由于人口、经济、社会等各种原因造成的，并非仅仅因为圈地运动，商品及市场经济的发展本身就有这样的结果。农民分化的趋势与内容也并非仅限于贫富两极分化，农民的贫困化也并不那么严重。从总体而论，农民的生活水平还有某种程度的提高。传统的观点主要针对变革的结果而言，而修正的观点则注重过程的分析，两者皆有可取之处，需要具体情况具体分析。大体来说，"随着时日的推移，英国农民也的确面临着越来越严峻的压力和挑战，而农民阶层内部由于每个成员的经济状况不一，逐渐地失去了14、15世纪时那种与地主阶级集体抗争的意识，村社传统习俗也无法起到对所有农民的保护作用。在这种环境下，农民阶层中崛起了一支富裕农民，他们推开比他们不幸的同辈，进入衰落的上层权力掌握者留下的权力真空。在他们兴起的过程中，他们经常运用新获得的权力，以牺牲邻居利益为代价来加强他们自己。最为重要的是源自人口的压力愈来愈大，大量农户的幼子或无继承权的青年们无奈地失去依靠田地生存的可能，被迫为人佣工。而大中地主阶级却凭借较为雄厚的经济实力，在获取更多财富欲望

---

① 　王晋新、姜德福：《现代早期英国社会变迁》，上海三联书店2008年版，第48页。

的驱动下，不断变换招法，排挤小农。整个社会经济运行的趋势也对农民，特别是对小农愈发不利"。①

圈地运动给大部分农民带来的是经济权利的不断丧失，经济实力的不断弱化，不仅以各种方式圈占着大部分农民所占有的土地，也剥夺着农民在庄园公用土地上所享有的传统的经济权利，诸如公地放牧权、采伐林木权、捡拾泥炭权、庄稼收获后的拾禾权等，从而使农民不得不改变谋生的方式。"在整个 16 世纪中，这种运动都在继续着。分割敞田和霸占公地的结果是，到处形成大地产，到处扩大牧场。同时，许多中、小地主开始受到新时代的商业精神影响，觉得生产谷物不如生产羊毛有利……造成我们不幸的东西就是这些羊。它们已把农业赶出这个地方，前不久农业还供给我们各种食物，可是现今只是羊、羊，还是羊。"② 圈占的绝大部分是作为耕地的敞田，而且大多转化为牧场，对农民和社会下层人带来的不利影响主要是驱逐和减少了乡村的人口。因为耕地转化为牧场后意味着对劳动力需求的减少，大量的农村劳动力因剩余而被迫另谋生活出路，昔日繁荣的乡村出现了田园荒芜、房舍被毁、教堂关闭、人口锐减、牧场纵横的景象。

16、17 世纪伴随圈地运动的进行，农民产生了较大的分化。农牧业经营体制也由中世纪以来的敞田制逐步转变成为有农民的家庭农场或牧场，或雇工劳动的资本主义农场或牧场。两类农场的主要区别在于所使用的劳动力构成，农民的家庭农场主要依靠家庭成员从事生产劳动，在农忙时节也雇佣少量的劳动力作为帮工，在谋生与谋利的二元经济中，谋利的一元更加突出，与市场的联系较之过去的自然经济更为密切。资本主义性质的农场，其所有权有些属于贵族地主，但贵族地主并不亲自经营地产，而是将其出租，坐收一定数额的租金，由租地农场主雇工进行经营，雇佣工人成为主要劳动力。在这类农场上，封建占有与资本主义生产同时并存。两类性质的农场伴随圈地运动在 15、16 世纪时几乎同时出现。但在经济发达的地区，一般以资本主义农场为主，而在经济较为落后的地区，农民的家庭农场一般占优势。如果从全国范围内的纵向来看，15 世纪更

①　王晋新、姜德福：《现代早期英国社会变迁》，上海三联书店 2008 年版，第 47 页。
②　[法]保尔·芒图：《十八世纪产业革命——英国近代大工业初期的概况》，杨人楩、陈希秦等译，商务印书馆 1983 年版，第 122 页。

多地体现出了新的农牧业经营体制从敞田制的母体中脱胎而出的特征。在16、17世纪时，农民的家庭农场成为农业生产主要的组织形式，而到18、19世纪时，农民家庭农场逐步让位于资本主义大农场，大农业经营体制逐渐占统治地位。因此埃伦认为，英国曾发生过两次农业革命，第一次农业革命包含的内容为采纳新的农业技术、引进新作物、培育新畜种以及采用新的轮作方法的变革。这次农业革命又被称作"约曼的农业革命"，主要发生在17世纪。而第二次农业革命，他称其为"领主的农业革命"，主要指圈地、农场合并，土地所有权渐趋集中，这种变革主要发生在18世纪。这样的划分自然有一定的科学依据，但主要依据的是农牧业经营体制及农业生产技术的变革与进步。实质上与上述农业经营体制的两个阶段，即农民的家庭农场及资本主义农场这两个主要形式的农业生产经营体制相关。划分的依据不同，结果自然不同，如果以渐进与突变的关系来看，量变是质变的前提，埃伦所谓的两次农业革命也可视为一次，其实质与圈地运动的进程与结果密切相关。持续进行的圈地运动使土地越来越集中，也导致了农民的不断分化，这样发展的结果势必导致农民家庭农场的衰落和资本主义大农场的普遍兴起，而农业革命是农业生产技术累积及圈地运动发展的必然结果，当然与其他的经济因素有着不可分割的联系。从农业生产技术所取得的突破性进展来看，可称为革命的农业变革应该集中在17世纪后半期至18世纪前半叶，农业革命与工业革命一脉相承且彼此作用。

关于农民家庭农场的规模，与农民的家庭规模与家庭周期密切相关，因为家庭农场主要以家庭成员为主要的劳动力，规模过大或过小都不能称为家庭农场，过小称为农民的份地，过大则主要依靠雇佣劳动。关于15—16世纪农民家庭农场的规模，学术界的争议较多，托尼认为："租地农场与家庭农场的界限为50英亩，50英亩以上为租地农场，以下为家庭农场。"[①] 但是学者们普遍认为占地在50英亩以上的农民就是约曼。而约曼本身属于农民阶层，他们并不脱离农业生产，一般以家庭为生产经营和消费单位，家庭劳动在其地产上发挥着主要作用，但也常常以雇佣劳动作为补充。约曼的农场显然也属于家庭农场的范畴。黄春高博士认为，14—16世纪，一般家庭农场当在30—50英亩之间。叶明勇博士认为家庭农场

---

① R. H. Tawney, *The Agrarian Problem in the Sixteenth Century*, Longmans, 1912, p. 213.

的规模小，一般不足 100 英亩。杨杰综合埃伦等学者的意见认为："一般的农民家庭能够自己耕种的农场约为 50—60 英亩；而一个 100 英亩的农场必须雇用劳动者——工资劳动者来生产。60—100 英亩的农场使用家庭劳动力和工资劳动力各一半，是一种典型的过渡型农场，在以后的竞争中也许会转变为资本主义农场，也许会缩小为家庭农场。"[1] 因而关于家庭农场规模的实际情况也不能绝对化。大的农场并不必然属于租地农场，小农场也并不等于家庭农场，农民家庭农场的规模是不平衡的。16 世纪"在米德兰和南部地区大农场在充分发展的同时，北部和西部却保存甚至出现了大量的中小农场"。[2] 不仅地区之间有差异，就是同一地区，各个农场的规模差别也较大。综合上述国内外学者的意见，农民家庭农场的规模大体上在 30—100 英亩之间，而且家庭农场的规模并不是一成不变的，而是随着家庭与社会的发展变化而不断变动。这类的家庭农场在一定的历史阶段也呈现出其独特的优势，极大地推动了农业生产的发展进步，它们与资本主义农场在英国近代农业发展史上同场竞技而各显神通，在生产技术的革新方面则彼此影响、相互促进，并不存在截然不同的鸿沟，但是在生产力发展及各种社会因素的共同作用下，资本主义大农场最终还是取得了绝对的优势。"这种历史性的选择绝非偶然，而是大农场经营所具有的特征更适应现代农业的需求所致。"[3] 这里并不排除一些农民家庭农场长期延续存在的事实。历史的发展本来就是不平衡的，资本主义大农业经营体制占据统治地位的意义，并不是资本主义大农场一统天下而排除所有的家庭农场，明确这一点，有利于我们消除一些无谓的学术论争。

在圈地引起农业经营体制发生变革的同时，农民也逐步分化。在农民的家庭农场占优势的十六七世纪，农民的分化体现在土地占有数量上的变化，部分农民在圈地运动或土地买卖的过程中，成为拥有一定数量土地的自耕农，形成家庭农场。其上层也称为约曼（约曼的定义前文已说明）。"自 1500 年以后，英国农村的劳动者绝大部分都成了独立的自由农，农民

---

① 杨杰：《英国农业革命与家庭农场的崛起》，《世界历史》1993 年第 5 期，第 7 页。

② J. Thirsk, *The Rural Economy of England: Collected Essays (History Series)*, London, 1984, p. 193.

③ 王晋新、姜德福：《现代早期英国社会变迁》，上海三联书店 2008 年版，第 18 页。

家庭经营体制成为英国农业发展的主导方向。"① 这类农民虽然在农忙时节也雇佣少量的劳动力，但主要靠家庭成员作为劳动力，妇女和孩子是家庭劳动力的重要组成部分，雇佣关系并不经常和明显，亲朋邻里的互相帮工也是较为经常的补充性劳动。农民以家庭为单位进行生产，中世纪以来由来已久。这里所谓的家庭农场，应该指的是占有相当数量土地并形成一定规模的生产单位，是圈地或土地买卖对敞田制下农民份地条块分割形式下并不完全享有使用权的一种突破，也是对敞田制下公用权利的排除与废止，以拥有完全的使用权为内在特征。农民可以按自己的意志自由地组织生产。农民家庭农场的出现显然是商品经济、圈地运动及土地市场不断发展的产物，是土地所有及占有关系的重大变革，也体现出了社会分工的不断扩大，农民家庭农场具有了专门从事农业或畜牧业生产的性质。"在圈地运动的过程中，农场主、租地农场主和自耕农的作用逐渐凸显出来，他们有共同特点：重视农业技术的改良，生产面向市场，由此逐渐形成地区的专门化。"② 而与此相对应，部分农民失去土地，成为劳动力的出卖者，进入资本主义性质的农场成为农业雇工或成为手工业、商业等其他行业的劳动力。还有部分农民成为流民，也就是指"那些离开或失去了土地及生活来源，流落他乡，四处乞讨、居无定所，四处漂泊、游荡，或靠乞讨，或靠流浪卖艺，或靠偶然打工，或靠打家劫舍、行骗偷窃为生之人"。③ 在社会上层看来，流民无固定职业和住所，在城乡漂泊游荡，从其身份和职业而言，几乎无一例外地和不安定因素联系在一起，流民似乎成为贫穷饥饿、不务正业、坑蒙拐骗、偷盗抢劫的同名词或同义语。"在伦敦，富有的人鄙视贫穷的人，朝臣鄙视市民，市民鄙视乡下人，一种职业鄙视另一种职业，批发商鄙视零售商，零售商鄙视手工工匠，上等工匠鄙视下等工匠，制鞋匠鄙视补鞋匠。"④ 这段话生动地描述了英国社会等级歧视的画面。社会上层对流民的歧视充斥于文学作品及历史资料中，它

① 徐正林、郭豫庆：《近代英国"大农业"体制新论》，《历史研究》1995 年第 3 期，第 145—146 页。

② 陈曦文、王乃耀：《英国社会转型时期经济发展研究》，首都师范大学出版社 2002 年版，第 62—63 页。

③ 尹虹：《十六、十七世纪前期英国流民问题研究》，中国社会科学出版社 2003 年版，第 12 页。

④ ［英］阿萨·勃里格斯：《英国社会史》，陈叔平等译，中国人民大学出版社 1991 年版，第 134 页。

们把部分流民违法犯罪夸大成全部流民违法犯罪，从而以偏概全，或者说以部分指代群体而影响到准确客观地认识流民问题。因此，客观公正地认识流民问题不仅具有历史意义，也有一定的现实意义。流民问题不仅是流民本身的问题，也是一个社会问题，其产生的原因多重而复杂，城乡贫民在社会变革的大潮中往往更容易沦为流民，社会的弱势群体在竞争中更容易贫困化或无产化而成为流民。而流民的家庭关系很不稳定，社会经济地位低下，流民的子女从一出生起就处在社会的最底层，其在社会经济地位、谋生方式、文化教育、思维方式等方面不能不受流民阶层本身的影响，因而流民的子女因其成长的环境很容易再次成为流民，继续着父辈们生活的轨迹。应该承认因社会及经济地位不同而产生的代际影响，但绝不能承认社会性会随着血缘遗传而具有传承性的影响。贵族"高贵"的是其属于社会性的地位，而不是其生物性的血统；流民"低贱"的也仅是其属于社会性的经济地位及不正当的职业，而不是其遗传性的血缘。坚定地反对血缘及遗传歧视是实现每个人都能公平而自由发展的重要条件之一。英国从近代以来，一直比较重视社会对贫民的救济和扶助，并能以法制化的手段加以规范和保障，这可以被认为是现代福利国家的源头。市场保障竞争和效率，政府和社会应当对社会收入实行一定程度的再分配，保障一定的公平与公正。这对于维护社会稳定，实现每个人公平而自由地发展，转化社会消极的破坏性因素为积极的建设性因素，都具有一定的现实意义。圈地运动是产生流民问题的一个原因，但只是必要条件而非充分条件。也就是说，并非所有的流民问题都是由圈地运动导致的。

关于流民对社会产生的影响在学者们之间也褒贬不一。有些学者认为流民群体的形成为资本主义的发展提供了廉价劳动力的"蓄水池"；而有些学者则认为流民大多从事不正当的职业，多数流民都有程度不等的不轨行为，是社会的不稳定因素。流民群体的基本特征是：好逸恶劳而寄生于社会、道德败坏而腐蚀社会、违法犯罪而危害社会，甚至还会引发大规模的社会动荡和骚乱。其实这正是一个事物的两个方面和作为社会人的可塑性。流民问题是从都铎王朝及斯图亚特王朝统治时期开始，乃至后来一直贯穿英国近代历史的一个问题。但流民问题在各个时期、各个地区的情况不尽相同。在都铎王朝和斯图亚特王朝前期，"流民的人数约占全国总人口的 1.1%"。① 也就是大约在 5 万人左右，其人数较多，影响很大，涉及的范围较广，问题确实很严重。爱德华六世统治时期，流民问题更为严重，不仅数量上明显增多，由此而引发的社会动乱更让政府紧张和忧虑。玛丽和伊丽莎白统治时期，由于英国人口数量的迅速增长和社会经济的转型，流民人数还在增加。"圈地运动的发展是流民人数增加的主要原因，大批破产流浪的农民毫无出路，随时准备起义，实际上有些人参加了 1536 年发生在林肯郡和约克郡的起义，并随时准备同任何反抗统治阶级的力量结合在一起。"② 但是要想具体地说明由于圈地运动所引起的流民人数几乎是不可能的，因为形成流民问题的原因多重而复杂，而在英国中世纪晚期和近代史上，流民问题通常被当作一个整体而现实的社会问题而加以对待和解决，很少有人具体地探究流民问题形成的社会根源并进行分类，因而传世的历史资料甚少。况且流民人数也是一个动态的变量，要进行具体量化的考察也有一定的难度。因为流民是一个社会群体，但群体也由个体组成，个体身份的转变并非没有可能，一个人在一段时间里可能是流民，而在另一段时间内也有可能从事稳定和正当的职业而不再是流民。以市场化、工业化、城市化为核心的近代化进程本身就不可避免地造成社会的分化并大大促进人口的流动，人口流动性的加强必然使流民问题复杂多样，作为社会群体可能长期存在并可以总结出一般和普遍的特点，但作为群体中的个体无论是从职业还是从身份都变幻无常，复杂多样，很难将一个人永远界定为流民。而且英国中央政府也通过了大量的立法及行政措施来试图解决流民问题，诸如"血腥立法""流民法"和"济贫法"等法规，惩戒与救济并举，威逼与恩惠共施，力图消除流民问题，规范并引导流民走上正当的谋生之途，将社会的消极不稳定因素转化为积极建设性因素。

　　1597 年的济贫法是在流民问题最严重、最突出的情况下经过充分的讨论方才出台的。议会于 1597 年 10 月 24 日召开，下院提出的第一个议案是针对粮食垄断商、囤积商和独霸商的，同时也涉及贫民、流浪罪和圈地问题。首先发言的是弗兰西斯·培根爵士，他认为："圈地不仅拆毁了

---

　　① 尹虹：《十六、十七世纪前期英国流民问题研究》，中国社会科学出版社 2003 年版，第 70 页。

　　② 同上书，第 146 页。

一些房屋，使整个村、镇的人口减少，有的地方仅剩下一个牧羊倌，许多人没有了住处，流浪汉和懒汉塞满了乡村。圈地首先带来的是懒惰；其次是耕地遭到破坏；再次是房屋被摧毁，对穷人的救济渐渐衰落；最后是使国家贫穷。"① 培根爵士还说他"不是用笔，而是用心"提出了两个法案。议会为此成立了一个专门的委员会调查圈地，把圈地造成的流民和贫民的事情也交给该委员会处理。几天后弗朗西斯·哈斯汀抱怨说该委员会只是到各地去调查圈地和耕地，根本没有过问流民和贫民的问题。他认为关于这个问题应提出法案交由议会自由讨论。1597 年 11 月 19 日，议会又组织了一个庞大而又有影响的委员会。该委员会的活动涉及了其中 13 个法案，议会中一些最著名的人士都是该委员会的成员。其中包括弗兰西斯·培根爵士、托马斯·塞西尔爵士和爱德华·柯克爵士。另外，还有对贫民问题比较了解的爱德华·海克斯特和"贫民卫士"托马斯·罗斯爵士。委员会的全体会议在伦敦的一所法学院里召开，重点讨论了 12 个法案，标题如下："建感化院，惩办恶棍和健康乞丐；为贫民征收一定数量的救济税；救济教区贫民、老年人、残疾人、盲人；救济监狱犯人和其他因偶然遭遇不幸而致穷的人；救济贫民；小额罚金；进一步救济士兵和水手；妥善地管理慈善院和用于济贫的土地；清除乞丐；反对私生子；为贫民安排工作；建慈善院或住所及贫民习艺所。"② 最后议会产生了一系列从各个不同方面解决贫民和流民问题的法令，即 1597 年济贫法。法令对救济方式及各级官员的权力和责任也作了详细的规定，其中救济贫民的工作主要由教会执事和济贫管理员负责；济贫管理员由治安法官在每年的复活节任命，只要有两名治安法官同意，济贫管理员就可以采取适当措施在一定程度上救济贫民和流民。救济资金向"每个居民和每个土地所有者"征收。该济贫法经过了充分的辩论，集以往惩治和救济流民之经验，汇各教区市镇之教训，收纳了近百年来行之有效的政策与措施而构成了比较完备的法令，被誉为"旧济贫法"的 1601 年伊丽莎白济贫法就是在 1597 年法令的基础上对个别条款作了一些增补而形成的，而增补的条款在内容上与原来条款并无太大的区别，以后十年又做了若干补充规定，形成了较为完

---

① 尹虹：《十六、十七世纪前期英国流民问题研究》，中国社会科学出版社 2003 年版，第 155 页。

② 同上书，第 155—156 页。

备的济贫法，使英国长期以来济贫制度的主要内容从法律上得到了确认和巩固，也为近代乃至现代英国社会的福利政策奠定了思想理论和实践基础。

18 世纪的圈地通常伴随着地产的合并和租佃关系的整合，18 世纪晚期的土地税评估（Land Tax assessment）以无可争议的事实说明了个人所拥有土地数量的增长。"早在此之前，显而易见的事实是，对小土地所有者占有土地的合并往往促进了圈地的进程而不是圈地后才出现的结果。因为圈地申请者的必要条件就是他在这个教区中占有相当数量的土地。无论是圈地加速了土地的合并还是土地合并是圈地的结果，其社会结果总是相同的，那就是穷人卖地，富人买之。"[①]这样一来，圈地运动造就了英国农村经济的特点，相对较少的人口占有了较大数量的土地，也就是确立起了资本主义的大农场制。"这种小农场主数量的减少对于大地产的形成是至关重要的，对于自身地位及权力的影响也非常重要。失地并无产化的小农场主数量的增长对于英国农村的历史也有重要意义，其结果是农村无地受雇用劳动力阶层数量的增加，或者说形成了农村无产阶级。"[②] 这样一来，在英国近代化的道路上，农业经营体制就走上了资本主义大农业的道路，不像法国，小农经济长期存在，造成了土地占有与经营的分散，也造成了农民的贫困和国内市场的狭小，制约了工业革命及近代化的进程。"最近的一个统计说明，在 19 世纪初英国的农业生产力比法国的高 2.5 倍，而法国本身的生产效率比欧洲的其他国家高得多。结果是人口从乡村迁往城市，与此同时，还可以养活得起这些增长的人口。"[③] 由此可见土地制度的变革及农业的发展对工业化及城市化的重要影响。美国著名学者布伦纳认为："法国农民通过斗争，在 15 世纪，法兰西的君主们似乎已经确认了农民的世袭保有权的完整。法国农民在确立完全自由方面的成功，乃是经济进步不可克服的障碍。换句话说，法国农业转变之所以失败，直接原因是由于在早期的近代农民持有土地的持续力量。"[④] 法国经济学家杜尔

---

① W. E. Tate, *The Enclosure Movement*, New York: Walker and company, 1967, p. 172.

② Mark Overton, *Agricultural Revolution in England*, Cambridge University Press, 1996, p. 171.

③ ［英］肯尼思·O. 摩根：《牛津英国通史》，王觉非等译，商务印书馆 1993 年版，第 444 页。

④ 王乃耀：《英国都铎时期经济研究》，首都师范大学出版社 1997 年版，第 17 页。

哥（Turgot）在 "比较了 18 世纪法国北部的大农场和中部的小份地制后得出结论，以雇佣劳动为基础的资本主义大农业意味着经济的发展进步"。[①]

约翰·豪利特（John Howlett）牧师是一位热情的圈地运动的倡导者，他援引了莱斯特郡两个村庄圈地所引起的人口减少的事例。"威斯顿（Wistow）和福斯顿（Foston）是两个不足两平方英里的小村庄，在圈地前分别有 34 处和 35 处住宅，但福斯顿村庄在圈地后随即减少到三处：村庄牧师的房屋住着一家人，另外两处住宅由放牧人居住，他们以不同的薪酬看管放牧畜群，因为整个教区已属于一个主人。威斯顿的 34 所住宅在圈地后的几年时间内也随即消失，除土地的主人查尔斯·哈尔福德（Charles Halford）爵士的住所之外，没有留下任何住宅。地租随之上涨了两三倍，这即所谓的改进和提高。这些土地上以前的农民和劳动力的状况如何呢？很多的小农因圈地而失去了生计，不得不变卖家产，为他们自己或他们的家庭筹集 50—100 英镑的路费而去了美国。"[②] 另外，小农经济本身在市场经济的竞争中处于劣势，在正常的情况下尚能维持生计，一旦遇到灾荒饥馑和不利的市场局面，生产和生活则陷入困境，很少有足够的经济实力来应对危机。"很多市场规律都有利于特定的农场主扩大农场的规模而使小农场主陷于贫困破产。凡遇歉收和灾荒之年，自给自足的小农就没有足够的粮食来维持生活，不得不在市场上高价去买粮食，而在丰收之年却不得不以低价出卖自己生产的粮食。这样的饥馑之年时有发生，比如 1501—1502 年，1520—1521 年，1550—1551 年，1555—1556 年，1594—1597 年，1650—1651 年，1660—1661 年，1673—1674 年，1691—1693 年，1696—1697 年，1708—1709 年，1739—1740 年，1756—1757 年，1795—1796 年，1799—1800 年，1808—1812 年，1816—1817 年。每遇歉收饥荒之年，都加速了小农的贫困破产。"表 7 - 8 反映了剑桥郡的切本哈姆和威灵哈姆（Willingham）两个村庄土地占有结构的变化情况，所不同的是切本哈姆村庄主要以种植农业为主，而威灵哈姆则主要以畜牧业为主，因而两者在土地占有的结构上发生的变化还有所不同，如表 7 - 8：

---

① J. P. Cooper, "In Search of Agrarian Capitalism", *Past and present*, No. 80（Aug., 1978），p. 27.

② Gilbert Slate, *The English Peasantry and the Enclosure of Common Fields*, New York: Augstus M. Kelley Publishers, 1968, p. 101.

表 7 - 8　　　　　切本哈姆和威灵哈姆的土地占有情况变化　　　（单位:%）

农场规模（英亩）	切本哈姆		威灵哈姆	
	1544 年	1712 年	1575 年	1720 年
大于 250	0.0	6.1	0.0	0.0
90—250	3.0	8.1	1.0	0.0
45—90	19.7	4.1	0.0	1.3
15—45	18.2	2.0	32.0	17.0
2—15	6.1	6.1	21.0	37.3
小于 2	21.2	10.2	8.0	13.1
无地者	31.8	63.1	38.0	31.4

资料来源：Mark Overton, *Agricultural Revolution in England*, Cambridge University Press, 1996, p.172.

通过表 7 - 8 可见，在以种植农业为主的切本哈姆村庄，在圈地运动和市场竞争的冲击下，大农场主的比例呈上升的趋势，而占有中等规模土地的农民则呈分化和大幅度减少的趋势。这一阶层正好是以约曼为代表的自耕农阶层，当然约曼也仅是自耕农中的上层，也反映出自耕农阶层在英国日益减少的事实。而无地的农民比例则有了成倍的增长，这正体现了农民的贫困破产及无产化。但以畜牧业为主的威灵哈姆村庄，其土地占有的份额只有些微的变化，是因为"畜牧业及乳酪业从经济上更有利于小农生存"。[1] 另外，16 世纪人口数量的快速增长、土地价格的高涨，特别是盛行分割继承法的地区，土地的占有形式却呈现进一步条块分割化的局面，对荒地的开垦也不断增加着小土地占有者的份额。就像威灵汉姆村庄一样，占有少量土地的农民数量不仅没有减少，反而呈增长趋势，无地农民的数量也有减少。从而出现了与土地日趋集中、失地农民日益增多的相反的现象。"事实上，1750 年以前小土地占有者的数量大量减少，此外，尽管 1750 年后大农场的规模不断地扩大，但不可否认的是与此同时，农村小土地占有者的数量也在增长。这可以从农村耕地数量不断增加的过程

[1]　Mark Overton, *Agricultural Revolution in England*, Cambridge University Press, 1996, p.172.

中得到解释，特别是在同法国进行战争的 1793—1815 年期间，在圈地时把大量的小块土地都用来作为对以前公用权利的补偿。"① 在 18 世纪末和 19 世纪初，"由于拿破仑战争的影响，粮价飞涨，造成有利的市场条件，使许多小农得以生存下来。在圈地过程中，有些茅舍农和边农分得了小块土地，作为对失去公地使用权的补偿，因而进入了土地所有者的名单，但他们占地很少，实际是占有小块土地的雇工"。②

历史的发展从来就是不平衡的，一种历史发展的总趋势不能代表当时历史的全部，也不能排除与之相反的历史事实与过程的存在就像进步从来就不排除曲折与暂时的倒退一样。资本主义大农场仍然以无可比拟的优势冲击着中小农场，"17 世纪的饥馑依然威胁着小农场主，特别是在 90 年代的五次农业歉收时期。然而在这一阶段，市场经济的压力有增无减地也继续冲击着小农场主，使其不能继续以自给自足的生产水平从事经营。在这样的条件下，大的种植农场每英亩的生产成本往往要低于小农场；150 英亩的大农场的生产成本相当于小农场 60 英亩的生产成本，大农场可以形成较为经济化的生产规模和生产中的合理分工。经济规模的形成意味着大农场主在相同单位面积的土地上可以比小农场主获取更多的利润。这对小土地占有者可能影响较小，但是对大地主却是至关重要的，因为每英亩收取的租金与租地农场主的利润是紧密联系的，因之较大规模的农场就意味着每英亩有更高的租金，所以大地主有着进一步圈占土地、合并农场、形成较大规模土地占有的经济动力"。③ 到 18 世纪时，日趋发达的商品经济对更多的农民产生了较大的影响和压力，更多的农场规模越来越大，而"大农场规模的扩大总是以牺牲小农场为代价"。④ 从总体趋势上来说，圈地运动的持续进行、土地占有的集中、大农场数量的增加，有着其固有的经济动力和吸引力，必然要冲击着脆弱的小农经济，加剧小土地占有者的破产和分化。

约翰·维芝是农业委员会在沃里克郡的书记员，据他的调查，在 40

①　M. W. Flinn, *An Economic and Social History of Britain Since* 1700, Published by Macmillan Education, 1963, p. 56.

②　王章辉：《圈地运动的研究近况及资料》，《世界史研究动态》1984 年第 5 期，第 17 页。

③　Mark Overton, *Agricultural Revolution in England*, Cambridge University Press, 1996, pp. 172 – 173.

④　Ibid., p. 173.

年前（农业委员会成立于 1793 年），即 1753 年前后，"沃里克郡的南部和东部大多依然是实行敞田制的地区，大约有 50000 英亩的敞田，在短暂的几年时间内，这些敞田几乎全部被圈占为牧场，这样一来所需要的劳动力就比原来敞田制下大为减少。圈地以后使农场的规模越来越大，原来的自耕农被迫到伯明翰（Birmingham）、考文垂（Coventry）等手工业城市寻找工作"。① 伯明翰及米德兰地区城镇手工业的发展毫无疑问地为很多被从乡村驱逐出来的农民提供了被雇就业的机会。"米德兰有半数以上的圈地将耕地转化成了牧场，并导致了当地农村人口的减少。"② 圈地后米德兰地区的粮食总产值下降了，然而由于地租的上涨，其净产值却在上升，同时从农业中分离出的过剩劳动力为工业的发展提供了必要的劳动力条件。

在议会圈地的过程中，"在 20 个圈地法令中有 19 个都是牺牲了穷苦阶层人的利益"。③ 小土地占有者即便是自由持有农，他所分配到的也是极少量没有经济价值的土地，同时他还要承担高昂的法律费用以及圈地所用藩篱和土地上排水设施的费用，"圈地的费用往往迫使小土地占有者出售他们分配到的土地"。④ 权衡利弊，不如舍弃。倘若不是自由持有农，之前任何以他的名义所分配的土地都归地主或庄园主而非他本人。而在圈地之前，他所享有的公共权利都不复存在，从法律意义上说，也就是纯粹地被剥夺而一无所有。而在圈地之后，他再也不能在公共草地上去放牧他自己的牛羊鸭鹅等牲畜和家禽。"农民家庭这种放牧权的丧失将使他们实质上被无产化"。⑤ 田地及畜棚的看管人、公共放牧人、市镇看管人等纷纷失业，圈地对持有小块土地的农民的影响，首先在于丧失了在公用土地上捡拾柴火的公共权利，其合法的放牧权也受到剥夺，很多的农民被迫出卖所养的牛马羊等牲畜。圈地委员伊文（Ewen）先生发现"在绝大多数圈地中，穷苦农民的牛和所分配到的土地有 5/6 在圈地判定书签订之前就

---

① Gilbert Slate, *The English Peasantry and the Enclosure of Common Fields*, New York: Augstus M. Kelley Publishers, 1968, p. 101.

② Ibid., p. 264.

③ Ibid., p. 262.

④ Leigh Shaw – Taylor, "Parliamentary Enclosure and the Emergence of an English Agricultural Proletariat" *The Journal of Economic History*, Vol. 61, No. 3, (Sep., 2001), p. 643.

⑤ Ibid., p. 644.

已经出卖了"。① 这样就使贫苦农民基本的生活和生产无法正常进行。其次,在多数情况下,农民尽管分配到了土地,但是分配到的土地往往不足一英亩,无法形成较为经济的生产规模,也不足以维持全家人的生活,而且往往因付不起土地的测量费用而被迫将土地出卖。"随着全国工业化和城市化的进展,农村商品经济的日益发展,资本主义农场逐渐取代了农民经济,拿破仑战争结束(1815年)以后,农民人数急剧减少,到19世纪三四十年代,自耕农作为一个阶级不复存在了。"②

二　农业劳动力的分化

英国的圈地运动成为资本原始积累最有力的手段,加速了土地占有的集中及转化为资本的过程,使失地农民成为自由的劳动力出卖者,一部分在农村就地转化成为农业雇工,而另外一部分则流向城镇受雇于工业或商业,从而为资本主义工农业生产造就了大批廉价的自由劳动力,形成了工农业生产的无产阶级。正如马克思所指出的:圈地运动"为资本主义农业夺得地盘,使土地合并于资本,并为城市工业创造出像鸟一样自由的无产阶级"。③

传统观点认为,英国的无产阶级的形成主要集中于两个时期:16世纪和18世纪后半期。托尼指出,暴力的驱逐、乡村共同体的解散、对敞田的圈占、将耕地转化为牧场及进入性罚金的空前提高等因素造就了农村的无产者。但马克·奥弗顿认为托尼忽视了当时支持租佃农反对地主的法律的权威及驱逐性圈地与放弃性圈地的区别,也没有人口方面的详细资料。而马克·奥弗顿认为,16世纪以后人口及劳动力的迅速增加造成了许多的无业流民,粮食及工资价格比价的波动也是造成农业无产者形成的重要因素,但哈蒙德(Hammonds)、马克思等都认为圈地运动在工农业无产阶级的形成过程中都发挥了更为重要的作用。圈地使农民与土地发生分离,"圈地运动消除了英国传统的农民身份的残余,在农村造就了资本

---

①　Gilbert Slate, *The English Peasantry and the Enclosure of Common Fields*, New York: Augstus M. Kelley Publishers, 1968, p. 124.

②　王章辉:《圈地运动的研究近况及资料》,《世界史研究动态》1984年第5期,第17页。

③　马克思:《资本论》(第一卷),人民出版社1963年版,第810页。

主义农场主及依靠工资生活的农业无产阶级"。① 这使失去土地的农民虽历经阵痛，但解除了封建人身依附关系，得到了自由，从而获得了新生，成为与先进生产方式相联系的农业或工业无产阶级，为资本主义的发展和工业革命的发生提供了大批自由劳动力。一方面，农牧业的发展将游离出来的剩余劳动力转向工业方面，同时农牧业生产的商品化又使一部分农民手工业者无须再经营小地产，从而变成专门的工业劳动者。另一方面，手工业生产规模的日益扩大，使农民手工业者无力顾及农业生产，只能专门从事手工业活动，同时也使一些小手工业者无力经营手工业，从而变成工资劳动者。"田里的人少了，城市中的人便多了。在 1760 年以前，人们从乡村教区不断向市镇迁移，以及从市镇向都市迁移，大批出生于乡村的人终于在大小城市，特别是在大工业所在地的城市中选定了住所——事实上，对于这些成千累万的丧失了全部或一部分惯常收入的劳动者来说，工业就是唯一可能的出路。田地拒绝他们工作，他们就到工厂去找工作。"② 可见，农牧业的变革和手工业本身的发展，都具有推动农业和手工业相分离的内在趋势。圈地运动又常常引起农村人口的减少，减少了的农村人口也提高了农产品的市场化率，从而也满足了不断增加的城市人口对农产品的需求，也为工业生产提供了原料。一定意义上可以说，手工业向机器大工业的转变，正是这种内外在趋势发展的必然结果。农村劳动力的减少和城市劳动力的增加也顺应了英国社会工业化和城市化的要求。有数字表明，"从 1700—1800 年，英格兰和威尔士的农业劳动力仅增长了 8.5%，然而人口数量却增长了 81%"。③ 而 "大量劳动力的年轻化及流动性的增强，是经济迅速变革阶段所必须的。特别是在农业劳动生产力提高以后，农村社会便无法容纳吸收日益增长的人口，因而大量劳动力从农业转移向了工业，从农村转移到城市。在此情况下，投资增长的趋势也发生了变化：促进了城市建筑业的发展，也加快了城市市政设施的建设，同时也加

---

① Leigh Shaw - Taylor, "Parliamentary Enclosure and the Emergence of an English Agricultural Proletariat" *The Journal of Economic History*, Vol. 61, No. 3, (Sep., 2001), p. 640.

② ［法］保尔·芒图：《十八世纪产业革命——英国近代大工业初期的概况》，杨人楩等译，商务印书馆 1983 年版，第 141 页。

③ Richard Brown, *Society and Economy in Modern Britain* 1700—1850, London: Routledge, 1991, p. 58.

强了城乡的联系和交流"。①

19世纪的总则性圈地法令并不允许再圈占耕地为牧场,然而这意味着劳动力从农业向工业和商业转移,以及从农村向城市和海外转移。同时也意味着小土地所有者失去土地,土地所有权和占有权的流转,地产的集中和农村社会的分化。很多历史学家认为:"私有制的土地关系是圈地的结果,英国的土地所有关系在很大程度上是一种公共占有与使用的土地关系,这种关系一直持续到近代早期……英格兰农业社会的阶级并不是在圈地运动的推动下才产生的,然而可以确定的是,随着圈地运动的进行,早已存在的阶级在社会和经济等方面的分化加剧了。"②

"从社会学的角度而非经济或经济史的观点来看,圈地运动对乡村社会的确可视为一场大的灾难。"③"如果我们逐个地考察被圈占的教区,我们就会发现,在圈地前有一百人的教区,圈地后所留下的人口不到10个人。在某些有120户自耕农和茅舍农家庭的教区,在短暂的几年时间里,减少到了4户,或者2户,而有些教区仅留下一户家庭。"④这显然是指将实行敞田制的教区圈占为牧场后引起的人口减少情况。根据各种资料,将敞田圈占为牧场的圈地,所引起的农村人口减少率大约在90%左右。也有人指出,圈地时竖藩篱或挖壕沟会增加对劳动力的需求,因而圈地会增加对劳动力的需求,这种说法显然有偏颇之处。诚然圈地时竖藩篱或挖壕沟需要一定量的劳动力,但是这毕竟是临时性工作,这种工作一旦完成,劳动力便不再被需要。因而这项临时性工作所增加的劳动力及数量并不能从总体上改变此类圈地所引起的农村人口减少的趋势。

学术界长期争论的圈地会减少劳动力的需求还是会增加劳动力的需求问题,其实与圈占什么类型的土地,圈地后土地的利用情况密切相关。有些圈地会减少对劳动力的需求,而有些圈地则会增加对劳动力的需求,同样是圈地,但不能一概而论,具体问题要具体分析。"这与所圈围土地的性质、圈地后土地的使用方式以及与工商业区的距离有关。圈占荒地不像

---

① M. W. Flinn, *An Economic and Social History of Britain Since* 1700, Published by Macmillan Education, 1963, p. 6.

② W. E. Tate, *The Enclosure Movement*, New York: Walker and company, 1967, p. 170.

③ Ibid. , p. 175.

④ Gilbert Slate, *The English Peasantry and the Enclosure of Common Fields*, New York: Augstus M. Kelley Publishers, 1968, p. 110.

圈占耕地那样减少农村人口。圈占沼泽、湿地、林地等几乎不可避免地要引起局部地区人口的增加。但是圈地后发生耕地转牧场，造成耕地减少的地方，农民人数便减少了；在工业化影响比较大的地方亦如是。"[1]但在"米德兰和威尔特郡，还有相邻的一些郡部分地区的圈地都引起了当地人口的减少，然而在诺福克郡、林肯及约克郡（York）的部分地区的圈地并没有使人口减少，却大大提高了农产品的市场供应，满足了工商业发展的需求"。[2] 同时在查阅历史文献时，还要看清文献的作者所处的时代及对圈地持什么样的政治态度。因为圈地运动是一场深刻的土地革命，势必包含着以土地为核心的生产资料在社会各阶层之间的重新调整和分配，而土地又是人类创造一切财富的根本，因而不同的阶级和阶层对圈地所持的观点和态度必然难以一致。

　　都铎及斯图亚特王朝统治时期，正是英国社会的转型时期，又是英国人口迅猛增长的时期，也是英国海外活动的起始阶段，人地矛盾突出，新旧势力斗争激烈，工商业的发展及海外殖民活动尚不能为从土地上分离出来的劳动力提供生活和就业的去处，而这时所盛行的正是在羊毛价格高涨促使下的"羊吃人"的圈地运动，即把大量的耕地转化为牧场。圈地运动不仅受到封建王朝的限制和禁止，社会各界反对圈地的呼声也特别高涨。反对者最有力的论据就是圈地导致农民外出流浪，减少了农村的人口。而到议会圈地的后期，圈地运动已被人们广为接受，社会各界普遍认为圈地是发展改善农业生产条件、革新农业生产技术、发展农业生产、提高土地利用率的前提条件，同时，这一时期的圈地，因为城乡人口数量的激增对粮食需求量增大，拿破仑战争使粮食进口量减少等因素，大多是将荒地开垦为耕地以增加粮食生产，加之工业革命及城市化进程的加快，海外移民等因素的影响，对农村人口的生计和数量的影响显然没有早期圈地运动那样严重。因而很多人，特别是一些农业问题的专家都热情倡导圈地，在提倡鼓励圈地的政治主张下，圈地的负面影响无论是从客观方面还是主观方面，实质上都已经缩小了。例如，T. 布朗（T. Brown）在1794年考察德比郡农业情况时就注意到了两类不同性质的圈地对劳动力的需求

① 王章辉：《圈地运动的研究近况及资料》，《世界史研究动态》1984年第5期，第16页。
② Gilbert Slate, *The English Peasantry and the Enclosure of Common Fields*, New York: Augstus M. Kelley Publishers, 1968, p. 266.

量会有不同，即圈地后作为耕地而发展农业的会增加对劳动力的需求，而圈地后作为牧场的不再需要犁地耕作，有时会减少所雇佣的劳动力，但这种情况很少，而且圈地后使土地能得到更合理、更充分的利用，并需要增加资本的投入，总体上也不会缩减对劳动力的需求。在他看来，"圈地为增加农产品提供了条件和可能，投入资金多回报也多，其结果也需要更多的劳动人手，而且产品的市场化率也会提高"。[1]　显然布朗极力提倡和赞成圈地，认为圈地一般会增加对劳动力的需求，即使圈地后作为牧场的不会增加劳动力的需求，至少也不会减少对劳动力的需求。

　　一般说来，将敞田转化为牧场的圈地会引起对劳动力需求的减少，而将荒地或未开发土地圈占为牧场的则会增加对劳动力的需求；将敞田圈占为耕地的会增加对劳动力的需求，而将荒地、沼泽地、湿地或未开发土地圈占为耕地的则无疑会增加对劳动力的需求，另外圈地后种植蔬菜及发展花卉园艺，引进新的农作物轮作品种也需要较多的劳动力。从总体来看，在圈地运动的早期，特别是 15、16 世纪农业革命尚未大规模开始之前，圈占耕地为牧场的，是单纯的土地用途的改变，对劳动力的需求量降低，农村人口有较多的减少。而这种劳动力的转移是英国经济发展所需要的，也是可以实现的。在圈地运动的后期特别是在议会圈地时期，农业革命方兴未艾，圈地不仅意味着土地使用结构的调整，也意味着土地资源的重新配置和进一步挖掘土地资源的潜力，同时也意味着生产技术的进步和农业劳动生产率的进一步提高，对劳动力也有一个重新分配的过程，但是后期圈地并不像早期圈地那样都减少了农村人口。"圈地运动通过扩大市场需求、提高粮食和肉类的价格而对各个阶层都有益，许多观察者指出，圈地不仅扩大了原来的劳动量，而且还增加了新的劳动机会，因而需要更多的劳动力。不仅土地上在挖掘壕沟、建造圈篱和冬季休整时需要更多的劳动力，而且促进了农村经济的活跃，为更多的马车夫、车轮匠、铁匠、砖瓦匠等很多工匠都提供了工作的机会。现代的许多研究也证实在这一时期圈地的地区，农村人口都趋向增加。对于茅舍农及无家无舍者，主要依靠荒地维持丰歉无常的生活，在圈地后尽管失去了之前生活的来源，但是却转

---

　　①　A. Aspinall, E. Anthony Smith, *English Historical Documents Volume* Ⅷ 1783—1832, London: Routledge, 1959, p. 476.

变成了工资劳动者，从而也得到了补偿。"①

诺福克郡的圈地大多属于开垦荒地的圈地，因而圈地增加了对劳动力的需求，"犁地、播种、修建篱笆、收割打碾等需求的劳动力比以前增加了三倍，这样所支撑的家庭就增加了两倍，劳动量因之也成倍地增加，但是生活必需品的价格则非常便宜。一个农场被分为两三部分或四部分甚至更多，新的房屋修建了起来，旧房舍得到了维修，新砖瓦房随处可见。沿海的城镇和集市日渐繁荣，交易活跃。木匠人数增长了两倍，泥瓦匠是以前的十倍。许多乡绅的地产扩大了一倍，而且都得到了改良和提高"。②尤其是在 18 世纪后半期以来，豆类作物、马铃薯、胡萝卜、油菜籽等劳动密集型作物的广泛种植也需要更多的劳动人手。因而对圈地是增加还是减少劳动力的问题需要详细考察圈地的前因后果及圈地前后土地利用的变化情况，并且不是一成不变的，而是随着市场需求及物价的变动不断发生着变化。"较为普遍的规律可以概括为：圈占耕地为牧场会导致当地农村人口的减少，圈占后作为耕地的会增加当地的农村人口。17、18 世纪英格兰北部和西部的圈地增加了耕地面积，整个国家的粮食和肉食供应的平衡被破坏，而在以后，尤其是在米德兰中部平原地区将生产谷物的耕地转化为牧场的圈地，又使这种平衡得到了恢复和维持。"③ 但总体而论，圈地运动为农业革命创造了条件，而农业革命又推动了工业革命的发生与发展，势必包含着劳动力资源的重新调整与分布。英国作为工业革命的发源地及长期在工业上的领先地位，必然要吸收和容纳从农业中分离出来的大量的劳动力。"19 世纪的不列颠，尽管人口在持续地增长，但农业并没有提供更多的就业与雇佣的机会。相反，在 19 世纪末期时，农业所雇用的劳动力则不断减少。不断发展的工业必然要吸收过剩的劳动力。"④ 大量廉价劳动力的供应，也是英国工业能够长期领先于其他国家的必要条件之一。而技术的每一次变革，往往都意味着劳动力的进一步解放与社会分工

---

① A. Aspinall, E. Anthony Smith, *English Historical Documents Volume* Ⅷ 1783—1832, London: Routledge, 1959, p. 450.

② B. W. Clapp, H. E. S. Fisher, *Documents in English Economic History* (1000—1760), London: G. Bell & Sons Ltd, 1977, p. 167.

③ Gilbert Slate, *The English Peasantry and the Enclosure of Common Fields*, New York: Augstus M. Kelley Publishers, 1968, p. 105.

④ M. W. Flinn, *An Economic and Social History of Britain Since* 1700, Published by Macmillan Education, 1963, p. 152.

的进一步扩大。耕犁代替刀耕火种使一部分劳动力从农业中解放出来从事畜牧业和手工业，而蒸汽机毁掉了手纺车又创造了近代的工厂与城市、交通运输业及更加繁荣的商业。第二次产业革命淘汰了蒸汽机但又使用了电力，发明了新的交通工具和新的通讯手段。每次技术的变革都意味着劳动力资源动态的调整与重新布局，而技术变革又不断发现着新的领域，造就着新的行业，从而给人们带来挑战与机遇，失落与获得。因而不能简单地以是否增加劳动力的数量为标准去衡量圈地运动的进步与落后，正如我们不能因为手工劳动可以增加劳动力的就业数量就放弃工业自动化一样。

"圈地通过增加劳动力供应而促进了城市工业的发展，并扩大了市场需求，或许还增加了资本的供给。"[1] 而依靠圈地运动发家致富的城乡富人和贵族地主大多已逐渐转化为农业资本家，在旧的封建贵族阶层中分化出了与资本主义有密切联系的资产阶级，即新贵族。他们按资本主义方式经营牧场或农场，剥削农业雇佣工人，和新兴的资产阶级利益渐趋一致。共同的经济利益使新贵族和资产阶级在反封建斗争中结成了联盟，在以后的革命过程中发挥了领导作用。随着圈地运动的推行，城乡资本主义迅速发展，国内外市场不断扩大，毛纺织业、棉纺织业呈现繁荣景象。手工业分工的扩大与技术的积累、国内外市场需求的增加又导致从棉纺织业开始进而引起连锁反应的工业革命，使英国以先进的工业、廉价的商品和坚船利炮而横行全球，一跃而成为"世界工厂""日不落帝国"。由此我们可以看出，英国圈地运动的影响是广泛而深远的，不仅影响着英国历史，而且对世界历史的纵横向发展都产生了不可低估的影响。

第四节　对农业革命的影响

长期以来，国内外学术界对于英国的农业革命发生的时间、过程及内容有着较多的分歧。即使在英国，不同的学者也有着不同的意见。分歧的根源在于大家对农业革命的定义理解不同。如果所指向的对象和重点不同，那么所得出的结论显然有所不同。马克·奥弗顿认为，农业革命包含这样三方面的内容：首先，农业革命指的是一系列农业生产技术的变革与

---

[1]　Gilbert Slate, *The English Peasantry and the Enclosure of Common Fields*, New York: Augstus M. Kelley Publishers, 1968, p. 266.

进步，包括引进新的饲料作物及新的轮作庄稼、新的草场灌溉技术，推广新的农业机械及畜种改良技术。其次，农业革命指的是英国农业的发展成功地解决了不断增长的人口的吃饭问题。最后，英国农业革命的最大特点是通过提高农业劳动生产率而提高农业生产的总产量。农业劳动生产率是单位投入与产出之间的比率，其衡量的指标有很多种，指标不同，农业劳动生产率就不同。但是最重要的两个因素就是土地与劳动力。对农业革命这样的概括和定义显然不包括经济基础、上层建筑、生产关系方面的变革，而侧重于生产技术的进步与变革。相当于历史唯物主义所强调的生产力，其有利的方面是可以长时间单方面地去分析农业生产的发展进步。但其不利因素是容易割裂影响农业生产的多种因素之间的联系。本书所论述的农业革命不仅包括这三方面的基本内容，而是主要探讨农业革命与圈地运动的内外在联系，这必然要涉及经济基础与上层建筑、生产力与生产关系等一系列密切相关的内容。在时间范围上采纳马克·奥弗顿的观点，即1500—1850 年这一较长的时段，因为这一时段，正是圈地运动的高潮时段，也比较符合农业革命本来的历程，也正是在这一时段，英国完成了近代化的过程。

一　农业生产技术的变革

英国的圈地运动引发了农业生产的进步和变革，开创了农业革命的先河，而农业革命又为工业革命的发生铺就了道路，从而圈地运动也间接地推动着工业革命的到来和深入发展。圈地运动及其所引起的农业变革"这一过程常被誉为农业革命，但是人们更愿意把它当作工业革命的序幕和必不可少的组成部分"。[①]

18 世纪不列颠农业革命不需要具备深奥的科学实践。某种愿意开展试验、试用新的耕作方法、以新的方式投资和新的市场需求等是进行农业革命的主要条件。投资的增加极大地改变了农业生产的条件，"土地质量可以通过整饬、排水、灌溉而得到改良。土壤的化学成分可以通过施加有机肥料和化学肥料而得到改善。农业机械的使用还可以使以前难以开发的

---

① "technology, history of." Encyclop e dia Britannica. 2007. Encyclop e dia Britannica Online. 23 Sept. 2007 ＜http: //search. eb. com/eb/article - 10440 ＞.

土地变成良田，对道路的投资也使田间的交通条件得到改善”。① 而技术
的变革与进步与生产经营的组织方式是分不开的，也就是生产力与生产关
系的作用与反作用。英国农业革命的“技术革命主要出现在 1760—1840
年期间，而且通常被认为是农业制度和结构的变革，尤其是议会圈地运动
为农业生产技术的变革铺平了道路，特别是议会圈地运动扫除了敞田制下
的土地公用制度。圈地的过程被认为非常重要，因为它扫除了公共所有
权，而这种公共所有权制约着技术的革新进步。圈地运动也是改良畜种的
前提条件，可以有效地阻止牲畜在公共牧场上无序地杂交，而且也有利于
发展资本主义大农场，而资本主义大农场更有利于革新农业生产技术”。②
农业革命在工业化的过程中发挥了巨大的作用，而工业化的进步又推动着
农业革命向纵深发展，与工业化形成了良性互动。而农业革命的深入发展
不仅解决了不列颠人口的吃饭问题，而且也解放了农村劳动力，满足了迅
速发展的工业对劳动力的需求，也为建立庞大的殖民帝国提供了持续的海
外殖民力量，农业的地租和利润也支持了工业的发展。“事实上，农业在
国民经济中发挥着动力性的作用。如果没有农业的迅速发展，迅速增加的
人口的吃饭就成了问题，工业也就不能得到迅速的发展。在 1700 年时，
不列颠食物供应不仅能自给自足，而且直到 18 世纪 60 年代还一直出口小
麦。在 1740—1750 年之间，每年出口的小麦有 400000 夸特。到 1850 年
时，尽管人口数量有很大的增长，但不列颠农民依然满足了国内 80% 的
粮食需求。这种粮食产量革命性的飞跃是广泛推广农业生产新技术的结
果，包括新的农作物，更好的轮作制度，特别是 19 世纪以来新机器的使
用，新的生产的组织形式——对敞田及荒地的圈占、对农场更好的经营管
理。”③ 人类以土地为基础增加粮食生产的方式，不外乎两条途径：一种
是提高生产技术，提高单位面积的产量；另一种是增加扩大所利用的土地
面积。而圈地运动的过程，本身就包含了这两个方面，除了提高已利用土
地的生产效率之外，圈地运动的发展也是对土地资源的进一步开发和利
用，提高了土地资源的利用率。尤其是在议会圈地期间，大量的荒地被圈

① P. K. O'Brien, "Agriculture and the Industrial Revolution", *The Economic History Review*, New Series, Vol. 30, No. 1. (Feb., 1977), p. 168.

② Mark Overton, *Agricultural Revolution in England*, Cambridge University Press, 1996, p. 4.

③ Richard Brown, *Society and Economy in Modern Britain* 1700—1850, London：Routledge, 1991, p. 49.

占而得到开发利用，无论圈占后作为农场还是牧场，都意味着土地资源得到了进一步的开发和利用，对发展农牧业生产都是至关重要的。"通过圈地，分散和条块分割的敞田被代之以个人集中而自由地支配，更有利于个人方便而灵活地使用他的土地。这对于提高敞田上的生产效率及生产经营的灵活性都是至关重要的，也有利于开发荒地、沼泽地、荒原和山区牧地，也为改革早期零星进行的蚕食型圈地提供了机会。什一税通常被废除而由专门的什一税纳供者来负担，而什一税的纳供者则分配以土地或赋予征收实物地租的权利。圈地也有利于乡村改善道路交通，修建排水渠道、建设农房、谷仓和牛棚，新植建的防护林也可以为牲畜提供防风和遮护。"① 据"格雷戈里·金估计，在 1696 年时英格兰、威尔士和爱尔兰约有 1/4 的国土面积仍然是荒地，苏格兰的荒地比例更高一些，可能达到了一半。18 世纪时部分荒地得到了开发利用——达到了 2800000 英亩，在 19 世纪时得到开发利用的荒地面积则更多。以威尔士为例，在 1801—1815 年，76 份圈地判定书圈占的荒地多达 200000 英亩，而这些荒地绝大部分位于海拔 700—1000 英尺的高地。"② 对荒地的开发利用对于增加粮食生产具有非常重要的意义。尤其是在拿破仑战争期间，在不能大量进口粮食的情况下，增加本土的粮食自给就显得更为迫切和重要。更为关键的是，这一阶段是英国人口迅速增加的时期，荒地的开发和利用对于解决所增加人口的粮食问题、维持社会稳定、维持工业化和城市化的进程等都具有非常重要的意义，而这一切都与圈地运动密切相关。

在英国议会圈地期间，英国的人口由"1751 年的 580 万迅速增长到 1801 年的 870 万，到 1831 年时已增长到 1330 万——总人口几乎增长了 130%，而与此同时，非农业人口也同时增长，都需要提高农业生产率和农产品的市场化率来解决这些人口的吃饭问题（后来也依靠进口一部分粮食），在需求增长的拉动下，从 1750 年到 1850 年，英国农产品的产量也几乎翻了一番"。③ 而农业生产技术进步、农业生产组织方式的变革、

---

① Richard Brown, *Society and Economy in Modern Britain* 1700—1850, London: Routledge, 1991, pp. 59 – 60.

② Ibid., pp. 50 – 51.

③ G. E. Mingay, *Parliamentary Enclosure in England: An Introduction to its Causes, Incidence and Impact* 1750—1850, New York: Published in the United States of America by Addison Wesley Longman, 1997, p. 144.

农业生产效率的提高、农产品产量的增加、农产品市场供应率的提高、农业人口的减少、农业发展进步是农业革命的主要内容。其"部分原因应归功于议会圈地运动，圈地运动废除了对土地的公共使用权及共同的束缚与限制，使土地占有者能够充分自由地支配土地，并提高了土地利用的效率，使原先的粗放型牧场、荒原、荒野、沼泽地等边际性土地都得以开发利用，甚至成为精耕细作的农业用地。随着农产品市场的发育成熟，催生了以市场为导向的农业生产。特别是在拿破仑战争期间谷物价格有了较大幅度的上涨，圈地后大量的荒地被转变成为谷物和粮食生产的农场，也增加了对农业劳动力的需求。城镇需求的扩张也促使一部分早期的圈地农场转化成为草地，专门为当地城镇居民提供鲜奶、黄油、乳酪和肉食"。①根据农业委员会的调查报告，对亨廷顿（Huntingdon）及拉特兰郡（Rutland）的一项研究表明："在圈地制的村庄中（轻质土地区），芜菁和苜蓿的轮作技术比敞田制的村庄有了长足的发展，这一结论被 33 个地处轻质土地区的村庄的什一税卷册所证实，圈地制的村庄仅有 3% 的耕地轮空休闲，有 23% 的土地种植苜蓿，20% 的土地种植芜菁，而在 15 个敞田制的村庄中，有 6 个村庄未种植芜菁，轮空休闲的土地达到了 24.8%，在其他 9 个种植有芜菁的村庄中，芜菁种植所占的比例平均达到了 14%，而轮空休闲地则达到了 11%。在米德兰南部黏质土地区的圈地制村庄，大量的土地通过排水改善了质量。"② 上述的材料表明，在圈地以后，新的轮作品种芜菁和苜蓿的种植得到推广，减少了轮空休闲土地的面积，提高了土地利用的效率。尤其是 18 世纪初芜菁的引进，成了诺福克四圃轮作制的重要作物，可以在不轮空休闲的情况下改变土壤结构及化学成分以恢复地力。更为重要的是，可以在不增加草地或牧场的情况下为牲畜提供更多的饲草，使人畜争地的现象得以缓解，从而可以增加禽畜养殖的种类及数量，而禽畜既可以供给人类以肉蛋奶等食物，也可以为农业提供更多的肥料，从而打破了中世纪敞田制下制约农业发展的瓶颈，改善了畜牧业与农业的内在联系，使畜牧业与农业能够形成良性互动。"英格兰之变成

---

① G. E. Mingay, *Parliamentary Enclosure in England: An Introduction to its Causes, Incidence and Impact* 1750—1850, New York: Published in the United States of America by Addison Wesley Longman, 1997, p. 144.

② Mark Overton, *Agricultural Revolution in England*, Cambridge University Press, 1996, p. 164.

一个输出谷物的国家，主要应归功于诺福克制的推广，因为在18世纪上半叶，直到人口增加、工业发展的时候，农民所生产出来的全部食物一向都被消用掉。同时，作物的单位面积产量增长很快，据我们所知，大概在1735年前后，小麦的每英亩产量达20蒲式耳，至少比中世纪旧的做法增加了一倍，农业生产的这个进步在敞田制度下是不可能实现的。"① 圈地运动对农业生产技术的关系也可概括为，"圈地运动为农业的发展进步扫除了障碍，为大规模增加粮食供应创造了可能，而如果没有这些增产的粮食，18世纪后半期和19世纪早期迅速增长的人口的吃饭就存在很大的问题。通过圈地运动，英国大部分地区不仅在外观上改变了，而且几个世纪以来乡村自给自足的生活方式被扫除了"。② 由此可见，圈地运动是农业革命的必要条件，为农业生产方式的变革及农业生产技术的提高奠定了坚实的基础。

二　农业劳动生产率的提高

农业劳动生产率是农业生产过程中的投入产出比，表现在土地生产率方面就是单位面积上农作物的产量，表现在家畜生产率方面就是每头牲畜的投入和产出的比率，如牛奶、肉类、毛皮、繁殖率等。计算农业劳动生产率的方法很多，但使用单位面积土地上农作物的产量是最常用也是最明显的方法。农业劳动生产率是衡量一个国家、地区乃至一种经济类型进步与否的标志之一。关于敞田与圈地上的农业劳动生产率，大部分史学家如瑟斯克、芒图、钱伯斯、汤因比、明盖、克里奇、琼斯等人都认为圈地制带来了农业生产方式乃至生产关系的变革、生产技术的提高，圈地运动使农业劳动生产率得到了显著的提高，从而促进了农业的发展进步。但是克拉潘、埃伦等学者认为，圈地后大租地农场在农业生产方式及农业生产技术上虽有改进，但农业劳动生产率的提高有限，不宜夸大圈地农场的进步性与敞田制的落后性。敞田制农业也可以采用新技术，提高农业劳动生产率。埃伦自己的研究结果也证实，在英国的三类农业区，圈地较之敞田，"各类农作物产量平均每英亩分别增加了2.9蒲式耳、1.3蒲式耳、2蒲式

---

① ［英］斯丹普、比佛：《不列颠群岛自然地理和农业地理》，吴传钧译，商务印书馆1960年版，第185页。

② M. W. Flinn, *An Economic and Social History of Britain Since* 1700 , Published by Macmillan Education, 1963, p. 52.

耳，三类地区农作物平均亩产量也增加了约 2.1 蒲式耳"。① 马克思在
《资本论》中也指出，圈地后"虽然种地的人数减少了，但土地提供的产
品和过去一样多，或者比过去更多。因为伴随土地所有权关系革命而来
的，是耕作方法的改进，协作的扩大，生产资料的积聚等等"。② 也肯定
了圈地后带来了土地权属的变革和农业生产技术的进步，提高了农业劳动
生产率。

对敞田与圈地上的农业劳动生产率进行精确的估算在研究上的确存在
一定的困难。

首先，我们应该承认在农业生产的诸要素中，自然条件是重要的乃至
起决定性的作用，尤其在近代农业生产技术未取得突破性进步的情况下更
是如此，即使在科技高度发达的当代世界，人类所进行的农业生产依然不
能完全摆脱自然因素的制约和影响，"人定胜天"的理想并未完全实现。
这样一来，同一地区的比较因圈地前后自然因素，诸如光照、降水、气
象、气温等的变化使得出的结果难免有失准确。不同地区的比较由于自然
条件的不同而缺乏一定的可比性。只有从农业生产的条件、农业生产技
术、农业生产关系、农业生产率等各个方面进行长时段的科学比较，才能
得出相对准确的结论。"埃伦所研究的地区范围主要限于南密德兰，大致
为牛津、剑桥、莱斯特之间的地区，是英国历来最适宜进行农业生产的地
区。这里的年平均降水量仅为 500—750 毫米，再加上充足的日照、平原
丘陵地形和肥沃的土壤，所以这一地区是英国的主要种植区。从这一点
看，埃伦对圈地和敞地产出的比较，在他看来增加的幅度不大，和这一地
区特殊的地理环境、气候等有一定关系。"③

其次，圈占敞田的圈地运动本身也包含着农业生产结构的调整，而英
国的自然条件在不同地区存在很大的差异。很多地区的自然条件并不适合
发展农业而更适宜于发展畜牧业，因而在近代后期一直到现代，伴随着工
业化及城市化进程的完成，在国内生产总值上工商业超越农业和畜牧业，
而畜牧业又超过农业，发展道路是以畜牧业为主的农业，农业生产及产值

　　① R. C. Allen., *Enclosure and the Yeoman: the Population History of Britain and Ireland* (1500 —1850), Oxofrd: Oxford University Press, 1992, p.136.
　　② 马克思：《资本论》（第一卷），人民出版社 2004 年版，第 855 页。
　　③ 叶明勇：《英国议会圈地后农场经营问题的讨论》，《武汉大学学报》（人文科学版）2004 年第 3 期，第 180 页。

并不占优势，而且很多大田作物是为畜牧业提供饲料。针对此问题，马克·奥弗顿也指出，如果仅研究对比圈地前后小麦的产量，就会得出失之准确的结果，"尽管小麦的增产数字是一个适中的指标，但是当时大部分圈地都用于发展畜牧业而不是发展农业，因而小麦产量的增幅并不是衡量土地产出率的恰当的指标……在议会圈地第一波浪潮中，大量的圈地是把耗尽地力的敞田转换为草地，在这样的圈地事例中，谷物的产量不可避免地要低一些。许多仍然维持敞田制的村庄之所以保留敞田，是因为他们的生产力相对较高，这样就会缩小圈地与敞田在谷物产量上的差距。研究特定教区圈地后的直接结果，我们需要这个教区在圈地前后的具体情况"。[①]当时的农业委员会对教士僧侣的调查结果，表明了不同教区、不同圈地案例的农业或畜牧业生产情况，调查表明："所引起小麦种植减少的圈地，但是大麦和燕麦的种植面积却有增加。羊和牛的数量也有显著的增加，这也意味着土地生产率的提高。"[②] 特纳也指出："圈地后庄稼总体的分布及种类组合或许保持未变，但是总的产量却有增加。产量较低的土地可以种植非谷物类庄稼或者转变为草地。肥沃和适宜种植庄稼的土地上单位面积产量也得以增加，而且通过更好的轮作方法及更多的牲畜数量使农业经营多样化，农业总产值也得到提高。圈地上轮空休闲地得以减少或被取消，这样就可以使较多的土地用作他用，诸如发展畜牧性农业，或用以发展更好的和多样化的庄稼轮作。"[③] 因而我们不能简单地以谷物产量和粮食及工业原料进口数量的增加来否认当时英国农业生产的进步。应当看到，人口数量的增长、英国工业的发展，人民生活水平及消费水平的不断提高也是粮食及工业原料进口数量增加的主要原因。世界近代化的过程不可避免地加快着全球经济一体化的进程，英国作为 19 世纪最大的殖民帝国，无疑对加快全球经济一体化进程起过非常重要的作用，而全球经济一体化带来了世界经济分工的进一步扩大，英国作为当时的"世界工厂"不可避免地要扩大原料及粮食的进口以支撑工业的发展。

最后，敞田与圈地上农业生产率的比较，不仅要考虑自然因素地域性

---

① Mark Overton, *Agricultural Revolution in England*, Cambridge University Press, 1996, pp. 164 - 165.

② Ibid. , p. 165.

③ Michael Turner, "English Open Fields and Enclosures: Retardation or Productivity Improvements", *The Journal of Economic History*, Vol. 46, No. 3 (Sep., 1986), pp. 666 - 677.

不同、圈地后农业生产结构的调整，还要考虑圈地后的大租地农场的具体经营，比如所使用的生产工具、土壤的改良、肥料的实施、排水及灌溉设施的修建、农作物的轮作等多种因素，也就是农业生产技术有无实质性的突破。一般说来，在农业生产技术整体未有突破的情况下，早期圈地运动时期，敞田与圈地的农业劳动生产率差别较小。而到19世纪时，在农业生产技术取得变革性突破的情况下，两者之间的差别就越大。敞田制与圈地制在农业劳动生产率上的差别，归根到底在于土地使用权属的区别和生产技术是否进步，而仅有独立自由的土地使用与支配权也不能提高劳动生产率。"圈地既不是农业生产发展的前提条件，也非必需条件，正如常说的'圈地会使一个好的农场主变得更好，也会使一个糟糕的农场主变得更为糟糕。'圈地后如果在圈地上没有更好的经营方式，那么圈地的成本就难以弥补。圈地要求在农业生产技术上要有很大的提高。"① 但是"圈地法令并没有神奇般地消除敞田制农业落后的生产技术"。② 圈地的本身并不能促使农业生产的发展进步，而只是为这种进步扫除了障碍，创造了有利条件，即圈地是农业生产发展进步的必要条件而非充分条件。圈地的进步性在于废除了土地上的公共使用权利，使圈地者取得了完整独立而自由的土地支配权，从而为技术的变革及生产过程中各种资源合理有效的配置创造了有利条件，但是也不能排除敞田上生产技术的缓慢进步。敞田制的弊端是土地所有权与占有权、支配权与经营权交叉重叠不清、相互矛盾，从而不利于生产技术的变革，但并非完全拒绝或排斥生产技术的进步。因而农业劳动生产率的提高归根到底是要靠生产技术的进步和各种资源合理有效的配置。比较敞田与圈地的农业劳动生产率，要综合考虑涉及和影响农业生产的各种因素，任何一种因素的忽略都可能使比较的结果出现误差。这些因素也正是导致以上争论的原因。

综合各种因素及史料分析，大多数学者的意见无疑集中了更多人的智慧和见解。但是明盖在1963年时就指出："最近在对18世纪圈地运动的研究中，一些历史学家有夸大其经济上进步性的趋势。没有事实能够支持这样普遍性的错误认识：圈地后在农业生产技术上能够迅速带来革命性的

---

① A. Aspinall, E. Anthony Smith, *English Historical Documents Volume* Ⅷ 1783—1832, London: Routledge, 1959, p. 450.

② Michael Turner, "English Open Fields and Enclosures: Retardation or Productivity Improvements", *The Journal of Economic History*, Vol. 46, No. 3 (Sep., 1986), p. 687.

变化。"① 马歇尔·特纳则指出："或许明盖的观点是正确的，农业生产技术虽无革命性的变化，但是圈地相对于敞田，在生产效率方面并非没有提高，圈地也不排除采用新的生产技术的可能性。"② 我们不能因我们国内农业改革和政治需要就去突出某一方面的因素而曲解英国的圈地运动史，突出英国近代大农业体制的弊端而过高地赞誉英国家庭农场在历史上的进步作用，也不能否认圈地后在生产技术、农业劳动生产率在事实上的提高。任何一种制度和模式都不是尽善尽美的，对于这一问题的考察我们应该以史实为基础，从更宽广的角度去做辩证的考察。综观世界近代化的进程，世界农业发展的总趋势是小农经济的衰落，充分解放农业生产力，为工业化提供劳动力、原料、市场体系，采用先进的生产技术，提高农业劳动生产率成为农业改革的主要内容，农业和畜牧业生产的专业化、市场化、社会化是其改革的总方向。关于敞田制的弊端在前文已详细地论述，圈地运动及大农业经营体制的确立，从土地的权属关系、农业生产关系、农业生产方式、农业生产技术、农业劳动力的解放等各方面都是历史发展的巨大进步。"改变英国乡村的东西，造成圈地、瓜分公地、囤购农场的东西，都是用到农业上的商业精神。这就是地主们把土地视为资本的欲望，他们力图通过有系统的经营来从中获得更大的收入。资本家的主观精神是自私自利的，同是又是富有生产力的；它打破了有害的惯例，同时也摧毁了那些保护个人的惯常制度；这种精神集现在农业中，也体现在工业中。"③ 马歇尔·特纳通过详细比较敞田农场和圈地农场的农业劳动生产率得出两点结论："第一，18 世纪中期到晚期，敞田制农业并没有像早期历史学家所认为的那样落后及效率低下，但的确也阻碍了农业生产力的进步。生产力，通常以单位面积土地所增加的产量来衡量（如蒲式耳/英亩），但这并非农业生产进步的唯一指标，生产的多样化也是同等重要的。第二，尽管不十分确定，但基于我前面的许多已出版的作品，还是可以认为在圈地上农业劳动生产率有了较大幅度的提高。"④

---

① Michael Turner ，"English Open Fields and Enclosures：Retardation or Productivity Improvements"，*The Journal of Economic History* ，Vol. 46，No. 3 （Sep. ，1986），p. 669.

② Ibid. .

③ ［法］保尔·芒图：《十八世纪产业革命——英国近代大工业初期的概况》，杨人楩、陈希秦等译，商务印书馆1983 年版，第 144 页。

④ Michael Turner ，"English Open Fields and Enclosures：Retardation or Productivity Improvements"，*The Journal of Economic History* ，Vol. 46，No. 3 （Sep. ，1986），p. 670.

威廉·皮特（William Pitt）在 1809 年考察北安普顿郡农业时指出：
"通过我对这个郡的考察，可以确信的是，如果敞田的产量平均每英亩是
3 夸特（quarters），相同的土地在圈地后如果先以饲草轮作休闲，那么平
均每英亩的产量会达到 4 夸特。因而我相信，通过圈地和改进农业生产技
术，敞田的产量都会有一定幅度的上升。"① "在牛津郡的一些教区，圈地
与敞田相比较，主要谷物的单位面积产量均提高了 10%。在北安普顿郡
和沃里克郡也有相似甚至更大幅度的提高。就更多地分散在各地的村庄来
说，圈地村庄与敞田村庄相比，已经确证的是，谷物产量有相当多的增
加，大约增加了 25%。"② "就北安普顿郡 28 个教区而言，敞田教区和圈
地教区的谷物产量有显著的不同，小麦产量的差别为 7%—9%，大麦产
量的差别为 15%—25%，燕麦产量的差别为 38%—58%（燕麦数据的抽
样大量来自圈地教区而少量的来自敞田教区）。"③ 特纳（Turner）对沃里
克郡的微观研究也证实了圈地后对于农业生产率有较大的提高，表 7－9
反映了沃里克郡敞田与圈地上小麦亩产量的区别：

表 7－9　　　　　　　沃里克郡敞田与圈地上小麦平均亩产量的对比

年代	敞田（蒲式耳/英亩）	圈地（蒲式耳/英亩）
1794 年	14.5	15
1795 年	15	16
平均年份	16	19

资料来源：Michael Turner, *English Parliamentary enclosure——Its historical Geography and Economic History*, Wm Dawson & Sons Ltd, Cannon House Folkestone, Kent England, 1980, p.96。

由此可见，圈地后的小麦单位面积产量普遍高于敞田，从平均数量看
来，更有显著的提高，每英亩高出 3 蒲式耳，如果从全国范围内来说，那

① B. W. Clapp, H. E. S. Fisher, *Documents in English Economic History atfer* 1760, London: G. Bell & Sons Ltd, 1976, p.104.
② Michael Turner, "English Open Fields and Enclosures: Retardation or Productivity Improvements", *The Journal of Economic History*, Vol.46, No.3（Sep., 1986）, p.674.
③ Ibid., p.682.

么圈地以后所增加的农作物的总产量，也是一个不容忽视的数量。

特纳还对北安普顿郡同一个地方的 9 个圈地教区和 5 个敞田教区的作物分布及产量进行了更为详尽的比较研究，如表 7 - 10：

表 7 - 10　　　　　　北安普顿郡 14 个教区作物产量比较

（1795 年前后 单位：蒲式耳/英亩）

教区类型	小麦			大麦			燕麦		
	1794	1795	平均年份	1794	1795	平均年份	1794	1795	平均年份
9 个圈地教区	18.5 (9)	15.1 (9)	18.8 (9)	24.4 (8)	27.3 (9)	26.6 (9)	26.7 (5)	33.0 (5)	30.4 (5)
5 个敞田教区	14.8 (4)	12.1 (4)	15.6 (5)	22.6 (3)	20.1 (3)	23.1 (4)	14.0 (1)	12.0 (1)	12.0 (1)
敞田教区与圈地教区产量相差百分比（%）	25	24.8	20.5	8.0	35.8	15.2	敞田教区的样本太少		

注：表中圆括号内的数字为研究的教区样本数。

资料来源：Michael Turner，"English Open Fields and Enclosures：Retardation or Productivity Improvements"，*The Journal of Economic History*，Vol.46，No.3（Sep.，1986），p.683。

分析表 7 - 10 可见，在北安普顿郡的同一个地方，圈地教区的各类作物单位面积产量均高于敞田教区，其中小麦的单位面积产量在平均年份高出 3.2 蒲式耳，和沃里克郡小麦的单位面积产量增长幅度基本相同，大麦和燕麦的单位面积产量则有更大幅度的增长。因为燕麦在敞田教区很少种植，因而特纳在研究时只有一个敞田教区燕麦产量的记录，这样因为抽样太少会影响比较的结果。圈地教区比敞田教区在单位面积产量所提高的百分比上，如果不考虑燕麦的比较结果，主要农作物小麦和大麦单位面积产量平均提高百分比也达到了 21.6%。圈地后农业劳动生产率的提高是普遍的，所提高的幅度也是显著的。

特纳在微观研究的基础上还根据相关的资料对北安普顿郡进行了推论性的整体研究，详细地列出了 1801 年前后北安普顿郡 45 个敞田教区与 102 个圈地教区中平均每个教区各类作物的面积、土地生产率及各类作物总产量，如表 7 - 11：

表 7 - 11　　北安普顿郡作物分布、土地生产率及总产量（1801 年）

A.　作物分布

1801 年平均每个教区各类作物面积（英亩）

教区类型	各类作物	小麦	大麦	燕麦	谷物总面积	豆类作物	芜菁或油菜
45 个敞田教区	615.4	190.3	164.8	48.9	404.0	178.3	24.8
102 个圈地教区	509.8	141.7	134.5	105.3	381.5	60.4	56.2

B.　土地生产率

平均年份各类作物单位面积产量（蒲式耳/英亩）

	小麦	大麦	燕麦
敞田	17.9	24.0	22.7
圈地	19.5	27.6	27.0

C.　总产量

每个教区的作物产量（蒲式耳）

	小麦	大麦	燕麦	谷物总产量		
敞田	3406.4	3955.2	1110.0	8471.6		
圈地	2763.2	3712.2	2843.1	9318.5		

资料来源：Michael Turner. English Open Fields and Enclosures：Retardation or Productivity Improvements. *The Journal of Economic History*，Vol. 46，No. 3（Sep.，1986），p. 685。

　　通过上表可以看出，北安普顿郡平均每个圈地教区的小麦面积要比敞田教区的小麦面积少 25.5%，但是小麦的产量仅少了 19%；圈地教区的大麦面积比敞田教区少了 18.4%，但大麦的产量仅少了 6%；圈地教区的燕麦面积比敞田教区仅增加了 115%，但是燕麦的产量却增加了 156%；圈地教区小麦、大麦、燕麦等的谷物面积比敞田教区减少了 5.6%，但是谷物产量却增加了 10%。圈地教区比敞田教区谷物面积的相对减少及产量的相对增加依赖于生产率的提高，三类谷物的单位面积产量平均提高了 14.3%。"北安普顿郡的实例研究可以得出这样的结论，圈地的产量及生产率要远远超过敞田。即使耕地面积有所减少——主要种植小麦和燕麦——土地得到了更好的利用，所减少的耕地面积为种植其他作物和增加牧场面积提供了可能，从而提高了土地的总产量和产品的多样性。"① 而从"整个国家的范围内来说，圈地上小麦、大麦、燕麦的单位面积产量比敞田分别提高了 23.2%、22.8%、10.5%，特别是在小麦和大麦的产量上，地区性的差异并不明显"。② 这样在全国范围内，三类谷物的单位面积产量在圈地后就平均提高了 18.8%。

林肯郡的坎威克（Canwick）教区圈地前后的农业及畜牧业生产的记录较为完整，从中可以看出同一个地区圈地前后农业生产率提高的详细情况。如表 7-12：

表 7-12　林肯郡坎威克教区圈地前后农牧业生产情况简（1786 年）

	敞田（英亩）	圈地（英亩）	增减率（%）	敞田产量（蒲式耳）	圈地产量（蒲式耳）	增减率（%）	敞田总产量（蒲式耳）	圈地总产量（蒲式耳）	增减率（%）
小麦	228	150	-34	20	22	10	4560	3296	-28
大麦	436	380	-18	20	28	40	8720	10640	18
燕麦	48	40	-20	27	48	78	1280	1920	50
豌豆	80	60	-33	18	28	56	1440	1680	17
杂草	100	0							
芜菁	218	250	15						
三叶草	0	593							
休闲地	300	0							
作物总面积	1410	1473	5						
动物饲料							447（英担）	981（英担）	120
	数量						英镑	英镑	
公牛	60	64	7				480	378	-21
奶牛	69	34	-15				414	204	-51
羊（肉用）	0	580					0	980	
羊（毛用）	1200	1600	33				200	400	100

① Michael Turner , "English Open Fields and Enclosures: Retardation or Productivity Improvements", *The Journal of Economic History* , Vol. 46, No. 3 (Sep. , 1986), p. 684.

② Ibid. , p. 686.

续表

	敞田 （英亩）	圈地 （英亩）	增减率 （%）	敞田产量 （蒲式耳）	圈地产量 （蒲式耳）	增减率 （%）	敞田总产量 （蒲式耳）	圈地总产量 （蒲式耳）	增减率 （%）
马	73	53	−27						
牧畜产值							1094	1692	79
谷物产值							2787	2692	−4
总产值							3881	4384	20

资料来源：Mark Overton, *Agricultural Revolution in England*, Cambridge University Press, 1996, p. 166。

　　1786 年前后是议会圈地的高峰时期，国内外政治经济形势基本稳定，和以后的拿破仑战争时期相比，圈地运动受国内外政治经济形势的影响较小，可以比较准确地反映议会圈地运动的正常情况。坎威克教区在圈地后，农牧业生产发生了较大变化。其一，调整了农牧业生产结构。各类谷物种植面积普遍有所减少，但增加和引进了新的饲草及轮作作物芜菁和三叶草，并充分利用了轮空休闲地，提高了土地利用率。由于新的饲草品种的推广和引进，从而促进了畜牧业特别是养羊业的发展，"仅毛用羊的数量就增加了 33%，而毛用和肉用羊的总产值从圈地前的 200 英镑增加到圈地后的 1380 英镑，产值提高率令人惊奇，达到了 590%。这是因为圈地前羊群仅限在作物收获后的公共敞田来放牧，其产值仅限于羊毛，而圈地后改良了畜种，增加了肉用羊，而且引进了新的饲草三叶草，使所养的羊能够膘肥体壮"。[①] 其二，提高了农业劳动生产率。使各类作物的单位面积产量均有不同程度的提高，其中燕麦提高幅度最大，达到了 78%，而提高幅度最小的小麦也达到了 10%，各类作物亩产量平均提高了 46%。这样在小麦、大麦、燕麦、豌豆四类作物面积都有减小的情况下，其总产量却由 16000 蒲式耳增加到 17536 蒲式耳。其三，提高了农牧业生产的总产值。圈地前这个教区的总产值为 3881 英镑，圈地后的总产值上升到 4654 英镑，农牧业总产值提高了 20%。在农牧业总产值增加的情况下，这个教区的地租也有较大幅度的提高，在"圈地前的 1760 年，这个教区的租金是 730 英镑，而到圈地后的 1790 年，租金几乎翻了一番，达到了

[①] Mark Overton, *Agricultural Revolution in England*, Cambridge University Press, 1996, p. 165.

1380 英镑，在拿破仑战争期间又翻了一番，1812 年达到了 3200 英镑"。①
由此可见，圈地不仅仅是农业生产关系的变革，也意味着农牧业生产结构
的调整，意味着面向市场、因地制宜而地尽其利，意味着农业生产技术的
进步、农牧业劳动生产率的提高，这一切都为农业革命创造了前提条件。
而圈地后在农牧业总产值增加的情况下，地租也有较大幅度的提高，地租
是衡量土地价值与产值的指标之一，也是国家财政收入的重要来源之一。
因而地租的提高对于增加国家财政收入有着重要的意义。

　　1786 年，一位不知姓名的农民出版了一本题为《对圈地的思考》
(Thoughts on Inclosures) 的小册子，详细记述了一例圈地的结果。圈地发
生的地方并未明确说明，但从其内容可以看出这例圈地发生于米德兰的某
一郡，圈地的结果是将耕地转化为牧场。据记载，这例圈地发生于距当时
约 40 年前，即 1746 年左右。在圈地之前，"这个教区有 82 户农民，其中
20 户属于自耕农，42 户属于茅舍农并享有公共权利。教区有 1800 英亩的
敞田，200 英亩用于牧牛的丰美的牧场，200 英亩的草地，在干草收割后
即开放为公共牧场。公共牧场的载畜量为 200 头奶牛，同时还要为 60 头
牛提供干草。在圈地后牧场被改良为草地，载畜量变为 100 匹马，饲草收
割后在草茬地上放牧 1200 只羊"。②

表 7 – 13　　　　　　　　　　圈地前此教区总产值

产品及产量	单价	英镑	先令	便士
1100 夸特小麦	28 先令/夸特	1540	0	0
1200 夸特大麦	16 先令/夸特	960	0	0
900 夸特豆类	15 先令/夸特	675	0	0
250 托德羊毛	16 先令/托德	200	0	0
600 只羔羊	10 先令/只	300	0	0

---

① Mark Overton, *Agricultural Revolution in England*, Cambridge University Press, 1996, p. 165.

② Gilbert Slate, *The English Peasantry and the Enclosure of Common Fields*, New York: Augstus M. Kelley Publishers, 1968, p. 99.

续表

产品及产量	单价	英镑	先令	便士
5000 磅奶酪	1.5 便士/磅	31	5	0
6000 磅黄油	5 便士/磅	125	0	0
100 头小牛	20 先令/头	100	0	0
150 头猪	12 先令/头	90	0	0
家禽及蛋		80	0	0
总产值		4101	5	0

资料来源：Gilbert Slate，*The English Peasantry and the Enclosure of Common Fields*，New York：Augstus M. Kelley Publishers，1968. p. 99.

以上产量及产值的估计较为合理，与其他记载米德兰地区敞田制产量及产值的记录是相一致的，产品的价格也较为准确。圈地以后"这个教区的 20 个小农庄合并为 4 个，整个地区都从事畜牧业。60 个茅舍都被推倒或消失，只留下了 4 个放牧的人，每个人的年工资是 25 英镑，还有 8 个女佣，每人的年工资是 18 英镑"。[①]这就意味着至少有 60 户茅舍农家庭的人口被从这个教区驱逐出去。

表 7 - 14 　　　　　　　　圈地后此教区的总产值

产品	英镑	先令	便士
肉畜	960	0	0
羊及羊羔	760	0	0
小牛	165	0	0
羊毛	235	0	0
黄油	190	0	0
奶酪	100	0	0

---

① 　Gilbert Slate，*The English Peasantry and the Enclosure of Common Fields*，New York：Augstus M. Kelley Publishers，1968，100.

续表

产品	英镑	先令	便士
马	250	0	0
总产值	2660	0	0

资料来源：Gilbert Slate，*The English Peasantry and the Enclosure of Common Fields*，New York：Augustus M. Kelley Publishers，1968，p. 100。

　　通过比较我们可以看出，发生在这个教区的圈地调整了农业生产结构，圈地后这个教区的总产值由 4101 英镑降至 2660 英镑，"总产值大约降低了 1/3，但是总的租金却由 1137 英镑 17 先令上升到 1801 英镑 12 先令 2 便士"。① 租金的提高不能视为农业生产率提高的唯一标志，但是租金的提高包含了农业生产率的提高。尽管当地的农业总产值有所降低，但对于整个国家的整体利益而言则意味着一种获得，"对敞田的圈占增加了整个国家的农业总产值"。② 农业委员会的主席约翰·辛克莱尔爵士也曾指出："通过那样的改良，不仅土地的生产率更高，而且以前的荒地和未开发的土地都变成肥田沃土。1743—1749 年，仅出口的各类谷物就达 3768440 夸特，以每夸特 40—45 先令的中间价格计算，出口的价值也不少于 800 万英镑。"③

　　圈地后土地个人占有及集中而自由地使用也为引进、改良、培育新的农作物及畜牧业品种创造了有利条件。圈地后引进的新的牧草品种就有三叶草、苜蓿、芜菁等。这些新牧草的引进改变了传统的作物轮作方式，从而改变了农牧业生产的内在联系，对提高土地的产值起到了非常积极的作用。

　　特纳对圈地与敞田的农业劳动生产率不仅进行了微观研究，而且在微观研究的基础上利用电子计算机等现代计量方式在全国范围内进行了宏观的研究，在各个地域选取了有代表性的圈地教区与敞田教区对其劳动生产率进行了详细的比较，如表 7 – 15：

---

　　① Gilbert Slate，*The English Peasantry and the Enclosure of Common Fields*，New York：Augustus M. Kelley Publishers，1968，100.

　　② Ibid. ，p. 266.

　　③ D. B. Horn，Mary Ransome，*English Historical Documents Volume Ⅶ 1714—1783*，London：Routledge，1957，p. 304.

表 7 - 15　　　　　英格兰敞田教区与圈地教区农作物单位
面积产量的比较表（1801 年）

A. 平均产量（蒲式耳/英亩）

地域	敞田			圈地		
	小麦	大麦	燕麦	小麦	大麦	燕麦
米德兰南部	16.8	25.8	26.1	24.5	30.9	38.9
	根据 18 个教区的样本数据					
东部各郡	20.1	25.9	24.0	25.8	37.7	42.0
	根据 21 个教区的样本数据					
北部各郡及米德兰北部	20.4	28.5	40.1	22.9	32.2	38.9
	根据 37 个教区的样本数据					
西部各郡	16.1	23.1	25.6	21.5	30.5	30.3
	根据 40 个教区的样本数据					
英格兰	18.5	25.9	33.3	22.8	31.8	36.8
	根据 116 个教区的样本数据					

B. 敞田教区与圈地教区农作物产量相差百分比（%）

米德兰南部	45.8	19.8	49.0
东部各郡	28.4	45.6	75.0
北部各郡及米德兰北部	12.3	13.0	-3.0
西部各郡	33.5	31.6	18.0
英格兰	23.2	22.8	10.5

C. 英格兰农作物面积、总产量、单位面积产量

	敞田			圈地		
	小麦	大麦	燕麦	小麦	大麦	燕麦
每个教区的平均面积（英亩）	309.4	216.0	181.3	218.9	158.2	137.3
每个教区的平均总产量（蒲式耳）	5711.5	5587.0	6033.1	4987.1	5032.2	5058.2
每个教区的平均单位面积产量（蒲式耳/英亩）	18.5	25.9	33.3	22.8	31.8	36.8

资料来源：译自 Michael Turner. English Open Fields and Enclosures: Retardation or Productivity Improvements. *The Journal of Economic History*, Vol. 46, No. 3（Sep., 1986），pp. 691—692。

由表 7 – 15 可以看出，在适宜发展农业的米德兰南部及东部各郡，圈地后各类农作物单位面积产量提高幅度最大，其次为西部各郡，而在北部各郡及米德兰北部等适宜于发展畜牧业的地区，圈地后各类农作物单位面积产量提高幅度较小甚至还出现了负增长。从整个国家范围内而言，各类农作物的种植面积都倾向于减少，但是因为单位面积产量的增加而总产量却基本稳定甚至有所增加。"63 个圈地教区和 52 个敞田教区相比较，小麦种植面积减少了 15.6%，但是产量却增加了 4.1%；48 个圈地教区和40 个敞田教区相比较，大麦种植面积减少了 12.1%，但是大麦产量却增加了 8.1%；45 个圈地教区和 33 个敞田教区相比较，燕麦种植面积仅增加了 3.2%，但是燕麦产量却增加了 14.3%。"[①] 农作物面积的普遍减少充分表明英国在圈地过程中调整了农业生产的结构，因地制宜、科学合理地利用了土地等自然资源，发展起了以畜牧业为主的农业，这与英国的自然条件是相符合的。其中北部各郡大部分教区燕麦种植面积都有所增加，也是为了发展畜牧业。而燕麦喜凉爽湿润的气候条件而忌高温干燥，对积温要求不高，对生长的土壤要求不严，这与北部各郡的地理环境也是相适应的。

"总体而言，圈地运动的经济后果是引起了乡村革命，增加了人口、提高了农产品的市场化率、扩大了国家税源和兵源的基础。"[②] 1774 年，著名的农业问题专家阿瑟·杨发表了《政治算术》（*Political Arithmetic*）一文，热情倡导各种类型的圈地，主张发展大农场和提高地租。他认为："在王国的中部各郡，尤其是在北安普顿郡、莱斯特郡、沃里克郡的部分地区、亨廷顿郡、贝克汉姆郡等地的大片地区都实行敞田制，并在 30 年来一直沿袭陈旧的轮作制度：1. 轮空休闲；2. 小麦；3. 春季谷物。将这些地区圈占并改造为草地意味着因地制宜，因为这里黏湿的土壤使种植饲草比种植谷物更为有利。"[③] 同时，他还证实："大约在 1744—1774 年之间，诺福克郡、萨福克郡、诺丁汉郡、德比郡、约克郡、林肯郡及北部诸郡有大面积的荒地被圈占为耕地，因之英格兰的耕地面积迅即大幅度增

---

① Michael Turner ，"English Open Fields and Enclosures：Retardation or Productivity Improvements"，*The Journal of Economic History*，Vol. 46，No. 3（Sep.，1986），p. 686.

② Gilbert Slate，*The English Peasantry and the Enclosure of Common Fields*，New York：Augstus M. Kelley Publishers，1968，p. 266.

③ Ibid.，p. 105.

加；而北安普顿郡、莱斯特郡、沃里克郡、亨廷顿郡、贝克汉姆郡的大片耕地则被圈占为牧场，这在某种程度上是一种补偿和平衡。小土地的占有被合并为大的农场和牧场，农民则转换为城市的劳动力。"① 在林肯郡的汉伯（Humber），"尽管从 1793 年圈地以来耕地的数量有所减少，然而因为推行先进的农业生产方式，农作物的总产量却有了增加"。② 由此我们可以看出，18 世纪时的圈地已不仅是单纯的在经济利益驱动下的圈地，而是已涉及因地制宜推行先进的农业生产技术、科学合理地利用土壤资源、调整农业生产的结构、平衡各类农产品产量及劳动力资源重新分配的诸多问题。不能不说圈地运动发展已在客观上催生着工业革命的到来。圈地运动及农业革命最明显的成就体现在"英国农业在 18 世纪中期时供养的人口是 600 多万，而到今天（20 世纪时）所供养的人口已超过 2000万，而且生活水平有所提高"。③

---

① Gilbert Slate，*The English Peasantry and the Enclosure of Common Fields*，New York：Augstus M. Kelley Publishers，1968，p. 106.

② Michael Turner，*English Parliamentary enclosure—Its historical Geography and Economic History*，Wm Dawson & Sons Ltd，Cannon House Folkestone，Kent England，1980，p. 96.

③ B. W. Clapp，H. E. S. Fisher，*Documents in English Economic History after* 1760，London：G. Bell & Sons Ltd，1976，p. 61.

第八章　圈地运动的比较暨总结

第一节　纵向比较:英国议会圈地运动与之前圈地运动的比较

早在 13 世纪初，英国就出现了零星圈地的现象。在黑死病肆虐之后的 14 世纪后半期圈地现象已发展成波澜壮阔、影响广泛的政治和经济事件，也标志着圈地已成为具有重大意义的社会运动。到 1604 年时，议会通过了第一个圈地法令，议会圈地运动持续 300 多年到 1914 年通过最后一个圈地法令。时间范围大致在 1604—1914 年，可分为前期议会圈地运动（1604—1760 年）和后期议会圈地运动（1760—1914 年），其过程基本与英国近代化的过程相始终。这里所指的议会圈地运动之前的圈地运动的时间范围大致在 1350—1604 年，又可大致分为两个时期，即前文中所指的早期圈地运动（1350—1485 年）及都铎、斯图亚特王朝统治时期（1485—1603 年）的圈地运动，是英国中世纪晚期及社会转型阶段的早期。本节拟将英国历时近 6 个世纪的圈地运动大致划分为两个均等的时段进行纵向的比较，在比较中同时对本书进行概括与总结。为行文方便，以下将议会圈地运动之前的圈地运动简称为前期圈地运动，议会圈地运动之后的简称后期圈地运动，即把前期和后期圈地运动进行比较。早期圈地运动（1350—1485 年）则专指前期圈地运动过程中的第一个阶段，这种划分只是比较对象上的特指和行文的简缩，并没有对历史事件进行断代划分的意思。

一　两个阶段圈地运动的背景及动因

1. 背景及动因的共性

在生产力水平相对较低的农业经济时代，人们从事某种农业生产活动，不是仅凭"人定胜天"的改造自然的主观能动性，而在很大程度上是适应自然条件、利用自然条件、因地制宜、趋利避害的客观与理性的选择。"一国的自然地理特征对于该国人民怎么样生活有着很大的影响，不列颠也不例外。"[①] 独特的地理位置、典型的温带海洋性气候、独具特质的土壤类型是理解英国前后期圈地运动的前提条件，也奠定了英国现代农业和土地利用的基本格局。当然，我们并不是要否定人的主观能动性和改造自然的能力，而是要将人类顺应自然的理性与改造自然的主观能动性统一起来。人类的历史就是不断改造自然及发展自身的历史，也是人类征服改造自然能力不断提高的过程。在此过程中人类是主宰也是核心，也是人类历史发展前进的根本动力。英国前后期圈地运动持续长达近 6 个世纪，正是世世代代英国人将改造自然的主观能动性与顺应自然、充分合理利用自然资源的理性不断结合的过程，圈地运动也为工业化及城市化的用地创造了条件。因为工业化及城市化实质也是另一种形式的圈地，在传统的农业社会向工业社会过渡的过程中，一般都是将农业用地圈占为建设用地。"城市往往缺少建设用地，消除对公用土地和敞田上的限制往往被认为是解决这一问题的一种途径。"[②] 而消除对公用土地和敞田上限制的最好方式就是圈地。英国前后期的圈地运动一脉相承，推动着英国工业化及城市化的进程，也奠定了近代英国农业的基本格局，发展起了以畜牧业为主导的农业，农业生产的很大比例也为畜牧业服务，"羊吃人"的圈地运动最终创造了"人吃羊"的结果。

　　土地是人类创造一切财富的根本，也是人类赖以生存和发展的有限资源。土地制度是人类社会在以土地为核心生产要素的经济活动中对土地资源的配置方式及关系，直接涉及谁占有土地、谁以何种方式占有支配土地、谁以何种人身及经济关系在土地上直接进行生产。从生产关系角度而言，两个阶段的圈地运动是英国土地制度变革的重要组成部分。简而言之，前后期的圈地运动都承担起了变革封建的土地制度为资本主义土地制度的历史使命。在漫长的圈地运动中，它不仅要变革谁占有土地、谁以怎样的方式占有支配土地，也要变革谁以何种人身及经济关系在土地上直接

---

　　① ［英］肯尼思·O. 摩根：《牛津英国通史》，王觉非等译，商务印书馆 1993 年版，第10 页。

　　② J. P. Roger, John Chapman, Richard R. Oliver, *The Enclosure Maps of England and Wales* 1595–1918, Cambridge University Press, 2004, p. 7.

进行生产。任何一种土地制度及经济关系都是特定生产力条件下的产物，在一定的历史条件下其积极方面占主导地位，而当生产力有了发展和突破时，其消极作用和弊端必将日趋突出，因而要求变革旧的土地制度，进而建立起相应的城乡关系及工农业关系，中世纪晚期的英国也正是如此。土地本身并不是资本，但在历史发展的过程中它需要转化为资本，要转化为资本，土地就要产生"外溢"。土地"外溢"的结果必然改变土地所有权的格局，使土地的占有者与土地上直接的生产者都产生"外溢"。这样才会使土地相对剩余而"外溢"。圈地运动正肩负起了使必要因素都相对"外溢"的社会功能。"一切土地都属于国王所有"的土地制度的法理、"金字塔"式的封建的土地分封制、土地占有与耕作制度——敞田制是圈地运动所要变革的对象。打破封建的土地分封制及封建的经济基础、建立资本主义个人土地私有制及自由流通的土地资本市场、消除敞田制下土地所有权与占有权、支配权与经营权交叉重叠不清和相互矛盾的状况，以较为完全的土地私有制与单一的土地占有制，代替敞田制下不完全的土地私有制与集体的土地占有与支配制度，是前后期圈地运动所要变革的目标。漫长的圈地运动则是土地制度变革的主要过程。这种漫长而相对平缓的土地变革过程是英国历史发展中的一个突出特点，市场价值规律等经济因素发挥着主要的动因性的功用，显然不同于一些国家以政策等行政命令所推行的疾风暴雨般的土地变革方式。其进程虽然相对缓慢，但其有利因素在于以经济的发展方式解决了土地变革中的社会矛盾，从而避免了大的社会波动及动荡。相对自由放任的市场经济也有利于土地"外溢"成为资本并形成土地资本市场，也避免了土地占有的分散和经营上条块分割，造就了资本主义的大农业经营和管理体制，为农业革命在资金、技术上创造了有利条件，农业生产在近代化的道路上从一开始即走上了集约化、专业化、社会化的道路。土地制度变革与土地利用结构的调整、土地利用效率的提高结合了起来，虽进程相对缓慢但少走了弯路。

作为一切社会活动的行为主体的人类，在创造文明、推动社会向前发展的同时，也以繁衍的方式再造着自身。人口及劳动力数量的变化也是前后期圈地运动的重要背景和动因之一，也是影响圈地进程疾缓快慢的重要因素。黑死病肆虐之后早期圈地运动的兴起，人口因素起了非常明显的作用。都铎时期圈地的速度趋缓，圈地的规模有限，圈地所占的面积仅约为英格兰总面积的2%。但是反对圈地的呼声却特别高涨，农民反对圈地的斗争发展成为几次武装起义，这也与人口因素密切相关。在土地转化为资本的过程中，要求劳动力"外溢"，而工业化及城市化的进程则需要这种劳动力的"外溢"。与此相适应的是，英国在近代化的道路上，不仅发展为"世界工厂"，而且成为"日不落帝国"。发达的工业和比本土大 111 倍的殖民地，显然为国内劳动力的就业和移民创造了较大的空间，这些人口因素对圈地的影响是，消除了过多人口对土地的需求和压力，从而减少了圈地的阻力，缓和了社会矛盾，为失去土地的农民提供了谋生的渠道，也为少数人集中而大规模地占有土地创造了可能的社会条件，因此使圈地运动能够不断地走向高涨。所以人口因素是前后期圈地运动的背景和动因之一，也是影响和制约圈地进程快慢的重要因素之一。

2. 背景及动因的区别

早期圈地运动（1350—1485 年）发生时，英国中世纪的封建经济尚未有较大的突破和发展，黑死病肆虐之前的两个世纪英国人口数量的急剧增长使人地矛盾突出，土地占有与耕作进一步条块分割及细碎化。很多地区的农业都出现了"过密化"的现象，因肥沃良田之不足而导致了 12—13 世纪对次等土地——林地、荒地、沼泽地的大规模开垦。例如，"达特穆尔荒原得到开垦，威尔特郡与多塞特交界处一度被认为是史前遗迹的山坡梯形地被辟为农田，苏塞克斯巴特尔修道院的修士构筑了绵延不断的海堤，用以排干沼泽地。到 13 世纪末，业已开垦耕种的土地面积超过了 20 世纪两次大战之前的任何时期。"[1]　西塞利·豪威尔也证实，"由于人口压力，到 1300 年时，米德兰公簿持有农的份地进一步减少为半雅兰（yardland，约为 12 英亩，或 4.8 公顷）"。[2] 在 12、13 世纪的柴郡，"不断增长的人口需要扩大耕种面积，在我们研究的这一整个时期，垦荒活动逐渐蔓延开来"[3]。耕地的扩大也带来经济上的严重后果，尤其是地力的过度消耗与产量的降低。一旦地力耗尽（尤其是在土地贫瘠的边际地带），加上因放牧牲畜的草地不足而引起的畜肥来源减少，再度种植就必然陷入困

---

[1]　[英] 阿萨·勃里格斯：《英国社会史》，陈叔平等译，中国人民大学出版社 1991 年版，第 79 页。

[2]　J. P. Cooper, "In Search of Agrarian Capitalism", *Past and present*, No. 80（Aug., 1978），p. 33.

[3]　[英] 亨利·斯坦利·贝内特：《英国庄园生活——1150—1400 年农民生活状况研究》，龙秀清等译，上海人民出版社 2005 年版，第 54 页。

境。这样的结果导致的是人畜争地的矛盾特别突出进而导致家畜率（每100 英亩面积土地上的家畜数量）的一度降低，畜牧业的衰落必然影响到农业的发展，突出地体现在畜力与肥料来源的不足，畜牧业的发展情况成为制约农业发展的瓶颈。

　　早期圈地运动的直接动因是黑死病及其他疾疫的持续蔓延，黑死病在夺取大量生命的同时，也播下了瘟疫的种子，形成了很多的疫源地。之后其他的各类疾病依然断断续续蔓延长达一个多世纪，"特别是 1360—1362年、1369 年和 1375 年的发作，留下了持续的影响"。① 直到 15 世纪，英格兰还多次爆发过全国范围内的瘟疫。造成了人口数量的持续下降。"现在看来，黑死病有可能造成英国总人口至少减少了 1/3，或者多达一半。"② 而且黑死病的感染对象主要为婴幼儿和青壮年男子，成年人口的锐减使农业、手工业的劳动力极为缺乏，大量的田园荒芜、大量的土地抛荒，变成无人耕种的"死手地"。手工业萎缩、商业萧条、外贸缩减，而农业和手工业工人的工资却居高不下。这就使得 13 世纪以来兴起的圈地现象获得了前所未有的发展契机：一是人口的锐减造成了劳动力的缺乏；二是出现了大量的荒地和无主土地；三是居高不下的工资水平。因而黑死病肆虐之后是圈地现象发展成为圈地运动的转折点，大量的土地因为失去主人而被圈占，劳动力锐减的危机使大量的土地被圈占为牧场。"到 1400年时，除了在一些保守的大地产上，农业生产因为需要大量的劳动力而被放弃，实际上在 15 世纪这一过程不断加速进行。牧场随处可见，畜牧业，特别是养羊业，长期以来以较大的规模得到了发展，主要是因为其比种植谷物需要少得多的劳动力。"③ 劳动力的锐减使圈地养羊成为应对人口锐减、大量土地抛荒、劳动力危机的措施。另外，由于疾疫持续肆虐和人口危机，整个社会经济呈现一派萧条，甚至是养羊的牧场也不得不被放弃。"在 15 世纪的大部分时间内，实际上羊毛价格一直相对较低。所反映的事实是大量产出的羊毛超过了出口和国内手工业生产的需要。因而毫不奇

　　① ［英］肯尼思·O. 摩根：《牛津英国通史》，王觉非等译，商务印书馆 1993 年版，第202 页。

　　② Michael Anderson, *British Population History—From the Black Death to the Present Day*, Cambridge University Press, 1996, p. 29.

　　③ Edward Miller, *The Agrarian History of England and Wales*. (*Volume* Ⅲ 1348—1500), Cambridge University Press, 1991, p. 13.

怪的是，很多大土地所有者放弃养羊而将土地出租，正如他们放弃耕地一样。"① 早期圈地运动之所以占有较大的比例，与当时这一特殊的人口危机密切相关。圈地养羊实在是迫不得已而应对时艰的措施，但在客观上却导致农牧业经济结构进行了一次大规模的调整，也适应了黑死病等疾疫发生后的社会的客观情况，从而降低了对劳动力数量的需求。

　　都铎时期圈地运动的背景和动因与早期圈地运动有着明显的不同。都铎王朝（1485—1603 年）统治时期，发源于欧洲大陆的文艺复兴和宗教改革运动在英国向纵深方向扩展，地理大发现、"商业革命"和"价格革命"也深刻地改变着英国的政治和经济面貌。政治上，都铎王朝大力加强王权，以专制君主制取代了等级君主制，并使神圣的教权开始从属于王权；经济上，实行重商主义的经济政策，资本主义的生产关系在城乡迅速发展，为其以后的发展积累了"第一桶金"；在对外贸易和争夺世界市场方面，英国在与西欧列强的角逐中崭露头角。封建的都铎王朝，已从诸多方面呈现出新时代即将到来的迹象。正如马克思所言："为资本主义生产方式创立基础的革命的前奏曲，是开始于 15 世纪最后三十余年及 16 世纪最初十数年间。"②

　　都铎时期圈地运动的动因则主要来自经济方面。都铎时期正是英国黑死病肆虐之后人口数量走出低谷，恢复与迅速增长的时期，也是中世纪晚期英国经济迅速增长和社会转型的早期。其主要动因是商品市场经济的发展为圈地提供了深层的经济动力，市场能够在资源的配置方面发挥其自身的作用，圈地本身才能够实现其预期的目的；呢绒业和其他手工业在乡村的发展哺育了中世纪晚期英国新兴城市的发展。而这种工业乡村化的趋势，使商品经济、雇佣关系在一种新的形态下在乡村蔓延、扩展，从而使英国农本经济的根基逐步发生动摇、分离、质变，逐渐动摇了封建的经济基础——封建土地制度。简而言之，市场及商品经济的发展有利于社会阶级的分化，既有利于圈地者去圈占土地，也造成部分农民对土地占有关系的松动；历经早期圈地运动，养羊业及"民族工业"呢绒业又重新走向繁荣，由以前在城市的"一枝独秀"，发展成在城乡的"遍地开花"，与

---

　　① Edward Miller, *The Agrarian History of England and Wales.* (*Volume* III 1348—1500), Cambridge University Press, 1991, p. 13.

　　② 马克思：《资本论》（第一卷），人民出版社 2004 年版，第 907 页。

此同时，欧洲大陆也迎来了新航路开辟后经济发展的繁荣时期，对英国的羊毛及呢绒产生了较大的需求。在不适宜发展种植业的地区圈地养羊发展畜牧业，不仅可以充分合理地利用自然资源，也可以减少劳动力和其他成本的投入，意味着更大的利润空间。因而导致圈地养羊成为有利可图的事情，所谓"羊吃人"的圈地运动主要指的是这一时期的圈地运动。

议会圈地运动的背景和动因又具有新的时代特征。

首先，在议会圈地运动兴起之时，英国资产阶级革命进一步动摇了封建的统治秩序，英国社会的转型过程加速进行并首先在政治上取得胜利。贵族地主和大资产阶级联合政权的建立为议会圈地运动的迅速发展提供了政治上的支持，"法律本身现在成了掠夺人民土地的工具……是地主借以把人民的土地当作私有财产赠送给自己的法令，是剥夺人民的法令"。①其与世界其他国家不同的是贵族地主并没有因为社会转型而走向衰落，而是激流勇进，在社会变迁中完成自己身份的置换，革弃了不符合时代要求的封建印痕，成为和资本主义与时俱进的新时代宠儿、成为与资本主义经济密切联系的新贵族或大资产阶级，他们依然处于社会的顶层，掌握着政治经济的命脉，操纵中央和地方的政治经济大权。他们占有大量的土地，以拥有土地的多寡来划分他们的等级，有些贵族还进一步涉足工商业及对外贸易以扩充自己的经济实力。马克思主义者视其为革命的不彻底而多有批判，但圈地运动对英国历史所产生的消极作用显然不大明显。相反，贵族阶层的长期延续与身份置换使中世纪晚期积聚起来的资本避免了分散，其与时俱进的品格使资本能够在农业、工商业、金融业、采矿业、交通运输业等各个领域流通并增值。其雄厚的经济实力是国家长期稳定的基础，其通过贷款、生产、税收、贸易等各种途径也对殖民扩张和对外战争的胜利产生了重要的影响。拥有土地是上升成为贵族的阶梯，土地作为政治地位的筹码和经济上最安全最令人放心的投资而备受青睐。对土地投资的热情和对农业的重视也是这一时期圈地运动的动因之一，由此，贵族地主成为推动圈地运动和农业革命持续深入发展的生力军。

其次，英国议会圈地时期是英国中央集权不断加强、议会内阁制的政体日趋完善的时期，也是英国近代统一的民族国家逐步形成并巩固的时期。这一切不仅为资本主义经济的发展创造了有利的政治条件，而且为英

---

① 马克思：《资本论》（第一卷），人民出版社 2004 年版，第 832 页。

国的海外扩张提供了强有力的政治和军事支持。与此同时，英国在海外的活动则告别了中世纪晚期的那种一般的商业活动、海盗式的抢劫、贩卖黑人奴隶的罪恶交易，开始东西并进，力挫群雄，逐步确立了全球范围内的殖民霸权。中央集权的加强及议会政治的成熟从内部为圈地运动提供了以法制力量为后盾并相对规范有序的圈地程序，保证了圈地进程的顺利进行，巩固了圈地的成果；而从外部则通过殖民扩张为英国人搭建了更为宽广的从事各种活动的世界性的舞台，从而缓和了以人地矛盾为主的各种社会矛盾，为圈地运动创造了较为宽阔的空间。

最后，英国议会圈地时期，也是英国社会由传统的农业社会向近代工业社会的过渡并最终完成过渡的时期。圈地运动引发了农业生产的进步和变革，是农业革命的必要条件。"工业革命一词指的是18世纪中叶以后从传统的农业社会到工业占优势的那种经济的逐渐转变时期，由于'革命'的概念和逐渐转变的概念相矛盾，因而常常受到非议。但是这个词还受到更多理由的反对，因为工业革命首先是一场真正的农业革命。"[①]我们知道，是农业革命首先兴起，而后促进工业革命。"农业革命——因为农村生活发生如此深刻的变化，可以正确地这样叫——结束了僵局，突破了束缚，从而为工业革命铺平了道路。"[②] 而农业革命的必要条件又是圈地运动，从而圈地运动也间接地推动着工业革命的发生和发展。圈地运动及其所引起的农业变革"这一过程常被誉为农业革命，但是人们更愿意把它当作工业革命的序幕和必不可少的组成部分"[③]。圈地运动、农业革命、工业革命这三个因素层层推进而相互影响，实际上在国内成为英国以工业化与城市化为主要特征的近代化过程中并驾齐驱的"三驾马车"。圈地运动、农业革命、工业革命相互激荡而彼此作用，使整个英国社会在近代化的进程中一马当先，奋勇向前。

二 两个阶段圈地运动的进程及数量

通过前文分章论述可知，前期圈地运动进程较快的时期主要集中在早

---

① ［意］卡洛·M.奇波拉：《欧洲经济史》（第三卷），吴良健等译，商务印书馆1989年版，第362页。

② 同上书，第363页。

③ "technology，history of." Encyclopedia Britannica. 2007. Encyclopedia Britannica Online. 23 Sept. 2007 < http：//search. eb. com/eb/article - 10440 >.

期圈地运动阶段（1350—1485 年）。早期圈地现象在黑死病肆虐后获得了前所未有的契机而发展成为规模巨大、影响广泛的社会运动，圈占土地14665331 英亩，约占英格兰总面积（32500000 英亩）的 45%。此数量虽然包括了之前零星的圈地面积，但之前的圈地面积并不占很大的比例，而且早期的圈地并不一定指外在形式上用篱笆、壕沟、围墙等对土地进行圈围，只是指土地在所有权、使用权上的个人私有化。马克·奥弗顿也持同样的看法，"圈地也指土地占有方式、耕作实践的变化和集中，可以在不圈围土地的情况下进行，在近代早期，英格兰的一些地方的确未发生外在形式上的土地圈围，但是到 1500 年，英格兰约有 45% 的地区已被圈占"。① 而都铎时期，圈地的进程明显趋缓，圈地的数量非常有限，圈占土地数量最多为 643469 英亩，约占英格兰总面积（32500000 英亩）的1.98%。这样前期圈地总面积合计约为 15308800 英亩，约占英格兰总面积的 47%。根据沃第的计算，到 1914 年时，英格兰圈地面积占到英格兰总面积的 95.4%。这样前后期圈地面积约各占一半。

前期议会圈地运动（1604—1760 年）期间，议会圈地并不占主要地位，非议会圈地依然是圈地的主要方式。"1604—1760 年议会通过的圈地法令有 228 项，圈占的土地为 358241 英亩。"② 通过每项法令平均圈地约1571 英亩。根据各种资料可以推算出 1760 年前非议会圈地约为 8270532英亩，占 1604—1760 年圈地总面积的 95.8%，而议会圈地仅占同时期圈地总面积的 4.2%，占议会圈地总面积的 5.1%。议会圈地所"涉及的地域主要集中于沃里克郡、北安普顿郡及格洛斯特郡"。③ 圈占的大多为敞田及相关的公用土地。"从 18 世纪 30 年代到 50 年代中期，平均每年通过的圈地法令只有四个。主要是因为这一时期较低的粮食价格使地主不想耗资费时去谋求私有化的法令以圈地，一些非议会圈地的方式依然在进行，但是我们不知道这种圈地方式在这一阶段是否也趋于平静。但是提交到议会的大多数圈地法令并不是主张发起新的圈地，而只是对原先已达成的协

---

① Mark Overton, *Agricultural Revolution in England* , Cambridge University Press, 1996, pp. 147 – 148.

② J. R. Wordie, "The Chronology of English Enclosure, 1500—1914", *The Economic History Review*, Second Series, Volume XXXVI, No. 4, November 1983, p. 486.

③ W. E. Tate, *The Enclosure Movement*, New York: Walker and company, 1967, p. 52.

议圈地进行法律上的确认。"① 从实际情况看来，1750年前的议会圈地法令，"有相当一部分，大约有34%的圈地法令，似乎不是议会授权批准进行圈地，而是对原先早已存在的圈地协议进行认可……许多法令仅是批准性的判令，早期的法令更像是对地方上土地所有者之间的圈地协议进行登记注册的一种方式，而不是顽固地反对进步"。②

与前期议会圈地运动相比，后期议会圈地运动无论是从通过的圈地法令的数量，还是从圈地的数量上，都要远远超过前期。后期议会所通过的圈地法令的数量为5037项，圈地面积达6646227英亩，通过每项法令平均圈地约1319英亩，少于前期议会圈地时期通过每项法令平均圈地数量。而非议会圈地约为455000英亩。议会圈地数量占同时期圈地总数的93.6%，占议会圈地总面积的94.9%。因而议会圈地是圈地的主要途径和方式，各类非议会圈地的方式已退居次要地位。后期议会圈地运动（1760—1914年）从长时段来说，主要集中在18世纪后半期和19世纪前半期的一个多世纪中。而从短时段来说，主要集中在两个分别延续了20年时间的圈地运动，即1760—1780年、1795—1815年这两个不连续的时间段中。"在这两个基本等同的时间段中，每个阶段大约有40%的议会圈地被完成。换言之，尽管议会圈地被认为至少有一个世纪（1750—1850年），实际上在这仅40年的时间中，议会圈地完成了80%。"③ 后期议会圈地在更广阔的范围内展开，将更多的郡卷入了议会圈地的浪潮中。议会圈地的前期，圈地的地理范围主要集中在米德兰地区，而在后期，则向其他地区扩展，包括"东盎格鲁的低地地带、萨默塞特郡、河谷和石南荒原地带的砂砾层或沙质土地区、诺福克郡的沙质土地带、英格兰相对偏远和荒凉贫瘠的地区，特别是在奔宁山系地带。在威尔士，圈地也相对集中在崎岖不平的高地或山地而不是河谷地带"。④ 若以行政区划来看，后期议会圈地主要集中在剑桥郡、诺福克郡、萨默塞特郡、萨福克郡、伯克郡、坎伯兰郡、米德尔塞克斯郡、萨里郡、兰开夏郡、丹佛郡、埃塞克斯

①　G. E. Mingay, *Parliamentary Enclosure in England: An Introduction to its Causes, Incidence and Impact* 1750—1850, New York: Published in the United States of America by Addison Wesley Longman, 1997, p. 21.

②　Michael Turner , *English Parliamentary enclosure—Its historical Geography and Economic History* , Wm. Dawson & Sons Ltd, Cannon House Folkestone, Kent England, 1980, p. 110.

③　Ibid. , p. 66.

④　Ibid. , p. 77.

郡、赫里福特郡及怀特岛（Isle of Wight）。若从圈占土地的类型上来看，在议会圈地运动的早期，圈占的大多为敞田及相关的公用土地，以后圈占的公用土地及荒地逐渐增多。

表 8 - 1　　　　　　　　英国前后期圈地运动进程及数量比较

比较类别	前期圈地运动		后期圈地运动	
	早期圈地运动 （1350—1485）	都铎时期圈地运动 （1485—1603）	前期议会圈地运动 （1604—1760）	后期议会圈地运动 （1760—1914）
圈地高峰时期	其间的 15 世纪	1485—1520	1650—1760	1760—1780 1795—1815
圈地主要地域	英格兰	英格兰	英格兰、威尔士	英格兰、威尔士、苏格兰
圈地者主要 社会成分	领主、农民	贵族、乡绅、富有工商业者、约曼	贵族、乡绅、富有工商业者、约曼、	贵族、乡绅、富商、工厂主
圈占主要 土地类别	抛荒的敞田、无主的土地	敞田、公用土地	敞田、公用土地	公用土地、荒地
圈地法令数量			228	5037
通过每项法令圈地 的平均数量（英亩）			1571	1319
圈地面积（英亩）	14665331	516673— 643469	358241/ 8270532	6646227/ 455000①

注：表格根据前文总结编制。

三　两个阶段圈地运动的方式及影响

黑死病及其之后持续的疾疫是圈地现象发展成为圈地运动的转折点，早期圈地运动并非谋利的经营方式，而是幸存者迫于形势谋生的途径。大量的土地因为失去主人而被圈占，劳动力锐减的危机使大量的土地被圈占为牧场。圈地养羊成为应对人口数量锐减、大量土地抛荒、劳动力危机的措施。早期圈地运动虽无市场等经济的力量来支配，但却对土地资源进行了一次新的洗牌。"一切土地归国王所有"的法理和土地分封为各级封建领主所占有的实践在自然灾难的面前都显得苍白无力并受到了前所未有的冲击。在人口锐减的情势下，幸存者无论是领主还是农民，在条件许可的

———————

① 斜线前的数字为该时期议会圈地数量，斜线后的数字为同时期非议会圈地数量。

情况下都可去占有和使用无主或抛荒的土地。在圈地的方式上必然具有应对危机的自发性，是幸存者为了恢复发展经济而在劳动力短缺的情况下对无主和抛荒土地的粗放式利用。在客观上也缓解了黑死病肆虐之前两个世纪由于人口数量迅猛增长对边际土地大量开发、耕地过于扩张、家畜率过低、人畜争地矛盾等突出的问题，也是对农牧业经济结构进行的一次大规模的调整。这就适应了黑死病等疾疫发生后的社会客观情况，从而降低了对劳动力数量的需求。在人口危机的情况下使社会经济得以缓慢恢复并支撑起了英国传统的民族工业。畜牧业的发展也突破了制约农业发展的瓶颈，使农业得以恢复和发展，人口得以增殖，社会生活逐步走上正轨。早期圈地运动更为重要的影响是，造就了英国社会转型时期在农业经济生活中非常活跃的约曼阶层，"自从1349年以来习惯租地农的减少和契约租地的兴起在农业生产上造就了以雇佣劳动力为基础的大土地所有制，将耕地大规模地转化为牧场产生了更大的农场，通常导致了约曼阶层的兴起"。[①]

都铎时期的圈地并没有得到中央政府的支持。相反，"都铎及早期斯图亚特王朝的中央政府，主要担心农村的变化会引起流民问题和粮食的供应，因而多次进行圈地调查并以立法的方式反对把耕地圈占为牧场并导致农村人口的减少"。[②] 但圈地运动始终并没有因为中央政府的禁止而令行立止，一直得以缓慢发展。社会经济的发展及分化使贵族、地主、约曼、乡绅、富有工商业者具备了圈地的经济实力；敞田制弊端的凸显也需要圈地以适应经济发展的要求，都铎王朝的统治阶层本身就是积极的圈地者，宗教改革中对修道院地产的没收及拍卖客观上也鼓励了圈地运动的高涨；都铎时期庞大的国家财政支出也需要出口羊毛及呢绒来增加收入。因而与其说都铎王朝反对圈地，不如说是反对圈地所引发的社会问题。这种消极的政策和法令自然难以遏止本身就顺应经济发展要求的圈地运动。都铎时期的圈地方式大多采用"协议"、"协议折换"的方式来圈占耕地，或者强迫农民退佃，或者等待租约期满即把土地收回。在有些地区，贵族地主还通过彼此间的协议将公用土地据为己有。都铎时期的圈地，起初主要是圈占这类公用地，后来才逐渐波及农民的份地。圈地主要是把耕地转变为

---

① J. P. Cooper, "In Search of Agrarian Capitalism", *Past and present*, No. 80 (Aug., 1978), p. 34.

② B. W. Clapp, H. E. S. Fisher, *Documents in English Economic History* (1000—1760), London: G. Bell & Sons Ltd, 1977, p. 75.

牧场发展畜牧业，所谓"羊吃人"的圈地主要指都铎时期的圈地。圈地的地域主要集中在米德兰地区，这一地区历来是农业较为集中和发达的地区，也是人口较为集中的地区。从自然条件来看，米德兰地区并非只适合发展畜牧业，也适合发展农业，这也是此地反对圈地呼声特别高涨的原因之一。在圈地过程中贵族地主显然利用了传统的政治和经济优势，以经济手段或强制手段驱逐了对土地占有关系脆弱并处于劣势地位的农民。"暴力"的特征显然比后期圈地运动要突出和显著。所引发的社会灾难虽没有《乌托邦》等文学作品中所描述的那样严重，但远比后期圈地运动所引发的社会问题要严重得多，最突出的问题当属流民问题以及失地农民的多次武装起义。

都铎时期圈地运动的直接结果是：一部分土地的占有权从农民转向了圈地者，从封建贵族转向了新贵族和资产阶级，从分散走向集中，从封建庄园的集体占有转向了农民或资本主义的个体占有，从小规模占有转向了大规模占有。更为重要的是，圈地所引起的土地占有权的流转动摇了封建的经济基础，并逐步改造着农业中各种传统的关系，引起了生产方式及生产关系的变革，土地越来越多地被新兴的资产阶级和新贵族占有而转化为资本。封建的农业生产与分配方式，已逐渐转移到资本主义的轨道上来了，进而引起了阶级关系的变革，使新贵族能与资产阶级在后来的革命斗争中结成联盟而最终战胜封建势力。"与大陆大部分地区相比，不列颠历史的显著特征是农业生产的组织形式从很早就发生了彻底的变化。"[1]这场以土地占有权流转为核心的社会变革，不仅为资本主义农业的发展创造了条件，也为工业资本主义的发展提供了动力，还为后来资产阶级和新贵族最终战胜封建主义奠定了经济基础，因而其对英国历史的影响是广泛而深远的。"这种资本主义大农场的效率也为马克思所承认，马克思认为以圈地、耕畜混合性农业、上涨的价格、长期的租约为主要内容的农业革命塑造了资本主义农场主，并在16世纪末时也形成了一个被剥夺了土地的劳动力阶级，并最终剥夺了约曼阶层独特的优越性。"[2] 不过库伯（J. P. Cooper）指出："马克思的时间概念比较模糊，英国小农的数量一直

---

① R. A. Dodgshon, R. A. Butlin, *An Historical Geography of England and Wales*, New York: United States Edition published by Academic Press Inc. 1978, p. 151.

② J. P. Cooper, "In Search of Agrarian Capitalism", *Past and present*, No. 80（Aug., 1978）, p. 27.

波动不已，但是其衰落是一个长期的过程，直至机器大工业到来并为资本主义农业奠定基础后，才瓦解了农村的家庭手工业并使大量的农村人口无产化。大土地所有制及租地农场主是资本主义生产的前提条件，但资本作为动力性因素在农业上是一个渐进和断续进行的过程。"① 事实也的确如此，都铎时期处于英国社会转型的早期，圈地运动及其影响，还有英国城乡资本主义因素都是有限的而不是突破性的，更不是主导性的。国内史学界受马克思观点的影响，一直比较夸大都铎时期英国社会资本主义成分，直至近年来这种观点才得以修正。

英国议会圈地运动以向议会提交圈地请愿书作为圈地程序的前提。圈地请愿书要标明该教区或庄园每个土地持有人所拥有土地的价值及其对圈地的态度——支持、反对或中立。通常来说，至少要有 3/4 的土地所有者的支持，议案方能生效。但为了使圈地请愿书能够顺利通过，这一比例往往要达到 4/5 以上。这一比例尽管是以土地的数量来计算的，但至少在圈地程序上体现了一定范围内的民主，显然比都铎时期的圈地少了些暴力的色彩，多了些文明理性与民主法制的因素。议会完备而漫长的审批程序及对反对圈地议案的受理也保证了圈地不能损害大多数的人利益。圈地判定书的制定既是圈地的计划，也是对所圈土地的利用及改造方案，规划了道路交通、排水改良、公共设施的改造和建设。议会圈地运动以圈地法令的形式规范了圈地的程序，协调了圈地所涉及的各方的利益，减小了圈地的阻力，对无地少地、小土地所有者等弱势群体的土地权益也在一定程度上给予了保障和补偿，是对无序圈地行为的管理制约。同时以法制的力量保证了圈地顺利进行，也巩固了圈地的成果。从而议会圈地能够平静而顺利地持续进行，并没有出现像都铎时期那样农民大规模的反对圈地的斗争。议会圈地也规划了土地用途，合理地利用了土地资源，科学地配置了制约农牧业生产的各种要素。议会圈地运动也是英国土地制度变革的重要组成部分。其法制化、规范化、具体化、渐进化的鲜明特征在世界近代土地变革及利用的过程中独树一帜，对英国乃至世界历史的影响广泛而深远。与前期圈地运动相比，议会圈地以法制化的手段最终完成了英国土地制度的变革，使土地进一步"外溢"而资本化并形成了自由流通的土地资本市

---

① J. P. Cooper, "In Search of Agrarian Capitalism", *Past and present*, No. 80 （Aug., 1978）, p. 28.

场，为农业革命创造了条件，形成了以"地主—租地农场主—农业雇佣工人"为结构的资本主义大农场为主导的农业格局，使农业生产走上了规模化、专业化、集约化的道路。农业经营更有利于合理地利用土地资源、更利于提高生产效率、更有利于扩大国内市场、更有利于扩大再生产、更有利于抵御自然灾害和市场风险，从而使农业顺应并满足了以市场化、工业化、城市化为主要特征的近代化进程的要求。而农业革命又哺育了工业革命，圈地运动和农业革命也进一步解放了劳动力，不仅支撑起了庞大的工业和城市体系，也为英国的殖民扩张提供了必要的人力资源和军事力量，后期圈地运动、农业革命、工业革命、殖民扩张这些因素相互支持、共同作用，使英国最终完成了近代化的进程。

第二节　横向比较：英国圈地运动与清初圈地的比较

17世纪40年代，在世界的东方也出现了与英国圈地运动非常相似的一幕，在英国的圈地运动走向高潮的时候，中国新建立的清王朝也力行圈地。这是历史的巧合，还是历史发展的必然？若是前者，其历史背景与内在驱动力有何不同？若是后者，其发展进程与趋向、圈地的结果和历史作用为何迥异？鉴于中英史学界迄今尚无专文对两者进行系统的比较研究，因而笔者不揣浅陋，在此将两者进行比较研究，以期有助于破解这些疑惑。

一　两国圈地的背景与内在驱动力

英国圈地运动开始时，中世纪以来盛行于封建庄园的农奴制度渐趋瓦解，资本主义的商品货币关系已深入到农村，实物地租开始向货币地租转化；工商业尤其是制呢业、毛纺织业发达繁荣，羊毛需求量急剧增大，市场上的羊毛价格猛涨。伴随着地理大发现，欧洲贸易中心逐步由地中海沿岸转移到了大西洋沿岸。英国处于贸易中心的前沿，而且正日益转变成为一个殖民国家，国内市场逐步形成并联系日益密切，国际市场不断扩大。这一切都有力地加速了资本主义的发展和封建贵族的衰落。清初圈地是在政局初定、财政困竭、国家尚未统一，而满洲贵族和八旗将士的经济基础——"计丁授田"制因进兵入关而无以为继、以前的庄园已舍弃的大背景下发生的。其内在驱动力虽有经济层面的因素，但主要偏重于政治与军事的考虑，即安置满洲贵族，解决八旗官兵的生计粮饷等问题以维护其统治基础。

5—15 世纪，英国是以农为本、农本经济占主导地位的社会。在以粮食生产为主的同时，畜牧业也日益发展，尤其是养羊业开始繁荣。不列颠岛冬无严寒、夏无酷暑，气候温和而湿润。大量的土壤类型适宜于各种牧草的生长而并不适宜发展种植业。在诺曼征服之前，英格兰便已开始出口羊毛。在三位爱德华统治时期（1272—1377 年），英格兰政府对羊毛比对任何其他农产品更重视。"羊毛涉及到外交方面；羊毛是国家收入的主要来源；出口羊毛换进了外汇，这是一种可以收入外币的正当途径，以便用于远征和举行王室集会。"① 自 13 世纪后叶起，养羊业已在英国社会经济中逐渐具有举足轻重的地位。"1357 年英国输出羊毛 32000 袋，1357 年至 1360 年每年平均增长到 35840 袋；1348 年羊毛收入为 60000 镑，1421 年得自羊毛税的收入占全部税收的 74%。"② 羊毛不仅成为英国政府收入的主要来源，而且成为佛兰德尔和意大利呢绒工业生产原料的重要来源。更为重要的是，英国逐渐从一个生产羊毛的国家过渡到一个织造呢料的国家，而且"呢绒工业几乎自始就是按资本主义方式发展的"。③

呢绒业等资本主义工场手工业的发展促进了广大乡村的商品经济发展，加速了农村封建自然经济和封建关系的瓦解。与此同时，从十二三世纪开始，中世纪以来盛行于英国封建庄园里的"敞田制"的弊端日益显现。因为"敞田制由无数条田构成，每块条田的面积都不大，一家一户的土地分散到几个地方，不便于耕作，又浪费时间和劳动力"。④ 其条块分割的粗放经营使土地利用效益低下，已严重阻碍着生产力的发展，不能满足日益增长的人口对农产品的需求。为提高土地的利用效率，农民遂将各自分散的条田互相交换或收买而加以圈围，排除他人对土地的公用权，按自己的意志种植某种作物，从而开始了某种意义上的圈地。经过圈围，

---

① ［英］约翰·克拉潘：《简明不列颠经济史》，范定九、王祖廉译，上海译文出版社 1980 年版，第 147 页。

② 姜守明：《刍议都铎时代的圈地运动》，《湘潭师范学院学报》第 21 卷，2001 年第 1 期，第 61 页。

③ ［英］莫尔顿：《人民的英国史》（上），谢琏造等译，生活·读书·新知三联书店 1976 年版，第 205 页。

④ ［法］保尔·芒图：《十八世纪产业革命——英国近代大工业初期的概况》，杨人楩、陈希秦等译，商务印书馆 1983 年版，第 115 页。

农业可以采取多种经营，进行混合制的农业生产，土地利用效率因之得以大大提高。

15 世纪末以后，英国和欧洲大陆蓬勃发展的呢绒业对羊毛的需求量越来越大，致使羊毛价格日益上涨。特别是新航路开通之后，英国的呢绒业在国内外市场需求扩大的刺激下日益繁荣。"呢绒成了 16 世纪最重要的出口商品，在国家的出口贸易中占据了支配地位，从主要输出羊毛原料到主要输出呢绒产品，说明英国正在向工业国转变。"[1] 呢绒业的迅猛发展使得羊毛越来越供不应求，圈地养羊成为利润丰厚的事业。"羊毛和肉类的市场价格涨了又涨，雇主支付给农业工人的工资又居高不下，而几个牧羊人加一只牧羊狗就能管养一大群羊，抵得上雇佣一百多个农业工人从事耕作，这种经济上的诱惑是无法抵御的。"[2] 于是那些贵族地主和富裕农民便开始进行大规模的圈地、开办牧场，从事养羊业。因为"对于他们来说，货币已经是一切权力中的权力，所以他们的口号是把耕地变为牧羊场"。[3] 于是，真正意义上的圈地运动开始了，并"像波浪一样起伏，最终发展成为具有社会性质的运动"。[4]

需要指出的是，引发英国圈地运动的原因是多方面的。对此，亨特（H. G. Hunt）先生曾写道："圈地的原因非常复杂，仅仅考察经济方面的因素有时也无法获得完满的解释……在莱斯特郡，人口的增长，供应品的价格增长，利息率相对低，交通方式的改进，土壤的性质和圈地后的潜在价值，土地所有权的分布和附近教区农业变革的影响都是影响圈地的重要因素。圈地是一系列因素结合起来的结果，在不同的情况下，其重要性也不同。"[5] 笔者这里所论，主要是便于与清初圈地进行比较。

清军入关以前，中国封建社会的生产力已有了一定提高，工商业城市开始兴旺。16—17 世纪，明代农产品商品化范围已日益扩大，在海外贸易中从日本、菲律宾、西班牙和美洲等地流入了大量的白银。明朝中后期

---

[1] 陈曦文：《英国 16 世纪经济变革与政策研究》，首都师范大学出版社 1995 年版，第 107 页。

[2] 钱乘旦、许洁明：《英国通史》，上海社会科学院出版社 2002 年版，第 120 页。

[3] 马克思：《资本论》（第一卷），人民出版社 1963 年版，第 793 页。

[4] 陈曦文：《英国 16 世纪经济变革与政策研究》，首都师范大学出版社 1995 年版，第 40 页。

[5] Mc Closkey, Donald N, "The Enclosure of Open Field: Preface to a study of Its Impact on the Efficiency of English Agriculture in the Eighteenth Century", *Journal of Economic History*, 1972, p. 32.

还出现了大量的资本主义性质的雇佣劳动，虽然资本主义雇佣劳动的生产关系并不必然产生资本主义制度的上层建筑，但农业中一部分劳动力脱离农业而进入手工业生产的事实，表明中国社会的生产结构开始发生变化。就在易于发生资本主义生产关系的纺织业中，首先出现了"机户出资，机工出力"的资本主义生产关系的萌芽。然而，就全国范围内而言，资本主义萌芽虽已出现，但仍然处于自然经济的汪洋大海之中。历经明末长期的战乱，社会经济遭到严重的破坏并依然停留在自然经济基础之上，其分工与规模均未有新的突破与发展。总体而言，清朝初期，整个社会生产力还不足以发展到催生新的生产关系的水平。而且清初圈地之时，正值明末土地高度集中局面开始崩溃，广大农民迫切渴望获得土地，希望恢复发展小农经济以安身立命。因此，清初圈地缺乏经济内因的驱动。

清军入关后，自明朝中后期兴起的土地兼并及高度集中局面历经战争的洗礼而被打破，大批入关的满洲贵族和八旗将士在失去了原有经济基础——"计丁授田"制后，也希望能获得土地以站稳脚跟、维持原有的生产和生活方式。清统治者虽然认识到"民为邦本，本固邦宁"的道理，但那时政局初定，大顺、大西余部、南明政权和各地抗清力量尚存。出于统一全国大业及京师安全的紧迫考虑，清政府不得不在矛盾中做出抉择，以谕令的方式进行圈地，借以安抚满洲贵族和八旗将士，解决其眷属的生计与生活问题，并为八旗军队建立稳定的后方基地。顺治元年（1644年），顺治帝谕户部："我朝定都燕京，期于久远，凡进京各州县无主荒田及明国皇亲、驸马、公、侯、伯、太监等，死于寇乱者，尔部可概行清查，若本主尚存，或本主已死，而弟子存者，量口给与，其余田地，尽行分给东来诸王、勋臣、兵丁人等。"① 由此拉开了清初圈地的序幕。

二　两国圈地的进程和实质

从时间和进程来讲，如果从农民自发的圈地开始，英国的"圈地现象从13世纪开始，在1450—1640年得到迅速发展，当时的主要目的是增加庄园主可以得到的独占的放牧时间。而大量的圈地则发生在1750—1860年，这一时期主要是为了追求农业生产的效率。到19世纪末，英国

---

① 《清世祖实录》卷12，中华书局影印本1985年版。

圈占公有土地的过程实质上完成了"。①在圈地运动的过程中，英国有一半以上的土地，面积超过 3000 万英亩，都被圈占而成为牧场或农场。圈地运动明显呈阶段性，前后跨越了几个世纪，是一种渐进式的推进过程。总体来看，英国圈地运动的进程相对顺利而和缓，发展趋向是从自发式的圈地到封建政权限制禁止圈地，再到资产阶级议会通过法令以法制化手段进行圈地。清初圈地从清军入关开始，"前后持续了 20 余年，共圈占土地 16 余万顷，占全国耕地面积 500 余万顷的 1/30"。②清初圈地面积合计 1600 万亩，约合 270 万英亩。圈地过程也呈现出一定的阶段性，即顺治元年（1644 年）、二年（1645 年）、四年（1647 年）三次诏令圈地及康熙初年的圈地。但由于清政府未能采取有效措施予以引导和规范，因而出现严重失误，致使矛盾凸显，进程受阻。发展趋向是从皇帝诏令的"合法"圈地到无节制的圈地，最后被迫停止圈地。

英国圈地的方式较之清初的圈地，始终采取比较温和的方式。其方式主要有三种。第一种大规模的圈地是在土地主人互相同意的情况下进行的，即所谓的"协议圈地"。③第二种是"蚕食型圈地"。这是一种渐进的圈地，也得到土地主人的同意，往往圈占小块的土地，面积从 1 英亩到 5 英亩、10 英亩到 20 英亩不等。这些小块的土地通常不属于敞田或公用草地，一般位于村庄周围或村庄中心的房前屋后，土地主人常用作额外的牧场或方便日常生活之用，用来种植蔬菜和特殊的作物。随着圈地的进行，这些小块的土地逐渐被纳入圈地范围而被圈占，失地的主人按照双方的协议或多或少地得到某种形式的补偿。第三种是 1604—1914 年之间通过议会法令所进行的圈地。关于英国议会所通过的圈地法令的数量，不同的学者有着不同的统计结果，如前文所述，斯莱特所统计的圈地法令数字是 4763 项，而泰特修正为 5400 项，特纳对泰特的研究进行了进一步的考证，认为有些圈地法令在相应的圈地过程中所圈之地本身在两个郡之间，因而逐郡统计时就会重复计算，因此他把圈地法令的总数修订为 5265 项，

---

①　"enclosure." Encyclop e dia Britannica［M］. 2007. Encyclop e dia Britannica Online. 23 Sept. 2007 < http：//search. eb. com/eb/article – 9032595 >.

②　吴于廑、齐世荣主编，刘祚昌、王觉非分卷主编：《世界史·近代史编上卷》（第 2 版），高等教育出版社 2001 年版，第 211 页。

③　G. E. Mingay, *Parliamentary Enclosure in England：An Introduction to its Causes*, *Incidence and Impact* 1750—1850, New York：Published in the United States of America by Addison Wesley Longman，1997，p. 11.

另外有些法令虽然有册记录但不能和相应的实际圈地相对应，这种无法具体一一对应地考察实际圈地数量的法令有 218 项，显然要做到最精确的研究和统计是比较困难的。叶明勇教授则认为"英格兰的议会圈地法案共有 5625 项之多……威尔士的议会圈地法令约有 250 项"。[①] 要准确无误地弄清楚英国议会圈地法令的数据及圈地面积对任何一个学者来说都非易事，正如明盖所说的那样："事实上根据圈地法令或圈地判定书在实际圈地时都有出入，由此得出的任何一种总计的结果不可避免地都存在一些错误。"[②]

从圈地法令的类型上来看，依据圈地法令的内容，"主要有三种类型的圈地法令。无论是从圈占的土地面积还是从历史上产生的争论来说，最初也是最重要的是圈占敞田及相关的公用草地的个别圈地法令……第二类是只涉及公用草地和荒地的诸多的个别圈地法令，这类法令不包括可耕地。第三类是圈占包括公用草地、荒地，也包括一小部分地区敞田的'总则性圈地法令'，开始于 1801 年"。[③]而从圈占的土地类型上来看，则可以大致分为两种，"从议会圈地法令所圈占的土地类型来看，圈占公用荒地的法令可以称为扩展耕地法令（Acts for extending cultivation），圈占一个或数个教区的敞田和其他土地的法令可称为消灭乡村共同体法令（Acts for extinguishing village communities）。约有 1/3 的圈地法令属于前一类法令，约有 2/3 的圈地法令属于后一类法令。这两类法令在法律形式上尽管相似，然而从经济和社会学角度而言，它们却有着很大的差别"。[④]

这里所谓的温和的方式，只是相对于清初武力征服者的暴力圈地而言，英国圈地运动中起决定性作用的力量不是暴力本身，而是经济力量。即使说它是"羊吃人"的暴力，也是以某种经济关系的社会职能为基础的暴力。失地农民的生活境况也较清初圈地下的投充相对要好一些。

任何事物的发展都不可能一帆风顺。英国的圈地运动也引发过农民起

---

① 叶明勇：《英国议会圈地及其影响》，《武汉大学学报》（人文科学版）第 54 卷，2001 年第 3 期，第 192 页。

② G. E. Mingay, *Parliamentary Enclosure in England: An Introduction to its Causes, Incidence and Impact* 1750—1850, New York: Published in the United States of America by Addison Wesley Longman, 1997, p. 14.

③ Ibid., p. 17.

④ Gilbert Slate, *The English Peasantry and the Enclosure of Common Fields*, New York: Augstus M. Kelley Publishers, 1968, p. 7.

义。如 1536 年的"求恩巡礼"起义，1549 年诺福克郡发生的罗伯特·凯特起义，1607 年米德兰诸郡的约翰·雷诺起义等。都铎王朝与早期斯图亚特王朝基于维护封建经济政策、稳定社会秩序以及兵源与税收等方面的考虑，曾力图立法禁止圈地。"1489 年，亨利七世颁布禁止圈地的法令，试图阻止无论哪个地区以及出于何种动机造成的任何的人口减少和将耕地变为牧场的圈地。"① 此后，封建王朝又于 1515 年、1533 年、1563 年再次颁布法令禁止圈地。伊丽莎白与詹姆士一世也分别于 1597 年与 1609 年颁布了禁止圈地的法令。但这些法令并未阻止势不可挡的圈地浪潮。

为引导和约束圈地，英国政府转而采取一系列适应性措施，对圈地进行限制和规范。首先，通过立法对圈地进行了一定的限制。国会法令不仅禁止特定地域的圈地，而且规定了保护自耕农的措施。如国会在 15 世纪末和 16 世纪初连续颁布了防止破坏村庄法；亨利八世还在 1514 年规定，凡在 1515 年 2 月 5 日以后拆毁的农民房屋都应在一年以内重建起来，这在 1515 年被宣布为永久法令；伊丽莎白时代，也立法要求保护拥有 20 英亩以上的土地占有者。其次，英国政府还对圈地设定了一定的法律程序。比如，曾有这样的规定："圈地应先由所在地大片地产所有者、保有公簿持有权宅地、农舍、地产和其他财产的签名人联合向下议院递交请愿书，并在那里宣读；下议院按照请愿书起草和提出议案，在征求土地所有者和拥有公有权利的土地主人的意见后，如没有遭到委员会的明确反对，则通过此议案。"② 最后，制定了一些平民救济法安抚失地农民。1601 年，英国就制定了第一个济贫法，规定各教区有济贫责任，并可在各教区内进行征税，以作济贫费用。1795 年，又制定了《斯宾汉姆兰条例》，规定如其劳动所得不能维持生活，可获得政府补贴。尽管在圈地过程中出现了一些矛盾，甚至爆发了多次农民起义。但由于英国政府和议会的积极调控，使得英国的圈地运动能以更雄健的力量完成自己的进程。

清初圈地的直接动因是安置源源不断南下的诸王、勋臣和八旗将士，满足满洲贵族的经济特权，解决八旗将士的生计与粮饷。从一开始，圈地就是以皇帝诏令的强制形式推行的。其形式虽然"合法"，但由于清政府

---

① Joan Thirsk. *The Rural Economy of England – Collected Essays.* The Hambledon Press，1984，p. 73.

② 辜燮高：《世界史资料丛刊》，《1689—1815 年的英国》，商务印书馆 1997 年版，第 53 页。

未能予以规范和引导，加之前朝的簿册散失，皇室、废藩土地一时难以辨别等主客观原因，致使圈地出现了严重失误。在圈占过程中，满洲贵族和八旗将士常常把民地指为官庄，把熟地说成是荒地，把私田说成是无主荒田，而且"圈田所到，田主登时逐出，室中所有皆成其所有，妻孥丑者携去，欲留者不敢携"。① "圈一定，则庐舍场圃，悉皆屯有。"② 清廷还一再下令扩大圈地范围。顺治二年（1645年）九月，圈地范围从近京州县扩大到河间、滦州、遵化等府州县，称："凡无之地，查明给与八旗下耕种。"③ 顺治四年（1647年）正月再次谕令圈地，曰："去年八旗圈地……内薄地甚多，以致秋成歉收。今年东来满洲，又无耕种"之地，"应于近京州县内，无论有主无主土地，拨换去年所圈薄地，并给今年东来满洲"。④ 虽然清政府有"拨补"规定，但往往不能兑现，或所拨为抛荒多年的不毛之地。致使直隶沃土良田几被圈占殆尽，给失地农民带来了沉重的苦难。清初圈地的结果是：一方面，满洲贵族圈占了大量的肥田沃土；另一方面，众多的失去土地的农民要么成为满洲贵族的投充，要么成为无业流民。伴随圈地而来的流民成为一个严重的社会问题，就连统治阶级也承认"被圈之民，流离失所，煽惑讹言，相从为盗，以致陷罪者多"。⑤

应当承认，圈地失误所带来的恶果并非清初统治者主观所愿。为既能安置好东来诸王、兵丁等，又不致被圈占者的生计受损，清初统治者确实也采取了一些辅助措施。如顺治二年（1645年），顺治帝谕令户部，"凡包衣人等新收汉人于本产业外，妄行收取，又较原给园地册内所载人丁有浮冒者，包衣人处死，不赦"。⑥ 当圈地过程中的混乱现象和越轨行为暴露后，顺治帝亦于顺治四年（1647年）下令圈地后不久即下诏："前令汉人投充满洲者，诚恐贫苦小民，失其生理，困于饥寒，流为盗贼，自今以后，投充一事，著永行停止。"⑦ 要求"民间田屋不得复行圈拨，著永行

---

① 史惇：《恸余杂记·圈田》，中华书局1959年版。
② 沈云龙主编，贺长龄辑：《皇朝经世文·三》卷三十一，姚文燮：《圈占记》，文海出版社有限公司印行，第1156页。
③ 《清世祖实录》，中华书局影印本1985年版。
④ 《清世祖实录》卷三十，中华书局影印本1984年版。
⑤ 《清世祖实录》卷三十一，中华书局影印本1984年版。
⑥ 《清世祖实录》卷三十二，中华书局影印本1984年版。
⑦ 《清世祖实录》卷三十一，中华书局影印本1984年版。

禁止"。① 顺治八年（1651 年）又令"将前圈地土，尽数退还原主"。②
十年（1653 年）重申："以后仍遵前旨，永不许圈占民间房地。"③

　　清朝统治者的这些举措，是应付问题的补救措施而非制度层面的规范
建制，也没有解决和安置流民问题的长久之策，因而很难达到预期的效
果。为了巩固政权、发展经济、缓和社会矛盾，康熙八年（1669 年），康
熙帝下诏停止圈地，将所圈之地退还原主，称"比年以来，复将民间房
地，圈给旗下，以致民生失业，衣食无资，流离困苦，深为可悯，嗣后永
行停止，其今年所圈房地，悉令还给民间。"④ 康熙二十四年（1685 年）
又规定，"民间所垦田亩，自后永不许圈"。⑤ 清初的圈地自此结束。

　　综上可见，英国的圈地运动是以渐进和缓的方式进行的，"经历了一
个从自发诱致性制度到政府主导的强制性制度的转换过程，同时经历了一
个从非正式制度变迁到正式制度的转换过程"。⑥ 起决定性作用的力量不
是"暴力"本身，而是经济力量。加之政府因势利导，制定了一些配套
制度，缓和了矛盾。其实质成为资本主义先进生产方式和生产关系取代落
后生产方式和生产关系的有力手段。因此，圈地的进程相对和缓而顺利。
清初圈地是政府强制行为，带有极强的政治动机，缺乏经济动因的推动。
它只是满洲统治阶级在入关后为站稳脚跟和维护统治的一种权宜之计，并
非经济和生产力发展的必然结果，因而产生的影响是消极的。加之政府节
制乏力，并允许圈地内的贫苦农民投充旗下为奴，把辽东的奴隶制推行到
封建制的汉地，在所圈之地上形成了一种农奴制的生产方式，不能不说是
一种历史的倒退，这实际上也是落后的八旗奴隶制与封建中央集权制的矛
盾，从而朝廷不得不下令禁止。

三　两国圈地的旨归和影响

　　英国圈地运动是在经济因素的驱动下引发的，土地圈占者主要是贵族

　　① 《清世祖实录》卷三十一，中华书局影印本 1984 年版。
　　② 《清世祖实录》卷五十三，中华书局影印本 1984 年版。
　　③ 《清世祖实录》卷七十八，中华书局影印本 1984 年版。
　　④ 席裕福、沈师徐：《皇朝政典类纂·田赋·卷 12》，文海出版社 1982 年版。
　　⑤ 吴于廑、齐世荣主编，刘祚昌、王觉非分卷主编：《世界史·近代史编·上卷》，高等教
育出版社 2001 年版，第 211 页。
　　⑥ 胡乐明：《真实世界的经济学——新制度经济学纵览》，当代中国出版社 2001 年版，第
259 页。

地主和富裕农民，所圈占的土地最初用来作为牧场进而作为农场，增加土地生产的收益。而且其生产方式已和原来大有不同，成为资本主义性质的农场和牧场。圈地行为不是低层次的生存选择，而是利用先进的生产方式和生产关系及市场交换来谋取利润或利益的行为，同时也意味着进一步开发土地资源及对土地资源更高效合理地利用。清初圈地旨在巩固封建统治，土地圈占者主要是满洲贵族和八旗将士，其目的是进行土地占有关系的调整。在"普天之下，莫非王土"的封建时代，任何一个王朝的初立，皆有一个土地再分配问题，一般是将前朝皇室、贵族、封藩的土地分赐给新的统治阶级。清初土地圈占并非市场或利润等经济因素促动下的必然结果，而是一种低层次的生存选择和财富的掠夺。因为在自然经济条件下，土地是社会财富的主要标志，拥有土地意味着可获得地租收入，意味着个人财富的增加。

由于旨归不一，历史作用自然迥异。英国圈地运动与经济发展形成了一种良性互动，"为资本主义农业夺得地盘，使土地合并于资本，并为城市工业创造出像鸟一样自由的无产阶级"。① 圈地推动了农业、手工业、商业的不断发展，而经济的发展、对利润的追逐又驱使资产阶级或新贵族去圈占更多的土地。圈地运动不仅引起了社会结构的变化，而且促进了农业的发展以及工业革命的发生，对英国历史的进步产生了巨大的积极影响。圈地运动及其所引起的农业变革"这一过程常被誉为农业革命，但是人们更愿意把它当作工业革命的序幕和必不可少的组成部分"。②

英国圈地运动使农民与土地发生分离，失去土地的农民虽历经阵痛，但解除了封建人身依附关系，得到了自由，从而获得了新生，成为与先进生产方式相联系的农业或工业无产阶级，为资本主义的发展和工业革命的发生提供了大批自由劳动力。而依靠圈地运动发家致富的城乡富人和贵族地主大多已逐渐转化为出租土地的地主或农业资本家，在旧的封建贵族阶层中分化出了与资本主义有密切联系的资产阶级，即新贵族。他们按资本主义方式经营牧场或农场，剥削农业工人，和新兴的资产阶级利益渐趋一致。共同的经济利益使新贵族和资产阶级在反封建斗争中结成了联盟，在

---

① 马克思：《资本论》（第一卷），人民出版社 1963 年版，第 810 页。

② "technology，history of." Encyclop e dia Britannica. 2007. Encyclop e dia Britannica Online. 23 Sept. 2007 < http：//search. eb. com/eb/article – 10440 >.

之后的革命过程中发挥了领导作用。圈地运动还促进了农业的发展，无论是单位面积产量还是劳动生产率皆有很大提高。"13—17 世纪英国小麦、裸麦、大麦和燕麦等四种谷物的平均收获量（种子与收获物之比）分别是 1200—1249 年 1∶3.7；1250—1499 年 1∶4.7；1500—1699 年 1∶7；1700年，一英亩土地只能养活 0.18 人，到了 1800 年，能养活 0.26 人，换句话说，平均每英亩产量增加 44%；1700 年，一个农业生产者只能养活1.7 人，而 1800 年则能养活 2.5 人，提高了 47%。"① 有些学者根据有关资料，对英国经过圈地后谷物产量提高的情况作了估计，认为"同一块耕地，圈地后产量增加了 13%，原来是牧场、荒地的，圈地后变化更是惊人"②。圈地运动"对于经济上的有利方面通常认为是相当大的，圈地为合理利用农业用地，增加农业门类，开垦荒原、荒地、丛林铺平了道路。鉴于当时迅速增长的非农业人口，这些变化对于生产需求日益增长的消费食物是非常重要的。尤其这一切是在劳动力比率降低的情况下得以实现的"。③ 16 世纪英国著名诗人托马斯·塔瑟曾作诗赞美圈地："（走尽天涯海角）任凭你寻找/有哪里能比美好的圈地/生产更多的羊肉和牛肉/最好的谷物、奶油和干酪？"④随着圈地运动的推行，城乡资本主义迅速发展，国内外市场不断扩大，毛纺织业、棉纺织业呈现繁荣景象。手工业分工的扩大与技术的积累、国内外市场需求的增加又导致从棉纺织业开始进而引起连锁反应的工业革命，使英国以先进的工业、廉价的商品和坚船利炮而横行全球，进而变成"世界工厂""日不落帝国"。由此我们可以看出，英国圈地运动的影响是广泛而深远的，它不仅影响着英国历史，而且对世界历史的纵横向发展都产生了不可低估的影响。

　　清初的圈地并非经济和生产力发展的必然结果，尽管是因时而动，但在客观上也起到了安置人口、保持民族传统、缓解财政困难的作用，并为完成国家统一创造了条件。但因圈地的目的与经济发展相悖，因而产生的

---

① C. M. Cipolla, *Before the Industrial Revolution*, London: Routledge, 1976, p. 120.

② J. R. Wordie, "The Chronology of English Enclosure, 1500—1914", *The Economic History Review*, Second Series, Volume XXXVI, No. 4, November 1983, p. 504.

③ G. E. Mingay, *Parliamentary Enclosure in England: An Introduction to its Causes, Incidence and Impact* 1750—1850, New York: Published in the United States of America by Addison Wesley Longman, 1997, p. 148.

④ ［英］约翰·克拉潘：《简明不列颠经济史》，范定九、王祖廉译，上海译文出版社 1980年版，第 277 页。

影响总体是消极的。

　　清初的土地圈占者"从来不知稼穑，授之土田如抟画饼"，虽"广连阡陌"，但"多至抛荒"，有些还被用来"以备畋猎放鹰，往来下营之用"。① 在肥沃富饶而适宜发展农业的华北平原及黄河中下游平原地区从事畜牧业显然也不符合传统的生产习惯，更不是因地制宜充分利用土地资源。因此，清初圈地不仅未能促进反而破坏了农业生产，而且还加剧了当时的阶级矛盾和民族矛盾，更没有催生新的生产关系。失去土地的农民并未获得自由而成为与先进生产力相联系的自由劳动者，也未能从苦难与失地中走向新生，而是成为流民或投充为奴，投充人遭受着残酷的经济剥削。不仅使他们自己终身隶属于主人，被主人随意奴役、鞭打，而且子女也要世世代代为奴，婚嫁都不能自主，完全由主人择配或随意出卖，他们实质上沦为满洲贵族的庄客，成为供他们奴役剥削的农奴，其人身依附关系没有减轻反而得到加强。满洲贵族在圈占土地以后，在"旗地"上的生产方式与原来相比不仅没有进步反而倒退了。

　　综上比较可知，尽管英国的圈地运动与清初的圈地在时间上有重合之处，在外在表现形式上也有相似之点，但由于存在上述诸多的不同，因而旨归各异，对两国产生的历史影响也大相径庭。英国圈地运动是其从封建社会向资本主义社会转变的催化剂，是资本主义先进的生产方式和生产关系取代落后的生产方式和生产关系的有力手段。而清初的圈地则是在封建制早已根深蒂固的汉族地区推行落后的八旗奴隶制，在所圈之地上形成了一种农奴制的生产方式，不仅破坏了农业生产，妨碍了农民生产的积极性，是一种历史的反动和倒退，无任何进步意义可言，因而只能在历史的进程中昙花一现。清初在废除"圈田令"以后，封建专制主义中央集权制度不断得到加强，上层建筑进一步巩固着封建的经济基础，中国社会依然在封建主义的土壤中缓慢成长，这就不能不落后于西方世界的前进步伐。历史已悄然而逝，后继者无以改变。但"殷鉴不远，在夏之后""前事不忘，后事之师。"重温和审视这段历史，并对其进行系统而理性的比较，对我们深化农村改革，推进土地使用权的合理流转，建设社会主义新农村或许可以提供某些启迪和鉴戒。

---

　　① 《谕户部将前圈土地尽数归还原主》，《清代档案史料丛编·第 4 辑》，中华书局 1979年版。

结　　语

劳动是财富之父，土地是财富之母。作为财富之母的土地是人类赖以生存和发展的有限资源，不仅数量有限，而且在一般情况下不可再生和替代，在地域和位置上也不可转移和变动。任何国民经济部门又都以土地为必要的生产要素，土地是人类创造财富的基本源泉。从某种角度说，人类经济社会的发展史就是一部人类与土地关系的发展史。土地数量的有限使土地的稀缺性随社会的发展与人口的增加而不断增强，土地供求矛盾日益突出，已成为世界大部分国家和地区所面临的重要问题。土地对于人类社会发展的作用已为当前世界各国普遍所重视。制定科学合理的土地政策和制度，健全土地所有及占有使用的法律法规，优化以土地为核心的各种资源的配置，充分合理地利用土地，提高土地资源的利用效率，加强对土地资源的开发和保护已成为人们的共识。实现上述的目标有待于继承和创新。

英国圈地运动从 15 世纪一直持续到 19 世纪末 20 世纪初，大致历经了早期圈地运动、都铎及斯图亚特王朝时期的圈地运动、议会圈地运动等三个阶段，圈地面积超过 3000 万英亩，是英国历史上较为重大的事件之一，其历程与近代化的进程基本相始终，与英国在近代化进程中的领先地位不无联系。圈地运动历时久远、循序渐进、波及地域广、规模大、实施过程规范有序、妥善地协调了各方的利益，将各种尖锐的矛盾和冲突化难为易、化繁为简。尤为鲜明的特征是其和缓推进、连绵不断、张弛有度的土地变革方式，显然有别于一些国家以行政命令而推行的疾风暴雨式的土地改革运动。英国圈地运动也以深入彻底的土地制度变革而在世界历史上独具特色，尤其在土地所有权、使用权及占有权、生产经营等各方面的变革过程中都具有非常重要的作用和极其巨大的影响。在以圈地运动为主要形式的土地制度变革中，英国确立起了具有完全私有权的土地所有制体系，而且在所有权的结构上确立起了大土地贵族和乡绅地主的主导地位，使土地所有及占有结构上渐趋集中，并进而逐步确立起了以契约为纽带的"地主—租地农—农业劳动者"三层平等结构的土地所有及使用体系。这种以契约为纽带的平等的土地所有及使用体系显然有别于封建的"金字塔"式的封建等级土地所有及占有制度。土地不再与封建的权力和义务相联系，而是与市场和货币相联系，从而使土地失去了昔日维护封建等级制度的经济功能，由封建的经济基础转变成为新贵族和资产阶级发财致富的资本。其土地所有及使用权体系的核心在于地主和租地农场主能以契约的形式明确双方的责、权、利，契约标志着独立、自由、平等，明确的责、权、利有利于发挥各自的主观能动性，维护双方权益，激励革新和进取精神。从而为优化资源配置、调动劳动积极性、搞高生产的效益创造了条件。圈地运动不仅仅是农业生产的方式发生变革，也是农牧业经济在商品化进程中的变革，并且在变革中实现了资本主义化，这正是英国农业资本主义经济的巨大潜力所在。农牧业经济的全面变革与其他经济部门建立起商品交换关系，因而从供求两方面对其他部门，尤其是工业提出要求，也促进了商业和金融业的发展。圈地运动为农业革命创造了条件，使规模化、集约化、社会化的农业生产方式逐渐占据主导地位，农业革命又推动着工业革命的到来，为英国社会的市场化、工业化和近代化奠定了坚实的农业基础。

综观世界土地制度改革的历史进程，发达国家的土地政策变革大体经历了这样几个阶段：首先是建立"耕者有其田"且具有完全的土地私有权的自耕农制度；其次是逐步淡化土地所有权、用政策和法律形式约束或限制土地私有制的不利因素、减小所有权的职能；最后是完善以家庭经营为基础并且能实现土地占有权的合理流转、充分利用和保护土地资源，发展以集约化、市场化、社会化为方向的规模经营。在最大限度保护土地私有权的同时，也以政策法规保障国家或集体对土地的支配地位。世界农业发展的总趋势是小农经济的衰落，充分解放农业生产力、为工业化提供劳动力、原料、市场体系，采用先进的生产技术，提高农业劳动生产率成为农业改革的主要内容，农业和畜牧业生产的专业化、市场化、社会化是其改革的总方向。尽管当代英国是一个土地资源相对较少的国家，① 农业产值

---

① 英国现在平均人口密度为 246 人／平方公里（2008 年统计），居世界国家或地区第 48 名。而我国现在平均人口密度约为 137 人／平方公里，居世界国家或地区的第 56 名。

在国民生产总值中也不占重要地位，是以畜牧业为主导的农业结构类型。同时随着经济结构的巨大变化和人口数量的增加，英国也由近代的粮食出口国变成现在的粮食进口国。① 但这并非英国圈地运动和农业生产衰落的结果，而是英国在工业化、城市化、近代化道路上国民经济结构不断调整的产物，也是因地制宜、合理利用土地、自然等各类资源的必然结果。我们不能因此来否定曾在历史上发挥过巨大作用的圈地运动，更不能简单地否定英国农业在近代以来已经取得的成绩。在近代史上，英国主要依靠本国的农业发展，不仅解决了成倍增加的人口的吃饭问题，而且还一度向海外出口粮食。农牧业产品还能为工业的发展提供部分的原料。与此同时，是农业人口比例的降低和城市人口比例的持续上升以及城乡人民生活水平的普遍提高。其工业大国的地位有着相应的农业基础，所有这些成果与持续进行的圈地运动不无联系。英国圈地运动及大农业经营体制的确立，从土地的权属关系、农业生产关系、农业生产方式、农业生产技术、农业劳动力的解放等各方面均为土地制度变革和农业生产的发展进步提供了成功的范例。

土地和农业、农村和农民问题关系党和国家事业发展全局。推动科学发展，必须加强农业发展这个基础，确保国家粮食安全和主要农产品有效供给，促进农业增产、农民增收、农村繁荣，为经济社会全面协调可持续发展提供有力支撑。促进社会和谐，必须抓住农村稳定这个大局，完善农村社会管理，促进社会公平正义，保证农民安居乐业，为实现国家长治久安打下坚实基础。2015 年 11 月 2 日，中共中央办公厅、国务院办公厅印发了《深化农村改革综合性实施方案》，该文件明确指出现有农村土地承包关系保持稳定并长久不变，落实集体所有权，稳定农户承包权，放活土地经营权，实行"三权分置"。坚持家庭经营在农业中的基础性地位，创新农业经营组织方式，推进家庭经营、集体经营、合作经营、企业经营等共同发展。放活土地经营权就是允许承包农户将土地经营权依法自愿配置给有经营意愿和经营能力的主体，发展多种形式的适度规模经营。农村改革的一个重点就是健全严格规范的农村土地管理制度，完善土地承包经营权能，依法保障农民对承包土地的占有、使用、收益等权利。加强土地承

---

① 英国现在的谷物在总量上已自给有余，唯食用谷物（包括稻谷和食用小麦）生产不足自给。饲用小麦、大麦出口量大，但饲用玉米和大豆全靠进口。羊肉、乳制品亦需从国外购进，以补充本国生产之不足。英国食糖供应约有一半仰赖外国，总体来看，各类粮食的进出口的进口量略大于出口量。

包经营权流转管理和服务，建立健全土地承包经营权流转市场，按照依法自愿有偿原则，允许农民以转包、出租、互换、转让、股份合作等形式流转土地承包经营权，发展多种形式的适度规模经营。有条件的地方可以发展专业大户、家庭农场、农民专业合作社等规模经营主体。重新挖掘与回顾英国的圈地运动史，除其学术意义，对于我们稳步推进土地制度的改革和农业又好又快地发展也具有一定的现实借鉴意义。

本书中所涉及的英制单位换算法

1 平方英里（square mile）＝640 英亩＝259 公顷＝2.59 平方公里

1 平方公里＝0.386 平方英里＝247.105 英亩＝1500 亩＝100 公顷

1 英亩（acre）＝4046.86 平方米

1 公顷＝2.471049 英亩＝15 亩＝100 公亩

1 英亩＝6.07 亩

1 公亩＝0.15 亩

1 顷＝100 亩＝6.67 公顷

1 亩＝6.67 公亩＝666.67 平方米

1 维尔格特（virgate）＝30 英亩

1 雅兰（yardland）＝28—30 英亩，因地区有差异

1 夸特（quarter）＝12.7 千克

1 蒲式耳（bushel）＝8 加仑

蒲式耳是一容量容器，好像我国旧时的斗和升，相当于 36.268 升，在美国 1 蒲式耳相当于 35.238 升，蒲式耳与公斤转换在不同国家以及不同农产品之间是有区别的，在大豆和小麦上，英、美、加、澳大利亚都是一样的，在英国 1 蒲式耳：小麦 27.216 公斤，大豆 22.680 公斤，大麦 17.690 公斤，燕麦 25.401 公斤，玉米 25.401 公斤。

1 英镑＝20 先令＝240 便士

1 先令＝12 便士

英镑（pound）简写为£，但偶尔也简写为 l. 来自拉丁文 libra 一磅重，1 英镑的单位规定是一磅纯度为 92.5% 的白银，1971 年英国币制改革后废除先令，成十进位制后新币 1 英镑＝100 便士。

1 磅（pound）＝0.45359237 千克

基尼（guine）为旧时英国的一种金币，值 21 先令，比 1 英镑多一些，相当于 1.05 英镑。

后　记

在我已过而立之年后，有幸被四川大学录取为国家重点学科专门史专业中外农史方向博士研究生，承蒙著名史学专家、历史学博士、博士后、博士生导师张箭教授不弃收为门生，本书的初稿即是我的博士学位论文，在毕业后的五年时间内，根据众多专家的意见，不断地进行了修改。特别是在 2014 年，我获得了国家留学基金委员会的资助，在英国莱斯特大学访问学习一年时间，广泛查阅了许多宝贵的英文文献资料，对论文进行了最后的修改完善。

值此本书付梓出版之际，首先向我的导师张箭先生，还有攻读硕士学位时期的导师李积顺先生，英国莱斯特大学约翰·科菲（John Coffey）先生致以诚挚的敬意和深深的谢意！是父母给予了我生命，是导师给予了我以后安身立命之本，再造之恩，必将永铭于心！此外，我还有幸结识海内外很多著名的老师和学者并聆听他们的教诲，他们博大的胸怀、高尚的人格、渊博的知识、严谨的治学态度，诲人不倦的教学热情使我深受激励与启迪，也是我得到的最大的收获与财富，这一切必将是我以后治学与工作的榜样和动力。

在论文写作过程中还有幸得到中国英国史研究会副会长、中国世界近现代史研究会会长、河南大学阎照祥教授的热情指导，他鼓励我旧题新做，加强创新研究。对他杰出的学术成就及热情培养后来者的这种长者学风我表示深深的敬仰和感激！此外，西北师范大学我读硕士时的恩师杨鹏飞先生对我学业上的教诲、精神上的鼓励都是我不断前行的动力。我工作单位的老师白学锋、马啸、栗晓斌等教授对我的学习和生活也给予了很多的指导和帮助。在此，我对他们一并致以最诚挚的敬意和感谢！

作为一名成年人，在海内外学习期间，我远离父母妻子，牵挂之情可想而知。我深深感谢我的妻子魏晓晴女士，是她含辛茹苦，独自承担了工作及养育女儿等一切家庭重担，节衣缩食为我提供学业费用，任劳任怨多有艰难，形单影只多有思念，迎来送往多有牵挂，为我支撑起了一片蔚蓝的天空，使我能潜心求学，孜孜攻读。

在此论文的写作过程中，我参考并吸收了目前国内外学术界在这一领域的部分最新研究成果，都已在注释和参考文献中一一注明，在此一并表示诚挚的谢意。囿于本人的理论视野、学术水平及资料掌握限度，文中纰漏与不足之处在所难免，敬请各位专家学者批评指正。书稿虽名曰完成但事实上完善与提高永无止境，内心对自己学术水平的忧虑与不安也与日俱增。限于时日，只能以待将来进一步补充完善并提高自己的治学能力。我深知，道生于平和安静、德生于谦和大度、慈生于博爱真诚、善生于感恩包容。惟愿各位专家和未来的读者能海纳百川，不拒细流！

中国社会科学出版社的李炳青老师以其卓越的史才史识、热忱的工作态度、严谨的编辑风格为此书的出版做出了很大贡献，是她不辞劳苦，不厌其烦，无数次与作者及各相关出版部门进行联系和协调，无论是作者，还是未来的读者，都应向她致以诚挚的敬意和感谢。

我深深地感谢培养了我的陇东学院、西北师范大学、四川大学、英国莱斯特大学，这些大学优良的传统、纯朴博大的胸怀、整洁美丽的校园、优雅多姿的风景、丰厚的文化积淀、完善的学习设施，尤其是图书馆的硬件及网络资料都给我的学习与写作提供了极大的方便。我感恩的心会对各位老师及母校永远地感激与向往！

本书的出版还得到"陇东学院著作基金"资助特此鸣谢！

石强
2015 年 12 月于陇东学院